지식의 헌법
The Constitution of Knowledge

지식의 헌법

왜 우리는 진실을 공유하지 못하는가

초판 1쇄 인쇄일 2021년 12월 23일 **초판 1쇄 발행일** 2021년 12월 30일

지은이 조너선 라우시 | **옮긴이** 조미현
펴낸이 박재환 | **편집** 유은재 | **마케팅** 박용민 | **관리** 조영란
펴낸곳 에코리브르 | **주소** 서울시 마포구 동교로15길 34 3층(04003) | **전화** 702-2530 | **팩스** 702-2532
이메일 ecolivres@hanmail.net | **블로그** http://blog.naver.com/ecolivres
출판등록 2001년 5월 7일 제201-10-2147호
종이 세종페이퍼 | **인쇄·제본** 상지사 P&B

ISBN 978-89-6263-234-7 03300

책값은 뒤표지에 있습니다. 잘못된 책은 구입한 곳에서 바꿔드립니다.

지식의 헌법

왜 우리는 진실을 공유하지 못하는가

조너선 라우시 지음 | 조미현 옮김

에코리브르

사랑하는 나의 아버지 오스카 C. 라우시를 추모하며

일자리를 얻으면 글을 써라.

차례

1 "무사히 빠져나가지 않는다면 끔찍한 발언이네요"

혼돈과 동조가 인식론적 위기를 초래했다

아테네의 광장에서, 들창코에 불룩한 눈의 한 못생긴 노인이 들창코에 불룩한 눈의 한 못생긴 청년과 마주친다. 테아이테토스(Theaetetos)에게 인사하며 자기들이 닮았다고 한마디 한 소크라테스는 이 젊은이와 대화를 시작하고, 철학에 대한 사랑마저 서로 닮았는지 밝히는 작업에 들어간다. 테아이테토스는 자신의 지력이 뛰어나지 않다고 항변한다. 철학적인 수수께끼들이 "무슨 의미일까 궁금해하다 보면" 머리가 어지러워진다면서 말이다. 아! 그렇다면 자네는 철학자가 **맞네**. "이런 궁금증이 철학자라는 표시거든"이라고 소크라테스는 주장한다. "철학에는 사실 다른 기원은 없다네."

그렇게 약 2400년 전 플라톤이 상상했던 대화 속에서, 노인은 인식론이라는 가장 울창한 덤불숲으로의 탐험에 자신의 새로운 벗을 안내한다. 지식이란 무엇인가? 오류란 무엇인가? 오류는 어떻게 발생하는가? 오류는 왜 일어날 수 있는 걸까? 질문마다 명쾌한 해답이 있을 법해 보이지만, 모든 명쾌한 해답은 검토하는 순간 무너진다.

아마도 지식이란 세상에 대한 올바른 지각이 아닐까? 그러나 지각은 개개인마다 다르다. 개인들 **내부**에서도 달라진다. 건강할 때는 단맛이 나던 포도주가 다음 날 아플 때는 쓴맛이 나기도 한다. 모조리 상상이지만 실제처럼 보이는 꿈과 환각도 있다. 우리 각자가 변화하는 지각을 내세우지만, 우리의 변화하는 개인적 팰림프세스트(palimpsest: 썼던 글자를 지우고 그 위에 다시 글을 쓸 수 있도록 만든 양피지—옮긴이)는 결코 지식과, 현실과 같을 수는 없다.

자, 그렇다면 아마도 지식이란 **진정한** 판단, 진정한 신념이 아닐까? 그러나 우리가 그냥 아무렇게나 무지한 견해를 갖고 있는데, 그게 어쩌다 보니 들어맞을 수도 있다. 짐작이나 추측을 해본 건데 순전히 운으로 맞았다고 판명 날 수도 있다. 하지만 요행수는 분명 지식과 다르다. 우리 자신의 신념에 대한 확신도 소용없다. 확신을 가져도 틀릴 수 있기 때문이다.

그렇다면 아마도 지식이란 진정한 신념이나 진정한 판단에 설명을 더한 것일 터이다. 이게 더 맞는 말 같다. 그러나 땡! 소크라테스는 다시 우리를 빙글빙글 돌린다. 설명의 주체가 진실한지도 알지 못하면서 우리가 어떻게 그 설명의 진실함을 판단할 수 있겠는가? 가령 그 설명이 구별을 바탕으로 한다면, 그리고 그 구별이 이해할 수 있고 설득력이 있다면, 우리는 우리가 설명하고 있는 그 사물에 관한 지식을 이미 갖고 있음에 틀림없다. 그렇지 않고서는 그 구별이 우리를 깨우쳐주지 못할 것이다. 설명에 기대다 보면 순환 논리의 덫에 빠진다. 설명 없이는 지식을 얻을 수 없고, 지식 없이는 설명을 얻을 수 없다.

소크라테스는 자신의 젊은 버전에게 말한다. "그러니까 테아이테토스,

지각도, 진정한 신념도, 진정한 신념에 '설명'을 추가해도 지식이 될 수 없다네." 필시 철학은 머리를 어지럽힌다는 자신의 믿음을 확인했을 젊은이가 대답한다. "물론 그렇겠죠." 그리고 여기서 대화는 돌연 실패로 끝난다. 자신들이 알지 **못하는** 게 과연 무엇인지에 대해서만큼은 적어도 그들 두 사람이 더 명확히 알게 됐다는 소크라테스의 확언만이 활기를 줬을 뿐이다.

이렇게 많은 논증, 이렇게 많은 기초 작업으로도 아무런 결말을 내지 못한다고? 아마도. 확실히 실망스럽게도. "하지만 내일 아침 여기서 우리 다시 만나세"라고 소크라테스는 말한다.[1] 대화는 계속될 것이다. 아니, 비극적이게도 소크라테스한테는 그렇지 않다. 얼마 못 가 불경죄로 처형될 테니. 그러나 대화는 그보다 오래 살아남아 오늘날까지 이어지고 있다. 대학 신입생이던 열여덟 살에 나는 《테아이테토스》를 접하고 큰 충격을 받았다. 그것이 중요한 질문을 던지고 있다는 걸 감지했지만, 책은 아무런 해답도 주지 않았다. 대신 그것은 무자비한 해체, 조용하지만 가차 없는 분석적 파괴의 훈련이었다. 플라톤의 메시지가 뚜렷하게 눈에 들어왔다. 진실에 관한 일, 현실과 오류를 가리는 이 일 말이야, 그건 쉬운 게 아니야. 그러니 그렇게 생각하지 않는다면 꺼져!

그럼에도 불구하고 플라톤이 우리에게 알려주듯 우리의 분석적 무자비함은 허무주의나 시간 낭비가 아니다. 그것은 진리를 추구하는 태도의 바탕인 엄격함과 겸손함을 가르친다. 소크라테스는 이때 지식을 정의하거나 설명할 수 없었지만, 그럼에도 불구하고 그 정신은 보여줄 수 있었다. 그 대화에서 가장 중요한 말은 마지막 네 마디였다. **여기서 우리 다시 만나세**. 지식을 얻는다는 것은 종착지가 아니라 대화다. 과정이며 여행—혼자가 아니라 우리가 함께 떠나는 여행—이다. 항상 타인들이 관련된

1 "무사히 빠져나가지 않는다면 끔찍한 발언이네요"

다. 지식은 단지 내가 가진 것만이 아니다. 더 근본적으로는 **우리**가 가진 것이다.

여기서 플라톤은 적어도 은연중에 오늘날 과학철학의 가장 풍부하고 가장 앞선 통찰을 예측한다. 하지만 그의 웅장한 정치론, 즉《공화국(The Republic)》에서는 소크라테스가 암시하는 것과는 사뭇 다른 지식에 관한 견해를 취하곤 했다. 이상적 체제는 진실과 거짓을 구분하는 힘을 권위 있는 지도자에게 부여한다는 것이다. 이런 통치 모델은 시행할 때마다 잘못된 길이었음이, 인류를 수백 년간 비탄에 빠뜨리는 데 기여한 길이었음이 입증됐다. 오늘날 우리는 앞으로 나아갈 길을 가리킨 쪽은 바로《테아이테토스》였다고 말할 수 있다. 그것이 닦은 길을 2000년 이상이 지나고서야 재발견할 수 있었지만 말이다.

청년이었던 나는 나만의 방식으로 테아이테토스의 여행을 떠났다. 대학 졸업 후 기자가 됐고, 그렇게 해서 진실이 무엇인지 찾아내고 계몽적이며 교훈적인 이야기를 들려주는 데 전념했다. 좋은 저널리즘은 철학과 과학처럼 호기심에서, 궁금증에서 출발한다. 그다음에 가설, 논지, 그럴듯해 보이는 설명이 생긴다. 이어 훨씬 더 많은 질문을 던짐으로써 그 설명을 세상에 시험해보려는 노력이 나온다. 그러다가 가설이 기울거나 무너지면서 테아이테토스처럼 머리가 어지러워지는 순간이 온다. 그러고 나서 운이 좋으면 그 어지러움 속에서 더 강한 가설, 더 진실에 가까운 뭔가가 나온다. 혹은 운이 별로 좋지 않다 해도 어지러움 속에서 현실의 변덕 앞에 겸손해야 한다는 깨우침이 생긴다.

하지만 조리 있게 말하려고 제대로 된 질문을 찾고 정보의 모자이크 타일을 조립하는 개인적 투쟁은—저널리즘에 필요하기는 하지만—사실 저널리즘이 아니다. 미치광이, 외톨이, 음모론자도 같은 단계를 밟겠지만 저널리스트는 아니다. 나는 나 자신으로부터 벗어나도록 강요받음으로써 저널리스트가 됐다. 처음엔 대학 신문사, 그다음은 워싱턴 D.C.의 〈내셔널 저널(National Journal)〉 여름 인턴과 〈윈스턴살렘 저널(Winston-Salem Journal)〉 보도국 수습기자로 저널리즘 세계에 첫발을 디뎠을 때부터 나는 내 머릿속 바깥의 세계와 접촉하도록 떠밀렸다. 초고를 쓰는 외로운 과정 말고는 나 혼자서 아무것도 할 수 없었다. 사실은 인터뷰와 정보원을 통해 입수했다. 분석은 전문가들과 함께 점검했다. 문장은 하나하나 편집 및 교열되었고, 수시로 팩트 체크(fact check)를 받았다. 이야깃감은 내부 정보 제공자들이 제안했고, 나쁜 단서는 소식통들이 멀리하라는 신호를 보내줬으며, 내 주장에 대한 도전이 보도국 안팎의 대화들 속에 스며들어 있었다. 뭔가 나 자신보다 훨씬 더 대단한 세계에 합류했다는 기분, 그리고 위대한 전통의 까다로운 기준에 충성을 다짐한다는 의식 때문에 저널리즘 관행이 반복적이고 틀에 박혀 보이는(실은 자주 그랬다) 시기에도 내게 저널리즘업계는 매력적이고 흥미진진했다.

나는 우리—전문직 종사자인 **우리**—가 하는 어떤 일들이 있다는 걸 알게 됐다. 정확성 평가하기. 누군가에 관한 글을 게재하기 전에 그 사람의 견해 구하기. 보도를 전제로 한 정보 선호하기. 다양한 시각을 가진 여러 정보원에게 자문 구하기. 전문 용어와 장광설 그리고 과장법과 자기 의견 버리기(이런 모든 것이 필요해 보이는 스포츠 기사는 예외다). 우리가 하지 않는 다른 어떤 일들이 있다는 것도 알게 됐다. 돈 주고 정보 얻기. 정보원에게 뇌물받기. 비밀 유지 약속 배반하기. 광고 부서의 간섭 용인하기. 풋내기 기자였던 나는 인류의 가장 중요하고 유익한 창조물, 인류의 벌집 의식(hive mind: 지식이나 의견을 공유하고 무비판적 화합이나 집단 지성을 산출하는 개념적 실체—옮긴이) 안에서 일개미로 개축 및 개조되고 있었다. 당시에는 깨닫지 못했지만 공동체, 현실 기반 공동체(reality-based community)—아주 오래전 소크라테스가 테아이테토스를 인도했던 바로 그 공동체—로 이끌렸다. 나는 '지식의 헌법(Constitution of Knowledge)'을 배우고 있었다.

인식론적 위기

견해차로 가득한 세상에서 어떻게 진리를 찾을지 생각할 때면 우리 미국인은 보통 비유에 의지한다. 바로 사상의 시장(marketplace of ideas)이라는 비유가 그것이다. 어느 정도는 괜찮은 비유지만, 애처롭게도 불완전하다. 일종의 벼룩시장에서 생각들이 개인에 의해 거래되는 이미지, 혹은 육신을 떠난 생각들이 자체의 천상계에서 충돌하고 경쟁하는 이미지를 떠올리게 한다. 그러나 시장에 있는 사상들이 서로 직접 말을 거는 것은 아니며, 대부분은 개인들도 그러지 않는다. 그보다 우리의 대화는 학술지와 신문과 소셜 미디어 플랫폼 같은 제도를 통해 중재된다. 그리고 진실성과 팩트 체크 같은 밀도 높은 규범 및 원칙의 네트워크에 의존한다. 또한 동료 평가자와 편집자 같은 전문가들의 전문 지식에도 의존한다. 그리고 시스템 전체가 가치의 기초, 곧 지식을 만드는 방식에는 옳고 그른 게 있다는 공동의 이해에 의존한다. 이러한 가치·규칙·제도는 미국 헌법이 정치를 위해 하는 역할을 지식을 위해 수행한다. 사회적 경합을 평화롭고 생산적인 경로 쪽으로 밀어붙이는 통치 구조를 창출하는 것이다. 고로 나는 그것들을 통틀어 '지식의 헌법'이라 부르려 한다.

지나고 나서 생각하니 내가 훈련받았던 세계는 한참 동떨어진, 어떤 면에서는 소크라테스의 아테네보다도 낯선 곳인 듯하다. 과학·저널리즘·정치·일상생활에서 진실성이란 보통은 법률적 요건이 아닌 시민 규범인데, 그것이 21세기에 극심한 압력을 받았다. 가장 충격적인 건 미국의 대통령이 거짓말에 관한 한 알려진 모든 기록을 신나게 갈아치웠다는 점이다. 정치인은 하나같이 거짓말쟁이라고 끼적이고 싶은 분도 있겠지만, 미국 정치계의 어떤 거물도 그만큼 뻔뻔하고 방자하고 왕성하게 거짓말을 한 적은 없었다.

사실에 대한 그의 경멸적 태도보다 한층 더 강력한 것이 어쩌면 정정(correction)에 대한 그의 경멸적 태도였을 게다. 1690년 북아메리카 최초의 신문이 인쇄에 들어갔다. 〈퍼블릭 오커런스(Publick Occurrences)〉라는 이름의 신문은 곧 검열 당국에 의해 짓밟혔다. 그럼에도 불구하고 이 신문은 깊은 인상을 남겼는데, 1면에서 자사의 강령을 선언한 것이 한몫했다.

> 수정(Curing)을 위해, 아니 적어도 우리 사이에 팽배한 거짓된 기운의 미혹에 대해서는 어떤 조치를 취할 것입니다. 그런 까닭에 저희가 마땅히 진실이라고 믿는 것을 제외하면 아무것도 적지 않을 것이며, 최고의 정보 출처를 찾아 나설 것입니다. 그리고 수집한 정보에 어떤 중대한 실수가 발생하면 정정할 것입니다…….[2]

진실에 대한 책임, 그에 따라 기록을 바로잡는 책임이라는 발상은 주류 언론을 확립하는 데 문턱이 되는 개념이었고, 오늘날에도 여전히 기초로 남아 있다. 2017년 CNN의 몇몇 중진 언론인은 트럼프 대통령의 한 심복이 위험한 러시아 헤지펀드(hedge fund: 소수의 투자자로부터 자금을 모집해 절대 수익을 추구하는 투자 기관—옮긴이)와 연계되어 있다고 보도했다. 이것은 오보로 밝혀졌다. CNN은 보도를 철회하며 사과했고, 거기에 책임 있는 언론인들이 CNN의 기준을 위반했다고 결론지은 후 강제 퇴출시켰다. 다음과 같은 트위터 메시지가 한 가지 반응이었다. "보도를 정정하고 불필요한 인원을 정리할 만큼 진실에 유념하는 CNN에 찬사를 보낸다. 이게 진짜 뉴스지!" 하지만 대통령이 트위터로 날린 말은 이랬다. "와, CNN '러시아' 특종 철회와 직원 3명 강제 사임. 그들이 내보내는 다른 사기 보도는 전부 어떨까? 가짜 뉴스!" 그리고 이것도 있다. "이렇게 해서 가짜 뉴스 CNN이 곤경에 빠졌다는데, NBC와 CBS와 ABC는 어떨까? 망해가는 @nytimes(〈뉴욕 타임스〉—옮긴이)와 @washingtonpost(〈워싱턴 포스트〉—옮긴이)는? 그것들 전부 가짜 뉴스!" 대통령의 세계관에서는 방송사가 책임을 추궁하다가 진정성이 아닌 자신들의 부패—그리고 사실상 뉴스업계 전체의 부패—를 입증한 격이었다.

거의 같은 분위기로, 2018년 대통령과 공화당전국위원회는 자칭 '가짜 뉴스 시상식(Fake News Awards)'을 요란하게 홍보했다. 대통령과 위원회가 주목하지 않은 것은 가짜 뉴스라고 추정된 11건 중 최소 7건은 그걸 발표한 매체가 즉시 정정 보도를 냈다는 사실이다. 바꿔 말하면, 대통령과 위원회는 해당 뉴스 매체가 가짜라고 말했기 때문에 그 보도들이 가짜인 걸 알았다는 얘기다. 〈워싱턴 포스트〉에 따르면, 오보 2건은 정직이나 사직(CNN 보도가 그중 하나였다)을 불러왔다. 2건은 그냥 트위터 메시지였는데, 역시 정정했다. 다른 하나는 오피니언 기사였다. 보아 하니 대통령과 그의 정치 팀은 주류 매체에서 가짜 뉴스를 샅샅이 뒤지는 동안 이보다 더 나쁜 건들은 찾지 못한 듯했다. (음모론적인 우익 매체가 내보낸 방대한 양의 오보를 훑어볼 시간은 아마 부족했던 것 같다.) 어차피 그들이 얻어낸 교훈은 달라질 게 없었다. 오류 정정은 진정성이 아닌 부정직의 표시라는 것이다.

대통령의 행위가 어느 정도는 강박적이거나 과대망상적이거나 병적이었을 수 있다. 그렇더라도 그것 역시 의도적이지 않았을 리 없다. 2013년 @backupwraith란 아이디 사용자는 이런 트윗을 했다. "나는 @realDonalTrump가 트위터 전체에서 가장 뛰어난 트롤링(trolling: 게임 문화에서 파생된 용어로 악의적이거나 주제와 무관한 온라인 게시글을 고의로 올려 분란을 일으키는 행위를 가리킴—옮긴이)의 대가라고 굳게 믿는다." 트럼프는 그 트윗을 인용하며 이렇게 언급했다. "멋진 칭찬!" 2018년 CBS 뉴스의 레슬리 스탈(Lesley Stahl)은 선거 캠페인 중인 트럼프에게 언론 공격을 그만둘 계획이 있냐고 되물었다. "그는 '내가 왜 그러는지 알아요? 당신들 전부의 신임을 떨어뜨리고 품위를 손상시키려고 그러는 겁니다. 그래서 나에 대해 부정적인 기사를 쓰면 아무도 당신들을 믿지 않도록 말이지'라고 말했다." 백악관도 스탈의 이런 언급을 부인하지 않았다. 왜 그러겠는가? 트럼프와 그의 댓글 부대는 자신들의 생각에 따라 자신들이 하고 있는 일을 자랑스러워할 충분한 이유가 있었는데.

그리고 그들은 정말로 자신들이 무슨 일을 하고 있는지 알았다. 우리는 트럼프도 알고 있었다는 걸 안다. 그가 우리한테 경고했었기 때문에. 2004년 트럼프는 NBC 뉴스의 크리스 매슈스(Chris Matthews)가 진행한 인터뷰에서 방금 끝난 공화당 대선 후보 전당 대회에 관해 어떻게 생각하느냐는 질문을 받았다. 그해 대통령 경선에서 공화당원들의 골칫거리는 자신들의 후보인 조지 W. 부시는 안전하게 텍사스주 방위 공군(Texas Air National Guard)으로 있으면서 베트남전이 끝나길 기다렸던 반면, 그의 적수인 존 케리 상원의원은 전투에서 은성훈장·동성훈장에 용맹한 군인에게 수여하는 2개의 퍼플하트 훈장을 받았다는 사실이었다. '진실을 위한 고속정 참전 용사들(Swift Boat Veterans for Truth)'이라는 집단은 케리의 전시 기록에 이의를 제기하는 성공적인 프로파간다 캠페인을 벌였다. 아래의 대화를 주고받은 것은 바로 이런 맥락에서였다.

트럼프 저는 끝까지 뉴욕 전당 대회 자리를 지켰습니다. 그리고 그들은 정말 잘해냈죠, 공화당원들 말입니다. 그런데 제가 여태껏 본 가장 위대한 반전은, 부시가 전쟁 영웅이고 케리는 아니라는 구도로 거의 되어가고 있다는 겁니다. 제가 본 것 중에 가장 위대한 반전일 거라는 생각이 드네요.

매슈스 왜죠?

트럼프 글쎄요, 분명 부시와 부시 사람들에 의해 진행되고 있을 고속정 집단의 모든 일이 공교롭게도 탁월했다는 거죠. 케리한테서 전쟁 영웅 그딴 걸 모두 빼앗아 부시한테 거의 안겨준 셈이잖아요. 그런데 솔직히 부시는 군 복무를 안 하고 있었어요. 그건 우리가 알잖아요.

매슈스 ……어쩌면 정치에 불필요한 거친 질문이라고 말씀하실지 모르겠는데, 거기에 관해 여쭤보겠습니다. 이번 주에 엄청난 터프 가이 딕 체니(Dick Cheney) 부통령이 만일 우리 미국인이 케리를 선출한다면, 치명적인 〔테러리스트〕 공격의 위협에 근본적으로 직면하게 될 거라고 했습니다. 민주당을 뽑으면 공격을 받게 될 거라는 얘깁니다.

트럼프 글쎄요, 그가 무사히 빠져나가지 않는다면 끔찍한 발언이네요.

무사히 빠져나가지 않는다면 끔찍한 발언이라니. 트럼프는 최초의 거짓말쟁이 정치인은 아니다. 하지만 10여 년 뒤의 대통령으로서 그는 고속정 캠페인처럼 사전 계획된 어느 정치적 음해의 수준을 한참 넘어섰다. 많은 이들이 그가 한 거짓말의 규모와 뻔뻔함에서 예사로운 정치적 의견 제시 및 과장과는 다른 무언가를, 더 불길한 목적을 가졌고 훨씬 혼란스러운 결과를 불러올 무언가를 감지했다. 조지 오웰(George Orwell)의 《1984》 세계에 나왔던 무언가를. "당이 여러분의 눈과 귀의 증거를 거부하라고 명했다. 그것이 그들이 내린 가장 필수적인 최종 명령이다." 트럼프와 그의 미디어 반향실(echo chambers: 방송 연출에 필요한 에코 효과를 만들어내는 곳—옮긴이)은 공적 영역에서 진실과 허위의 구분을 없애기 위해 거짓말을 정상화하고 있었다. 그들은 허위 정보의 (악명 높기는 하지만) 신성한 기술을 갈고닦았다. 그들은 진실에 대한 경멸을 보이려는 게 아니고서야 거짓말을 할 아무런 이유가 없을 때조차 사소한 거짓말을 했다. 트럼프가 자신의 취임식 날 비가 내리지 않았다고 우겼을 때처럼 말이다. 거창하고 기상천외한 거짓말도 했다. 트럼프가 명명백백하게 패배한 선거를 이겼다고 우기며 수개월간 허위 정보 캠페인(폭력적인 내란 선동죄로 탄핵에 들어갔을 때에야 종지부를 찍었던 캠페인)을 벌였을 때처럼 말이다. 그들은 진실과 거짓, 아니 크고 작은 거짓말을 가리지 않고 내뱉었다. 그들의 목표는 대중의 구분 능력을 어떻게든 없애는 것이었기 때문이다.

사건들을 지켜보며 여러 시사평론가와 학자들은 자유주의 질서 자체의 토대가 위협받고 있다고 생각했다. 그리고 이러한 위협은 단지 트럼프와 그의 정치적 협력자뿐 아니라 트롤러(troller: 트롤링 행위를 하는 사람들. '어그로꾼'과 비슷한 뜻—옮긴이), 외국 활동가, 심지어 검색 봇(bot: 로봇의 약자로 자동 인터넷 프로그램을 가리킴—옮긴이)과 알고리즘한테서도 왔다. 펜실베이니아 대학의 역사학자 소피아 로젠펠드(Sophia Rosenfeld)는 자신의 저서 《민주주의와 진실: 짧은 역사(Democracy and Truth: A Short History)》에서 "우리의 현재 관행은 민주주의적 삶에 필요한 지적(知的) 신뢰 및 협동의 형태를 약화시키려 하고 갈수록 더 극명하게 막강한 힘의 결과로 '진실'이 결정되도록 만들면서 민주주의 자체를 위협한다"고 썼다. 학자들은 '가짜 정보 시대' '진실의 쇠퇴' '탈(脫)진실' '진실의 죽음' 같은 제목의 보도와 책들에서 적어도 미국에서는 미지의 영토라는 데 모두 동의했던 것의 여러 측면을 탐구했다.[3] 정치인 및 권위자들—상원의원과 2명의 전직 국무장관에서부터 정보기관 및 법 집행 집단의 리더들까지 모두—은 미국의 시민 생활에서 현실에 대한 이해력, 즉 진실과 허위를 구분하거나 심지어 둘 사이에 차이가 있다고 생각하는 능력이 떨어지고 있는 것 같다며 경종을 울렸다. 공화당 상원의원 벤 새스(Ben Sasse)는 2017년 CNN과의 인터뷰에서 "우리는 서로 공유하는 공적 사실들이 없는 지점에 도달할 위험이 있다"며 만연한 우려를 표현했다. "우리에게 공유하는 사실들이 없다면 공화국은 돌아가지 않을 것이다." 전직 중앙정보국(CIA) 국장 마이클 헤이든(Michael Hayden)은 (〈뉴욕 타임스〉에) 다음과 같이 기고하며 조난 신호를 보냈다. "국가로서는 이것이 참으로 미지의 영역이다. 과거 객관적 현실에 적용할 가치, 혹은 이따금 객관적 현실을 구성하는 게 무엇이냐를 놓고 토론한 적은 있지만, 객관적 현실 자체의 존재나 타당성을 두고 그랬던 적은 결코 없다." 전선(戰線)이 일부 원치 않는 사람들과 친해지는 데 기여했다는 게 헤이든의 생각이었다. "이 탈진실의 세상에서 정보국은 예상 밖의 동료들과 벙커 안에 있는 셈이다. 저널리즘, 학계, 법정, 법 집행 기관, 그리고 과학 말이다. 정보 수집처럼 이들은 하나같이 증거를 기반으로 한다."

불가사의한 다음절(多音節)의 단어가 공개적 담론에 불쑥 나타나기 시작했다. "핵심으로 들어가면 …… 현재의 위기는 주로 **인식론**(epistemology), 즉 우리가 무엇을 알고 있는지, 어떻게 알고 있는지의 영역에 속한다"라고 로젠펠드는 썼다(강조는 필자). 예전에는 철학자들의 주요 산물이었고 상아탑 밖에는 거의 알려지지 않았던 이 심오한 단어가 새롭게 주류에

응용될 길을 찾은 것이다. 2020년 전직 대통령 버락 오바마는 이 문제를 적나라하게 진술했다. "만일 우리에게 무엇이 진실이고 무엇이 거짓인지 구분하는 능력이 없다면, 당연히 사상의 시장은 돌아가지 않는다. 그리고 당연히 우리의 민주주의도 돌아가지 않는다. 우리는 인식론적 위기로 진입하고 있다."[4]

냉각 기류

이 위기에는 많은 요소가 있었지만, 그 특징에는 두 가지가 중심인 듯했다. 하나는 트럼프, 그의 댓글 부대, 외국 정부, 음모론 유포자, 그리고 다른 하나는 현실에 기반을 둔 규범으로부터 갈수록 떨어져나가는 보수 매체 생태계, 이것들의 전무후무한 규모의 허위 정보 전개였다. 공격은 전적으로는 아니지만 대개 우파한테서 나왔다. 이상하게도 그것은 취소문화(cancel culture)라는 인식론적 자유주의에 대한 공격의 형식으로 좌파로부터 도움을 받았다.

취소(canceling: 자신의 견해와 다른 사람들의 SNS 팔로를 취소하는 데서 연유한 용어. 견해가 다르다는 이유로 인신공격이나 불매 운동 등을 통해 상대편을 사회적으로 매장하는 행위—옮긴이)도 트롤링처럼 이념적 스펙트럼의 어느 한쪽에만 유일하게 존재하는 건 아니었다. 요컨대 많은 보수주의자들이 트럼프에 반대한다는 이유로 정치적 취소를 당했다. 그럼에도 불구하고 발언을 감시하고 공개 모욕을 무기로 삼는 문화적 권력을 가진 쪽은 대개 좌파였다. 2017년 캣 로젠필드(Kat Rosenfield)는 〈뉴욕(New York)〉 매거진에 "청소년용 서적이 강력한 소셜 미디어 철회(call-out), 트롤링 및 연쇄 공격의—가끔은 누군가가 읽기도 전에—표적이 되고 있다"고 보도했다.[5] 생애 첫 소설을 발표한 한 작가는 실제로 자신의 책을 읽은 적도 없는 온라인 패거리에 스트레스를 받아 도서 출판을 포기했다.[6] 한 유명 방송 작가는 그와 방송업계가 일상적인 자기 검열을 하고 있다고 내게 말했다. 자신의 창의적 선택이 불문율에 제약을 받는다는 게 그의 말이었다. 가령 여성 캐릭터는 항상 강인하고 안전해야 했다. "그저 특정 경로를 따라 상상력을 가동하는 법을 배우게 되는 거죠"라고 그는 말했다. "압박감을 느낍니다. 다들 알죠. 소셜 미디어가 당신이 하는 모든 일을 감시하고 있다는 걸."

성 소수자의 일원이자 오랜 동성애자 인권 옹호자로서 나는 대표성은 없지만 노골적인 트랜스젠더(transgender: 자신의 생물학적 성과 심리적 성이 반대라고 생각하는 사람—옮긴이) 활동가들이 사회적 협박에 기대는 것을 보고 특히 좌절했다. 영국의 〈이코노미스트〉는 2019년 8월 "트랜스젠더 주제 관련 토론은 뭐든 과격해진다"고 보도했다. 미국의 로비 소아브(Robby Soave)는 2019년 저서 《공황 발작: 트럼프 시대의 젊은 과격파(Panic Attack: Young Radicals in the Age of Trump)》에서 "특히 소셜 미디어에서 목소리가 가장 큰 많은 트랜스젠더들은 툭하면 자신들의 활동에 대한 일체의 비판을 단지 틀렸다고 하는 게 아니라 공격의 한 형태라고 매도한다"고 썼다. 그는 한 교수의 말을 인용해 "그들은 어떻게든 사람들을 겁먹게 해서 입을 다물게 만든다"고 했다. 이런 캠페인의 표적이 되면 사회적 방사능이 될 수 있다. 평판과 직장 또는 사업체뿐만 아니라 다수의 친구와 사회적 인맥도 잃을 수 있다. 새로운 용어처럼 그들은 사회적·직업적으로 취소될 수 있는 것이다.

물론 자기 검열은 함께 살아가는 삶의 일부다. (우리는 그것을 '예절'이라 부른다.) 하지만 그것이 대학의 지적 생활에서 솔직한 대화 및 비판을 저해

해서는 안 된다. 그곳에 가는 목적이 오직 솔직한 대화 및 비판이기 때문이다. 2010년대에는 틀림없이 그 방면에서 방향 전환이 일어났다. 뉴욕대학의 유명한 사회심리학자 조너선 하이트(Jonathan Haidt)—그의 연구가 이 책에 영감을 줬다—는 라디오 진행자 밥 자덱(Bob Zadek)과의 2018년 인터뷰에서 이렇게 말했다.

> 어디에나 어느 정도는 있다고 봅니다만, 2015년에 철회 문화는 한층 더 빠르게 전국에 퍼졌습니다. 학생들은 훨씬 더 방어적이 되었고, 자신의 생각이 지배적 관점과 다르다는 걸 훨씬 더 두려워하고 있죠. 자유로운 흐름의 토론이 있는 자유로운 공간으로서, 도발을 하기도 하고 지배적 인물이나 사상에 이의를 제기할 수도 있는 대학의 성격이 불과 4~5년 전보다도 약해졌습니다.

여느 때라면 특정 시각에 동조하라는 강제적 압박은 학계의 저항에 부딪힐 거라는 희망이 있었고, 가끔 그렇기도 했다. 하지만 우려되는 것은 학계 인물들이 적어도 빈번하게 취소 캠페인을 주도하고 정당화한다는 점이었다. 그리고 가장 겁에 질린 그들의 표적은 학계 동료일 때가 많았다. "저는 40대 중반입니다." 홀리(Holly)라는 이름의 모르는 사람이 내게 이메일을 보내왔다. "저는 항상 저 자신이 자유주의자라고 생각해왔죠. 그런데 이런 부조리와 가까이 하는 게 갈수록 힘들어요. 지금 저는 덴버(Denver)에서 대학원에 다니고 있는데, 현재의 대학들보다 더 터무니없이 좌익적인 곳은 지구상에 얼마 없을 거라고 확신합니다. 용어들이 일주일 단위로 바뀌는 듯한데, 완전히 소모적이죠. 사람들은 뭔가를 말하고 싶어하지 않습니다. 모두 누군가의 심기를 건드릴까 봐 더럽게도 무서워하니까요."

최근 몇 년간 캠퍼스를 방문하면 갈수록 많은 학생—흔히 대학 생활에 아직 동화되지 않은 신입생—이 내게 다가와 수용할 만한 생각이 한정되어 있다는 데 실망감을 표명하고는 했다. 중도 좌파 학생들은 중도 우파 학생들만큼이나 포위됐다는 느낌을 받았다. 한 프린스턴 대학 졸업생은 캠퍼스에서 인종이나 젠더(gender) 또는 성적 취향에 대해 절대 논하지 않는 것을 원칙으로 삼았었다고 내게 말했다—이상 끝. 왜냐고 묻자 그가 대답했다. "불리하기만 하니까요." 최근 하버드 대학을 졸업한 그의 친구도 고개를 끄덕였다.

캠퍼스에서 표현의 자유에 대한 위협은 2020년대에 새롭게 벌어진 일이 아니다. 대학 표현 강령(speech-code)은 1980년대 말 이래 책들에 실렸고, 논란을 불러일으켰다. 표현의 자유에 대한 캠퍼스 밖의 위협은 그보다 오래됐다. 나의 첫 신문사 대표는 만일 수정헌법 제1조(First Amendment: 미국 헌법에서 언론·종교·집회의 자유를 정한 조항—옮긴이)를 국민투표에 부친다면 부결될 것이라고 말하기를 좋아했다. 아마 이 문제들에 관한 책은 독자들도 꽤 많이 읽었을 테고, 나도 이전 책에서 검토한 적이 있다. 따라서 이미 논의했던 내용을 다시 언급하는 것이 이번 책의 목적은 아니다.

그래도 뭔가 새롭고 달라 보이기는 했다. 캠퍼스의 표현의 자유가 국가적 사안이 되었던 1980년대 말에는 표현 강령을 옹호하고 정교한 이론적 근거로 그것을 방어하려는 교수와 관료들이 문제였다. 그들이 포기한 것은 아니지만, 2010년대 중반에는 문제의 양상이 바뀌었다. 학계 안팎에서 이 문제가 검열(censorship)보다는 과잉 비판(censoriousness)에 더 가까워 보이기에 이른 것이다. 학생들은 표현 강령보다는 사회적 압력이, 교수들이 아니라 주로 또래가 주는 압박이 더 걱정이라고 했다. 설문 조사와 대화에서 그들은 한번 잘못 말했다가 또래들 사이에서나 소셜 미디어에서 비난의 불똥이 튈까 봐 걱정스럽고 어떤 말이 방아쇠가 될지 도무지 알 수 없다고 보고했다. 그들은 교수들이 결코 '종신직 급진주의자'가 아니며, 보통은 강의실에서 솔직한 토론 분위기를 조성하려 한다고 했다—하지만 이례적인 학생들은 적대감을 살까 두려워 자유롭게 말하길 여전히 꺼린다고도 했다. 내가 아는 한 법대생은 어떤 백인 남학생이 아프리카계 미국인 여성 교수와 대화 중에 "제 말이 무슨 뜻인지 아시죠?"라는 문장을 쓰는 걸 다른 학생들이 우연히 들은 뒤 어떻게 철회 캠페인의 표적이 되었는지 들려줬다. (그의 경우는 다행히 그 여성 교수가 그를 방어해줬다.) 한 아이비리그(Ivy League: 하버드와 예일 등 미국 북동부의 유서 깊은 8개 명문 대학을 가리키는 말—옮긴이) 교수는 내게 이런 말을 했다. "학생들은 누군가 비난할 기회가 생기면 보통 그 기회를 잡더라고요." 내가 인터뷰했던 학부생 샘 포어(Sam Foer)는 자신과 같은 백인 남학생들이 교정과 온라인에서 으레 이슬람 혐오자, 인종차별주의자, 여성 혐오자 등등으로 매도됐기 때문에 리버럴 아츠 칼리지(liberal arts college: 인문학, 어학, 사회과학, 자연과학 등 교양 과목에 역점을 두고 학부 과정만 운영하는 4년제 사립 대학—옮긴이)를 떠나 다른 학교로 옮겼다. 그는 "진정한 자유주의자들이 이런 캠퍼스 문화의 과격파한테 산 채로 잡아먹히고 있는 거죠"라고 말했다. 한 학생이 "어떤 유색 인종과 의견이 너무나 안 맞는다면, 어떤 유색 인종이 상대방을 인종차별주의자라 부를 논거를 만들어낼 정도로 안 맞는다면, 그들은 그렇게 하곤 했어요. 그게 자기 검열을 당하고 있다는 느낌을 주입시켰죠. 또래와 말할 수도, 심지어 대화를 나눌 수도 없는 거죠. 그게 제가 받은 대우와 결합되면서 저는 '그냥 나가자. 있을 가치가 없어'라고 생각했어요."

설문 조사 결과, '자기 검열을 당하고 있다'고 느낀 사람은 그만이 아니었다. 2017년 수행한 헤테로독스 아카데미(Heterodox Academy) 프로젝트 설문 조사에서는 전체 학생의 거의 절반이 강의실에서 인종과 정치에 대해 거론하길 꺼린다고 보고했음이 밝혀졌다. 41퍼센트는 젠더에 대해 거론하길 주저했다. 대다수는 학교가 학생들로 하여금 매우 다양한 관점과 시각을 고려하도록 자주 장려한다는 생각이 들지 않는다고 했다. 다음 3년간 다른 설문 조사들은 분위기가 더욱 냉각되고 있음을 드러낼 뿐이었다. 나이트 재단(Knight Foundation)의 2019년 설문 조사는 "학부생의 3분의 2(68퍼센트) 이상은 동급생들이 기분 나쁘게 생각할지도 모른다는 캠퍼스 분위기상 자기의 진정한 의견을 표현하지 못한다"고 밝혔다.[7] 이러한 결과는 상당히 전형적이 되었다.

교직원 또한 냉기를 느꼈다. 세라 로런스(Sarah Lawrence) 칼리지에서 벌어진 것과 같은 사건의 보도 기사는 아주 많았다. 한 교수가 〈뉴욕 타임스〉에 대학 운영진에 이념적 다양성이 결여되어 있다는 기명 칼럼을 쓰자 학생들이 집결했다. 학생들은 캠퍼스에서 그 교수의 존재가 자신들의 '안전과 복지'를 위협한다며 그의 해고(완곡하게 '종신교수 심사'라고 표현했다)를 요구했다. 많은 이들이 보수주의 성향을 가졌다고 여기는 한 대학에서 사회학을 가르치는, 내가 만난 어떤 교수는 이렇게 말했다. "요즘 캠퍼스에서는 모두가 '조심'합니다. 저를 포함해서요. 강의실 바깥에서는 소수자 우대 정책(affirmative action)과 다양성에 관한 내 연구를 논의한 적이 없고 앞으로도 하지 않을 겁니다." 나와 만난 한 칼리지의 젊은 신경생물학자는 자신의 뇌 발달 강좌에서 자폐증에 관한 단위 교과목을 뺐다고 했다. 어떤 학생이 그 교과목이 자폐증을 앓는 사람들을 비하하는 것으로 해석될 수 있다며 항의했다는 것이다. 학과장은 그 항의를 묵살했다. 그리고 내가 지적했듯 그 교과목을 뺀다고 해서 그녀는 절대 실질적인 보호를 받지 못할 터였다. 다른 불평분자가 또 다른 뭔가에 이의를 제기할 수 있기 때문이다. 그렇다면 굳이 왜 단위 교과목을 뺐을까? 그녀는 그 항의를 '스트라이크 1개'로 여겼기 때문이라고 말했다. 종신 재직권을 보장받지 못했으므로 그녀는 스트라이크 2개나 3개를 받으면 안 되었다. 종신 재직권이 있는 세계적으로 유명한 교수진도 침묵한다. 심리학자 하이트는 2018년 케이스 웨스턴 리저브 대학(Case Western Reserve University) 강의에서 이렇게 말했다. "저는 뉴욕 대학에서는 위험을 감수하지 않습니다. 논란의 소지가 있는 말은 절대 안 하죠. 여러분은 저를 신고할 수 없으니, 여러분과는 논쟁을 벌일 수 있습니다. 여러분을 불쾌하게 만드는 말을 한다고 해도 여러분은 제게 아무것도 할 수 없죠. 그러나 만일 뉴욕 대학이라면, 학생들이 생각하기에 불쾌한 말을 할 경우, 그들이 저든 다른 어느 누구든 신고할 전화번호나 이메일 주소를 알려주는 표시가 화장실마다 있습니다. 그래서 뉴욕 대학에서는 모험을 하지 않습니다."

불리하기만 하니까

역설적이게도, 취소는 중도 및 좌파 진영에서 반대 의견을 겁박했지만 우파 진영의 트롤러들한테는 하늘이 내린 선물이었다. 이른바 정치적 올바름(political correctness: 사회적 약자들을 칭할 때 차별적 의미를 피해 쓰는 표현—옮긴이)은 트럼프와 〈브레이트바트 뉴스(Breitbart News: 극우 성향의 미국 온라인 매체—옮긴이)〉의 '좋아요' 숫자를 올리는 데 일조했고, 러시아의 악성 댓글 부대마저 새로운 영향력의 정점에 도달하게 만들었다. 정치학자 빌 슈나이더(Bill Schneider)는 이렇게 썼다. "수십 년간 정치적 올바름은 논쟁의 차단에 이용되어왔다. 좌파 활동가들은 국민이 여성, 동성애자, 아프리카계 미국인, 이민자 같은 비특권층 집단에 모욕이 될지도 모르는 말을 내뱉지 못하게 한다. ……백인 노동자 계급 남성은 정치적 올바름이 자신들을 '특권층'이라며 비하할 때마다 속이 부글부글 끓는다. 분명 그들은 '특혜를 받았다'고 느끼지 않는다. 과거 10년간의 경제 악화 이후에는 그렇지 않다고 생각한다. 그들의 대응은? 반발이다."[8]

연구는 상식을 확인시켜줬다. 요컨대 자유롭고 자주적인 사람들이 사는 땅에서 규범 감시 행위가 규범 감시에 역효과로 작용하고 있는 것이다. 감시받는 이들은 공공장소에서는 벙어리가 될지 몰라도 마음속으로 또는 가정에서는 억울함이 쌓여가고, 그러다 선동가들에 의해 활성화하면 투표소에서 갑자기 폭발한다. 2017년 한 연구가 밝혔듯 "임시방편적인 정치적 올바름이라는 규범이 도널드 트럼프 지지를 현저히 증가시켰다". (비단 우익들 사이에서만은 아니다. 연구 대상은 "대부분 정치적 온건파인 미국인들"이었다.)[9]

도널드 트럼프도 확실히 같은 의견이었다. "나는 이 나라의 큰 문제가 정치적 올바름이라고 봅니다." 2016년 선거 유세 때 그는 이런 말을 했다. "너무나 많은 사람이 나한테 싸움을 걸어왔는데, 솔직히 나는 정치적으로 완전하게 올바를 시간이 없어요. 그리고 솔직히 말해, 이 나라 또한 시간이 없습니다."

전통적인 지식의 헌법 옹호자들이 원래 자리로 돌아오지 않는 이상은 아마 시간이 많지 않을 게다.

사상 초유의 묘안

이 책은 자유주의의 인식론적 운영 체제인 지식의 헌법, 즉 견해차를 지식으로 변환하는 우리 사회의 원칙을 설명하고 옹호한다. 이 체제는 사회적 마법에 의해 자동으로 자체 조립된 것이 아니다. 힘겹게 싸운 전투와 힘들게 얻어낸 규범 및 제도의 산물이고, 그 과정에서 많은 사람이 고통받고 피를 흘렸다. 그것은 자체적으로 유지되지 않는다. 이따금 무너지기 쉬운 일련의 사회적 환경 및 이해에 의존하므로 그것을 알고, 확인하고, 보호할 필요가 있다. 지식의 헌법을 설명하고 그에 대한 현대의 위협을 탐구함으로써 나는 무엇을 보호해야 하고, 왜 그리고 어떻게 보호해야 하는지에 관한 더 명확한 이해로 그 옹호자들을 무장시키고 싶다.

논지는 자유 사회에서 지식을 만드는 방법에 관한 필자의 책 《친절한 심문관: 자유로운 사고에 대한 새로운 공격(Kindly Inquisitors: The New Attacks on Free Thought)》에서 내가 발전시킨 틀을 기반으로 한다. 그 책에 익숙한 독자라면 여기서 근본적으로 재고할 건 없지만 시각의 변화가 있음을 발견할 것이다. 이전 책에서 나는 현대 자유민주주의의 인식론적 질서—내가 '자유과학(liberal science)'이라고 지칭하는 것—가 기초로 삼는 두 가지 규칙의 영향을 파악하려 했다. 바로 **최종 결정권 부재**와 **개인 권한 부재**다. 나는 사람들이 이런 규칙을 지키는 곳이라면 어디서나 서로에게 책임은 있으되 어떤 특정 권한도 결코 갖지 않는 오류 탐색 탐구자들의 공동체가 형성될 것이며, 지식은 그들의 벌집과도 같은 자체 조직 활동에서 대부분 생겨날 것이라고 주장했다. 한편으로 이 체제가 자본주의와 민주주의처럼 비개인화하고 탈중심적이고 규칙에 기반하고 있다는 점을 강조하기 위해 나는 '자유과학'이란 용어를 썼다. 단순히 물리학 같은 자연과학을 내포하는 '과학'보다는 더 포괄적인 용어가 필요하기 때문이기도 했다. 그에 반해 '자유과학'에는 사회과학 방면, 심지어 문학비평과 도덕철학 같은 인문학에 주류 언론과 법학 및 정보 업무 측면까지 추가로 포함된다. 탐구자들이 진리를 추구하고 서로에게 정확성에 대한 책임을 묻기 위해 사심을 배제하고 비판적 교환을 활용하는 모든 분야가 여기에 속한다.

나는 지난 몇 년간 《친절한 심문관》의 틀은 비록 잘 버티기는 했지만, 집단적 탐구의 제도적·공동체적 기반에 더 관심을 기울인다면 그걸 강화할 수 있지 않을까 생각했다. 산업적 규모의 트롤링 및 허위 정보의 갑작스러운 부상으로 제도적 방어가 시급해 보였다. 이번 책에서 나는 '자유과학'을 자유과학의 원칙과 규범을 고수하는 소셜 네트워크라는 의미의 '현실 기반 공동체'라는 용어로 보충했다. 나의 바람은 자유과학이 단지 개인들만의 대화가 아니라 풍선의 기체 분자나 놀이공원의 범퍼카처럼 각자가 자신의 행위를 수행하다가 가끔씩 타인과 상호 작용하는 것이라는 생각을 현실 기반 공동체가 포착해주는 것이다. 공동체의 상호 작용은 조직적이고 정교하고 개인 행위의 단순한 총합보다 훨씬 크며, 그 필수적인 조력자·연결자·전달자는 **제도**다. 제도는 규범 및 원칙을 전파하고 강화하며, 자격을 평가하고 인증하며, 의제를 설정하고 자원을 총괄하며, 책임을 강화하고, 이상의 모든 일과 기타 등등을 미래 세대가 수행하도록 훈련시킨다. 오늘날 허무주의자와 따돌림 가해자들의 실질적인 공격 표적이 개개인이 아닌 자유과학의 제도 및 규범인 이유가 바로 여기에 있다.

그러나 제도와 규범은 눈으로 보기 힘들다. 개인들과 달리 TV나 유튜브의 주역도 아니고, 우리를 즐겁게 하거나 격분하게 하지도 않는다. 그것들이 작동할 때는 지적 풍토에 스며들어 환경을 제공하고, 경계를 감시하고, 지나친 주목을 끌지 않으면서 행동을 유도한다. 그것들을 가시화하고 전면에 드러내기는 힘들다. 나는 궁금했다. 지식을 심사하고 사실을 생산하는 규칙과 제도에 대해 생각하게끔 하는 알기 쉬운 방법은 어디서 찾을 수 있을까? 마침내 해답이 떠올랐을 때, 그것은 너무나 명백해 보였다.

현대 자유주의—철학자 칼 포퍼(Karl Popper)와 이후 다른 이들이 열린 사회(open society)라고 부른 것—는 세 가지 사회 체제로 정의된다. 바로 경제와 정치 그리고 인식론 체제다. 이것들이 자원, 권력 및 진리에 대한 사회적 의사 결정을 처리한다. 인식론적 체제는 사상의 시장이라는 비유를 통해 경제 체제로 유추될 때가 많다. 그러나 인식론과 정치 체제 사이의 유사성은 비록 제대로 개발되지는 않았지만 중요한 측면에서 더 흥미로운 점을 드러낸다.

그러니까 이 책은 확대된 비유, 즉 미국 헌법(서류상 헌법의 원문뿐 아니라 작동 중인 헌법을 구체화하는 제도와 규범)과 지식의 헌법 간 유사성을 통해 진행될 것이며, 여기서 내가 말하는 지식의 헌법은 자유과학을 규정하고 현실 기반 공동체를 조직하는 규칙을 뜻한다. 모든 비유가 그렇듯 너무 문자 그대로 다루거나 지나치게 멀리 갈 수도 있고, 어떤 면에서는 내가 과도한 비교를 했을 수도 있다. 그럼에도 불구하고 유사성은 실재하고 많으며, 차이점마저 이해를 돕는다. 두 헌법이 모두 현대 자유주의의 바탕이며, 자유주의 사회만이 향유하는 평화·번영 및 자유를 가져오는 데 중요하다. 둘 다 같은 사조(思潮)의 사회사상에 주된 뿌리를 두고 있다. 심지어 족보를 거슬러 올라가면 일부는 같은 인물들한테서 유래되기도 했다. 둘 다 사회 계약, 즉 집단의 다른 구성원도 그럴 것이기 때문에 특정 규칙은 따르고 특정 요구는 포기하기로 하는 합의다. 둘 다 강압은 사절하며, 사람들에게 법률을 제정하거나 지식을 만들어내려면 협상하고 합의에 도달할 것을 요구한다. 둘 다 경쟁하고 협력하는 다수의 행위자 사이에서 의사 결정을 분배하며, 책임지는 네트워크를 창출하기 위해 견제와 균형을 활용한다. 둘 다 개인의 권리를 강력히 보장하는 대신 참가자들에게 어려운 행동 기준에 부응할 것을 요구한다. 둘 다 오직 공식적 원칙 및 제약과 더불어 비공식적 규범 및 암묵적 덕목을 결합하기 때문에 작동한다. 둘 다 제도로 구현되며 제도적 관점에서 이해 및 방어를 요한다. 둘 다 탄력적인 동시에 취약하다. 둘 다 이전 공격이 실패하면 지칠 줄 모르고 새로운 공격을 시도하는 적수들로부터 영원히 공격당한다.

이 책은 인간이 인지적 오류를 저지르고, 그것을 부족(tribe, 部族)의 견해차로 전환시키고, 지식을 두고 전쟁으로 치닫는 이유에 대한 연구를 플라톤의 《테아이테토스》에 업데이트하는 것으로 출발한다. 그러고 나서는 어떻게 여러 세대의 철학자 및 과학자들이 현대의 인식론적 질서—물론 1787년 필라델피아의 헌법 창제보다 더 느리고 유기적이긴 하지만, 그래도 일종의 창제인 것은 맞다—를 발전시켰는지 보여준다. 그것을 배경으로 이 책은 지식의 헌법의 설계 방식—미국 헌법처럼 조정을 강제하는 사회적 메커니즘—과 현실 기반 공동체의 경계를 탐구한다.

후반부는 역사와 이론으로부터 동시대의 여러 가지 도전 과제로 넘어가며, 21세기의 가장 불편한 인식론적 놀라움에서 시작한다. 요컨대 디지털 미디어가 대화와 지식보다는 분노와 허위 정보에 더 잘 맞춰져 있는 것으로 밝혀졌다는 점이다. 진실 친화적인 디지털 설계 방식은 가능하며, 이는 디지털 플랫폼이 사실에 대한 제도적 책임을 떠맡기 시작함에 따라 실제로 이미 부상하고 있다. 하지만 안타깝게도 그들—그리고 우리—은 두 가지 반란과의 싸움을 맞이할 처지에 있다. 바로 트롤링 문화라고도 부르는 바이럴(viral: 컴퓨터 바이러스처럼 확산된다는 뜻—옮긴이) 허위 정보와 대체 현실(alternative reality)의 전파, 그리고 취소 문화라고도 부르는 강압적 동조와 이념적 블랙리스트의 확산이다. 전자는 주로 우익과 포퓰리스트(populist: 대중의 인기에만 영합하려는 정치인—옮긴이), 후자는 주로 좌익과 엘리트주의자다. 전자는 무질서와 혼란을, 후자는 동조와 사회적 강요를 조장한다. 그러나 그들의 목표는 비슷하고, 묘하게도 사실상 협력자처럼 행동할 때가 많다.

트롤링 문화와 취소 문화의 공통점은 프로파간다 전문가들이 보통 정보 전쟁이라 부르는 것의 기법이다. 그들은 진리를 추구하기 위해 합리적 설득을 활용하기보다 정치적 이익을 위해 사회 및 미디어 환경을 조작한다. 그들은 하찮거나 비체계적이거나 흐트러져 있는 듯 보일지 몰라도, 공격적이고 팽창적이며 인간의 인지적·감정적 취약성에 대한 정교한 이해에 뿌리를 두고 있다. 그들은 백악관(4년간)과 학계의 상당 부분을 비롯해 지휘 기관의 고지를 확보해왔다. 그들은 디지털 기술 역량을 이용해 자신들의 속도와 도달 범위를 증폭시키고 있다. 그러나 그들이 사용하는 방법과 그들이 제기하는 위험에 대한 의식이 고취됨에 따라 고무적인 반발을 초래하기도 했다.

현실에 대한 각성

괜한 불안을 조장하려는 게 아니다. 반대로 나는 희망과 신중한 낙관주의 정신으로 이 책을 썼다. 디지털 미디어 세상에는 허위 정보의 공격을 감내하도록 인상적인 공약과 혁신이 투입되고 있으며, 적들에게는 더 이상 기습의 이점이 없다. 학계에는 깊이 축적된 과학적 진실성이 여전히 남아 있다. 지식의 헌법에 대한 오늘날의 도전은 역사적 기준으로 보면 비교적 유순하다. 수백 년에 걸친 사방의 끊임없는 공격에도 불구하고 표현의 자유와 자유과학이 정말 탄탄했던 것은 기적이다. 불쾌하고 그릇되고 선동적이고 모욕적이고 편협한 표현도 용인할 가치가 있을 뿐 아니라, 무엇보다 보호할 가치가 있다는 생각은 인류사 전체에서 가장 반(反)직관적인 단 하나의 사회 원칙이다. 인간의 모든 본능이 소리 높여 거기에 맞서고 인류의 모든 세대가 거기에 반기를 들 새로운 이유들을 발견한다. 인류사 전체에서 단 하나의 가장 **성공한** 사회 원칙이기도 하다는 사실 때문에 그것은 자명한 부조리의 쓰레기 더미에 던져지는 신세를 면할 뿐이다. 우리 중 거기에 찬성하는 이들, 그리고 우리의 자식들과 그들의 자식들과 또 그들의 자식들은 매일 아침 일어나면 우리의 반직관적인 사회 원칙을 처음부터 다시 설명하며 수호해야 할 터이다. 그러니 우리도 그 임무를 수락하고 즐겁게 수행하는 편이 나을 것이다.

보상으로 우리의 터무니없어 보이는 제안이 얼마나 잘 이뤄졌는지를 보며 우리는 경탄할 수 있다. 비개연성과 엄격한 규칙 및 복잡한 제도에도 불구하고 왜인지 자유주의의 인식론적 질서—지식의 헌법—는 언제나 앞으로 나아갈 길을 찾아왔다. 그러나 기본적으로 그것은 현실 기반 공동체의 평범한 구성원들—당신과 나 그리고 샘 포어 같은 사람들—이 그 원칙을 전폭적으로 수용하고 목청껏 방어하는 데 달려 있다.

리버럴 아츠 칼리지를 떠난 포어는 "명예가 훼손될 거라는 두려움 없이 지적인 대화를 나눌 수 있는 곳을 원했죠"라고 내게 말했다. 그는 공립대학으로 옮겼다. 거기서 인권 옹호 단체인 교육 개인권 재단(Foundation for Individual Rights in Education, FIRE) 여름 인턴을 마친 후, FIRE의 '표현의 자유' 부문에서 최저 등급을 받았던 학생 수첩(student handbook)의 표현 정책 수정에 착수했다. 그는 표현의 자유 행사를 기획하고 대학 행정 당국에 로비 활동을 벌였으며, 학교의 지지를 끌어냈다. 그리고 성공을 거뒀다. 학생 수첩은 다시 작성되었다. 내가 이 글을 쓰고 있는 지금, 그의 학교는 FIRE의 최고 등급을 자랑한다. 상징적인 청신호다.

포어는 첫 번째 대학에서 겪었던 사회적으로 강제된 동조에 대해 한마디 했다. "제게 그것은 정치적 각성을 촉발했고, 교육의 미래에 대한 진지한 고민을 북돋아줬어요. 그런 의미에서 제가 그곳에서 겪은 것은 축복이었습니다. 저주로 가장한 축복. 그런 대우를 당하지 않았다면 좋았겠지만, 제게는 진심으로 반박하고 계속 싸울 수 있는 자극이 됐죠."

포어는 이어서 말했다. "많은 사람이 저항에 부딪히면 포기하면서 말하죠. '이런 정책을 바꾸려고 싸우는 것보다 나한테는 학위가 더 중요해.' 제가 지켜본 바로는, 이런 종류의 변화를 도모하려면 끝까지 버티고야 마는 활동가적 열정을 갖춘 사람이 필요해요."

포어의 열정이 지식의 헌법의 정신—이 책이 추구하고 힘을 실어주려는 정신—이다.

2 자연 상태: 부족적 진실

편향, 집단 사고, 만인의 만인에 대한
인식론적 전쟁

2018년 미국인들은 초조하게 답변을 기다렸다. 로버트 뮬러(Robert Mueller) 특검이 도널드 트럼프 대통령의 활동을 파헤치고 있었다. 대통령의 미래가 어떻게 될지 모르는 상태였다.

아니, 초조하게 기다린 건 일부 사람들이었다. 다른 사람들은 이미 결과를 알고 있었다. 도나 코왈지크(Donna Kowalczyk)라는 한 트럼프 지지자가 "뭔가가 나올 거라고 생각하진 않아요. 뭔가를 찾아낸다면 그들이 지어낸 것이겠죠"라고 벤 브래들리 주니어(Ben Bradlee Jr.) 기자에게 말했듯이 말이다.[1]

그녀와 내가 그 문제에 다르게 접근했다고 말한다면 그것은 절제된 표현일 게다. 전문 언론인으로서 나는 증거를 기반으로 하고, 냉철하며, 공정 의식을 갖고 있다. 사실을 확보하기 이전이 아니라 이후에 판단한다. 적어도 그것이 내가 자부하는 방식이다.

그런데 정말 나는 코왈지크 씨와 그렇게 다를까? 아니면 나는 그냥 다른 부족의 일원이고, 그녀나 다른 사람들만큼 편향되어 있는데, 그런 나의 편향을 보지 못하는 걸까? 그럼 논의를 위해, 가령 코왈지크 씨가 사실은 나보다 증거에 덜 바탕을 두고 덜 냉철하다고 가정하자. 누구의 사고방식이 더 평범하고 자연스러운가? 누구의 방식이 대부분의 상황에서, 대부분의 인류에게 더 유용한가?

정답: 나는 아니다.

"이성은 정념의 노예다"

1600년대 중반 잉글랜드 철학자 토머스 홉스(Thomas Hobbes)는 갑자기 충격을 줬고, 정치철학은 결코 거기서 완전히 회복하지 못했다. 아리스토텔레스는 인간이 정치적 혹은 사회적 동물이라는 점을 발견했었다. 그런데 인간은 어떤 종류의 정치와 사회 쪽으로 자연스레 기우는가? 오늘날 우리가 말하는 식으로라면, 인간 사회의 초기 설정은 무엇인가? 아니, 수백 년 전 철학자들이 던졌던 질문의 틀대로라면, 인간의 '자연 상태(state of nature)'는 무엇인가? 플라톤부터 중세까지 내려오면서 우세했던 해답은, 인간은 위계적이라는 것이었다. 즉, 지혜롭거나 강하거나 독실하거나 계급 높은 사람들이 무식하거나 약하거나 신앙이 없거나 천박한 사람들을 통치하고 보호하는 질서 정연한 패턴으로 자리를 잡는다.

홉스는 존재의 거대한 고리(Great Chain of Being: 모든 실재는 신으로부터 발생되어 궁극적으로 다시 신에게 되돌아간다는 고대의 철학적 개념—옮긴이)를 무너뜨렸다. 그즈음 영국 내전이 터졌다. 후대의 정치적 사고를 따라다니며 형상을 갖춘 대단히 충격적인 투쟁이었다. 당연히 그는 인간이란 동물이 근본적으로 이기적이며 호전적이라고 여겼다. 내버려두면—국가와 사회에 관한 걸작 《리바이어던(Leviathan)》에서 그가 주장한 대로—사람들은 질서 정연한 위계가 아니라 개인 및 부족의 권력 투쟁으로 분열되어 끊임없는 다툼과 경쟁 상태에서 살 터였다. 자연 상태는 만인의 만인에 대한 전쟁 상태라고 홉스는 주장했다.

> 이런 상태에서는 근로의 여지가 없다. 그 성과가 불확실하기 때문이다. 그래서 결과적으로 토지의 경작도 없고, 항해도 없고, 해로로 수입할 수 있는 소비재의 이용도 없고, 널찍한 건물도 없고, 큰 힘을 요하는 물건을 옮기고 치울 도구도 없고, 지표에 관한 지식도 없고, 시간의 계산도 없고, 예술도 없고, 학문도 없고, 사회도 없다. 이 모든 것 중 최악은 폭력적 죽음에 대한 끊임없는 공포와 위험, 그리고 외롭고 가난하고 역겹고 잔인하고 짧은 인간의 삶이다.

대담하게도 홉스는 인간 본성에 대한 자신의 비관적 시각을 무정부 상태를 위한 논거가 아닌 질서를 위한 기초로 사용하는 불가능해 보이는 과업을 떠맡았다. 평화를 가져오는 임무는 국민으로부터 자신들을 통치할, 철회할 수 없는 권력을 부여받은 군주, 곧 '리바이어던'에 의해서만 수행될 수 있다고 그는 주장했다. 그러나 군주는 누가 통치할 것인가? 누가 통치자를 통치할 것인가? 이 질문이 대답을 기다리고 있었다.

정치의 홉스식 격변 같은 것이 인식론 영역에서도 벌어졌다. 플라톤 이래 철학자들은 감각이 현혹당할 수 있고 신념이 오류를 범할 수 있다는 걸 알고 있었다. 그러나 그들은 인간은 자연스럽게 진실을 향해 기울게 마련이고, 신이 우리 종(種)에게 내려주신 독특한 선물인 이성이 우리를 이끌 것이라고 가정했다. 300년 전쯤 스코틀랜드 철학자 데이비드 흄

(David Hume)은 그 기본 가정에 이의를 제기했다. 그는 《인간 본성에 관한 논고(Treatise on Human Nature)》에서 이 사안에 대한 가장 확고하고 가장 유명한 선언들 중 하나를 공표했다. "이성은 정념의 노예이며 그럴 수밖에 없고, 정념을 모시고 따르는 것 말고는 다른 어떤 것도 가장(假裝)하지 못한다." 흄은 사고의 도구로서 이성의 효용을 부인하지는 않았으나, 이성이 조수석의 내비게이터(navigator)처럼 방향 제시는 할 수 있어도 자동차 핸들을 잡을 수는 없으며, 우리의 감정과 도덕적 직관은 운전석에 있다고 생각했다. 지난 몇십 년간 엄청나게 많은 과학적 연구가 흄과 고대인들 사이의 논쟁을 매듭지었다. 흄이 승리했다.

다시 자연 상태, 혹은 현대 철학자들이 진화적 적응 환경이라고 부르는 것으로 돌아가보자. 우선 호모사피엔스의 자랑거리이자 기쁨인 고차원의 논증은 왜 생겼을까? 분명 연산을 하고, 상징을 조작하고, 개념을 전달하는 것은 생존에 유용하다. 그러나 모든 종류의 생물이 상징적 논증의 도움 없이도 생존하고 번성하며 정교한 사회 집단을 형성한다.

현대 학계는 논증이 원시적 생존과는 다른 필요에서 생겨났다고 말한다. 바로 설득이다. 사람들은 원래 작은 무리, 즉 부족으로 살았다. 생존은 자신과 자기 자녀들을 위해 집단 내에서 안전한 지위를 얻는 능력에 달려 있었다. 기피당하거나, 내팽개쳐지거나, 쫓겨나는 것은 치명적일 수 있었다. 반면 높은 지위는 자원과 짝짓기 기회를 가져다줄 수 있었다. 우위를 점하는 한 가지 길은 경쟁자를 죽이거나 제압하는 물리적 방법일 테지만, 이는 경쟁자들이 동맹을 맺고 전쟁에 돌입하는 상황을 초래한다. 설득은 저비용·고수익의 재능이다. 그것이 있으면 우리는 타인들이 우리가 가고자 하는 방향을 따르고, 우리가 하고자 하는 일을 수행하고, 우리와 동맹을 맺고 우리를 보호하며, 우리에게 원조와 자원을 제공하도록 할 수 있다. 이유를 대는 것은 타인들을 설득하는 좋은 방법으로 판명 났고, 따라서 이유를 대는 데 능한 사람들은 번성할 수 있다.

그러나 여기엔 잠재적 걸림돌이 있다. 결과적으로 진화는 반드시 진실로 귀결되는 방식의 사고 능력을 선택하지 않고, **설득하는** 방식의 사고 능력을 선택한다는 것이다. 사회심리학자 조너선 하이트는《바른 마음: 나의 옳음과 그들의 옳음은 왜 다른가(The Righteous Mind: Why Good People Are Divided by Politics and Religion)》에서 이성은 "우리가 진실을 찾도록 하려는 게 아니라, 다른 사람들과의 토론 상황에서 논쟁과 설득과 조작에 관여하기 위해 진화했다"고 쓴다. 맞다. 어디서 물을 구할지라든가 이웃 부족이 어디에 진을 치고 있는지처럼, 오류가 생기면 생명이 위험하거나 발각되기 쉬운 단순한 경험적 문제에 관해서는 우리의 사고가 상당히 현실적일 가능성이 높다. (그렇지 않다면 우리가 지금 존재하지 않을 테니 말이다.) 그러나 우리를 너무나도 빈번하게 사로잡고 분열시키는 더 추상적인 도덕적·지적 문제에 관해 논증은 상사가 이미 어떤 입장을 취했든 그걸 정당화하는 게 목표인 언론 담당 비서와 같다는 것이 하이트의 주장이다. 하이트는 "직관이 먼저이고, 전략적 논증은 그다음"이라고 쓴다. 게다가 강력한 도덕적 반응을 일으키는 사안에 관한 대화에서 "사람들은 실상보다는 겉모습과 평판에 훨씬 더 관심을 기울인다". 사람들은 **실제로** 올바른 것보다는 올바르게 **보이는** 데 더 신경을 쓴다. "우리의 도덕적 사고는 진리를 탐구하는 과학자보다는 표를 구하는 정치가에 훨씬 더 가깝다"고 하이트는 말한다.[2] 아마 소크라테스라면 인기를 얻기보다는 올바르고 싶어 하겠지만, 우리 대부분은 우리 부족에게서 좋은 평판을 유지하는 쪽을 선호한다. 소크라테스가 동료 시민들에 의해 처형당했음을 감안할 때 타당한 요구다.

이유를 제시하는 능력은 타인을 설득하는 데 유용할 뿐 아니라, 우리 자신을 설득하는 데도 유용하다. 우리가 하는 말을 우리가 믿는다면 결국 타인을 설득하는 게 더 쉽다. 정치와 관련해, 진실함을 가장할 수 있다면 당신은 성공한 것이라는 옛말이 있다. 그러나 사실은 그렇지 않다. 진실해 보이는 최상의 방법은 진실한 것이기 때문이다. 신뢰성 간파는 공유와 호혜에 의존하는 소집단에서 기초적인 생활 기술이며, 따라서 사람들은 뛰어난 거짓말 탐지 방법을 발달시켜왔다. 다른 사람의 거짓말을 탐지하는 최고의 방법은 당신이 하는 말을 믿는 것이다. 만일 당신의 사회적 평판과 집단 정체성이 뭔가를 믿는 데 달려 있다면, 당신은 그걸 믿을 방도를 찾아내고 말 것이다. 실제로 당신의 뇌는 적합한 정보는 즉각 받아들이고 기억해내는 한편, 그렇지 않은 정보는 숨기고 무시하도록 작동함으로써 당신을 도와줄 것이다.[3]

지능이 잘못된 신념을 전혀 방어하지 못하는 이유는 바로 이 때문이다. 오히려 그것은 우리가 합리화에 훨씬 더 능하도록 해준다. 《바른 마음》에서 하이트가 적었듯 고지능자들은 자신의 견해를 정당화할 논거를 찾는 데 다른 이들보다 뛰어나다. 그러나 그 문제의 **반대편** 입장에 대한 논거를 찾으라고 요구하면 다른 이들보다 나을 게 없다. 지력(知力)은 사람들을 더 훌륭한 언론 담당 비서로 만들어주지만, 솔직한 자기비판적 사고마저 반드시 더 잘하게 해주는 건 아니다.

이성을 한없이 왜곡할 수는 없으며, 우리는 그것을 포기하지 말아야 한다. 어떤 지점을 넘어서면 자기 이익을 합리화하고 자기 입 밖에 내는 말은 무엇이든 믿는 것 같은 전략으로는 자체적인 한계가 있다. 장기적으로, 현실을 포기하라고 우리 자신과 타인을 설득하는 것은 사회적 (그리고 물질적) 위험을 제기한다. 끊임없이 그릇된 혹은 남이나 자기를 기만하는 사람은 결국 자신의 신뢰도가 악화했음을 알게 될 터이다. 이성은 정념에 이바지하도록 진화했을지 몰라도, 자체적인 의제 또한 개발한다. 합리성은 바로 증거와 논지에 설득력이 있기 때문에 설득되는 것이다. 즉, 항상 그렇지는 않지만 설득력 있는 논증이 바른 논증일 때가 많다. 우리와 의견 다툼이 있는 누군가가 일련의 논증을 차근차근 알려주거나 계산을 증명하면, 우리 안에서는 불편한 불협화음이 느껴지고, 이것이 가끔—물론 언제나 그런 건 아니고 가끔—신념에 의문을 던지고, 감정을 불신하고, 심지어 마음을 바꿔먹게 만든다. ('교육'이라고 부르는 과정이다.)

그러니까 연구가 시사하는 바는 이성이 절대로 혹은 좀처럼 우세하지 않다는 게 아니라, 확실히 우세한 것은 아니라는 점이다. 설상가상으로 우리가 이성을 가장 필요로 하는 바로 그때, 다시 말해 우리의 판단을 흐리는 감정에 가장 많이 좌우되는 바로 그때, 그것은 실패할 가능성이 가장 높다. 하이트가 2018년 〈리즌(Reason)〉의 인터뷰 기자에게 말한 대로 "우리가 뭔가에 대해 더욱 열렬하게 느끼면 느낄수록, 우리의 논증이 왜곡되고 신뢰할 수 없어질 공산이 더 크다". 옵션이 강한 감정적 가치를 갖고 있을 때, 장단점을 신중히 고려한 합리적 의사 결정은 실패할 가능성이 더 높다. 위험 요소와 의사 결정에 관한 전문가 조지프 아르바이(Joseph Árvai)는 "대안들 자체가 내보내는 감정적 신호가 너무 강한 나머지 우리는 애초에 옵션의 장단점을 구분하는 데 도움을 줄 객관적 정보에 대한 고려를 등한시하고 만다"고 쓴다.

그가 로빈 윌슨(Robyn S. Wilson)과 수행한 연구는 명쾌한 사례를 제공한다. 사슴 개체 수 과잉의 피해가 어떤 곳에서는 재산 범죄 피해보다 더 컸음을 나타내는 데이터를 참가자들에게 보여줬다. 전자는 감정적 가치가 낮은 문제고, 후자는 감정적 가치가 높은 문제다. 그런 다음 참가자들에게 10만 달러의 재원을 어떻게 할당하겠냐고 물었다. 참가자들은 객관적 데이터가 보증하는 것보다 훨씬 더 많은 비용을 범죄—본능적으로 두려운 쟁점—에, 훨씬 더 적은 비용을 사슴에 쓰겠다고 했다. "우리 생각을 좀더 시험해보고자 여러 차례 이 실험을 반복했고, 매 회마다 사슴 개체 수 과잉의 피해를 한층 더 크게 만드는 한편 재산 범죄 피해는 일정하게 유지시켰다. 피해 격차가 아무리 커도 우리는 사람들이 사슴 개체 수 과잉에 조치를 취하게 만들 수 없었다. 우리가 거기에 대해 어떤 실증적 데이터를 제시해도 사람들은 그냥 이 문제—범죄—에 감정적으로 끌려 지나칠 수 없는 것 같았다"[4]

선동가들이 몇 번이고 입증했듯 감정을 고조시키는 쟁점에 감정적으로 반응하는 경향은 이용하고 조작하기 쉽다. 가령 실제로 있지도 않은 범죄 급증, 통계상 드문 이민자들의 살인, 그리고 '미국의 대학살'을 대대적으로 선전하는 것처럼 말이다. 더 나쁜 건 감정에 흔들리고 있을 때조차 우리는 우리가 이성적으로 대응하고 있다고 **느낀다**는 점이다. 자신들의 결정이 후보자의 이슈에 대한 입장을 바탕으로 한 것이라는 유권자는 "아마도 대부분 자기들이 후보자와 구축한 정서적 유대를 바탕으로 선택을 내리고 있을 것이다"라고 아르바이는 쓴다. 바꿔 말하면, 우리는 정치적 충성심을 형성할 때 우리의 감정과 직감으로부터 거꾸로 합리화를 한다는 얘기다. 그럼에도 우리는 정책적 견해를 듣고 나서 판단을 내리는 거라고 맹세할 것이다.

당신은 편향됐고, 나는 그렇지 않아

테아이테토스와 소크라테스는 인간의 인지 사슬에서 도대체 어떻게 하면 오류가 생기는지를 두고 골똘히 고민했다. 최신 연구에 비춰보면, 다음의 질문이 더 낫겠다. 도대체 어떻게 하면 오류가 생기지 **않는가**? 인지는 온갖 종류의 왜곡에 시달린다. 벤 야고다(Ben Yagoda)는 〈애틀랜틱(The Atlantic)〉에 "100가지 정도의 굳건한 〔인지적〕 편향이 존재하는 것으로 반복해서 나타났으며, 그것들이 우리의 삶을 망칠 수 있다"고 썼다.[5] 몇 가지 예를 들면, 거기에는 다음과 같은 것들이 포함된다.

- 낙관주의 편향: 우리가 성공할 확률을 과대평가하는 경향.
- 가용성 편향: 우리 머릿속에 박혀서 떠나지 않는 현상(테러리스트의 공격, 아동 유괴)이 일어날 가능성을 과대평가하는 경향.
- 친숙 편향(또는 반복 편향): 우리가 흔히 들어본 것을 믿는 경향. (사실 잘못된 주장이 틀렸음을 반복적으로 폭로하는 것도 그걸 더 친숙하게 만들고, 그렇게 함으로써 더욱 믿을 만하게 만들 수 있다.)
- 유창성 편향: 이해하고 흡수하기 쉬운 진술을 믿는 경향. (사투리를 안 쓰는 화자, 크거나 굵거나 선명한 서체로 쓴 글, 운을 맞춘 경구, 관련 정보를 전달하지 않더라도 사진을 수반한 진술은 믿을 가능성이 더 높다.)
- 비대칭적 통찰의 착각: 다른 사람들이 우리의 생각과 동기에 대해 아는 것보다 우리가 다른 사람의 생각과 동기에 대해 더 잘 안다고 가정하게 만든다.
- 도박사의 오류: 동전 던지기에서 연속으로 5회 윗면이 나오면 여섯 번째는 뒷면이 나올 확률이 더 높다고 기대하게 만든다.

- 닻 내림 효과: 제공된 첫 번째 정보를 지나치게 중시하는 경향.
- 프레이밍(framing) 효과: 콘텐츠를 우리에게 소개하는 방식에 따라 영향을 받는 경향.
- 우월감 편향: 우리가 얼마나 능력이 있는지를 과대평가하는 경향.
- 출처 혼동: 우리가 어디서 정보를 알았는지, 우리가 안다고 생각하는 것을 어떻게 알았는지 잘못 인용하는 경향.
- 고집 편향: 부당성을 입증하는 증거가 있어도 신념을 고수하는 경향.

모든 것에는 메타 편향(meta-bias)을 추가할 수 있다. 편견이 하는 일 중 하나가 우리의 편견을 못 보게 하는 것이기 때문이다. 철학자 리 매킨타이어(Lee McIntyre)는 2018년 저서 《탈진실(Post-Truth)》에서 "이러한 것들을 비롯한 다른 인지적 편향은 우리에게서 정확하게 사고하는 능력을 빼앗아갈 뿐 아니라, 우리가 그렇게 하고 있지 않은 순간을 깨닫지 못하게 만든다"고 썼다. 우리는 실제로 가장 잘못되고 가장 기만적일 때, 우리가 가장 합리적이라 생각하고 가장 확신할 수 있다고 느낄 경우가 많다.

사람들이 편향적인 데는 이유가 있다. 초기 인류에게는 하루하루 그다지 많은 변화가 없었고, 흔히 생존은 빠른 반응에 달려 있었다. 인류의 반응 패턴은 환경에 적합하게 진화했다. 우리 뇌는 특정한 추측이나 예측을 하는 데 맞춰졌다. 그런 인지적 지름길은 시간, 에너지, 잠재적 목숨을 절감한다. 위험에 둔하게 반응하면 치명적일 수 있고, 통계적 위험 분석을 확보하기 어려운 대초원에서는 자극이나 위협에 대한 감정적 반응에 이끌리는 게 당연하다. 생존하려면 정보와 보호 때문에 타인에게 의존해야 하는 작은 부족 집단에서는 주변 사람들에게 자주 듣는 말을 믿는 게 당연하다. 오늘날에도 일반적으로 어림짐작을 사용하는 데는 아무 문제가 없다. 다시 말해, 직감과 순간적 판단과 주먹구구를 바탕으로 한 의사 결정의 지름길을 적용하면서 일부는 학습하고 일부는 진화했다는 얘기다. 실제 허용된 시간 안에 정치인 전체의 수십 가지 쟁점에 대한 입장에 관해 입수 가능한 모든 정보를 처리할 수 있는 사람은 없을 것이다. 우리가 구입하는 모든 제품, 우리가 이용하는 모든 서비스, 우리가 만나는 모든 사람, 우리가 마주치는 모든 집단에 관한 모든 정보는 말할 것도 없고 말이다. 우리가 들어본 브랜드나 우리가 속한 정당처럼 지름길에 의존하는 것은 복잡한 세상에서 일상생활의 방향을 잡는 데 필수적인 부분이다. 그럼에도 불구하고 정교한 판단을 요구하는 복잡한 상황에서 편향은 우리를 종종 엉뚱한 길로 안내하는 동시에 우리가 틀릴 수도 있다는 가능성에 대해 둔감하게 만든다.

그런데 바로 우리의 편향이 어떤 방향으로는 우리를 이끌고 또 어떤 방향으로부터는 멀어지도록 진화했기 때문에 무작위로 분배된 오류로 귀결되지는 않는다는 점에 주목할 필요가 있다. 오히려 이런 오류는 되풀이해서 우리를 예측 가능한 경로로 데려간다. 능숙한 심리 전문가인 테러리스트들은 극적인 폭력 행위에 대한 우리의 고정된 과잉 반응을 이용한다. 그들이 죽이는 사람들 수는 자동차 충돌 사고와 길거리 범죄 같은 사건으로 인한 매일의 인명 손실에 비하면 통계상으로 사소한데도 말이다.[6] 오사마 빈 라덴(Osama bin Laden)은 그 원칙을 이렇게 설명했다. "미국이 인적·경제적·정치적 손실을 입도록 장군들이 거기서 뛰어다니게 만들려면, 우리는 그냥 동쪽의 가장 먼 지점에 무자히딘(mujahideen: 아프가니스탄의 무장 게릴라 조직—옮긴이) 요원 2명을 보내서 '알카에다(al Qaeda: 이슬람교 급진파 국제 무장 세력 조직—옮긴이)'라고 쓰인 천 한 장을 들어 올리게 하면

된다."[7] 능숙한 심리 전문가인 선전가들 역시 거짓말이 친숙하게 들릴 때까지 반복하고, 격분한 표적들에게 미끼를 던져가며 거짓말을 더욱 되풀이함으로써 반복 편향을 이용한다. 〔아돌프 히틀러가 《나의 투쟁(Mein Kampf)》에서 말했듯 프로파간다는 "몇 가지 점에 국한시켜 계속해서 반복해야 한다. ……지속성이 첫 번째이자 가장 중요한 성공 요건이다".〕 아마도 최고의 심리 전문가일 광고업자들은 프레이밍 효과를 이용하고, 첫 번째 홍보 문구를 내뱉기도 전에 우리의 태도에 영향을 줄 이미지와 연상을 사용하는 데 달인이다. 그들의 조작이 빤히 보일 때도(정치 광고의 첫 장면에 깃발이 흔들린다든가, 관절염 약 광고에 강아지가 행복한 노인과 신나게 뛰어논다든가) 우리는 거기에 완전히 저항하지 못한다.

인지 및 지각 편향에 관한 문헌은 매우 많으며, 그것을 조사하는 일은 이 책의 영역을 벗어난다.[8] 우리에게 왜 지식의 헌법이 필요한지를 이해하려는 목적에 비춰본다면, 몇 가지 편향이 특히 중요한 듯하다. 하나는 **확증 편향**(confirmation bias)으로 주로 개인적 차원에서 작용하며, 우리의 사고방식을 편파적으로 만든다—가까운 친족인 동기화된 논증이 그러하듯. 또 하나는 **동조 편향**(conformity bias)으로 사회적 차원에서 더 많이 작용하며, 우리의 상호 작용 방식을 편파적으로 만든다—가까운 사촌인 인식론적 부족중심주의(tribalism)가 그러하듯.

"확증 편향과 동기화된 논증은 정치적 맥락과 비정치적 맥락 양쪽에서 널리 조사 및 탐구되어왔다." 이는 랜드 연구소(RAND Corporation: 미국의 대표적인 국제 과학기술 정책 관련 민간 조사 연구 기관—옮긴이)의 제니퍼 카바나(Jennifer Kavanagh)와 마이클 리치(Michael D. Rich)가 2018년 보고서 《진실의 쇠퇴: 미국의 공적 생활에서 감소하고 있는 사실 및 분석에 대한 초기 탐구(Truth Decay: An Initial Exploration of the Diminishing Role of Facts and Analysis in American Public Life)》에서 쓴 내용이다. 신념에 대해 겸손하고,

자신이 틀릴 때가 많다는 걸 가정하고, 자신과 반대되는 정보와 견해를 찾아내라고 우리에게 가르치는 소크라테스는 이 연구를 달가워하지 않을 것이다. 애석하게도 이런 가르침은 보통 우리가 가장 하기 싫어하는 것들이다. 대신 우리는 마음 맞는 신념을 찾아낸 다음, 그것을 방어할 증거와 논거를 모색한다. '확증 편향'이란 용어를 만든 영국 심리학자 피터 웨이슨(Peter Wason)은 1960년대에 수행한 실험에서, 추가 숫자를 제시해 일련의 숫자(가령 2, 4, 6)를 생성하는 데 사용한 규칙을 추측하라는 요구를 받은 사람들이 규칙은 쉽게 찾아냈으나 자신의 짐작을 확증해주는 추가 숫자(가령 8, 10, 12)만을 제시함으로써 그 규칙을 시험하곤 한다는 것을 알아냈다. 그들이 자신의 생각을 확증하지 **않는** 7, 8, 9 같은 숫자—규칙이 '증가하는 정수(整數)'이므로 이 숫자들도 맞았을 것이다—를 제시하며 추측을 시험하는 일은 거의 없었다. 확증에 어긋나는 정보를 찾는 데 소홀한 것은 검은 고양이 세 마리를 보고 모든 고양이는 검다는 가설을 세운 다음, 검지 않은 고양이를 찾으려고 굳이 여기저기 둘러보지 않는 것과 같다.

이후 다른 조사들에서도 동일한 경향을 확인했다.[9] 랜드 연구소의 카바나와 리치는 "사람들은 최상의 정보를 주는 결과가 아니라, 바라던 결과로 귀결될 가능성이 가장 높은 조사 및 결정 방법을 선택할 것"이라는 연구 결과를 인용한다. 하이트에 따르면, 정파적 신념을 확증하면 뇌에 약간의 도파민(dopamine)을 촉발해 만족감을 전달한다고 한다. "정파성으로 무장한 이들은 버튼 누르기를 멈출 수 없는 쥐처럼 이상한 것을 믿는 행위를 그저 멈출 수 없는 것인지도 모른다"고 그는 썼다. "극단적 정파성은 말 그대로 중독적일 수 있다."[10] 연구들은 같은 이유로 사람들이 자신의 신념에 반하는 정보를 찾거나, 거기에 귀 기울이거나, 심지어 알아채는 것조차 강하게 혐오한다고 밝힌다. 2017년의 한 조사에 따르면, 대상자의 3분의 2가 상대편의 정치적 견해에 노출되는 불편을 피하기 위해서라면 돈을 지불하겠다고 했다.[11] 〈이코노미스트〉는 이 실험을 설명하면서 "오바마에게 투표한 사람의 3분의 1, 및 롬니(Mitt Romney)에게 투표한 사람의 절반 이상이 상대편 유권자의 의견에 귀 기울이는 걸 치아를 빼는 것에 비유했다"고 보도했다.[12]

식별하고 대응하기 쉽다면 동기화된 논증과 확증 편향은 그다지 중요하지 않을 터이다. 하지만 우리가 살펴봤듯 애초에 우리의 사고를 왜곡하는 바로 그 편향들이 우리에게 그것들을 은폐하고, 우리가 그것들을 찾아내는 걸 꺼리도록 만들며, 그것들을 인정하는 건 더더욱 꺼리게 만든다. 당신은 편향됐지만, 당연히 나는 그렇지 않아! 그 결과, 오류를 찾고 정정하는 일은 오류를 범하기 쉽고 자연스러운 바로 그 모든 이유 때문에 어렵고 불편하다. 앞에서 살펴봤듯 지능은 그다지 도움이 되지 않는다. 동기화된 논증이 그것을 무기화한다. 가끔 증거와 논지가 효험이 있을 때도 있다. 그러나 그것들은 우리가 별로 신경 쓰지 않는 답변을 가진 질문에서 훨씬 더 잘 작동한다. 어떤 명제에 신경 쓸 때는 그것에 대한 우리의 생각을 바꾸기 어려울 것이다. 반대되는 사실을 밀어내도록 합리화하거나, 그것의 출처를 무시하거나, 그 영향을 거부하거나, 그것의 진실성을 전면적으로 부인하려 들 터이다. 정치학자 브렌던 나이헌(Brendan Nyhan)은 "대부분 형태의 정치적 설득이 전혀 효과가 없는 것 같다"고 썼다.[13]

나는 동성 결혼에 관한 사람들의 생각을 바꾸는 일을 하며 20년을 보냈다. 이성에 대한 호소와 증거가 설득력 있을 수 있지만, 나는 사람들이 정서적으로 설득당할 수 있는 지점으로 옮겨가고 나서야 비로소 그게 가능하다는 것을 알았다. 즉, 게이 또는 게이 커플을 안다거나, 친구 또는 가족 사이에 심경의 변화가 있다거나, 믿을 만한 지도자 또는 당국으로부터 동성 결혼을 지지해도 괜찮다는 신호를 받았을 때 같은 경우다. 사람들의 사적인 견해, 정치적 동질감 및 또래 집단의 규범도 동시에 일제히 은근슬쩍 유도하고 회유해야 했는데, 이는 길고 느린—결국에는 대단히 효과적이기는 했지만—과정이었다. 한 가지 절대 먹히지 않는 것은 사람들에게 그들이 편파적이라고 말하거나 아예 그들의 편향을 본인들에게 보여주는 것이었다. 타인들의 편견은 눈에 보이지만, 자신들의 편견은 절대 그렇지 않다.

믿는다는 것은 소속된다는 것

당신은 진화적 관점에서 봤을 때, 정도를 벗어난 고집이 부적응적일 거라고 생각할 것이다. 그렇지 않은 이유는 아리스토텔레스로까지 거슬러 올라간다. 즉, 인간은 사회적 동물이라는 것. 진화적 시각에서 가장 중요한 것은 어떤 사람이 진실한 신념을 형성하는 게 아니다. 바로 사회적 성공으로 귀결되는 신념을 형성하는 것이다. 사실상 가장 중요한 것은 **나**나 **당신**이 무엇을 믿느냐가 아니라 **우리**가 무엇을 믿느냐다.

예일 대학의 심리학자이자 법학과 교수 댄 카한(Dan Kahan)이 자칭 '정체성 보호 인식(identity-protective cognition)'을 바탕으로 대단히 흥미로운 모델을 하나 제안한 바 있다. 일단 어떤 신념이 우리 자신에 대해 생각하는 방식 또는 우리가 동일시하는 집단에 중요해지면, 그것을 바꾸는 데는 많은 비용이 든다. 카한은 그 집단과 단절됐을 때 "온갖 동료 지원

(peer support)을 모조리 잃을 가망"이 있다고 쓴다.[14] 더욱이 현대 생활에서 사람들의 의견이 일치하지 않는 대부분의 쟁점은 상당히 추상적이며 개인 생활과 동떨어져 있다. 곰 한 마리가 우리를 쫓고 있는지 여부에 관해서는 우리가 틀리고 말고 할 여유가 없지만, 기후 변화나 총기 규제에 대해 틀렸다고 해서 우리한테 개인적 비용이 부과되지는 않을 것이다. 특히 집단의 신성한 신념에 도전장을 내미는 비용과 비교한다면 말이다. 개개인의 시각에서 우리가 소중히 여기는 신념을 수호하기 위해 인지적 화력(firepower)을 사용하는 것은 설령 그것을 수호하느라 현실에 대한 우리의 정확성이 좀 떨어진다 해도—입증되었다시피—충분히 이해할 만하다. 연구에 따르면, 가령 정파적 정체성은 우리의 기억력, 무의식적 판단, 심지어 우리의 인지에도 영향을 미친다고 한다. 제이 반 바벨(Jay J. Van Bavel)과 안드레아 페레이라(Andrea Pereira)는 사람들이 정파적 동질감을 뒷받침하는 거짓말을 기억할 확률이 높다고 말한다. "정치적 소속감이 세상을 보는 우리 방식까지 형성할 수 있다는 증거도 있다."[15] 그들의 연구는 "민주당원보다 공화당원이 정치 지도자—가령 버락 오바마—의 피부색을 더 검게 평가한다"고 밝혔다. 사람들을 실험실로 데려가 (무작위로) 그들이 청 팀이나 홍 팀의 일원이라고 말한 다음, 그들을 fMRI(기능성 자기공명영상) 기계에 집어넣고 얼굴 사진들이 진짜 사람인지 아니면 인형인지 평가하라고 해보라. 다른 '팀원'은 한 명도 만난 적 없고 말 그대로 아무런 성패도 달려 있지 않지만, 그들은 자신의 '편' 이미지가 다른 '편' 이미지보다 더 사람처럼 보이는 것으로 처리한다는 사실을 확인할 수 있다. "'우리 대 그들'의 일부라는 이 선(wire), 이 방아쇠, 이 단서에 일단 걸리고 나면, 뇌 전체가 거의 재조정되는 것 같습니다." 2014년에 실험을 수행했던 반 바벨이 〈내셔널 저널〉의 브라이언 레스닉(Brian Resnick)에게

한 말이다.[16]

수고스러운 논리적 분석과 수학 계산이 일어나는 인지 스펙트럼의 가장 합리적인 쪽에서조차 동질감과 이념은 우리의 사고를 필터링하고 왜곡한다. 댄 카한과 다른 3명의 연구자는 참가자들에게 피부 크림이 발진에 어떤 영향을 미치는지(정파적 가치가 없는 쟁점) 또는 은닉무기법(concealed-gun laws)이 범죄에 어떤 영향을 미치는지(정파적 가치가 높은 쟁점) 중 하나를 나타내는 것으로 표시된 데이터를 제시했다. 그런 다음, 데이터를 바탕으로 피부 크림 또는 은닉 무기가 도움이 되었는지, 아니면 피해를 줬는지 알아내라고 참가자들에게 요청했다. 사람들은 자신이 피부 크림을 보고 있다고 생각할 때는 데이터 해석에서 전혀 이념적 성향을 드러내지 않았다. 놀랍지 않게도, 수학 실력이 나은 참가자들이 정확한 데이터 해석에도 더 능했다. 그러나 총기 규제에 관한 데이터를 보고 있다고 생각할 때는 이념적 노선에 따라 갈렸다. 양편은 자신들의 이념적 방향으로 오류를 범했다. 아울러 수리 능력이 앞선 참가자들의 이념적 편향이 가장 덜한 게 아니라 가장 심했다.[17]

그것을 이런 식으로 생각해보자. 즉, 인간은 마음을 바꾸면 집단에서 소외될 우려가 있을 때, 그로부터 우리를 보호해줄 진화의 가장 뛰어난 정신 회로를 갖추고 있다. 설령 바로 코앞에 있는 증거를 부인하고, 무시하고, 합리화하고, 오인하고, 묵살해야 할지라도 우리는 부족과 좋은 평판을 유지하도록 하는 것이라면 무엇이든 믿는 연습을 수십만 년간 해왔다. 이런 재능이 타인과 우리 자신에 의해 발휘되는 것을 우리는 매일같이 목도한다. 이 글을 쓰고 있는 오늘만 해도 그런 사례를 전하는 뉴스를 하나 봤다. 망명 신청 이주자에 대한 국경순찰대 당국의 학대 혐의가 신문지상을 장식하던 참이었고, 마침 강물에 얼굴을 처박은 채 죽은 아버지와 어린 딸의 시체가 보이는, 가슴 미어지는 사진이 표면화된 이후에는 더욱 그랬다. 아버지의 자세로 보아 그는 딸의 익사를 막으려고 애쓰다 숨진 듯했다. 이 사진의 진위는 논쟁의 여지가 없었다. 그런데도 전·현직 국경순찰대 요원들의 페이스북 페이지에 누군가 이런 견해를 올렸다. "**이런 식으로 물에 뜬 시체는 본 적이 없어요.**" 그러곤 "이거 역시 편집된 사진 아닐까요. 민주당과 진보 정당들이 하는 상당히 역겨운 짓거리를 우리 모두 봐왔잖아요"라고 덧붙였다. 진짜일 리 없어! 저쪽이 지어냈을 확률이 훨씬 더 높아! 사실이 우리의 위신에 영향을 미치거나 동질감을 규정하는 신념("국경순찰대 경찰관은 배려심이 깊은 사람들이다")과 충돌할 때, 그 사실은 왜곡되곤 한다. 트럼프 행정부의 우크라이나 스캔들이 터졌을 때도 대통령이 우크라이나 대통령과의 전화 통화에서 조 바이든(Joe Biden)의 이름을 거론한 것은 이론의 여지없는 사실—트럼프 자신이 공개한 통화 내용에서 밝혀졌다—이었다. 그럼에도 불구하고 몬머스 대학 여론조사 연구소(Monmouth University Polling Institute)의 조사에 따르면, 공화당원의 40퍼센트만이 트럼프가 바이든을 언급했다고 믿었으며 "그 통화에 대해 많이 들어본 공화당원 사이에서도 수치는 고작 50퍼센트로 올라갔을 뿐이다".[18] 이론의 여지없는 사실이 트럼프 옹호자들에게 제기한 동질감 문제를 놓고 보면, 아마도 놀라운 점은 얼마나 많은 공화당원이 그 사실을 부인했느냐가 아니라 얼마나 적은 수가 부인했느냐일 터이다.

그렇다면 어떤 종류의 신념이 동질감을 규정할 수 있을까? 대답은 **모든** 종류의 신념인 것으로 나타났다. 그 신념이 집단에 중요하다면 말이다. 신념은 도덕적 문제와 관련이 있을 수 있다. 이를테면 "인간의 생명은 수정(受精)과 동시에 시작되며, 따라서 낙태는 살인이다" 같은 경우다. 신념은 형이상학적이고, 불가사의하고, 종교적일 수 있다. "신은 삼위일체로 존재한다"가 그 예다. 신념은 사실을 검토하면 대체로 쉽게 해결할 가능성이 있는, 기술적이고 실증적인 것일 수도 있다. 예를 들면 이런 경우다. "자본이득세(capital gains tax)는 세입을 감소시킨다." "불법 이민자가 범죄를 더 많이 저지른다." "실업률이 상승하고 있다." 상관없다. 신념이 집단을 정의하고 결합하는 기능을 수행한다면, 그것은 신성한 믿음이나 종교적 신앙의 사회적 역할을 한다.〔조너선 하이트가 위대한 사회학자 에밀 뒤르켐(Emile Durkheim)에 기대어 설명했듯이 말이다.〕 사실이 신념에 도전하면, 신도들은 그 사실을 부인함으로써 자신의 신앙을 지킬 것이다.

집단 간 적대감에 **이유**가 있어야 할 필요는 없다. 아니, 적어도 처음에는 필요 없다. 그 자체가 '이유'다. 집단의 일원임을 느끼고, 그 집단을 옹호하고 보호하며, 자기편과 연대를 보이고, 적들을 향한 반감을 공개적으로 표시하는 데 참여하려는 인간의 필요성이 이유다. 일단 부족(tribe)의 경계가 형성되고 나면, '이유'가 되는 동질감과 갈등을 위한 이념은 부족하지 않을 것이다. 메릴랜드 대학의 정치학자 릴리아나 메이슨(Lilliana Mason)은 정치적 양극화에서 이념보다 동질감이 더 강력한 이유임을 시사하는 연구를 한 바 있지만, 이 두 가지는 원칙상으로도 떼어내기 어렵다.[19] 동질감이 이념을 몰고 가는지, 아니면 이념이 동질감을 몰고 가는지는 닭이 먼저냐 달걀이 먼저냐의 문제다. 더 중요한 핵심은 양쪽이 서로를 추진한다는 것이다.

도나 코왈지크의 솔직함만은 인정해주자. 대통령을 수사하는 검찰에 대해 이렇게 말했던 여성이다. "뭔가를 찾아낸다면 그들이 지어낸 것이겠죠." 그녀는 대통령에 대한 충성을 다짐했고, 그걸 철회할 의향이 전혀 없다는 얘길 하고 있는 것이다. 그녀는 사실들을 거침없이 자신의 동질감에 맞춘다. 그 반대가 아니고 말이다. 모두가 그녀만큼 솔직하지는 않다.

반향실과 확증의 고리

인간의 사고는 이렇게 여러 방식으로 편향되어 있다. 편향은 무작위가 아니다. 그것들이 우리의 사고에 체계적인 왜곡을 유입한다는 뜻이다. 그 중 다수는 우리 조상들의 생존을 좌지우지했던 사회적 충성을 굳히기 위해 존재한다. 이성은 우리의 편향을 뒤집을 수 있지만, 우리의 개인적 위신이나 집단적 동질감의 성패가 달려 있을 때는 일반적으로 불가능하다. 집단 결속력은 이념적 갈등을 증폭시킬 수 있고, 그것을 창출하기까지 한다.

이제 또 다른 요소를 추가해보자. 개인의 편견, 특히 확증 편향이 동조 편향이라는 집단 역학과 상호 작용할 때 무슨 일이 벌어질까? 결과는 인식론적 부족중심주의다.

우리의 신념, 우리의 논증, 심지어 우리의 지각은 흔히 그 신념·논증 및 지각이 우리를 진실의 방향으로 몰고 가느냐, 아니면 오류의 방향으로 몰고 가느냐와 상관없이 전염성이 있다. 인식은 우리 자신의 편견은 물론 우리가 동일시하는 타인들의 편견에도 영향을 받는다. 하이트가 말했듯 우리의 마음은 "우리를 팀으로 결속시키고, 다른 팀과 우리를 가르고, 우리를 진실에 눈멀게 만든다".[20]

다시 한번 말하지만, 인류가 진화하던 조건들 속에서 신념의 전염은 쓸모가 있었다. 모든 것을 처음부터 새로 배우는 대신 우리는 공동체의 신념과 전통에 기댔다. 다른 사람들이 믿는 것을 믿는 건 대개 괜찮은 생각이었다. 조상들이 오랜 시간을 들여 상황을 파악한 것이기 때문이다. 그리하여 확증 편향은 우리의 정신적 운영 체제의 특성이 되었다. 그렇다고 집단 따르기를 의식적으로 선택할 필요는 없다. 그런 일은 그냥 벌어지니까. 스티븐 슬로먼(Steven Sloman)과 필립 페른백(Philip Fernbach)은 2017년 저서 《지식의 착각: 생각이 혼자만의 것이 아닌 이유(The Knowledge Illusion: Why We Never Think Alone)》에서 "대부분의 인지는 의식의 표면 아래서 일어나는 직관적 사고로 이뤄져 있다"고 썼다. 그들은 인간의 지능이 컴퓨터보다는 벌집에 가깝다고 말한다. "개인들이 제대로 기능하려면 우리의 머릿속에 저장된 지식은 물론 다른 곳, 즉 우리의 몸, 환경, 특히 다른 사람들 안에 저장된 지식에도 의존해야 한다." 그들의 주장은 이렇게 이어진다. "우리의 지식은 타인들의 지식과 얽혀 있기 때문에 공동체가 우리의 신념과 태도를 형성한다. 동료가 공유하는 견해를 거부하기란 너무나 힘들기 때문에 우리는 흔히 그것의 장점을 바탕으로 한 주장을 평가하려고도 하지 않는다. 우리는 우리 집단이 우리를 대신해 생각하도록 놔둔다." 요점을 다른 방식으로 서술한다면, 우리는 우리 부족과 함께 생각한다는 얘기다.

집단이 개인의 인식에 미치는 효과에 관한 자료는 충분히 있다. 1930년대 중반, 심리학자 무자퍼 셰리프(Muzafer Sherif)는 어두운 방에서 그가 움직이는 빛의 점이라고 부르는 것을 실험 참가자들에게 보여줬다. 그는 일련의 실험을 통해 그들에게 점이 얼마나 많이 이동했는지 추정해 달라고 요구했다. 실제로는 전혀 움직인 적이 없었다. 셰리프는 자동운동 착시(autokinetic illusion)라는 기이한 인지적 습관을 이용하고 있었다. 참가자들이 인지한 모든 움직임은 전적으로 그들이 인지했다고 **생각하는** 것의 작용이었다. 어떤 실험 때는 참가자들이 다른 사람이 없는 가운데 혼자서 추정했다. 또 어떤 실험 때는 소집단으로 추정했다. 그의 실험 결과는 집단과 개인이 다르게 인지한다는 것이었다. 혼자 있을 때 피험자들의 추정은 지도상의 곳곳을 가리켰다. 반면 집단일 때의 추정은 처음엔 흩어져 있었지만 몇 차례 실험을 하고 나니 금방 일치된 의견으로 수렴됐다. 합의된 추정치는 협상한 게 아니었고, 개별 추정치의 평균도 아니었다. 그것은 완전히 다른 견해, 즉 집단의 견해였다. 집단 고유의 것이었고, 무의식적인 대인적(interpersonal) 영향의 산물이었다.

바꿔 말하면, 사람들이 인지했거나 인지했다고 믿는 것은 그들이 개인으로서 관찰하고 있느냐, 아니면 집단으로서 관찰하고 있느냐에 달려 있었다. 셰리프는 집단이 공유된 공론뿐 아니라 공동의 현실 인식을 확립한다는 것을 자신의 실험 결과가 입증한다고 해석했다. 물론 개인들은 자신이 그렇게 하고 있는지 반드시 의식하는 건 아니며, 스스로가 결정을 내렸다고 종종 주장하겠지만 말이다. 인지는 집단 과정일 때가 많다. 말하자면, 눈에서 뇌로 간 다음에 집단으로 넘어가는 게 아니라, 눈에서 집단으로 간 다음에 뇌로 이어진다.[21]

이보다 훨씬 더 유명한 것이 1951년 사회심리학자 솔로몬 애시(Solomon Asch)가 수행한 실험이다. 그는 시력 검사를 한다고 말하며 8명을 모았다. 이 8명에게 먼저 직선 1개를 보여주고, 다른 3개의 직선 중 어떤 게 첫 번째 직선과 같은 길이인지 물었다. 직선들은 명확한 답이 나오도록 그려져 있었다. 3개의 선택지 중 1개는 첫 번째 직선과 완벽하게 들어맞았고, 나머지 2개는 비슷하지도 않았다. 그런데 방에 있던 8명 중 7명은 일부러 똑같은 오답을 내놓은 실험자의 공모자였고, 그중 6명이 진짜 피험자의 차례가 되기 전에 대답했다. 실험에서 피험자의 약 4분의 3은 눈에 보이는 명확한 증거에도 불구하고 최소 한 번은 집단에 동조했다. 약 3분의 1은 대부분의 실험에서 집단을 따랐다. (반면 답변을 조작하지 않은 통제 집단 설정에서는 피험자들이 정답을 맞히는 데 문제가 없었다.) 실험이 끝나고 대부분의 피험자는 자신들이 대답에 동조할 거라고는 생각지 못했는

데, 조롱당하거나 이상하다고 여겨질까 두려워서 따랐다고 말했다.[22]

여기서 두 가지 요점이 흥미롭다. 첫째, 애시의 실험 공모자들은 피험자가 생판 모르는 이들이었다. 피험자는 공모자들이 자신에 대해 어떻게 생각하는지 신경 쓸 이유가 특별히 없음에도 흔히 동조해야 한다는 의무감을 느꼈다. 그렇다면 당신의 친구들과 신임하는 사회 집단이 일제히 동의할 때는 동조 압력이 얼마나 더 클지 상상해보라. 둘째, 우리가 살펴봤듯 사람들은 자신이 실제 믿음을 동질감과 부족에 맞추는 데 능하며, 설령 집단과 의견이 다를지라도 동조하는 척한다. 잘못된 신념과 잘못된 인지는 진심이든 아니든 전염성이 있다. 반대 의견을 가진 이들이 자기 검열을 하면서 믿는 척 행동하곤 하기 때문이다. 이렇게 해서 다수가 속으로는 틀렸다고 인식하는 것을 공개적으로는 모두 믿는 척하는 풍토를 기반으로 사회 전체가 소련처럼 구축되기도 한다. 서로가 서로에게 동조하느라 분투하는 사회에서는 얼마 안 가 사람들이 진심인지 혹은 속이고 있는 건지, 아니 무엇이 진심이고 속임수인지 아는 것조차 매우 힘들어질 수 있다.

"우리가 증거를 성공적으로 평가하고 진정한 신념을 형성하는 능력은 개인의 심리만큼이나 사회적 상황과 많은 관련이 있다." 과학철학자 카일린 오코너(Cailin O'Connor)와 제임스 오언 웨더롤(James Owen Weatherall)이 2019년 저서 《오보의 시대: 잘못된 신념은 어떻게 퍼지는가(The Misinformation Age: How False Beliefs Spread)》에 그렇게 썼다. 개개인이 마음을 열고 논리적으로 사고하려 애쓸 때도 집단은 상호 편향을 확정하는 고리에 갇힐 수 있다. 구성원은 자신들이 타인과 함께 점검하며 우수한 정보를 추구하고 있다고 믿지만, 사실은 서로 잘못된 생각을 되풀이하고 증폭시킨다. 공동체 전체가 반향실이 되는 것이다. 오코너와 웨더롤은 "소셜 네트워크에 있는 다른 사람들로부터 배우는 행위자는 구할 수 있는 증거가 차고 넘칠 때도 세상에 대한 올바른 신념을 형성하지 못할 수 있다"고 쓴다. "다시 말하면, 개별적으로는 합리적인 행위자들이 전혀 합리적이지 않은 집단을 형성할 수 있다."

확증의 고리는 마치 시장(market) 거품처럼 현실과 한참 동떨어져 있다가 마침내 부서질 수 있다. 그 주기를 포착하기는 어렵다. 집단 사고가 **틀렸을**지라도 그 집단에 속한 개인들한테는 그것이 **합리적**일 수 있기 때문이다. 우리는 자기편 및 공동체와 좋은 관계를 유지할 강력한 동기에 직면하며, 관계가 소원해졌을 때 개인이 치러야 할 비용은 높다. 작가 메건 펠프스로퍼(Megan Phelps-Roper)는 광신도 집단 같은 웨스트버러(Westboro) 침례교회를 떠난 일을 "모든 사람, 모든 것을 잃고 평생 적대시하며 보냈던 세계에 남겨진 것"으로 묘사했다.[23] 개인으로서 우리 각자에게 부족과 사이좋게 지내는 것은 지당한 일이며, 원만하게 믿는 것 역시 마찬가지다. 곤충의 민감한 더듬이처럼 우리는 매일같이 우리와 같은 사람들이 믿는 것과 우리와 같은 사람들이 믿지 않는 것이 도대체 무엇인지 탐지하기 위해 우리의 지도자와 설교자, 집단 내 언론 매체 그리고 친구와 이웃의 견해를 관찰한다. 그런 다음 우리 신념의 채널을 조정해 고정한다. 개인으로서 우리는 우리의 지위와 자의식을 보존하는 데서 이익을 얻는다. 하지만 예일 대학의 카한이 지적하듯 만일 공동체 전체가 이런 식으로 행동한다면 집단 효과는 치명적이다. 전체 공동체가 현실 감각을 잃게 되는 것이다.

카한은 이 문제를 개인들한테는 보상을 주지만 공동체한테는 자멸을 부르는 행위를 지칭하는 경제학자들의 용어를 차용해 '인식론적 공유지의 비극(epistemic tragedy of the commons: 공유 자원의 이용을 개인의 자율에 맡길 경우 서로 이익을 극대화하다가 자원이 고갈되는 현상을 '공유지의 비극'이라고 한다—옮긴이)'이라 부른다. 시장에서는 공유지의 비극이 가격 거품, 자원 고갈, 환경 파괴 그리고 때때로 전면적 경제 붕괴를 초래한다. 인식론적 공유지의 비극에서도 유사한 일이 일어날 수 있다. 공동체—국가 전체까지 포함해—가 현실과의 충돌이 불가피하지만 자멸하지 않고서는 스스로 교정할 수 없는 개인 또는 이념의 광신도 집단으로 변질되는 것이다. 소규모로는 존스타운(Jonestown: 교주인 존스를 추종하며 집단 자살로 유명해진 사회주의적 사이비 종교 집단—옮긴이)과 공생해방군(Symbionese Liberation Army: 은행 강도, 살인, 납치를 일삼던 좌익 과격파 조직—옮긴이), 대규모로는 나치 독일이나 소련을 생각해보라. 남북전쟁 이전 미국 남부 일부 지역에서는 분리독립파가 '옳지 못한' 의견이 확실히 침투하지 못하도록 정교한 반향실을 구축했다. 사우스캐롤라이나주 찰스턴(Charleston)에서는 자칭 성실남협회(Society of Earnest Men)라는 한 분리독립파 고위층 집단이 선동적인 팸플릿으로 '남부 전체를 도배'하는 책임을 맡았다. 폴 스타로빈(Paul Starobin)이 미국 남부의 전쟁광 이야기에서 썼듯 "리치먼드(Richmond)부터 뉴올리언스(New Orleans)까지 대도시, 소도시, 마을들에 수만, 아니 수십만 장까지 유포"할 셈이었다. 그들은 시위도 선동했다. "분리 독립 진영을 시각적으로 대표해 대중을 흥분시키고 혁명 의식을 고취하도록 사람들을 행진시키고, 깃발을 흔들고, 트럼펫을 빽빽 분다."[24] 일체화한 대중의 지지라는 환상을 불러일으킴으로써 (또한 온건파의 목소리를 진압함으로써) 그들은 북부의 커다란 음모가 남부를 지배하고 파괴하려 한다는 피해망상적 대체 현실(alternative reality)을 창조했다. 이 거품이 꺼지는 데 약 60만 명의 목숨이 희생됐다. 더 작은 거품과 반향실이 우리 주변에서 매일같이 생겨나고 있으며, 가장 통찰력이 뛰어난 이들의 눈마저 멀게 할 수 있다.

신조 전쟁의 망령

대규모 대체 현실은 흔하고 탄력적이며, 안 좋게 끝나는 경향이 있다. 또한 공격적인 경향도 있다. 우리가 다른 사람의 편견은 금방 보지만 자기 자신의 편견을 보는 데는 느리다는 점을 상기하자. 다른 사람이 우리의 세계관과 동기를 이해하는 것보다 우리가 그들의 세계관과 동기를 더 잘 이해한다고 추정하게 만드는 비대칭적 통찰의 착각도 상기하자. 우리와 상충하는 세계관을 가진 집단과 마주쳤을 때, 우리는 그들이 선의로 행동하고 있다고 상상하기 힘들다. 저들은 바로 코앞에 있는 것도 못 본단 말인가? 명확한 걸 저들은 왜 부인하는 거지? 미국 정치판에서는 상대편이 틀림없이 사악하거나 멍청하거나 일부러 무지한 척한다—혹은 이것들 모두 해당한다—는 믿음이 정파적 양극화의 결정적 특성이 되어왔다. 반 바벨과 페레이라는 이렇게 쓴다. “사람들은 자기 주변의 세계를 객관적으로 본다고 믿기 때문에 자신과 다른 의견을 가진 상대편 일원들을 획일적이거나 비합리적이거나 편향적이라고 여긴다.”[25]

그리고 위험하다고 여기기도 한다. 모든 인간 사회에서 근본적인 문제는 신념의 갈등을 어떻게 해결하느냐다. 어떤 갈등은 사소하지만, 어떤 갈등은 이유가 무엇이든 다루기가 매우 힘들다. 만일 신념—신비롭거나 추상적인 것, 또는 삼위일체론이나 성변화(聖變化: 성찬의 빵과 포도주가 피와 살로 변화됐다는 기독교 교리—옮긴이)처럼 완전히 형이상학적인 개념까지—이 동질감을 규정하게 된다면, 이 도그마(dogma: 독단적 신념—옮긴이)에 대한 모든 도전은 집단을 위협한다. 거품 밖의 대체 현실과 거품 안의 반대자는 혼란의 씨앗을 심고, 이단과 변절을 부추기고, 부족을 분열시키고, 젊은이들을 타락시킨다. 견해차라는 사실 자체가 집단의 성찬 및 연대가 위험에 처했음을 암시한다.

집단의 신성한 믿음에 대한 위협엔 어떻게 대처해야 할까? 대부분의 인류사에서는 소수의 방법만 효과가 있었다. 집단은 스스로를 고립시키고 반대자를 쫓아내며 많은 종교 종파가 그래왔듯이 숨어버릴 수 있다. 그러나 이 방법은 후진성, 편협성, 지도자들의 조작에 처함으로써 그들을 현실로부터 차단하고 집단 지성의 발달을 저해한다. 시간이 경과하면 그것은 정파적 분열로 이어지고, 또다시 갈등이 발생한다. 그리고 현실 감각이 떨어지고 나면 절대 잘 풀리지 않는다.

아니면 집단이 지도자나 기관, 사제나 왕자 앞에 무릎을 꿇을 수 있다. 법령으로 다스리는 어떤 권력이 '우리'가 믿는 게 과연 무엇인지를 결정하는 것이다. 플라톤이 추천한 것은 권위주의였다. 그는 지도자가 지혜로운 무사무욕의 철학자(짐작건대 자신과 같은 사람)일 것이라 가정함으로써 그것을 아름답게 포장하려 했으나, 신념과 표현에 대한 권위주의적 통제—오늘날 우리가 전체주의라 부르는 것—에 관해서는 플라톤이 아니라 조지 오웰이 맞았음을 역사는 입증했다. 우세한 정설에 대한 모든 위협은 권력 구조에 대한 위협이며, 그것을 통한 사회 질서 전체에 대한 위협이다.

오웰은 조작된 버전의 현실을 아무런 도전 없이 영원히 투영할 수 있는 거대한 국가를 상상했다. 그러나 실생활은 그와 같지 않다. 외부 세계가 계속해서 밀려오고, 내부에서는 반대자가 불쑥 나타나고, 현실이 계속해서 존재감을 드러낸다. 조만간 권위주의 정권은 자기방어로 자체 내의 반대자를 향해, 그리고 결국에는 국외자를 향해서도 공격적으로 변한다. 그들은 반대자에게 반역자라는 낙인을 찍고, 그들을 권력이나 사회 참여에서 제외시키고, 그들의 물건을 불매하고, 공개 토론에 참여하지 못하게 막고, 그들의 인간성을 말살하고, 소셜 미디어에서 취소한다. 최종적으로 그들은 폭력을 사용하는데, 정치적 정파나 소수 인종 집단을 전멸시키는 지경까지 가기도 한다. 미국 철학자 찰스 샌더스 퍼스(Charles Sanders Peirce)는 1877년 위대한 논문 《신념에 대한 집착(The Fixation of Belief)》에서 이렇게 썼다. "다른 방식으론 완전한 합의에 도달하지 못할 때는 특정 방식으로 생각하지 않는 사람들을 모조리 대학살하는 게 한 나라의 의견을 정리하는 매우 효과적인 방법으로 밝혀졌다."

신조 전쟁(creed war)—사상을 중심으로 조직된 폭력과 억압—은 너무나도 친숙한 인간의 특성이다. 역사상 가장 혹독한 예가 아마도 종교 개혁 시기에 가톨릭교도와 개신교도 사이에 벌어진 장기간의 종교 전쟁일 것이다. 충돌은 유럽 전역에서 일어났고, 1520년대부터 1640년대까지 한 세기 이상 지속됐다. 가장 심각한 시기였던 30년 전쟁은 사망자 수가 족히 수백만 명에 달하는 역사상 가장 파괴적인 충돌에 속했다. (어떤 학자들은 이 전쟁으로 독일 인구의 3분의 1이 사망했을 거라고 본다.) 그 밖의 많은 충돌이 전체적으로든 부분적으로든 신조 전쟁이었다. 미국 남북전쟁, 제2차 세계대전, 냉전 그리고 급진 이슬람주의와의 충돌이 그런 예다.

나의 요점은 어떤 특정 충돌을 신조 전쟁이냐 아니냐로 분류하는 게 아니다. 완전히 반대다. 어떤 충돌이든 신조적 요소가 있고(그 신조가 충돌이 벌어진 이후 생성되었다 하더라도), 어떤 신조적 차이든 충돌을 유발할 수 있다는 것이다. 사상은 선동적일 수 있고, 견해차는 위험할 수 있다. 이념적 충돌에 직면해 평화를 유지하는 문제는 모든 인간 사회의 실존적 도전이다. 그것을 유지하지 않고서는 어떤 사회도 장기간 존재하지 못한다. 그리고 신념의 충돌을 관리하는 메커니즘이 고장 나면 사회는 더욱 부족중심주의적으로 행동하기 시작한다. 그런 일이 벌어지면 신조적 충돌과 정치적 갈등은 구분할 수 없게 된다.

그런 시기 중 하나가 미국에서는 21세기 초였다.

미국인들은 1850년대의 극도로 흥분된 상태에 있지 않았다. 명백한 내전이 목전에 닥친 것도 결코 아니었다. 그러나 신조 전쟁은 그 결과가 폭력이 아니라 통치 불가능 상태인 낮은 비등점의 형태를 취할 수도 있다. 그런 유형의 충돌 징후가 차고 넘쳤다. 신앙심 깊은 많은 보수주의자들은 기독교에 대한 전쟁이 닥쳤다고 생각했다. 이는 기독교 신앙 및 관행을 어엿한 사회로부터 몰아내려는 세속적 자유주의자들의 끈질긴 캠페인을 의미하는 것이었다. 다수의 세속적 자유주의자들은 여성에 대한 전쟁에 직면했다고 생각했다. 이는 여성의 신체를 물리적으로 통제하려는 신앙심 깊은 보수주의자들의 끈질긴 캠페인을 의미하는 것이었다. '전쟁'이란 단어의 사용은 비유적이었지만, 어느 정도까지만 그랬다. 양측은 자유민으로서 자신들의 존속을 위해 싸우고 있다고 믿었다. 갈수록 더 많은 미국인이 오직 한쪽만 승리할 수 있고, 반대쪽 정치 세력을 제거해야만 갈등을 종식시킬 수 있다고 믿었다. 모든 선거, 모든 대법관 지명, 심지어 모든 예산안과 조세 법안이 최종적인 참사를 모면하려는 또 하나의 전투가 되기 십상이었다. 큰 이권 때문에 타협은 기껏해야 무익해 보였고, 최악의 경우 자멸로 비치기에 이르렀다. 타협이 실패하면, 통치 불가능 상태가 시작되는 것이다.

미국의 정치적 양극화는 이념적이었을까, 아니면 정파적(즉, 부족중심주의적)이었을까? 정답은 둘 다인데, 무슨 차이가 있겠는가? 신조 전쟁이 강력히 자리를 잡으면, 현실은 부족 갈등의 무기가 된다. 사실에 관한 평범해 보이는 질문이 헤아릴 수 없는 충돌의 무저갱(無底坑: 기독교에서, 악마가 벌을 받아 한번 떨어지면 헤어나지 못한다는 영원한 구렁텅이—옮긴이)으로 변질된다. 집단은 견해차에 판결 내릴 방도를 모색하는 대신 집단 내 결속을 지탱하기 위해 그 격차를 확대한다. NBC 뉴스와 서베이몽키(SurveyMonkey: 미국의 설문 조사업체—옮긴이)는 2016년 공화당원과 민주당원에게 간단한 실증적 문항인 질문 하나를 던졌다. 버락 오바마는 미국에서 태어났다: 동의하는가, 아닌가? 민주당원은 10명 중 8명 이상이 동의한다고 대답한 데 비해, 공화당원은 약 4분의 1만이 그렇다고 답했다. 공화당원이 정치와 정부에 대해 얼마나 많이 알고 있는지는 전혀 문제가 안 되었다. "사실에 입각해 정치 체제를 더 잘 이해한다고 해서 오바마의 출생지에 대한 공화당원의 의심이 사그라들지는 않는다"고 조사원들은 보고했다.[26] 현실은 정체성과 결합되어 있다. 정체성을 규정하는 신념이 관련된 곳에서 의견은 결코 단순한 의견이 아니고 사실은 결코 단순한 사실이 아니다. 그것들은 팀 색깔과 축구 응원가처럼 소속 팀의 표시이기도 하다. 부족의 차이와 의견의 차이는 양극화의 소용돌이에서 서로를 강화시킨다.

정치학자들이 '정서적 양극화(affective polarization)'라고 부르는 것—쟁점을 둘러싼 비적대적 견해차와 대립적인 다른 정당이나 집단을 향한 정서적 적대감—을 보는 한 가지 방법은 정치라는 렌즈를 통해서다. 극단적 정파주의와 위험한 정치적 양극화의 근원으로서 말이다. 이것은 완벽하게 타당하다. 하지만 그만큼 타당한 또 하나의 렌즈가 인식론적 관점이다. 이 렌즈를 통하면 당혹스럽게도 홉스식 인식론적 질서로의 복귀와도 같은 어떤 것이 보인다. 바로 각 부족의 현실이 각 부족의 현실과 벌이는 전쟁이 그것이다. 이러한 현실들은 경쟁은 하되 연결되어 있지 않다. 경험을 근거로 한 단계적이고 합리적인 해결은 인정하지 않는다. 대신 물리적인 게 아니라면 최소한 정치적으로라도 한쪽이 다른 쪽을 장악할 때에야 비로소 전쟁이 종식된다.

견해차에 대한 사회의 해결 능력이 약해질 때, 정파들은 자기 부족의 거품으로 고립되고 부족 지도자의 권위로 후퇴한다. 그리고 정파들이 고립과 권위를 향할 때, 사회의 견해차를 해결하거나 해소하는 능력은 한층 더 약해진다. 앞으로 살펴보겠지만, 영리한 교란자들은 이 역학을 알고 상태를 심화시킨다. 만인의 만인에 대한 전쟁 속에서 사기꾼, 선동가, 소시오패스(sociopath: 반사회적 인격 장애자—옮긴이)들은 홉스식 무국적 세상의 전사처럼 배회하고 약탈하며 번창한다.

홉스 이후의 경로

그러나 여기서 명백한 의문이 생긴다. 인간의 타고난 부족 연계성, 우리의 선천적 위선과 자기 위주 신념의 특성, 수많은 인지적 편향과 동조 욕구를 감안할 때, 그렇다면 우리가 점거하고 있는 선진적이고 보통은 평화로운 이 세상은 어떻게 만들어질 수 있었을까? 어째서 현실 기반 공동체가 존재할 뿐만 아니라 승리에 승리를 거듭해온 걸까? 현대의 선진 민주주의 국가에 놀라운 점이 있다면, 그것은 신조 전쟁이 흔한 게 아니라 정말 드물다는 사실이다.

지금까지의 논의에서 나는 절반의 이야기를 빠뜨렸다. 홉스식 행동은 우리가 갖추고 있는 유일한 종류의 행동이 아니다. 인간은 선천적으로 편향되어 있고 부족 중심적이지만, 편향 및 부족보다 한 수 앞서 제대로 사고할 수 있기도 하다. 우리는 자주 그렇게 한다. 사람들이 말하는 건 뭐든지 믿을 가능성이 높은 어수룩하고 세뇌시키기 쉬운 봉이 될 숙명은 아닌 것이다. 인지과학자 위고 메르시에(Hugo Mercier)가 그의 책 《대중은 멍청한가?(Not Born Yesterday)》에서 말했듯이, 사실 진화는 우리가 대량의 정보를 가려내고, 잘못되고 유해한 정보는 거부하는 데 능하도록 변화시켜왔다. 그것이 우리에게 이익이 될 때는 말이다. 그렇지 않았다면 우리는 여기까지 오지 못했을 터이다.[27] 우리가 돌팔이 수법이나 음모론에 열중한다면, 그것은 흔히 믿는 데 드는 개인적 비용은 낮은 데 반해 개인적 보상은 높기 때문이다. 9·11 테러가 정부의 책략이었다거나 버락 오바마가 미국에서 태어나지 않았다고 믿는 건 우리에게 아무런 개인적 해가 되지 않지만, 기밀 정보를 보유한 특별한 내부자 집단과 엮여 있다는 느낌은 줄 수 있다. 실험에 의하면, 정답을 맞혔을 때 돈을 주는 게 사람들이 더 엄격하고 정확하게 사고하도록 돕는 좋은 방안임이 입증됐다. 직접적인 이해관계가 있으면 답이 틀렸을 때 개인이 치러야 할 비용은 올라간다.

따라서 우리의 심사숙고 여부, 어디서 얼마나 많은 시간을 제대로 생각하는지는 단지 개인으로서 얼마나 편향되어 있느냐, 혹은 조직화하지 않은 집단에서 우리가 어떻게 행동하느냐에만 달려 있는 게 아니다. 결정적으로, 우리가 자신을 발견하는 사회적 환경의 설계에도 달려 있다. 요점을 좀더 직설적으로 표현하면 이렇다. **문제는 제도야, 바보야.** 그러므로 가장 흥미로운 의문은 인간이 실험실이나 친족에 기초한 작은 부족이나 가상의 자연 상태에서 현실을 얼마나 자주 옳게 또는 틀리게 이해하느냐가 아니다. 바로 우리가 어떻게 하면 올바름을 늘리고 잘못됨을 줄이는 사회적 환경을 창출할 수 있느냐다.

뭔가가 홉스식 패러다임을 격파하는 것은 물론 뒤집을 수도 있게 해줬다. 그리하여 미국뿐 아니라 전 세계적으로 점점 더 많은 사람을 현실 기반 공동체와 연결시키는 선순환이 창출됐다. **뭔가**가 기만하고 왜곡하는 무수한 편견과 충동, 집단 역학을 우리가 극복할 수 있게 해줬다. **뭔가**가 개인적 차원은 물론 종(種) 전체의 규모에서 인류가 배울 수 있게 해줬다. 그 뭔가는 저절로 자연 발생한 게 아니었다. 미국 헌법처럼 그것은 선지자들에 의해 세워지고 투쟁 속에서 탄생했다.

3 현실로 부팅: 네트워크 지식의 부상

소셜 네트워크에 현실을 위탁한 것은
인류 최대의 혁신이다

토머스 홉스가 사회를 보는 시각은 어둡다. 평화와 번영은 오직 물리력을 동원해 질서를 확립하고 만인의 만인에 대한 전쟁을 진압할 수 있는 절대 군주의 통치 아래서만 가능하다. 그런데 군주는 누가 다스릴 것인가? 아무도 다스릴 수 없다. 반드시 군주가 최고 통치자이며, 그 권력은 누구와도 나눌 수 없고 제한도 없다. 그리고 국민은 정부 형태를 바꿀 수 없으며, 거기에 대항해서도 안 된다. 그들이 군주에게 부여한 권한은 변경할 수 없다. 플라톤의 철인왕(philosopher-king, 哲人王: 플라톤이 말한, 이상 국가의 지배자—옮긴이), 그 후 2000년 동안의 황제와 왕과 교황들이 그랬듯 군주는 지혜롭고 선해야 한다. 그런데 만일 군주가 지혜롭고 선하지 않다면? 그러면 우리는 군주의 학대를 받으며 살아야 한다. 대안—무정부 상태나 전쟁—은 더 나쁠 수밖에 없기 때문이다. 약간의 차이는 있을 수 있지만 종교 같은, 근본적인 시민 문제에 대한 반대 의견의 여지는 없다. 홉스는 이렇게 썼다. "말(words)은 범죄가 될 수 있고, 입법자들이 바라는 어떤 처벌—사실상 궁극의 형벌—로도 손상 없이 단죄받을 수 있기 때문이다."[1]

홉스 이후 2세기가 지나면 수백만 명의 이상주의자들이 인간의 기본 사회 설정에 대한 더 밝은 시각에 영감을 받게 된다. 적어도 표면상으로는 더 밝은 시각이었다. 1700년대 중반, 프랑스 철학자 장자크 루소는 인간이 천부적으로 공감과 협동을 지니고 있다고 주장했다. 불평등, 억압 그리고 그 밖의 문명—인간 본성이 아니라—의 약탈이 사회 변형의 원인이라는 것이다. "인간은 자유롭게 태어났지만, 어디서나 구속받는다"고 한 루소의 선언은 유명하다. 그러나 변형될 수 있는 것은 교정될 수도 있다. 사람들은 학습을 통해 사회와 친숙해지고 계몽될 수 있다. 그것을 목표로 정부는 선한 양심을 가진 사람들이 개개인 및 사회의 최선의 이익(오늘날 일부에서 공익이라 부르는 것, 혹은 일부에서 사회 정의라고 부르는 것과 비슷하다)을 대표한다는 데 동의하는(동의할 것이 틀림없는) 일단의 정치적 성향, 즉 '일반의지(general will: 루소의 국가론에 등장하는 중심 개념. 개인적 이기심을 버리고 사회 계약의 당사자가 되는 공적 주체로서 국민 일반의 의지를 말한다—옮긴이)'를 구현해야 한다. 그럼에도 불구하고 일단 일반의지를 발견해 법률로 구현하고 나면, 모두가 따라야 한다. 일반의지에 저항하는 것은 그들 자신의 최선의 이익에 저항하는 것일 테니 말이다.

루소는 논란 많은 인물이다. 어떤 이들은 그를 사회 평등과 개인 해방을 옹호한, 오늘날 진보주의자의 선조로 여긴다. 또 어떤 이들은 로베스피에르, 레닌, 폴 포트(Pol Pot)—캄보디아의 살인마 독재자—의 전체주의적 충동에 영감을 준 유토피아적 사회공학자로 여긴다. 양쪽 시각 다 진실을 담고 있지만, 최소한 그의 철학은 홉스를 권위주의의 궁지로 몰아넣었던 것과 유사한 문제를 제기했다. 단일한 일반의지라는 개념은 단 한 명의 합법적 통치자 또는 단 하나의 정당한 시각의 여지를 허용하는 것처럼 보일 것이다. 그렇다면 다원성은 어떻게 수용될 수 있는가? 개개인이 동의하지 않을 때(그들은 그럴 수밖에 없다) 정확히 누가 일반의지를 분별할 수 있는가? 특정 지도자나 정파가 일반의지에 대한 권리를 주장하면, 그들의 권력을 어떻게 제한할 수 있는가? 프랑스 혁명 때 매우 악명 높게 벌어졌던 것처럼, 만일 개혁가들이 초월적인 공익을 강제하기 위해 많은 파괴와 억압을 실행하기로 한다면 어떻게 될까? 오늘날에도 여전히 루소의 사상은 영향을 미친다. 위험하게도 자기들이, 오직 자기들만이 국민의 뜻을 대변한다고 주장하는 포퓰리스트들—우파와 좌파 양쪽 다—사이에서 영향력이 크다. 훨씬 온건하지만 여전히 해를 끼칠 때가 많은, 자기들의 통찰과 신조가 공익을 대변할 권능을 부여한다고 주장하는 온갖 종류의 이상주의자와 공상가들 사이에서도 마찬가지다.

당신들 모두가 틀렸다. 이런 대답이 홉스와 루소한테서 돌아왔다. 갈등이 내재된 세상에서 누구의 정치적 선택을 믿을 수 있을까? 권한은 어디에 위탁해야 안전할까? 유럽의 전쟁과 혁명의 포화 속에서 우리가 오늘날 자유주의자라고 부르는 일단의 사상가 및 실천가들이 탄생했다. 중요한 측면에서 그들의 시각은 놀라울 정도로 급진적이었고, 지금도 그렇다. 질서 정연한 사회는 공익을 분별하고 합법적 정부를 세우기 위해 왕한테도, 일반의지에도 기대지 않는다. 특정한 누구한테도 기대지 않는다.

인류사에서 1600년대까지 1인당 연평균 경제 성장률은 거의 제로였다. 경제는 멈칫거리면서 오늘날의 기준으로는 최소한으로 발전했다. 비슷한 시기까지 정치는 길고 격렬한 일련의 전쟁·혁명·쿠데타로 점철됐고, 짧고 긴 다양한 기간 동안 억압적이고 부패한 통치가 간간이 끼어들었다. 정권이 생겼다 사라지고, 국경이 변경되고, 한 제국이나 침략자 또는 격변으로부터 그다음 제국이나 침략자 또는 격변으로 넘어가면서 정치는 비틀거렸다. 그때까지 의사와 학자들은 옛 선인들이 알았던 것 이상은 거의 알지 못했다—어떤 측면에서는 그들보다 몰랐다. '과학자'라는 단어는 존재하지 않았다. 오늘날 우리가 아는 과학이란 개념도 없었다. 물론 지식은 존재했고, 인상적인 왕국들이 출현했으며, 신기술이 등장했다. 그러나 객관적인 관찰자라면 아마 중세 말 유럽이 1000년 전 이른바 전성기 로마 제국 시절의 유럽보다 더 체계적이라거나 더 발전했다고 말하지는 않을 것이다. 1500년경 외계인이 방문했다면 당연히 호모사피엔스를 고착화된 종(種)이라고 못 박았을 것이다. 그들은 이렇게 결론지었을지 모른다. "10만 년 후 다시 와보자. 그러면 아마 이 또라이들이 재미있을 거야."[2]

그러다가 모든 게 달라졌다.

자유주의의 세 가지 질서

물론 산업혁명, 미국(독립)혁명, 과학혁명 이전에도 돌파구와 발전은 있었다. 하지만 부족한 것은 발전을 일으킨 다음 체계적으로 축적할 수 있는 사회 질서였다. 그리고 체계적인 사회 질서에는 구조가 필요하다. 공식적이고 정치적인 것이든, 아니면 비공식적이고 문화적으로 구현되는 것이든 말이다—그러나 어느 쪽이든 인간의 에너지를 친사회적인 방향으로 쏟는 규칙들의 체제여야 한다.

위대한 자유주의의 세 가지—경제적 · 정치적 · 인식론적—사회 체제는 모두 17세기와 18세기의 획기적 발전으로 거슬러 올라간다. 이것들은 전부 서로의 글과 행위를 추종하고, 가끔은 개인적으로 서로 알고 지내는 사람들에 의해 개척됐다. 그들과 그들의 업적은 당대의 불의 및 약점(그중 하나가 그들 모두 남성이라는 사실에 반영되어 있다)을 결함으로 갖고 있었다. 그러나 창립자들은 그저 어슬렁어슬렁 돌아다니고 있지는 않았다. 그들은 의식적으로 과거 실패한 정권들에 대한 대안을 창출하려 했다. 그중 가장 위대한 인물들—특히 근대 자유주의 3인방인 존 로크(John Locke), 애덤 스미스(Adam Smith), 제임스 매디슨(James Madison)—은 천재였고, 그들의 명민함과 정교함은 오늘날 봐도 여전히 놀랍다.

경제 체제에는 아무런 공식 규약이 없다. 사실 창립 문서 같은 건 있다. 스미스의 《국부론》과 최근까지 간과되기는 했지만 그것 못지않게 중요하고 밀접한 관계가 있는, 도덕성 발달과 사회적 행동에 관한 스미스의 논문 《도덕감정론(Theory of Moral Sentiments)》의 형태로 말이다. 그것들 사이에서 스미스는 인간의 협동에 관한 정교한 이론을 상술했다. 협동의 기원은 무엇인지, 그것을 어떻게 장려하고 이용할지, 그리고 그것을 어떻게 사회의 규칙과 제도에 연결할지. 스미스는 (루소처럼) 홉스가 틀렸다고 주장했다. 인간은 갈등뿐 아니라 협동도 지향한다는 것이다. 스미스는 사람들이 그가 동정(sympathy) 혹은 동류의식(fellow-feeling)이라고 부르는 것을 갖고 태어난다고 했다. 오늘날 우리가 사용하는 단어로는 '공감(empathy)'이다.[3] 우리는 다른 사람들이 어떻게 보고 느끼는지를 상상하며 자신의 시각과 기질을 거기에 맞춰 조정하려는 자연스러운 성향을 갖고 있다. 〔현대 신경학은 스미스의 주장을 뒷받침한다. 인간을 비롯한 영장류는 이른바 거울신경계(mirror neuron system)를 보유하고 있는 듯하며, 이것이 타인들의 감정을 직감하고 그들의 행동을 모방할 수 있게 해준다.〕 또한 인간은 다른 이들의 신뢰와 존중을 받으려는 욕망을 갖고 태어난다. 공감적 통찰에 기초한 상호 존중의 욕망을 통해 우리는 물리적 힘이나 지배가 아닌 것을 기초로 우리의 이익을 조정하고 사회적 유대를 형성한다. 인간이 탐욕스럽고 야심적인 건 맞다. 하지만—이 대목이 스미스의 가장 유명한 통찰이다—잘 짜인 사회 질서는 타인에게 이익을 주는 활동이 우리 자신에게도 이익이 되는 활동을 촉진하는 바로 그런 특성을 활용할 수 있다. 만일 우리가 규칙을 올바르게 이해한다면, 상상할 수 있는 모든 기술과 기질과 국적을 가진 수백만 명이 어떤 중앙 기획자의 관리나 지시 없이도 프리우스(Prius: 도요타의 대중화한 하이브리드 자동차 모델—옮긴이)나 아이폰처럼 기가 막히게 복잡한 장치를 협력해 만들 수 있다. **만약** 우리가 규칙을 올바르게 이해한다면 말이다.

스미스의 진술은 당대의 인류 역사가 유혈과 탄압에 흠뻑 젖어 있었음을 감안할 때 터무니없어 보였다. 그의 주장은 오직 그것이 맞는 말로 드러났다는 사실에 의해서만 받아들여졌다. 스미스는 시장을 발명하지는 않았지만, 보통은 동족인 소규모 집단에서 대인관계로 연결된 부족 영장류가 낯선 사람들의 무한한 네트워크를 넘나들면서 사심을 배제하고 협력하며, 시장을 조직하고 명령을 실행하는 어떤 중앙 권력 없이도 그렇게 할 수 있도록 해주는 규정을 기록했다. 경제적 자유주의—시장의 협력—는 종을 변형시키는 사회적 소프트웨어, 우리의 설계 용량을 한참 뛰어넘어 인간이 기능할 수 있게 해주는 소프트웨어다.

정치적 자유주의는 또 다른 버전의 협동 문제와 씨름한다. 우리는 사리사욕, 야망, 편견을 사회 전체의 이익으로 돌리는 규칙을 마련할 수 있을까? 사회의 활력을 억누르지 않고 홉스식 권위에 복종하지 않으면서도 사회에 안정을 제공할 수 있을까? 하지만 또 다른 버전의 협동 문제가 인식론적 자유주의를 사로잡는다. 두드러진 견해차를 가진 사람들이 지식 구축에 협력하도록 유도할 수 있을까? 그리하여 다시 권위주의에 의지하지 않으면서도 안정과 활력 둘 다를 제공할 수 있을까?

이런 문제를 해결하려면 규약이 필요한데, 이 말은 넓은 의미에서 그렇다. 즉, 꼭 문서 한 장이나 공식적인 법을 뜻하는 게 아니라, 개인의 권위 또는 부족의 제휴나 폭력이 아닌 규칙을 기초로 협동을 끌어내고 차이를 해결하려는 사회 운영 체제를 말한다. 그런 의미에서 정치적 규약만 문서화되기는 하지만, 자유주의의 경제적·인식론적·정치적 체제는 모두 규약을 갖고 있다. (그렇더라도 내가 이 책 전체에서 강조하듯 성문화한 미국 헌법은 단지 서류상의 말들일 뿐이다. 진정한 헌법은 명시적이고 내재적인 사회 규칙의 밀집된 체제이며, 그중 다수는 문서화되어 있지 않다.)

공식적이든 아니든, 세 가지 구조는 전부 가족 유사성을 공유한다. 그것들은 전부 광대한 협동을 조직하고, 소셜 네트워크 전체에 걸쳐 의사결정을 배분하며, 네트워크 지능(시스템이 구성 요소인 개개인보다 훨씬 더 많이 안다)을 이용한다. 중앙 집중화한 권위나 통제는 전부 최소한이다. 그것들은 전부 개인적 권위보다 사심을 배제한 지배를, 고정된 결과보다 개방된 과정을, 강요보다 합의를 강조한다. 그것들은 전부 개개인은 본래 자유롭고 평등하며 자유와 평등이 중요하고 소중하다는 것을 출발점으로 삼는다. 그것들은 전부 이례적으로 성공을 거뒀고, 특히 대안들과 비교할 때 그러했다. 그것들이 완벽하다고 말하려는 게 아니다. 천만의 말씀이다. 그러나 그것들은 경쟁 상대보다 변화에 적응하고 오류를 식별해 수정하는 데, 즉 자체 정정에 훨씬 더 능하다. 그리고 그것들은 홉스가 권위주의 정부의 유일한 대안이라고 믿었던 파괴적 사회 갈등을 방지하는 데 훨씬 더 능하다.

정확히 그런 이유로 인해 세 가지—경제적·정치적·인식론적—자유주의 사회 체제 전부가 이상하고 불안을 조성하는 것처럼 보일 수 있다. 그것들은 종료 지점, 최종 도착지를 감안하지 않는다. 절대적 확실성도, 변화를 피할 곳도 없다. 그것들은 지역 관계와 부족의 유대에 압박을 준다. 가혹하고 불공정할 수도 있다. 이해하고 설명하기 어렵다. 사실 그것들은 대단히 반직관적이다. 그 전부가 복잡하고 난해하게 균형 잡힌 규칙·규범·제도 및 도덕적 가치에 의존하며, 대부분이 자연 발생한 게 아니라 몇 세기에 걸쳐 구축됐다. 사람들을 이 모든 규칙·규범·제도 및 도덕적 가치에 동화시키려면 수년간의 사회화와 시민의 사회성 및 신뢰를 깊이 축적한 저장소(reservoirs)가 필요하다. 법치주의 발전에 관한 한 처음 다섯 세기가 가장 힘들다는 우스갯소리가 있다.

사회를 운영할 권력으로 추상적인 규칙과 사심을 배제한 제도에 투자하기란 결코 쉽지도 자연스럽지도 않을 것이다. 이것이 바로 미국의 창립자들—존 애덤스(John Adams), 조지 워싱턴(George Washington), 벤저민 프랭클린(Benjamin Franklin), 매디슨 등—이 어떤 헌법이든 국민의 마음에 새겨지고 공중도덕에 뿌리를 내리지 않는다면 그것을 적은 종이만 한 가치도 없다고 하나같이 경고한 이유다. "탐욕이나 야망, 복수심이나 만용이 마치 고래가 그물을 통과해 가듯 우리나라 헌법의 가장 강한 줄을 끊을 것이다"라고 존 애덤스는 말했다. "우리나라 헌법은 오직 도덕적이고 종교적인 국민을 위해 설계되어 있다. 다른 이들에게는 전적으로 부적당하다." 또는 필라델피아의 한 여성이 1787년의 심사숙고가 어떤 종류의 정권을 만들어낸 것이냐고 물었을 때 벤저민 프랭클린이 남긴 훨씬 더 유명한 말처럼 "공화국이다, 여러분이 그걸 지켜낼 수 있다면".

미국의 정치 질서 수립 이야기는 여기서 굳이 다시 거론할 필요가 없겠다. 우리 모두 거기 등장하는 인물들, 문서 및 날짜를 안다. 반면 인식론 수립은 우리가 기념할 제정 회의도, 수립 문서도, 아무런 날짜도 없다. 그것은 점차 조금씩 생겨났다. 그러나 창립자와 토대는 있었다.

로크의 정치 혁명

종교 전쟁은 수년이 아닌 수 세대 동안 유럽을 괴롭혔다. 그것은 대륙 전체와 잉글랜드에 걸쳐 벌어졌다. 중유럽에서는 대규모 폭동을, 잉글랜드에서는 혁명을, 프랑스에서는 내란을 불러왔고, 당시 세계 최강이던 군대들의 충돌을 가져왔다. 역사학자 브래드 그레고리(Brad S. Gregory)에 따르면, 유럽의 전쟁은 전사뿐 아니라 다수의 민간인까지 살육했다. "종교를 뛰어넘은 이러한 전쟁은 파괴적이고, 비용이 많이 들었으며, 결론을 내지 못했다"고 그레고리는 쓴다. "그것은 17세기 중반까지 유럽인을 탈진시켰다."[4] 전쟁은 오늘날까지도 영향을 끼치는 트라우마와 상처를 남겼다.

물론 많은 전쟁이 오래 지속되고 상흔을 남기지만, 종교 전쟁에는 뭔가 이유가 **있어야** 했다. 가톨릭교도와 개신교도 사이, 그리고 개신교도들 사이(그들 내부의 의견 충돌은 가톨릭교도와의 의견 충돌과 맞먹었다)의 다툼은 전쟁이 하나같이 그렇듯 권력과 정치적 이익 때문이었다. 그러나 신학, 사제의 권위, 성서 해석, 의례 등 때문이기도 했다. 그것들이 어쨌든 종교 전쟁이라 불리는 이유다.

그런 맥락에서 그레고리의 서술 중 마지막 표현에 주목해보자. "종교를 뛰어넘은 이러한 전쟁은 파괴적이고, 비용이 많이 들었으며, **결론을 내지 못했다.**" 정치적으로, 전쟁은 군주들이 서로 내정 간섭을 중단하고 소수 종교를 용인하기로 합의하며, 불가침 협정을 체결하기에 이른 베스트

팔렌 조약(Peace of Westphalia)과 함께 1600년대 중반에 종식됐다. 인식론적으로, 그 결과는 비슷한 교착 상태였다. "1650년대의 신학 전문가들은 1520년대보다도 견해차를 조정하지 못했다"고 그레고리는 쓴다. "1648년의 기독교적 진리에 관한 상충된 주장은 1520년대보다도 합의에 이른 게 없었다."

해답이 나오지 않은 것으로, 훨씬 더 중요한 질문도 있었다. 누가—종교적·정치적·인식론적—의견 충돌을 해결해야 하는가? 진리에 대한 권한은 가톨릭교회에 속하는가, 개신교 평신도에 속하는가, 아니면 국가의 수장에게 속하는가, 혹은 다른 어떤 곳인가? 종교적 논쟁에서 책임자는 누구인가? 이런 것이 전쟁을 촉발하고 규정했던 질문이다. 하지만 폭력은 그것들을 푸는 데 실패했다. 오히려 반대였다. 물리적 충돌은 견해차를 해결하기 위해 권력을 겨루고 총칼에 의존하면서 쓸데없이 큰 대가를 치른 것으로 판명 났다. 홉스식 모델이 실패한 것이다. "지친 유럽인들은 대안을 찾기 시작했다"고 그레고리는 쓴다.

대안을 모색하던 이들 중 존 로크라는 영국의 사상가이자 작가가 있었다. 의학에 몸담았던 그는 정치에 잠깐 손을 댔다가 노력한 보람도 없이 어쩌다 네덜란드로 5년간 추방당했고, 거기서 바뤼흐 스피노자(Baruch Spinoza)와 피에르 벨(Pierre Bayle) 같은 자유사상가들의 사상에 푹 빠졌다. 많은 사상가와 실천가들이 근대 자유주의를 구축하는 데 공헌했지만, 소스 코드(source code: 소프트웨어 프로그램이 작용하는 경로를 기록한 코드—옮긴이)로 단 한 사람을 추적해 들어간다면 로크여야 할 것이다. 그는 한 가지 면에서 모든 위대한 사상가들 사이에서 독보적 입지를 차지한다. 바로 정치 및 인식론이라는, 자유주의의 두 갈래 발달에서 맹아적 인물이었다는 점이다.

로크는 정치적 측면에서 근대적 민주주의자는 아니었다. (그의 시대에 민주주의자는 아무도 없었다.) 영국 왕조의 권한을 수용했고, 관용을 지지할 때에도 가톨릭교와 무신론에는 선을 그었다. 그러나 그는 정치적 자유주의의 토대가 된 세 가지 개념을 정립했다.

첫 번째는 자연권 개념이다. 이는 태어나서부터 죽을 때까지 모든 사람에게 적용되는 기본 원칙—다른 모든 사람과 군주와 정부도 존중해야 하며, 특정 개인과 상관없이 상호 존중받아야 할 원칙—이다. 이러한 권리는 천부적이기 때문에 인간 본성에 내재하며 자연 상태에 존재한다. 그것들은 만인의 만인에 대한 전쟁을 제한하는 내재된 원칙을 제공한다. 로크에게 기본권이란 생명, 자유 및 재산(물질적 재산뿐 아니라 오늘날 우리가 자율성이라고 부르는, 자신의 신체와 양심에 대한 권한도 의미한다)이다. 권리는 실력으로 얻거나 사회적 지위로 수여되는 게 아니라 타고나기 때문에 동등하게 부여된다. 개인들은 수많은 다양한 방면에서 다르다 하더라도 기본권에서만큼은 언제나 평등하다.

두 번째 근본 원칙은 합의에 의한 통치다. 정부는 국민을 지배하는 신성한 권력에 의해 조직되지 않는다. 자연권을 행사하는 국민에 의해 조직된다. 정부는 업무를 수행하려면 광범위한 권한을 부여받아야 하지만, 만일 권한을 넘어서거나 그 권한을 국민의 권리를 침해하는 데 사용한다면 통치권을 잃고 마땅히 교체될 수 있다. 정부는 승인된 권력의 범위 내에서 통치권을 갖지만, 궁극적인 통치권은 피통치자들에게 속한다.

세 번째는 관용이다. 종교적 차이는 유럽을 갈가리 찢어놓았다. 전쟁 당사자들이 한 종교가 참이라면 다른 종교는 거짓일 게 틀림없다고 가정했던 것이 큰 이유였다. 거짓인 종교는 영혼을 위태롭게 하고 사회를 기만하므로 용인하기 어려울 터였다. 종교 전쟁은 불관용이 실질적으로 얼마만큼 고비용을 초래할 수 있는지 보여줬지만, 그럼에도 이런 잘못된 믿음은 위험하고 근절되어야 한다는 원칙에 의문을 제기한 사상가는 거의 없었다. 예를 들어, 홉스는 국가의 안정이 종교적 신앙의 획일성에 달려 있거나 적어도 획일적인 종교적 표현에 달려 있다고 봤다. 반면 로크는 무력은 마음을 바꿀 수 없기 때문에 영혼을 구원할 수 없으며, 할 수 있다 하더라도 종교적 진리의 분별을 정부에 의존해서는 안 된다고 주장했다. 어쨌든 그릇된 숭배를 하는 사람이 타인을 해쳐서는 안 되며, 정부가 할 일은 영혼의 구원이 아니라 권리 보호라는 것이다.

이 모든 개념엔 다른 사상가들의 선례가 있었고, 반향을 일으키기도 했다. 홉스는 양도할 수 없는 권리를 단언했다. 수평파(Levelers: 1640년대 잉글랜드의 개혁 운동)는 국민 주권을 주장한 바 있다. 존 밀턴(John Milton)과 로저 윌리엄스(Roger Williams)는 관용을 옹호했다. 하지만 로크에게서는 기존의 연구된 이론 속에 최초로 내재했던 규정을 대부분 찾아볼 수 있다. 자연권, 국민 주권 및 관용은 모두 부분의 합 이상을 이룬다. 특정 개인과 무관하게 중립적으로 적용되는 통치, 국민에게 책임을 지는 제한적인 정부, 신앙의 다원주의, 그리고 반대자를 박해하기보다 보호하는 정부 등 현대 자유주의의 모든 요소가 거기 있다. 이것들을 정교하게 다듬고 적용하는 데는 몇 세기의 노력이 들겠지만 말이다.

만일 로크가 거기서 탐구를 멈췄다 해도, 그는 위인의 지위를 얻었을 터이다. 그러나 그는 끝내지 않았다.

로크의 인식론 혁명

1500년대 말, 테아이테토스와 소크라테스의 한 계승자가 세상과 지식의 상태를 보고는 혐오스럽다는 듯 양손을 내저었다. 정치적 갈등과 법률의 궤변에 넌더리를 내던 정치가이자 변호사 미셸 드 몽테뉴(Michelde Montaigne)는 가문의 대저택에 있는 탑에 칩거하며, 거기서 아마도 문학사상 가장 위대한(아니, 적어도 조지 오웰과 맞먹을 만큼 위대한) 에세이를 썼다. 심오하면서도 장난기 가득한 몽테뉴의 에세이—오늘날 봐도 여전히 재기가 넘친다—는 특히 인간은 확실히 무엇이든 알 수 있을 거라는 명제를 포함해 모든 종류의 사회적 통념을 꼬치꼬치 따졌다.

종교 개혁 및 반종교 개혁 전쟁이 유럽 전역을 불태우고 있었다. 전쟁은 다른 많은 이들에게처럼 몽테뉴한테도 누가 어떤 진리를 자신 있게 주장할 수 있으며, 혹은 어떤 견해차를 사실상 해결할 수 있겠는가라는 심각한 비관적 감정을 불러일으켰다. 그의 에세이 중 가장 길고 영향력 있는 《레몽 스봉의 변호(Apology for Raymond Sebond)》에서 몽테뉴는 테아이테토스와 소크라테스도 겸허하게 만들었던 논의를 두루 거치며 자신의 의견을 일부 추가했다. 그는 우리의 판단이 우리를 종종 잘못된 방향으로 이끈다고 썼다. "가장 사소한 것들이 세상을 어지럽힌다."[5] 우리의 감각도 나을 게 없다. 그것은 사물의 인상만 전달할 뿐 변덕스럽고 믿을 수 없다. 어쩌면 우리는 지금 꿈을 꾸고 있거나 환각에 빠져 있는지도 모른다. "감각 작용의 오류와 불확실성에 관해 말하자면, 인간은 각자 제 입맛대로 많은 사례를 스스로 댈 수 있으므로, 그것들이 우리에게 제공하는 오류와 기만은 보편적이다"라고 그는 썼다. "감각의 불확실성은 그것들이 만들어내는 모든 것을 불확실하게 한다." 우리가 진리를 확신한다고

느낄 수 있는 건 맞지만, 확실성은 지침이 아니다. 몽테뉴는 과거 자기가 저지른 오류의 경험을 통해 자신의 확신은 믿을 수 없으며, 더 나아가서 다른 모든 이들의 확신도 틀림없이 마찬가지이리라는 것을 알았다. "지혜로운 한 명이 틀릴 수 있고, 수백 명이 틀릴 수 있고, 많은 나라가 틀릴 수 있으며, 우리가 하는 말로 인간 본성은 여러 세기 동안 이래저래 오류를 범했으니, 그것으로 가끔 오류를 멈출 때가 있고, 이번 세기에는 오류를 범하고 있지 않다고 우리가 어떻게 장담할 수 있겠는가?" 이성의 힘에 대해 말하자면, 그것은 오늘날 우리가 확증 편향이라 부르는 것의 종복(servant)이라는 게 몽테뉴가 인상적으로 예측한 생각이다. "인간의 견해는 직권에 의해 그리고 신용으로 마치 종교와 법률이라도 되는 것처럼 고대의 신념에 따라 받아들여진다. 사람들은 그것에 대해 일반적으로 평가하는 바를 주입식으로 받아들인다. ……반면 모두가 유연하고 어떤 형태에도 적응할 수 있는 탄력적 도구인 이성의 모든 힘을 동원해 앞다투어 용인된 신념을 굳히고 확인한다. 따라서 세상은 헛소리와 거짓말로 가득 차고 흠뻑 젖게 된다."

몽테뉴의 숙고는 우리가 지식에 대한 환상은 가질 수 있으나 진정한 지식은 절대 가질 수 없음을 암시한다. "우리 안에 일부 진정한 지식이 있는 게 불가능하다는 얘기가 아니다. 그러나 설령 있다 해도 그것은 우연이다. 그리고 오류는 똑같은 경로, 똑같은 방법과 과정으로 우리 영혼에 받아들여지므로, 진실을 허위로부터 구분하거나 끄집어낼 방도가 없다." 사회적 영향은 그저 암울하다. 사람들은 자신의 신념을 놓고 영원히 갈등할 수밖에 없다. 어떤 2명의 개인도 같은 것을 보거나 듣거나 믿지 않기 때문에 "우리는 언제 어디서나 분쟁에 휘말린다". 당연히 "사람들의 의견이 일치하는 건 하나도 없다. 내 말은, 가장 천재적이고 능력이 뛰어난 학자들도 하늘이 우리 머리 위에 있다는 사실에 대해서마저 의견을 달리한다는 뜻이다". 이토록 많은 사람이 이토록 많은 것에 대해 다른 의견을 가졌다는 바로 그 사실은, 지식이라는 모든 주장이 근거가 없음을 암시한다. 그런데도 이 불협화음 속에서 우리는 왜 누군가가 뭔가에 대해 옳다고 가정해야 하는가? "그들〔논객들〕은 이러한 견해의 다양성과 불안정성을 통해 자신들이 결론에 이를 수 없다는 이런 결론으로 암암리에 우리의 손목을 잡아끈다."

어쩌면 불확실성과 논쟁을 좋아하는 성향은 모든 것을 아는 어떤 권위자에 의해 해결될지도 모른다. 그러나 몽테뉴는 "누가 이런 차이들을 판단하기에 적합하겠는가?"라고 묻는다. 권위자들 자체가 의견이 일치하지 않을 때는 누가 **그들의** 분쟁을 해결할 것인가? (여기서 몽테뉴는 홉스의 발을 걸어 넘어뜨렸던 "누가 통치자를 통치할 것인가?"라는 질문의 인식론적 버전에 도달한다.) 게다가 오류와 오해에 영향받지 않는 사람도 없고, 감정에 좌우되지 않는 사람도 없다. "우리는 이 모든 자질〔편견과 정념〕로부터 벗어난 누군가가 필요할 터이다. 편견 없는 판단으로 이런 일들을 무심하게 평가할 수 있으려면 말이다. 그리고 그 점에서 우리는 한 번도 존재한 적 없는 판사가 필요할 것이다."

몽테뉴의 지식 해체는 언뜻 보면 거의 허무주의적 절망을 반영하는 듯하다. 하지만 여기에는 그 이상의 씨앗이 있다. 그의 논의에서 견해차를 강조한 대목에 주목하자. 몽테뉴는, 진리의 문제는 사회적 문제라는 암시를 줬다. 실무적 합의에 도달하느냐, 아니면 도달하지 못하느냐의 문제라는 것이다. 지식의 문제는 당신이 아는 것 혹은 내가 아는 것이 아니라 **우리**가 아는 것에 초점을 맞춘다.

몽테뉴로부터 두 세대 이후, 로크로부터 두 세대 이전에 영국 철학자 프랜시스 베이컨(Francis Bacon)은 몽테뉴의 회의주의를 일부 채택했으나 그것을 다른 방향으로 밀고 나갔다. 그는 1620년 저서 《신기관(Novum Organum)》에서, 지식은 진리를 추구하는 사람들의 생각이 아니라 그들의 행동에서 생겨난다고 썼다. 즉, 그릇된 답을 제거하고 우리에게 옳은 답의 방향을 가리키는 관찰 및 실험을 수행하는 데서 생긴다는 것이다. 이 방법을 사용하면 감각과 인지의 내재된 결함〔베이컨이 종족의 우상(Idols of the Tribe)이라고 부른 것〕, 개인적 경험과 교구(教區)가 지닌 시각의 한계〔동굴의 우상(Idols of the Cave)〕, 그리고 기존의 도그마와 미신의 오류〔극장의 우상(Idols of the Theater)〕를 극복할 수 있다고 베이컨은 주장했다.

"베이컨은 형편없는 과학자였다." 사회학자 조지프 벤데이비드(Joseph Ben-David)는 이렇게 말했다. "그리고 많은 세부 사항에서 그는 그다지 훌륭한 철학자도 아니었다. 새로운 천문학 및 수리물리학의 부상과 베이컨의 신조 사이에는 거의 연관성이 없었다. 이론 없는 실험과 경험적 지식의 모음은 거의 아무런 과학적 결과물도 내놓지 못했다."[6] 하지만 베이컨은 당대에 존경받았고, 그의 저서는 널리 영향을 미쳤다. (그리고 오늘날에도 여전히 과학의 부상에서 중대한 인물로 여겨진다.) 베이컨의 진정한 중요성과 매력은 그의 방법론에 내포된 **사회적** 약속이었다. 끝날 것 같지 않은 무익한 신조 전쟁의 시대에 베이컨의 실험적 방법론은 회유(懷柔)의 경로를 제시했고, 사람들이 견해차를 좁히고 갈등을 거리 밖으로, 실험실 안으로 가져가도록 했다. 벤데이비드는 이어서 말했다.

> (가급적 통제된 실험에 의해) 경험적으로 검증된 사실들을 고수함으로써 이 방법론은 일반적으로 수용되는 이론이 없을 때조차 그 수행자들이 동일한 '공동체'의 일원임을 느낄 수 있도록 해줬다. 과학자들은 공통의 주제에 대한 여러

가지 상충적인 시각을 밀고 나가면서 공유된 진보와 궁극적인 합의에 대한 느낌을 가질 수 있었다. 그들은 갈수록 더 넓어지고 확산하는 전선에서, 더 이상 예전에 철학적 충돌에서 그랬듯이 서로 반목하는 정파로 분열될 필요가 없었다.

몽테뉴, 베이컨, 종교 전쟁, 그리고 물론 내가 이 도식화한 설명에 집어넣을 수 있는 것보다 훨씬 많은 것들이 1689년 로크가 《인간지성론(Essay Concerning Human Understanding)》을 발표했을 때의 배경이다. 지식은 선천적이지 않다고 그는 주장했다. 그것은 우리가 갖고 태어나는 게 아니다. 그렇다고 계시에서 생기는 것도 아니다. 적어도 계시가 경험이나 기존의 지식에 부합하지 않을 때는. 또한 단순히 일반 이론에서 비롯되지도 않는다. 그보다 지식은 경험과 세부 사항(오늘날 우리가 사실과 데이터라고 부르는 것)에서 탄생하며, 오직 우리 자신의 바깥을 들여다봄으로써, 즉 세상을 탐구하고 서로가 주목한 것을 비교함으로써 찾을 수 있다. 만일 우리의 주장이나 가설을 세분화한 다음, 우리 자신이나 타인들의 경험 및 이성과 대조할 수 없다면, 그것은 오늘날 우리가 '과학'이라 부르는 것의 경계 밖에 있는 셈이다. 광범위한 일반화와 추상적인 공리는 "분쟁에서 싸움꾼들의 입을 다물게 하는 데" 유용하지만—바꿔 말하면, 토론자들에게 좋은 지적을 하게끔 하지만—"그렇다고 미지의 진리를 발견하거나 지식의 추구에서 정신이 진일보하도록 하는 데는 그다지 도움이 안 된다"고 로크는 말했다. 신념을 점검하지 않고도 우리 자신과 신의 존재에 대한 지식을 가질 수 있지만 그 이상은 아니다. 더욱이 경험주의가 아니고서는 그저 우리의 오류를 우러러 모시는 것뿐이다. "누구나 오류를 범하기 쉬우며, 대부분 여러 가지 점에서 정념이나 이익에 유혹당해 오류를 범한다"고 그는 썼다. "선한 사람도 여전히 오류를 범하기 쉬운 인간이며, 때때로 그것을 자신의 정신에서 가장 선명하게 빛나는 신성한 진리로 착각하고 거기에 열중한다."

여기서 로크가 한 일은 **점검할 수** 없기 때문에 **판정 내릴 수** 없는 주장을 지적(知的)으로 존중받을 만한 수준—인식론적 규칙서(rulebook)—에서 추출하는 것이었다. 우연이 아니게도 그러한 주장에는 종교 전쟁이 표면적으로 놓고 싸웠던 대부분의 신학적·형이상학적 논쟁이 포함될 터였다. 로크는 검증할 수 없는 확신이 어떻게 해소할 수 없는 사회적 분쟁을 촉발하는지 알았다.

> 우리가 지닌 설득의 힘은 절대 그 자체로 올바름의 증거가 아니다. ……그리고 인간은 진실만큼 오류에 있어서도 긍정적이고 단호할 수 있다. 그렇지 않고서야 서로 다른 상대편의 사나운 광신도들이 어떻게 존재하겠는가? 모두가 자신의 마음속에 갖고 있다고 생각하는 빛, 이 경우는 그저 자신이 지닌 설득의 힘일 뿐인 그것이 만일 신에게서 나온 증거라면 반대되는 의견은 똑같이 영감(inspirations)의 자격을 가질 것이다. 그리고 신은 빛의 아버지일 뿐 아니라, 인간을 반대되는 길로 이끄는 상반되고 모순적인 빛의 아버지일 것이다. 또한 만일 근거 없는 확신의 힘이 모든 명제가 신의 계시라는 증거라면, 모순된 명제는 신성한 진리가 될 것이다.

로크는 경험적으로 다룰 수 없는 분쟁을 기술하기 위해 적어도 그 분쟁이 도덕적 충돌(우리가 오늘날 흔히 가치 문제라고 부르는 것)의 수준까지 올라갈 때는 대놓고 '위험하다'는 말을 사용했다. "따라서 질문이나 조사 없이 이어진 원칙들만큼 위험한 것은 없다. 특히 만일 그것이 인간의 삶에 영향을 주는 도덕과 관련한 것이고 모든 행동에 편견을 제공한다면 말이다."

그러므로 로크의 경험주의는 사회 원리이며, 그 역시 경험주의를 그렇게 이해했다. 그것은 지식뿐 아니라 평화를 목표로 삼는다. 그의 관용의 원리와 결합해, 그것은 당대의 종교 논쟁자들이 분쟁을 해결하거나 끝내는 쪽의 길을 모색하도록 요구할 터였다. 아니면 주제를 바꿔 다른 것—신성한 계시를 놓고 난투극을 벌일 게 아니라 사실을 발견하고 경험을 비교함으로써 해결할 수 있는 것—에 대해 얘기하도록 할 터였다.

로크는 상의하고 설득해야 한다는 암묵적 요건이 자신의 관용 원칙보다 훨씬 더 급진적인 개념을 가리킨다는 암시를 넌지시 던졌다. 바로 지적인 다양성에 대한 적극적인 환영이다. "내 생각으로는 다양한 의견 속에서 평화, 인간성이라는 보편적인 도움, 그리고 우정을 유지하는 게 모든 사람에게 적합할 것이다. 인간을 이해한다면 누구라도 인정하지 못할 권위를 맹목적으로 감수하면서 자신의 견해를 즉시 비굴하게 버리고 우리의 견해를 수용하리라고는 당연히 기대할 수 없기 때문이다." 확신들이 상충하는 세계에서 우리는 다원주의를 받아들여야 하며, 심지어 적극적으로 끌어안아야 한다. 여기에 바로 경험주의와 다원주의 속에서, 전쟁과 권위주의 사이에서 선택해야 하는 홉스의 불쾌한 딜레마에 대한 대안이 있었다.

로크의 경험주의가 어떻게 자연권과 기본적인 평등이라는 정치적 원칙과 딱 들어맞는지 주목하자. 모든 사람은 눈과 귀와 정신을 갖고 있고, 우리는 진리를 추구하려면 서로 점검하고 상의해야 하므로, 다수(소수가 아니라)는 그들 자신의 신념을 주장하고 다른 이들의 신념과 겨룰 자격이 있다. 정치적 권리처럼 인식론적 권리도 우리 모두에게 속한다. 경험주의는 우리 모두의 임무다. 사제나 왕자나 열성 당원들을 위한 예외가 아니다.

나 말고 나의 오류를 죽여주시오

계몽주의 시대가 전개됨에 따라 유럽과 북아메리카의 철학자, 정치가 및 시민들은 로크의 사상을 기반으로 빠르게 변화했다. 전제 국가 프랑스에서는 샤를 드 스콩다 몽테스키외(Charles de Secondat Montesquieu) 남작이—널리 퍼져 있던 군주제와 신권 정치의 일원화 모델로부터 급격히 이탈한—각자의 고유 영역에서 운영되는 입법·행정·사법 당국이 서로 분리된 채 경쟁하는 중앙 권력 개념을 발전시켰다. 잉글랜드에서는 케이토(Cato)라는 가명으로 집필 활동을 한 존 트렌처드(John Trenchard)와 토머스 고든(Thomas Gordon)이 표현 및 양심의 자유와 책임지는 공화국 정부를 옹호하는 일련의 영향력 큰 에세이를 발표했다. 북아메리카의 영국 식민지에서는 선동적 명예훼손죄로 고발됐던 존 피터 젱거(John Peter Zenger)라는 인쇄업자이자 언론인이 정부를 비판할 때조차도 진실은 방어 수단이라고 주장함으로써 처벌을 면했다. 정치적 자유주의가 체계적으로 발전하고, 현장에서는 사실들, 즉 얼마 지나지 않아 북아메리카의 획기적 돌파구에서 정점에 달할 과정을 창출하고 있었다.

그와 동시에 철학자와 실천가들은 지식의 헌법을 위한 기틀을 마련했다. 스코틀랜드 철학자 데이비드 흄은 1740년대에 저서를 집필하면서 몽테뉴로부터 시작된 절대적 확실성의 회의론적 파괴를 완결 지었다. 오늘날까지도 반박당하지 않는 역대급 논증을 통해 그는 어떤 예측이나 인과 귀인(causal attribution)도 원칙상 결코 확신할 수 없으며, 기적적이거나 초자연적인 어떤 원인에 대한 호소도 원칙상 합리적으로 정당화할 수 없음을 입증했다. 어떠한 자연주의적 설명도 의심의 여지없이 진실할 수 없다면, 그리고 어떠한 초자연적 설명도 한계를 넘을 수 없다면, 도대체 어떤 지식의 기초가 있을 수 있을까? 그것이 테아이테토스의 질문이었고, 2000년이 지나도록 이는 여전히 난제처럼 보였다.

그러나 만일 지식이 확실성을 필요로 하지 **않는다면** 어떨까? 실제로 만일 지식이 확실성과 **양립할 수 없다**면? 19세기에 회의주의—만일 확실성이 불가능하다면 지식은 불가능하다는 사상—는 관련은 있으나 사뭇 다른 사상인 오류가능주의(fallibilism)에 밀려났다. 이 용어를 만든 미국 철학자 찰스 샌더스 퍼스는 이렇게 썼다. "전반적으로 우리는 어떤 식으로든 완벽한 확실성이나 정확성에 도달하지 못한다. 우리는 어떤 것도 절대적으로 확신할 수 없다." 적어도 어떤 사안이 객관적 현실에 관한 사실 및 진술과 연관될 때는 말이다. 퍼스는 "과학적 정신은 경험이 신념에 위배되는 순간, 언제라도 대량의 신념을 전부 버릴 각오를 하라고 인간에게 요구한다"고 말했다.[7]

언뜻 보면 이 말은 몽테뉴와 거의 다를 바 없고 더 희망적일 것도 없는 것처럼 들린다. 절대 확실성이 없다고? 대량의 신념을 전부 버린다고? 그러나 오류가능주의는 회의주의와 결정적 차이를 담고 있었다. 회의주의자들은 불확실성이 도처에 있으므로 지식은 불가능하다고 주장한 데 반해, 오류가능주의자들은 불확실성이 도처에 있지만 지식은 어쨌든 가능하다고 주장했다. 우리는 지식을 주장할 수 있으나, 우리가 틀렸을지 모른다는 점을 알기에 항상 잠정적이다. 회의주의자에게 지식을 추구하는 사람들의 과제는 진리를 탐구하는 것인데, 그 진리는 애석하게도 얻을 수 없다. 오류가능주의자들에게 그 과제는 오히려 오류를 탐구하는 것—그리고 오류는 우리가 찾을 **수 있다**—이다. 우리는 어떤 경험적 명제의 최종 확인에도 도달하지 못할지 모르지만, 그것이 참이 **아니라는** 확인은 얻어낼 수 있다. 날고 있는 새를 아무리 많이 본들 우리는 모든 새가 날 수 있다고 긍정하는 말을 할 수는 없다. 그러나 날지 못하는 새를 한 마리 보는 순간, 우리는 모든 새가 날 수 있는 것은 아님을 안다. 그러므로 우리는 지식을 주장할 수 있다. 우리가 틀릴 수도 있다는 생각을 항상 진지하게 받아들인다면 말이다.

오류가능주의의 강력한 방법론적 영향을 이해하기 쉽게 분석하는 것은 20세기의 가장 위대한 과학철학자 칼 포퍼의 몫이 됐다. 그는 《과학적 발견의 논리(The Logic of Scientific Discovery)》를 비롯한 다른 많은 저서와 글에서 과학은 스스로 증거를 찾거나 최소한 입증하고 있다고 생각할지 모르지만, 사실상 그 방법론은 반증이라고 상정했다. 개별 과학자들이 자신의 가설이 참이라는 증거를 찾아다니는 건 맞지만, 시스템으로서 과학은 가설이 비판을 당하게 함으로써 작동한다. 생각을 실험적으로, 논리적으로, 그리고 다른 많은 방식으로 시험함으로써 과학은 수천 개, 심지어 수백만 개의 가설을 매일같이 넘어뜨린다. 과학적 탐구의 큰 장점은 그것이 가설을 어떤 틀에 넣은 다음 확인하려 드는 게 아니라(그건 다들 한다), 가설을 산업적 규모로 띄우고 반증한다는 것이다. 다른 어떤 시스템도 할 수 없는 일이다.

만일 개구리가 특정 환경에서 파리 잡는 방법에 관한 부정확한 가설을 갖고 있다면, 죽음으로써 그 가설을 정정하고 몇 세대가 지나고 나서야 하나의 종인 개구리는 자신들의 오류를 바로잡을 수 있다. 그건 비효율적인 학습 방법이다. 인간은 물론 개구리보다 더 나은 학습자다. 그럼에도 불구하고 대부분 역사에서 우리는 아이디어만 많았지 그걸 시험할 신속하고 믿을 만한 방법은 없었다. 우리는 신념을 넘어뜨리는 대신 그것을 정당화했다. 오류를 찾아내는 대신 도그마를 중심으로 우리 부족을 통합하기 위해 우리의 지적(知的) 문화를 조직했다. 오류를 찾아 고치는 데는 흔히 몇 세대가 걸렸고, 종종 유혈 사태가 필요했으며, 많은 오류는 결코 고쳐지지 않았다.

반면 자유과학은 생각을 사람과 분리한다. 포퍼는 비판적 방법이 "우리의 가설을 우리 대신 죽게 하는 데 있다"고 말했다. 바꿔 말하면, 우리는 서로서로 우리의 가설을 대신 죽인다는 얘기다. 어떤 과학자도 오류 때문에 생명이나 자유로 속죄하지 않는다. 이 사실이 매일매일 신선한 오류를 범할 수 있도록 과학자들을 해방시켜준다. 그리고 이러한 오류가 결국은 지식의 원료다. 생물학에서 영감을 얻은 포퍼는 그와 그의 학파가 진화론적 인식론이라 부르는 것을 제기했다. 즉, 새로운 가설은 돌연변이와 유사하다. 대부분 실패하겠지만, 일부는 성공해서 적응을 촉진한다. 오류를 제거하고 나면, 특정 날짜에 굳건히 자리를 지키고 있는 것이 바로 지식이다.

지식의 기초를 입증이 아니라 반증에 둔 것은 단순하면서도 급진적이었다. 소크라테스 시대부터 철학자들은 고귀한 곳에서 지식을 구해왔다. 창조주의 계시, 지혜로운 철인왕의 통찰, 형이상학적인 물자체(物自體: 칸트가 말한, 인간의 경험과 관찰을 초월해 존재하는 실체—옮긴이)의 판단, 그리고 순수이성(칸트가 말한, 경험으로부터 독립해 어떤 것을 선천적으로 인식하는 능력—옮긴이)의 순수한 적용. 포퍼는 최전성기의 지식은 최전성기의 생물권처럼 가장 재미없는 방법론에서 나온다고 했다. 바로 시행착오다. 과학의 특별한 재능은 재빨리 오류를 저지르는 동시에 재빨리 오류를 찾아내는 능력이다. 그것이 지식의 진화를 워프 드라이브(warp drive: 공상과학 이야기에 등장하는 가상의 초광속 우주선 추진 시스템—옮긴이)로 밀어 넣었다.

이후 수년간 철학자들은 포퍼(1994년에 사망했다)에게 트집 잡을 많은 이유를 찾아냈다. 현실 세계에서 과학자들은 항상 검증을 전략으로 이용한다. 그들은 어쩌면 가설이 틀렸음을 확인해주는 증거를 제시하고 환영하는 것만큼이나 가설을 확인해주는 증거를 찾고 제시할 때가 아주 많다. 그러면 정확히 반증이란 무엇인가? 포퍼는 절대 그것을 그다지 정확하게 정의할 수 없을 테고, 실험 실무자들도 절대 그러지 못할 것이다. 실제로 반증은 어떤 명제가 거짓임을 사람들에게 납득시키는 것들로 구성되어 있는 듯하다. 딱히 도움 되는 정의는 아니다.

하지만 과학이 오류를 찾는 시스템이라는 포퍼의 핵심 통찰은 지지를 받아왔다. 그리고 그것의 중요성은 과학은 과정이 아니라는 통찰로 규정되는 네트워크 인식론의 등장으로 증폭되었다. 과학은 특정 종류의 특이한 네트워크가 아니라 사회적 네트워크다.

누구의 눈을 통해 보더라도

이 책에 찰스 샌더스 퍼스('pierce'는 'purse'로 발음한다)의 이름이 자주 나오는 데는 그럴 만한 이유가 있다. 그는 여러분이 아마 한 번도 들어본 적 없는 가장 위대한 미국 철학자이기 때문이다. 1839년에 태어난 그는 1914년 사망할 때까지 오류가능주의 개념과 실용주의라고 알려진 철학파를 모두 개척하며 탁월한 저서를 많이 집필했다. 하지만 가장 인상적인 공헌은 과학적 지식을 단지 개인이나 집단적 노력의 산물이 아니라,

사회적 네트워크에서 벌어지는 상호 작용의 창발성으로 개념화한 네트워크 인식론의 기초를 다진 것일 터이다. 그의 통찰은 시대를 너무 앞서 갔고, 그는 대학의 정규 교수직조차 얻지 못한 채 무명으로 생을 마쳤다. 오늘날에도 전문가들만이 그 이름을 안다. 그의 업적이 놀랍기에 애석한 일이다.

우선 그는 객관적 지식이라는 개념이 본디 사회적이라는 점을 그 이전의 누구보다도, 그리고 오늘날의 거의 모든 이들보다도 더 명확하게 알아봤다. "개인주의와 거짓은 마찬가지로 보일 것이다. 한편 우리는 인간이 홀로 있는 한 온전하지 않으며, 기본적으로 사회의 가능한 일원임을 알고 있다. 특히 어떤 한 사람의 경험이 단독으로 존재한다면 아무 의미도 없다. 만일 그가 타인들이 볼 수 없는 것을 본다면, 우리는 그것을 환각이라고 부른다. 우리가 생각해야 할 것은 '나'의 경험이 아니라 바로 '우리'의 경험이다. 그리고 이 '우리'는 무한한 가능성을 지닌다"고 그는 썼다.[8]

스위스 베른(Bern)에 있는 자신의 방에서 미친 듯이 방정식과 이론을 휘갈기고 있는 덥수룩한 수염의 한 남자를 떠올려보자. 그는 우주 전체를 재배열할 새로운 진리를 발견하는 중인 알베르트 아인슈타인일 수도 있다. 아니면 횡설수설 끼적이고 있는 미치광이일 수도 있다. 어느 쪽이든, 그는 자신이 위대한 과학을 연구하고 있는 천재라 생각한다. 하지만 원칙적으로 혼자 일하는 한 그는 과학을 연구하고 있는 게 아니다. 그가 휘갈겨 쓰는 것을 다른 사람들이 보고 평가하고 시험할 때에만 과학이 벌어지고 있는 것이다. 지식은 타인들에 의해 승인될 수 있을 때에만 만들어질 수 있다.

그런데 어떤 타인들 말인가? 구체적으로 누구를 말하는가? 퍼스의 대답은 이렇다. 확인하는 사람들이면 누구나. 이 말인즉슨, 특정한 사람이 아니라는 것이다. 사회적 네트워크가 검증자인 것이다. "진실이 **공개적**으로 인정받지 않는다면—**어떤** 사람이든 자신이 연구를 시행하고 있으며, 확고한 신념에 대해 진지하게 탐구하고 있음을 충분히 확신하지 않는다면—우리 각자가 다른 모든 사람이 믿지도 않을 완전히 무익한 자기만의 신념을 채택하지 않도록 막아줄 방안은 아무것도 없다"고 그는 썼다.[9] 과학적 경험주의라는 비장의 무기는 어떤 실험의 수행 혹은 당신이나 내가 특정 집단한테 설득력 있어 보일 어떤 추론 방식의 설명이 아니다. 우리는 무심하거나 심지어 회의적인 태도를 가진 생면부지의 사람들을 비롯해 합리적인 사람이라면 누구라도 틀림없이 만족시킬 방식을 가지고 우리의 주장을 밖으로 나가서 확인해야 한다. 퍼스는 이렇게 설명했다. "그렇다면 진짜는 조만간 정보와 논증이 마침내 결과를 맺을 그것, 따라서 당신과 나의 엉뚱한 짓과는 무관한 그것이다. 그러므로 현실 관념의 기원 자체가 이 관념에는 근본적으로 명확한 경계가 없으며 지식의 명확한 증가를 가능하게 해줄 **공동체**(COMMUNITY) 개념이 포함되어 있음을 보여준다."[10]

대문자는 퍼스가 표기한 것으로, 지식의 공동체적 성격에 그가 중점을 두고 있음을 드러낸다. 의미상 어떤 사람의 시각을 누군가(혹은 모든 사람)의 시각으로 교체하는 것은 개개인에게는 불가능하며, 공통의 도그마로 규정되는 집단한테도 역시 불가능하다. 특정 규칙에 따라 작동하는 특정 유형의 공동체만이 퍼스가 이해했던 객관성에 도달할 수 있다. 퍼스가 공동체를 "명확한 경계가 없다"고 기술했다는 점에도 주목하자. 현실 기반 공동체는 단순한 부족도 광신도 집단도 아니며, 심지어 국가도 아니다. 원칙상 거기에는 기꺼이 규칙들에 의해 통치받고자 하는 모든 사람이 포함되며, 그것의 경계는 오직 그 규칙들의 범위로 정해진다. 다시 말하면, 원칙상 공동체에는 전혀 경계가 없다는 얘기다. 퍼스한테는 우리가 오늘날 주고받는 용어가 없었지만, 그가 말하려던 것은 현재 우리가 소셜 네트워크라 부르는 것이다.

네트워크 부팅

입헌민주주의는 저절로 갑자기 생기지 않았다. 입법 기관과 법정 같은 공식 조직, 정당과 정치 기구 같은 비공식 조직, 법규와 평화로운 직무 교체 같은 규범이 필요했다. 시장 경제는 재산권과 결제 시스템 및 유한책임회사 같은 사회적 장치와 계약 준수 그리고 투명한 회계 기준 같은 규범이 필요했다. 이후 사상의 시장으로 알려지게 된 것도 마찬가지다. 그것은 스스로 조직된 게 아니다. 실천가 수천 명의 작업을 요했다. 제정 회의를 개최하지는 않았지만, 그들이 지식의 헌법의 관례를 수립한 건 사실이었다.

1700년대 말에 제임스 허튼(James Hutton)이라는 스코틀랜드 자연철학자는 자칭 새로운 지구론을 발표했다. 우연이 아니게도 그는 애덤 스미스 및 데이비드 흄과 동시대인이고, 같은 스코틀랜드 계몽주의 환경의 산물이었다. 그가 시작한 논쟁은 대부분 이렇게 저렇게 성경 이야기에 의존했던 세상이 어떻게 언제 생겼는지에 관한 추측들로 가득 차 있었다. 한 가지 두드러진 학설은 지구가 6000년 전 아무런 지형(topography) 없이 인간을 거주자로 삼아 생겨났다고 주장했다. 그러다가 하느님이 노아의 홍수를 불러일으켰고, 땅이 열리면서 어마어마한 양의 물을 방출했고, 그 구멍들이 붕괴된 채 남아 바다와 산을 이뤘다는 것이다.

허튼의 생각은 달랐다. 그는 두 가지 급진적 일탈을 창출했다. 하나는 증거와 관련한 방법론적 일탈이었다. 그는 세상의 탄생을 설명하는 데 어떤 기적도 필요하지 않다, 아니 심지어 허용되지 않는다고 주장했다. 관찰 가능한 자연력이면 충분하다고 했다. "지구상에서 자연적이지 않은" 어떤 대리인도 고용되지 않을 것 같고 "우리가 원리를 알고 있는 것들을 제외하고는 어떤 행동도 인정할 수 없다". 다른 하나는 시간과 관련한 실질적 일탈이었다. 협곡을 깎거나 산을 들어 올리는 지질학적 힘은 물이 바위를 침식하는 것처럼 일반적으로 느리기 때문에 세상은 극도로 오래됐을 게 틀림없고, 시간의 장막 사이로 그 기원은 더 이상 알아차릴 수조차 없다. "짧은 시간에 엄청난 사건을 일으키기 위해 요구되는 것과 같은 어떤 격렬한 힘의 행사가 있다고 가정하지 않겠다. 자연에서 시간 측면의 결핍은 보이지 않는다"고 허튼은 썼다. 실제적인 모든 면에서 지질학적 시간은 무한하다고 여길 수 있을 것이다. "우리 생각 속에서, 모든 것을 측정하고 우리의 계획에는 부족할 때가 많은 시간이 자연에는 무한하며 아무것도 아니다."[11]

근대적 과학자라기보다는 계몽주의 **사상가**였던 허튼은 1795년 《지구론(Theory of the Earth)》이라는 필생의 역작으로 자신의 생각을 발표하고 2년 뒤 노환으로 생을 마감했다. 그리고 이 책은 당시 그곳의 과학적 이해를 혁신하지 못했다. 대부분의 사람이 그의 이론에 어깨를 으쓱했고, 일부는 그것을 희한하다고 일축했으며, 소수는 공개적으로 강력하게 비난했다. 그럼에도 불구하고 허튼의 방법론적·실질적 급진주의(기적은 없다! 사실상 시간은 무한하다!)는 신속한 승인 획득보다 더욱 생산적인 뭔가를 해냈다. 그것은 무엇보다 신조 전쟁—아니, 더 정확히 말하면 두 가지 신조 전쟁—을 촉발하는 데 일조했다. 하나는 방법론적 전쟁이었다. 초자연적 힘을 불러일으키는 것은, 아니 그런 사안과 관련해 오늘날에는 알 수 없는 자연스럽지만 급격한 대변동을 불러일으키는 것은 언제나 규칙에 위배되는가? 다른 하나는 인식론적 전쟁이었다. 만일 자연력이 정말 세상을 창조했다면, 그것은 주로 물로 인해 일어난 홍수의 결과였을까(짐작컨대 노아의 홍수), 아니면 화산으로 일어난 폭발의 결과였을까?

인식론적 논쟁에서는 이른바 넵튠파(Neptunians)와 화산파(Vulcanists)가 대결했다. 그들은 화강암의 기원 같은 일상적인 것 같은 주제들을 놓고 논쟁을 벌였다. (그것은 물의 결정체인가, 아니면 화산에서 쏟아진 것인가?) 그러나 사람들이 반대 진영으로 분열할 때 흔히 일어나듯 이 논쟁은 양극화되었고 부족적 적대감이 수면으로 올라왔다. 열성분자들은 상대편에 도움이 될 만한 광물 표본을 감추는 습관이 생겼다. 화산파 한 명이 희곡을 쓰면 연극 개막일 밤에 넵튠파로 가득 찬 관객들이 작정하고 야유를 보냈다. 몇십 년 후 영국 지질학자 찰스 라이엘(Charles Lyell)이 1835년 《지질학 원리(Principles of Geology)》에서 썼듯 "경쟁 종파가 더 자주 사용한 무기는 논쟁보다는 조롱과 비꼼이었고, 그러다 결국 자연과학 문제에서는 거의 전례가 없던 수준으로 논란이 신랄하게 이어졌다".

라이엘이 종파라고 지칭한 데 주목하자. 동식물 연구가들이 종교 광신도처럼 행동하고, 자신들의 도그마를 수호하기 위해 맹렬히 싸우고 있었던 것이다. 몽테뉴라면 아주 편안하게 느꼈을 것이다. 그러나 그의 해결책은 지식 구하길 (즉, 합의에 도달하길) 단념하는 것이었고, 실상 그런 일은 벌어지지 않았다. 오히려 반발이 생겨났다. 신조 전쟁에 신물이 난 젊은 세대는 전면적인 이론화를 거부하겠다고 선언했다. 대신 그들은 사실에 대해서만 얘기하겠노라 맹세했다. 그중 한 명이 말했듯 "지질학은 현재 성공적인 일반화 시도가 가망이 없어질 만큼 완전히 초보 단계이며, 따라서 유용한 사실들을 축적하려면 인내심을 갖도록 유도해야 할 듯하다". '이론' 그리고 심지어 '가설'도 젊은 세대한테는 입에 담을 수 없는 말이었다. 어느 쪽이냐 하면, 그 반발이 지나칠 정도였다. 1823년 한 에세이스트는 이렇게 주장했다. "이론에 대한 절대적 거부는 비난받을 만한 과도한 행위로 이어질 수 있는데, 그런 일이 다반사다."[12]

경험주의에 대한 의지(recourse, 依支)는 지성적으로는 극단적이었을지 모르지만, 사회적 전략으로는 성공적인 것으로 판명됐다. 즉, 증거에 호소해 판결을 내릴 수 있는 논쟁으로 에너지와 관심의 방향을 우회시키는 하나의 방안으로서 말이다. 19세기의 처음 몇십 년 동안, 새로운 경험주의적 사고를 가진 부류의 연구자들이 영국과 유럽 대륙을 돌아다니며 지질학 표본 수집물과 층서학(stratigraphy, 層序學: 지층의 복원 형태, 배열 등을 다루는 과학—옮긴이) 도안 기록 보관소와 화석 저장소를 구축했다. 그에 못지않게 중요한 것으로, 1807년 창립된 런던지질학회는 갈수록 자의식이 강해지던, 증가 일로에 있는 학자 공동체에 정보 교환소이자 사교 중심지가 되었다. 퍼스라면 19세기 초 지질학자들이 사심을 배제한 증거에 대한 그들의 개인적 견해차를 없애는 데 착수했을 때, 그들이 정말로 무슨 일을 하려고 하는지 이해했을 터이다. (그리고 아마 실제로 이해했을 것이다.) 단지 표본을 수집하러 사방팔방 돌아다니거나 이론보다 사실을 선호하기만 하는 게 아니라, 모두가 동일한 일련의 규칙을 따름으로써 서로를 설득하는 데 동의하는 공동체를 수립하려던 것이었다. 그들은 경계 없고 사심을 배제한 퍼스의 **우리**를 만들고 있었다.

축적 및 공동체 구축의 전략은 주효했다. 19세기 중반, 방대한 증거 덕분에 실증적 저울은 화산파 쪽으로 기울어졌고, 불과 한 세대 전만 해도 다루기 힘든 도그마들의 충돌로 보이던 것이 구닥다리가 되어버렸다. 게다가 세상이 매우 오래됐다는 사실—지질학뿐만 아니라 생물학과 고생물학 그리고 우주학을 포함한 근대 자연과학 전체의 필수 전제 조건—을 대중이 받아들이게 됐다. (지구의 연대 측정은 방사능을 발견할 때까지 기다려야 했지만 말이다.) 가장 중요한 것으로, 사태가 정리되자 방법론적 분쟁이 해결됐다. 요컨대 기적은 위헌이었다. 한때 자기가 자연철학자라 생각했던 이들은 자신을 설명하기 위해 아직 생긴 지 얼마 안 된 신조어, 즉 지질학자란 말을 받아들였다. 그와 더불어 사변적인 사상가 및 성서학자들의 것이었던 영역은 각자가 작지만 의미 있는 최소한의 사실을 신(新)과학에 기여하는 탐구자들의 사회적 네트워크로 전환되었다.

여기엔 누가 봐도 알 수 있는 사회적 승리가 있었다. 두 세대라는 기간 동안, 경험에 의거한 사회적 네트워크의 방법론이 화해할 수 없을 것만 같던 갈등을 해결했다. 반면 신조 전쟁은 아무것도 해결하지 못한 채 수 세기 동안 맹위를 떨치고 있었다. 새로운 사회적 네트워크는 지구를 형성한 힘들에 대한 전무후무한 통찰을 가져왔지만, 또한 더욱 즉각적이고 유용하게 평화를 가져오기도 했다.

지질학적 논쟁 및 분열은 또다시—현대에 판구조론(plate tectonic theory, 板構造論: 지구의 표층은 여러 종류의 판으로 형성되어 있는데, 이 판들이 이동하고 충돌해 지진이 발생하게 된다는 이론—옮긴이)과 단속평형설(punctuated equilibrium, 斷續平衡說: 진화는 짧은 기간에 급격한 변화에 의해 일어나지만 그 후 긴 기간이 지나도록 생물에는 변화가 생기지 않는다는 이론—옮긴이) 그리고 무엇 때문에 공룡이 전멸했는가를 둘러싸고—발생해 뜨겁고 가끔은 개인적인 논쟁으로 이어질 터였다. 비앙카 보스커(Bianca Bosker)는 2018년 〈애틀랜틱〉에 하나의 과학적 분쟁(공룡의 멸종을 둘러싼)이 어떻게 모욕과 고소로 전락했는지를 한 명의 연구자가 30년 전쟁을 유발한 것에 비유해 연대순으로 기록했다.[13] 화산파와 넵튠파는 공감했을지도 모른다. 전체적으로 과학은 감정을 드러내지 않고 도그마에 얽매이지 않을지 모르지만, 많은 개별 과학자들은 결코 그렇지 않다. 그럼에도 불구하고 아무리 치고 박는 격렬한 논쟁일지라도 주로 전문지 지면과 학술회의 홀 안에서 벌어진다—거리나 당 중앙위원회에서 벌어지지는 않는다. 그리고 예전의 넵튠파와 화산파 논쟁을 해결했던 방식으로 해결될 것이다. 바로 증거의 축적과 점진적인 설득의 힘으로 말이다. 시간의 경과와 함께 증거와 논거가 쌓임에 따라 과학자들은 난국을 타개하거나 적어도 당분간 우회할 방법을 찾아낸다.

허튼 이전에는 지질학에 관한 논쟁으로 흥미로운 다수의 생각이 수면으로 올라왔지만 진전이 거의 없었다. 사상가들이 어리석거나 독단적이어서가 아니었다. 생각을 모아 시험한 다음, 그것들을 축적하고 조정하는 체계적인 방법이 없어서였다. 아이작 뉴턴(Isaac Newton)은 어느 모로 보나 천재였다. 그러나 그 이전에도 세상에 천재는 많았다. 그리고 뉴턴의 모든 통찰이 전부 타당한 것은 아니었다. 그는 현대 물리학자와는 거리가 먼 연금술사이자 신비주의자였다. 무엇이 뉴턴의 천재성에 힘을 실어줬을까? 과학철학자 노레타 코어트지(Noretta Koertge)가 말했듯 연금술사들의 세계는 "엉성하게 조직되어 있고 비밀스러웠다".[14] 그들은 발견물(변변치 않은 것도)을 꼭 부여잡고 소수의 전문가들하고만 공유했으며, 따라서 허위임을 입증한다거나 더 이상 발전시킬 수 없었다. 반면 뉴턴의 위대한 과학적 사고—오늘날 우리가 생각하는 바처럼—는 막 움트기 시작하던 영국학술원(Royal Society: 최초의 과학 협회로 뉴턴이 회장이었다)과 케임브리지 대학(뉴턴이 교수였다)의 환경에 유입되었다. 거기서 그의 사고는 시험을 거쳐 다듬어지고 훗날 우리가 물리학이라 부르는 학문과 물리학자로 알려진 공동체가 닻을 내릴 수 있도록 발전했다.

또 다른 과학철학자 리 매킨타이어는 저서 《과학적 태도(Scientific Attitude)》에서 현실 기반 네트워크가 어떻게 부팅되는지에 관해 좀더 최근의 사례를 제시한다.[15] 19세기는 루이 파스퇴르(Louis Pasteur)와 세균론, 로베르트 코흐(Robert Koch)와 세균학, 조지프 리스터(Joseph Lister)와 소독법 등 질병의 이해에서 중대한 돌파구의 시기였다. 하지만 매킨타이어는 그 세기 내내, 그리고 20세기 초까지만 해도 "의학은 그 모든 진보에도 불구하고 아직 과학이 아니었다"고 쓴다. 온갖 종류의 괴짜들이 의사라고 우겼다. 의료 실무와 훈련은 무계획에 비과학적이었다. 현역 의사들은 예감과 일화를 근거로 삼아 일했다. 민간요법과 전문 지식 없는 치유가 표준 치료법이었다. 실제로 효과 있는 약의 수는 열 손가락에 꼽을 정도였다. 하지만 20세기 접어들어 몇십 년이 지나자 의학은 곧 괄목할 만한 과학이 되었고, 아찔한 속도로 획기적인 발견들이 이뤄졌다. 1940년대의 페니실린과 코르티손, 1950년대의 스트렙토마이신과 심장 절개 수술과 소아마비 예방 접종, 1960년대의 신장 이식, 1970년대의 화학 요법과 체외 수정과 혈관 성형술 등등. 1980년대에 깜짝 놀랄 만한 새로운 질병이 등장했을 때는 인체면역결핍바이러스(HIV)를 알아내는 데 2년도 채 걸리지 않았고, 구명 치료가 발달하는 데는 20년이 채 걸리지 않았다. 규모와 효율성에 있어서도 인류의 과거 모든 세대는 상상할 수 없을 만한 지적 자원이 동원되었다. 이러한 동원은 2019년 말에 무서운 코로나바이러스가 등장한 이후 한층 더 빠른 자릿수로 이뤄졌다.

무엇이 의학의 약진을 가능케 했을까? 매킨타이어는 결정적 변화는 사회적인 것이라고 주장한다. 즉, 현역 의사들을 연결하고, 표준을 정립하고, 신뢰성을 제공함으로써 각각의 연구자가 다른 모든 이들과 조정하고 겨룰 수 있게 만들어준 전문가 집단이 발달했다는 것이다. 주(州)의료위원회연합(Federation of State Medical Boards)과 미국의학협회(American Medical Association)는 법적 효력과 유사한 것을 획득한 실무 지침을 마련했다. 의과 대학들은 엄격한 과학적 교과 과정을 도입했다. 전문 학술지와 네트워크들은 최신 연구를 발췌해 전파했다. 전문 협회들은 의사들에게 최신 연구를 활용하는 책임을 물었다. "내과 의사가 자신들을 개별 실무자(practitioners) 무리가 아니라 하나의 전문직(profession)으로 생각하기 시작하면서 새로운 상황이 일어나기 시작했다"고 매킨타이어는 쓴다. "그들은 서로의 저서를 읽었다. 서로의 실무를 면밀히 조사했다. ……점점 대다수 현역 의사들이 과학적 태도를 수용함에 따라, 개별 사고에 대한 철저한 검토는 더 보편화했다. ……그리고 과학적인 의학이 탄생했다." 연구자들은 예감과 일화에 의존하는 대신 치료법을 검토하고, 효과 없는 요법은 버리고, 전망 있는 요법을 개발할 수 있었다.

많은 초등학생이 알고 있듯 알렉산더 플레밍(Alexander Fleming)은 1920년대 말 우연히 페니실린을 발견했다. 곰팡이가 실험실 창가에 놔두고 갔던 세균 배양의 증식을 억제한다는 걸 알아차린 것이다. 초등학생들이 일반적으로 모르는 것은, 플레밍이 그 곰팡이를 조사한 후 의학적으로 쓸모없다고 판단해 연구를 보류했다는 사실이다. 그럼에도 불구하고 다행히 그는 자신의 발견에 관한 논문을 발표했다. 10년 뒤 2명의 다른 연구자, 즉 하워드 플로리(Howard Florey)와 언스트 체인(Ernst Chain)이 플레밍의 논문을 발견해 페니실린을 유용한 치료법으로 발전시켰다. "페니실린이 우연히 발견됐다는 이야기로 학생들을 즐겁게 하는 건 쉽지만, 그런 다음에 이 발견이 막강한 약으로 개발된 것은 단언컨대 우연이 **아니었다**"

고 매킨타이어는 쓴다. 항생제라는 혁신은 플레밍의 창턱이 아니라 그의 우연을 지식으로 발전시킨 사회적 네트워크에서 일어난 것이다.

현실 기반의 모든 학문에는 고유의 창립 일화가 있다. 그것들의 공통점은 바로 인맥 없는 천재 중 가장 뛰어난 이들을 모은다 해도 안 될 일을 해내는 사회적 네트워크의 구축이다. 1660년 창립 때부터 영국학술원은 여행자에게 그들이 발견한 것들에 관한 이야기를 써 보내라고 독려했다. 그리고 냉철하고 체계적인 방법으로 보고함으로써 보편적인 사실과 그것 못지않게 중요한 보편적인 사실성의 개념을 축적하도록 권장했다.[16] 학술원은 번역을 의뢰하고 부흥시키기도 했다. 방법론의 표준화는 결국 네트워크 형성을 용이하게 만들었고, 이는 어떤 곳의 학자든 도처에 있는 다른 학자들의 연구를 평가하고 포함시킬 수 있게 해줬다. "과학자들이 전임자의 연구를 기반으로 삼기 시작하면서 비로소 '과학'이 성립되었다." 과학철학자 데이비드 헐(David L. Hull)은 1988년 저서 《과정으로서 과학(Science as a Process)》에서 이렇게 썼다. "그들이 사회 집단으로 조직되기 시작하자 과학의 성격이 바뀌었다. 동시대 과학자들 사이에 협력이 나타나면서 개별 과학자 간의 경쟁에 더 높은 수준의 협동과 경쟁이 덧씌워졌다."

지식의 세계화

현실 기반 공동체는 일단 조직되기 시작하자 놀라운 속도로 자체적인 힘을 키웠다. 원자론, 전자기학, 세균론, 열역학, 방사능, 진화론, 유전학, 상대성, 양자역학 및 실험심리학은 오로지 19세기에 이뤄진 혁신 중 일부에 불과하다. 1797년 제임스 허튼이 사망했을 때만 해도 세상은 노아의 홍수에서 탄생한 최신 창조물이었다. 1900년대 초에는 지질학, 수문학(水文學: 지구상의 물을 연구하는 학문—옮긴이), 고생물학 및 빙하학이 수억 년을 거슬러 올라가는 지구의 역사를 추적한 상태였다. 과학자들은 공룡의 지배, 대륙의 빙하 조각, 지구의 기후 및 대기 변화 주기를 살피기 위해 과거를 응시했다. 화산 현상을 일으키는 지구의 엔진, 방사능 및 자성(磁性)에 대해 알게 됐고, 판구조설이 곧 나올 참이었다. 제임스 허튼의 시대에는 동식물 연구가들이 스스로를 자연철학자라 여기며 전문가 소집단으로 무리를 짓고 사변적 논쟁에 종종 참여했다. '과학자'라는 용어는 1830년대에 가서야 생겼는데, 그 세기 말에 그것은 학술지와 대학 그리고 과학 단체를 통해 수천 명의 다른 전문가와 연결된 숙련된 전문가를 가리켰다. 그들한테는 자체적인 규칙과 관행 그리고 자원과 어휘가 있었다.

1870년대에는 미국 최초로 근대적 연구 대학으로 인정받은 존스홉킨스(Johns Hopkins)가 문을 열었다. 존스홉킨스는 대학 및 전문 대학원, 최첨단 실험실, 그리고 농부와 목사를 훈련시키는 게 아니라 과학적 연구를 발전시키겠다는 사명으로 가득 차 있었다. 1892년에 창립된 시카고 대학이 바로 뒤를 이었다. 컬럼비아, 예일, 하버드 같은 더 오래된 대학들은 새로운 모델을 수용했다. 20세기에 미국과 다른 산업화 국가들은 빠른 속도로 대학과 연구 인프라를 구축했다. 그럼으로써 교수를 연구에 손을 대기도 하는 선생에서 가르치기도 하는 연구자로 바꿔놓았다. 프레더릭 루돌프(Frederick Rudolph)는 기념비적인 미국 대학 관련 역사서에서 "교수가 전문화하고 있었다"고 언급했다.[17]

연구 인프라를 추진하는 동시에 뒷받침해준 것은 과학 및 학술 전문

기관과 전문지의 급속한 증가였다. 미국만 해도 18세기의 미국철학회와 미국예술과학아카데미에 이어 1800년대 중반과 말기에는 미국과학진흥회, 미국문헌학회, 미국화학회, 현대언어학회, 미국역사학회, 미국경제학회, 미국수학회, 미국지질학회 등 셀 수 없이 많은 다양한 협회들이 가세했다. 존스홉킨스 대학의 첫 번째 활동 중 하나는 〈미국 수학 저널(American Journal of Mathematics)〉을 창간한 것이었고, 다른 많은 전문지들이 그 뒤를 따랐다. 루돌프에 따르면, 컬럼비아 대학만 해도 1904년에 "35가지 연속 간행물을 대량으로 찍어냈다". 대학들이 자체 언론사를 추가로 만들면서 도서 또한 쏟아졌다.

오늘날 과학과 그 파생물의 조직 규모는 참여자들한테조차 경이로울 정도이며, 그 속도는 빨라지고만 있다. 2010년의 한 집계는 전 세계 연구자들을 연결하는 학술지가 약 2만 4000종 있다고 밝혔다.[18] 미국과학위원회의 지표에 따르면, "광범위한 과학 전 분야에서" 공동 저술이 증가했다.[19] 국제적 공동 작업으로 생산된 출판물의 비율은 2006~2016년의 단 10년 동안 5퍼센티지 포인트, 거의 22퍼센트만큼 증가했다. 이번 세기에는 개발도상국들도 신속하게 이 네트워크에 합류했고, 선진국의 네트워크는 더욱 조밀해지고 한층 잘 연계되고 있다. 2017년 6개 학문 분야의 공동 작업에 관한 논문에서 캐럴라인 와그너(Caroline S. Wagner)와 트래비스 웨트셀(Travis A. Whetsell) 그리고 뢰트 레이데스도르프(Loet Leydesdorff)는 "시간이 흐름에 따라 글로벌 네트워크는 더 많은 나라를 대표하고, 계산에 의하면 글로벌 공동 작업에 합류해온 기존 국가들에서도 한층 더 많은 새로운 참가자들이 가세했다고 얘기할 수 있겠다"고 쓴다.[20]

이러한 현실 기반 공동체의 폭 및 깊이의 확장에 관한—아울러 역량과 효율성의 증가에 관한—데이터는 산더미처럼 인용할 수 있다. 중국에서 새롭고 치명적인 코로나바이러스가 갑자기 나타난 이후, 2020년에 현실 기반 네트워크는 인력과 자원을 전례 없는 속도로 쏟아냈다. 처음 새로운 바이러스가 보도되고, 불과 10일 후에 과학자들은 그 유전자 서열을 발표했다. 그로부터 불과 12일 후에 미국 국립보건원은 바이러스가 어떻게 사람의 세포에 침투하는지에 대한 분석을 공개했다. 그로부터 불과 **12시간** 후에 중국 팀은 바이러스 표본을 이용해 미국 국립보건원 팀이 옳았음을 증명했다. 한 과학자는 〈워싱턴 포스트〉에 "속도가 타의 추종을 불허한다"고 썼다.[21] 바이러스 연구를 추적한 한 기업의 웹사이트 Primer.ai는 2020년 1월 21일 단 한 편이던 발간 논문 수가 1년 뒤 10만 편 이상으로 늘어났으며, 그 수는 끝이 보이지 않는다고 밝혔다. 코로나19에 관한 연구량은 2020년 3월부터 8월까지 매달 2배 넘게 증가했다. 바이러스 자체의 증가 속도와 맞먹을 것 같은 속도의 지식 축적이다.[22]

결국은 사회적 네트워크

자, 마침내 여기 로크와 퍼스 그리고 포퍼의 인식론 속에, 그리고 실제 탐구자들의 야심찬 네트워크 구축 속에 테아이테토스와 몽테뉴의 수수께끼에 대한 해답이 있다. 불확실한 세상에서 객관적 지식은 어디로부터 생기는가? 천재성과 통찰이 어떻든 한 개인의 확실성에서 나오는 것은 아니다. 사제나 왕자의 권위로부터 나오는 것도 아니다. 동결 건조된 베이컨식 과학적 방법론(실험을 설정하고 크랭크를 돌리면 진리가 튀어나온다)조차 아니다. 모든 연구자가 하거나 하지 않는 한 가지란 없다. 어떤 날이든 연구자 중 가장 고매한 이들조차 누가 좋은 과학 혹은 '진짜' 과학을 하고 있으며, 누가 나쁜 과학을 하거나 규칙을 왜곡하고 있는지에 대한 견해차는 흔히 있을 것이다. 현실 기반 공동체의 경계는 절대 완벽하게 명확하지 않다. 차이점은 다른 모든 공동체와 완전히 다른 게 아니라, 그 구성원들이 일반적으로 (가끔 분쟁이 일어나기도 하지만) 공통의 가치와 규칙을 기반으로 활동하고 상호 작용한다는 것이다. 그들은 어떤 특정 개인과 부족이 아니라 가치와 규칙의 권위를 수용한다. 그리고 서로 책임을 지도록 한다. 그것이 그들이 사회적 네트워크를 구성한다고 (퍼스는 사용할 수 없었던 용어로) 말할 수 있는 이유다.

1960년대 초 이래, 과학철학자들은 현실 기반 공동체 및 사실상 지식의 네트워크 성격을 점점 더 인정해왔다. 마이클 폴라니(Michael Polanyi)는 유명한 1962년 논문 〈과학 공화국(The Republic of Science)〉에서 "단 한 명의 과학자는 절대 전체 과학 영역의 극히 작은 부분 이상은 온전히 알지 못한다"는 걸 사실로 상정했다. 모든 과학자는 다른 과학자들의 역량과 중복되는 핵심 역량을 갖고 있으며, 그 다른 과학자들 역시 겹쳐지는 역량을 갖고 있을 터이다.

> 따라서 과학 전체는 중복되는 이웃들의 사슬과 네트워크로 뒤덮일 것이다. 이 사슬과 네트워크에서 각각의 고리는 동일한 중복 분야를 관장하는 과학자들의 평가 사이에 협정을 수립할 것이며, 그리하여 협정은 하나의 중복된 이웃에서 다른 이웃으로 넘어가며 과학의 전 영역에 걸쳐 과학적 장점의 평가를 바탕으로 수립될 것이다. ……이 네트워크가 과학적 견해가 자리한 곳이다. 과학적 견해란 어떤 한 명이 주장하는 게 아니라 수천 개의 파편으로 나뉜 다수의 개개인이 주장하는 의견으로, 그들 각각이 연속적인 중복된 이웃을 통해 자신을

다른 모든 이와 연결시켜주는 합의된 사슬에 의존함으로써 간접적으로 타인들의 견해를 보증한다.[23]

객관성, 사실성, 합리성. 이것들은 단지 개인의 사고방식과 실천뿐 아니라 네트워크, 폴라니가 말하는 상호 연결된 사슬과 중복된 이웃들에 기대어 존재한다. 철학자 헬렌 론지노(Helen E. Longino)는 영향력이 큰 1990년 책 《사회적 지식으로서 과학(Science as Social Knowledge)》에서 "객관성은 개개인이 아닌 공동체의 과학적 실천의 특징이다"라고 썼다.

인간으로서 우리 모두는 현실에 대한 우리의 해석, 심지어 현실에 대한 우리의 인식을 사회 집단과 개인적 네트워크에 위탁한다. 수십 년 전 무자퍼 셰리프와 솔로몬 애시의 심리학 실험은 타인들이 우리가 생각하는 것, 보는 것에까지 어떻게 영향을 미치는지 입증했다. 그러나 작거나 지역적이거나 가족과 관련이 있거나 사적이거나 제휴 관계에 있는 개인이나 부족의 네트워크를 크고 세계적이고 사심을 배제한 공적이고 중대한 자유 네트워크로 교체하면 게임은 달라진다. 자유로운 네트워크에서 현실은 수학만이 기술할 수 있을 정도로 보통 사람들의 경험을 완전히 초월하는 형태를 띨 수도 있다. 〔초끈 이론(superstring theory: 만물의 최소 단위를 점 입자가 아니라 진동하는 끈으로 보는 물리학 이론—옮긴이)과 고차원 우주를 떠올려 보라.〕 론지노는 "결국 과학적 지식은 다양한 시각의 충돌과 맞물림을 통해 집단적으로 생산된다"고 썼다. "배경을 이루는 신념이 분명하게 표현되고 과학 공동체의 비판을 받아들일 수 있는 한 이런 비판에 대응해 그것을 방어하거나 수정하거나 포기할 수 있다. 이런 종류의 대응이 가능한 한 가설을 과학적 지식의 전당에 포함시키는 일은 어떤 개인의 주관적 취향과도 별개일 수 있다."[24]

네트워크가 참가자들의 기여와 인지적 이해까지도 초월할 경우 그것은 벌집 지성(hive intelligence), 즉 사회적 정신이 된다. 스티븐 슬로먼과 필립 페른백이 2017년 책 《지식의 착각: 생각이 혼자만의 것이 아닌 이유》에서 다음과 같이 썼듯이 말이다.

> 사람은 꿀벌과 같고, 사회는 벌집과 같다. 우리의 지성이 개인의 머릿속이 아니라 집단적 정신에 속한다는 얘기다. 제 기능을 하려면 개인들은 두개골에 저장된 지식뿐 아니라 다른 곳, 즉 우리 몸, 환경, 특히 다른 사람들한테 저장된 지식에도 의존해야 한다. 그것들을 전부 합칠 때 인간의 사고는 믿을 수 없을 만큼 대단해진다. 그러나 그것은 공동체의 산물이지, 어떤 한 개인의 것이 아니다.

뉴턴과 아인슈타인 같은 천재들이 언제나 중요하기는 하지만, 공동체의 독특한 속성은 평범한 생각과 점진적인 발견을 활용하는 능력이다. 괜찮은 사례로, 지질학자 앤드루 스콧(Andrew Scott)은 스탠 우드(Stan Wood)라는 한 스코틀랜드인의 연구로 자신이 어떻게 이익을 봤는지 얘기한 적이 있다. 우드는 전혀 전문가가 아니었다. 19세기 초 영국에서 화석을 찾아 여기저기 돌아다니던 아마추어 지질학자들처럼 흥미가 생겨 곳곳을 뒤지고 다니기 시작한 평범한 사람이었다. 온라인 매체 Fivebooks.com과의 인터뷰에서 스콧은 우드에 대해 이런 얘기를 들려준다.

> (그는) 자신이 심판을 보고 있는 축구 경기의 하프 타임 중 경기장을 둘러싸고 있는 돌담에서 특이한 옛날 동물 화석들을 처음 발견했다! 이걸 계기로 그는 근처 채석장을 탐험하게 됐고, 그중엔 지금 스코틀랜드 국립박물관이 된 곳도

있다. 나는 화석에 대한 열정만 있다면 전문가든 아마추어든 누구나 일생 중 한 시기에 어떻게 굉장한 물건을 찾을 수 있는지 보여주기 때문에 이 일화를 좋아한다. 현장 발굴은 국제적인 다학제적(multidisciplinary) 사안이 되었고, 나는 화석 식물 연구를 조직하는 업무를 맡아 화석 하나에 그를 기리며 스탠우디아(Stanwoodia)라는 이름을 붙이기도 했다.

매력적인 이야기다. 스탠 우드의 날카로운 눈과 앤드루 스콧의 지성적인 환대는 존경할 만했다. 그러나 우드의 운 좋은 발견을 지식으로 둔갑시킨 마법의 요소는 우드의 화석을 받아서 그것을 평가하도록 연구자들을 동원하고, 곳곳의 학자들에게 결과물을 유포한 다음, 그 결과물을 더 큰 지식의 집합체로 통합시킨—결과적으로 네트워크 전체에 활기를 퍼뜨리는 인용 및 연구를 촉발하고, 우리가 현실이라 부르는 자기 조직화의 거미줄 속에서 크고 작은 조정을 유발한—보다 넓은 네트워크의 능력이었다. 소수 종교 집단이나 부족 또는 권위주의적 사회 환경이었다면 우드의 화석 같은 것은 약간의 주목은 끌었을지 몰라도 그 밖에 별다른 일은 일어나지 않았을 것이다. 네트워크는 우드와 스콧뿐 아니라 다른 수많은 사람의 눈과 뇌를 관여시킴으로써 개인의 경험 및 신념을 우리 중 누구의 것보다도 훨씬 더 큰 뭔가로 전환시킨다. 바로 객관적 지식이다.

당신과 나는 우리보다 더 편향됐다

네트워크화한 합리성 속에서 우리는 편향과 오해 문제에 대한 해답도 찾는다. 과학을 비판하는 이들은 개별 과학자도 다른 모든 사람처럼 편향되어 있기 때문에 과학은 틀림없이 편향된 것이라고 흔히 주장한다. 사실 과학철학자 토머스 쿤(Thomas Kuhn)이 1962년 책 《과학혁명의 구조(The Structure of Scientific Revolutions)》에서 주장했듯 개별 과학자들은 가끔 이성적이지 않을 때도 있다.

이게 정답이다. 즉, **당연히** 과학자도 편향되어 있다. 그러나 이러한 전제가 자유과학이 전체적으로 편향되어 있다는 결론을 정당화하지는 않는다. 현실 기반 공동체의 일원은 누구나 그렇듯 자기들의 오류와 편향은 알지 못하지만, 그들이 동의하지 않는 쪽의 오류와 편향도 보지 못하는 건 아니다. 중요한 점은 공동체의 개인들은 편향이 없는 게 아니라 서로 **다른** 편향을 갖고 있다는 것이다. 내가 당신의 실수를 보고 당신은 나의 실수를 보도록 말이다.

"과학자들은 서로의 수치를 점검한다"고 리 매킨타이어는 《과학적 태도》에 썼다. "그들은 오류를 찾기 위해 기다리지 않는다. 그냥 나가서 찾아낸다." 개별 과학자들은 누구나 그렇듯 비합리적이고 고집스러울 수 있지만, "**과학은 교정하기 위해 …… 공동체 전체 차원의 노력을 해왔다**"(강조는 매킨타이어). 그는 한 예로 획기적 발견을 발표했지만 결국 당혹스럽게도 자신의 계산 오류를 찾아낸 한 천문학자를 인용한다. 미국천문학회 회의에서 그는 "변명하지 않았다. 그는 관중에게 자신이 찾아낸 것에 이어서 왜 본인이 틀렸는지 말했고, 그 후 관중은 기립 박수를 보냈다. 참석했던 한 천문학자는 그것이 '여태껏 봤던 가장 명예로운 일이었다'고 했다. '훌륭한 과학자는 자신에게 가차 없이 솔직하며, 당신이 방금 목격한 것이 바로 그것이다'라면서". 네트워크가 관점의 다양성(이후 챕터에서 나올 결정적 조건)을 풍부하게 보유하고 있다면 "과학은 개별 실무자들의 총합보다 더 객관적이다"라고 매킨타이어는 쓴다.[25]

2019년 8월 진 디세티(Jean Decety)가 이끄는 심리학자 팀은 〈커런트 바이올로지(Current Biology)〉에 자신들이 4년 전 게재했던 한 논문을 공식적으로 철회했다. "출신 국가를 다수의 분석에서 공변인(covariate, 共變因)으로 부정확하게 포함시켰던 이 논문의 오류를 다음 분들이 서신으로 지적해주셨다." 5명의 심리학자 이름을 나열한 후, 진술은 이렇게 이어졌다. "이 오류를 정정하고자 데이터를 재분석해보니 종교적 소속보다는 출신 국가가 여러 결과의 주요 예측 변수임을 알게 됐다."[26] 원래 논문은 다른 학자의 관찰과 충돌했었다. 그 학자는 데이터 원본을 요청해 그것을 받은 다음 실수를 찾아내 그걸 〈커런트 바이올로지〉에 보고한 바 있었다. 그리고 〈커런트 바이올로지〉는 그 오류의 발견을 게재하고, 나중엔 공식적 철회도 게재했던 것이다.

일어나지 않은 일들에 주목해보자. 디세티 교수와 그의 팀은 밖으로 불려가 총을 맞지 않았다. 그들은 생계를 잃지 않았다. 아마 친구도 잃지 않았을 것이다. 사실은 새 친구를 몇 명 더 사귀었을지도 모른다. 이 일을 다루면서 〈이코노미스트〉는 그것이 "현대의 과학적 방법론이 작동하는 방식의 장단점 둘 다"를 보여줬다고 썼다. "장점은 오류가 드러났고 논문 저자들이 그걸 시인했다는 것이다. 단점은 그러한 철회가 일어나는 데 4년이 걸렸다는 것이다."[27] 사실 학술지는 단 1년 만에 오류를 시인했다. 공식적인 철회 결정에는 더 오래 시간이 걸렸지만 말이다. 하지만 철회는 과학에서 새로운 발전이다. 전통적으로는, 실수가 사기의 결과가 아닌 한 그걸 인용하지 않고 후속 연구도 잇지 않은 채 방치하며 모두가 그냥 넘어간다. 어쨌든 더 큰 핵심은 4년은 눈 깜짝할 사이라는 것이다. 다른 인식론적 체제는 오류를 수정하는 데 40년, 아니 400년이 걸리거나 영원히 수정되지 않기도 한다.

물론 과학자들이 너무 편향적이거나 도전하기엔 너무 게을러서 틀린 답이 아주 오랫동안 유지될 수도 있다. 그런 틀린 답 하나—동성애는 정신병이라는 생각—가 나를 비롯해 수백만 명의 다른 사람을 낙인과 수치심과 돌팔이 요법〔전기 충격과 뇌엽절리술(lobotomy, 腦葉切離術: 정신 질환 치료 목적으로 뇌의 일부를 잘라내는 수술—옮긴이) 포함〕에 시달리게 하며 피해를 끼친다. 레즈비언과 게이에 대한 수치스러운 치료법은 20세기 정신의학에서도 계속되고 있는 오점이다. 1950년대 말, 동성애는 희귀하지도 않고 병리학적이지도 않다는 설득력 있는 증거가 나왔지만 전문가들은 이를 묵살했다. 그럼에도 불구하고 증거와 활동가들의 압력 아래 미국정신의학회는 1973년—사회가 좀더 폭넓게 동성애자를 향한 비이성적 적대감을 포기할 준비를 갖추기 수십 년 전—동성애를 비(非)병리화함으로써 현실을 인정했다. 〔계속해서 변화를 요구해온 민권 운동가이자 숙련된 과학자인 프랭크 카메니(Frank Kameny)는 이를 "역사상 가장 위대한 대중 치료(mass cure)"라고 선언했다.〕 현실 기반 공동체의 장점은 모든 오류를 즉각적으로 잡아내는 게 아니라, 결국에는 대부분의 오류를 잡아낸다는 것이다. 그리고 많은 오류를 매우 신속하게 잡아낸다. 다른 어떤 체제도 그렇다고 주장하지 못하며, 그에 견줄 만한 것은 어디에도 없다.

3대 공공재: 지식, 자유, 평화

그러므로 합리성과 객관성을 단지 개인의 특성으로서가 아니라 우선적으로 하나의 시스템, 하나의 네트워크로서 현실 기반 공동체의 특성으로 생각하는 게 최상의 사고방식이다. 심리학자 조너선 하이트가 이렇게 썼듯이 말이다.

> 우리는 모든 개인의 논증 능력을 경계해야 한다. 각각의 개인은 뉴런처럼 한계가 있다고 보아야 한다. ……뉴런 하나는 그다지 똑똑하지 않다. 그러나 뉴런들을 제대로 합치면 뇌를 얻는다. 단일 뉴런보다 훨씬 더 똑똑하고 더 유연한 새로운 시스템을 얻는 것이다. ……만일 개인들을 제대로 합친다면, 그래서 어떤 개인이 다른 이들의 주장의 부당성을 확인하기 위해 추리력을 써먹을 수 있고 모든 개인이 자신을 시민답게 상호 작용하도록 해주는 어떤 공동의 유대나 공통의 운명을 느낄 수 있는 정도라면, 결국 사회 체제의 창발성으로 올바른 논증을 발휘하는 집단을 만들 수 있다.[28]

그 옛날 퍼스는 제대로 알고 있었다. "생각해야 할 것은 '나'의 경험이 아니라 바로 '우리'의 경험이다. 그리고 이 '우리'는 무한한 가능성을 지닌다."

자유과학은 모든 사회적 네트워크 중에서 가장 위대하다. 세계 경제만이 그 범위와 조직력에 도전할 수 있지만, 자본주의는 결함과 부정적 측면이 더 많다. 오늘날의 요란한 디지털 소셜 네트워크에 대해 말하자면, 그 조직 역량과 생산 물량은 자유과학 옆에 서면 하찮아진다. 대체로 그렇다는 게 나의 주장이다. 그런데 자유과학을 이토록 열렬하게 칭송할 때, 무슨 기준으로 나는 그런 판단을 내리는 걸까? 명확한 해답이 있어야 마땅할 타당한 질문이다.

인식론적 체제—즉, 신념과 인식의 차이에 판결을 내리고 진리에 대한 공통의 보증된 결론을 발전시키기 위한 공공의 체제—는 세 가지 공공재를 제공해야 한다.

첫째, **지식**. 체제는 지식을 축적하고, 그럼으로써 훨씬 더 많은 지식을 생성하도록 현실과 비현실을 구분하고 이전의 발견들을 축적할 수 있어야 한다.

둘째, **자유**. 체제는 인간의 자주성, 창의성 및 자율권을 탄압하지 않고 장려해야 한다. 인간의 다양성, 특히 견해의 다양성을 환영하고 활용해야 하며, 어떤 개인이나 정파한테도 타인들이 말하거나 믿는 것을 통제하기 위해 무력이나 협박을 사용할 수 없도록 해야 한다.

셋째, **평화**. 체제는 사회적 중재에 보상을 주고, 해결할 수 있는 견해차의 수를 극대화하고, 해결할 수 없을 때는 견해차를 구획화 및 주변화해야 한다. 폭력과 따돌림을 혐오하는 지성적 가치를 심어줘야 하며, 견해차와 의혹을 용인하고 포용하는 제도와 규범을 확립해야 한다.

어떤 지식 생산 체제도 완벽하거나 완벽에 근접할 것으로 기대할 수는 없다. 그럼에도 불구하고 수 세기의 역사는 자유주의 체제—현실 기반 공동체—가 인류의 다른 어떤 사회적 발명품보다도 완벽에 가깝다는 것을 보여준다.

자유주의 체제는 믿기 어려울 만큼 빠른 속도로 지식을 생성 및 축적하고 보급해왔다. 매일, 아마도 아침 식사 전에 갈릴레이 시대 이전 20만 년의 인류사에 축적되었던 지식의 전당에 더 많은 것을 추가한다. 1960년대 초 데릭 드 솔라 프라이스(Derrek J. de Solla Price)가 만들고 2010년 페데르 올레센 라르센(Peder Olesen Larsen)과 마르쿠스 폰 인스(Markus von Ins)가 업데이트한 기준 추정치에 따르면, 과학 전문지—흔히 사용되는 과학의 규모와 범위의 지표—수는 15년마다 대략 2배로 증가해왔다.[29] 다수는 몇십 년 전만 해도 존재하지조차 않았던 데이터베이스 관리, 인공 지능 같은 분야에서 출현했다. 그 속도가 느려질 거라고 생각할 근거는 없다.

이 체제는 또한 우리 조상은 상상할 수도 없었을 규모의 지적 자유와 견해의 다양성을 조성하기도 했다. 생산적인 연구 공동체를 갖춘 일부 국가들이 권위주의적이기는 하지만(명확한 사례를 대자면 중국), 세계에서 최첨단 혁신과 사고의 대부분이 비판적 의견 교환과 지적 상상력이 자유롭게 활보하는 곳에서 벌어지고 있는 건 우연이 아니다. 마이클 폴라니가 두 세대 전에 지적했듯 권력 당국이 특정 사상가를 수감하거나 특정 탐구를 막을 수 있고, 그렇게 해서 지식의 진보를 왜곡시킬 수도 있다. 그러나 현실 기반 공동체는 바로 그 본질 때문에 형성하고 통제하기에는 너무나 크고, 너무나 탈중심적이고, 너무나 유동적이다. 폴라니는 이렇게 썼다. 〈과학 공화국〉에서는 "과학의 발전을 죽이거나 훼손할 수 있다". 그러나 "그것을 생성할 수는 없다. 그것은 근본적으로 예측 불가능한 단계들에 의해 자체적으로 문제를 추구하면서 전진하기 때문이다". 사실 특정 견해에 특혜를 주거나 특정 생각을 검열하도록 요구하는 사람은, 정의(definition)에 따르면, 과학을 하고 있는 게 아니다. 게다가 현실 기반 공동체는 더 많은 나라—개발도상국과 새로운 일원들이 네트워크에 합류하고 있다—의 더 많은 연구자와 팀을 조직하기 때문에 이 공동체를 통제하고 지배하는 것은 점점 더 힘들어질 뿐이다.

마침내 자유과학은 폭력적인 신조 전쟁을 역사서들로 내몰아버렸다. 앞서 언급했던 공룡 멸종을 둘러싼 반목처럼 쓰라리고 양극화한 분쟁이 일어날 수 있다는 걸 부인하려는 게 아니다. 좀더 전반적인 미국의 정치 담론에서 이념적 갈등은 갈수록 맞붙는 현실들 간 신조 갈등의 양상을 띠고 있다. 그러나 신조 갈등은 지식의 헌법이 힘을 발휘하지 못하는 곳에서는 언제나 더 변덕스럽고 위험하다. 지식의 헌법이 우세한 곳에서는 라이벌인 과학자나 언론인 또는 변호사 무리가 서로의 책을 검열해야 하고 몸을 불태워야 한다고 요구하는 모습을 보지 못할 것이다.

그렇다면 지식의 헌법이란 정확히 무엇인가? 그것의 규칙과 경계는 무엇인가? 참여자는 누구인가? 지금까지 나는 그것들을 넌지시 내비쳐왔다. 이제는 그것들을 규정할 때다.

4 지식의 헌법

현실 기반 공동체의 운영 체계

스티븐 스필버그의 1977년 SF 영화 〈미지와의 조우(Close Encounters of the Third Kind)〉에서 외계인 우주선은 납치한 이들을 놀라워하는 과학자 무리에게 풀어준다. "저 사람들은 나이를 먹지도 않았네." 경외심에 사로잡힌 한 과학자가 이렇게 말하며 동료에게 덧붙인다. "아인슈타인이 옳았어." 하늘을 향해 고개를 끄덕이며 동료가 대답한다. "아인슈타인이 아마 **그들** 중 한 명이었을 거야." 제임스 매디슨 역시 외계인이었을 것이다. 그렇지 않고서야 그의 눈부신 정치적 천재성을 설명하기 어렵다.

미합중국 헌법(Constitution)과 지식의 헌법(Constitution of Knowledge)은 여러 면에서 다르지만, 결국 하는 일은 똑같다. 사회적 협상을 강요하고 조직한다. 각각은 상충되는 사람들과 정파들이 자기가 달성하고 싶은 것을 이루려면 법률을 통과시키든 지식을 주장하든 타협이나 최소한 조절 쪽으로 가도록 밀어붙인다. 그렇게 해서 각각은 논쟁이 벌어지는 어떤 크고 다양한 사회에서든 근본적으로 존재하는 도전에 화답한다. 어떻게 하면 역동적인 안정성을 제공할 수 있을까? 어떻게 하면 시스템을 탄력적이고 혁신적이게 만들면서도 통제 불능 상태나 해체를 막을 수 있을까? 어떻게 하면 시스템이 연속성을 잃지 않으면서도 변화하고 적응할 수 있을까? 어떻게 하면 그것이 자기 지시적(self-guided)이지만 자기 파괴적이지 않고, 많은 정파와 관점에 개방적이면서도 그것들에 장악당하지 않을 수 있을까?

앞서 살펴봤듯 자유주의 혁명의 돌파구는 중앙 집권적 통제가 없는 사회 조직의 힘을 발견한 것이었다. 적절한 장려책이 있으면 시장과 자유과학 같은 커다란 사회적 네트워크들이 세계적 규모의 협력을 조직할 수 있다. 그런데 정확히 어떤 게 적절한 장려책일까? 규칙은 어때야 할까? 이런 질문을 다뤘던 모든 사람 중 매디슨은 확연히 다르며, 그의 통찰은 주로 정치적이기는 하지만 지식의 영역도 밝혀준다.

매디슨은 작은 키에 가냘프고 조용조용 말하며 카리스마라고는 없었다. 1751년에 태어난 그는 병약하고 책을 좋아하는 소년이었다. 하지만 프린스턴 대학에서 단 2년 만에 학사 학위를 마친 뒤 그 대학 총장의 후견 아래 학업을 지속했다. 그는 무엇이든 빨리 배우는 사람이었다. 정치에 이끌려 26세의 나이에 버지니아주 최초의 헌법을 기초하는 회의의 대표가 됐다. 이후 헌법 집필은 그가 절대 손에서 놓지 않은 일이었다. 독립혁명 이후 초보 국가의 연방 규약(Articles of Confederation)이 약하고 불안정하다는 것이 확연해지자 그는 그것을 바꾸는 캠페인을 주도했고, 그러기 위해 각 공화국 정부들의 과거와 현재에 관해 알려주는 모든 문서를 읽으며 준비했다. 1787년 소집된 헌법 제정 회의에서 중심 역할을 맡았을 때 그의 나이는 고작 36세였다. 이후 《연방주의자 논집(Federalist Papers)》의 저자 3인방 중 한 명으로 미합중국 헌법의 사용자 편람을 썼다. 초대 의회의 지도자로서 미국 권리장전(Bill of Rights)을 기초하고 이끌어내기도 했다. 그는 토머스 제퍼슨과 함께 미국 최초의 두 정당 중 하나를 창설했다. (그 후예인 민주당은 세계에서 가장 오래된 정당이다.) 대통령이 되어서는 처음으로 전쟁이라는 시험대를 거치는 헌법을 지켜봤다. 그는 제퍼슨과 함께 종교적 자유와 정교 분리의 시행을 선도했다. 아직 충분하지 않은가? 그의 업적은 얼마든지 나열할 수 있다.

국가 차원의 매디슨 기념비가 없다는 것은 배은망덕한 처사로 보인다. 하지만 또 한편으로 매디슨에 대해서는 전해지는 말이 있다. "그의 기념비를 보고 싶다면 주위를 둘러보라." 그에게는 조지 워싱턴의 위엄, 토머스 제퍼슨과 알렉산더 해밀턴의 카리스마, 벤저민 프랭클린의 매력이 없었다. 그를 돋보이게 하는 점은 정치 체제를 복잡하고, 자동 조절되고, 끊임없이 변화하는 사회 기구로 파악한 것이었다. 그는 특히 로크와 프랑스 철학자 몽테스키외 남작의 철학적 원칙을 누구보다 더 많이 실무적 정치 질서로 옮겼다. 그것도 참조할 만한 성공적 전례가 전혀 없는 상태에서 그리했다. 역사에서 볼 수 있는 것은 민주주의든 권위주의든 기나긴 실패의 기록뿐이었다.

그가 설계한(물론 다른 이들의 도움을 받았다) 헌법엔 결함이 있었다. 가장 심각한 결함은 노예 제도에 부여한 법률적 승인이었으나 이와 더불어 실행 불가능한 부통령직 개념(이는 1801년 승계 위기를 촉발했다), 정당들의 출현 예견 실패(매디슨은 정당들을 매도했으나 한 정당의 창설에 일조했다), 기본권의 명확한 보호 결여(이 부분은 매디슨이 바로잡을 수밖에 없었다), 그리고 많은 모호성(여기에 대해서는 미래 세대들이 언쟁을 벌일 터였다)도 있었다. 그것은 상세한 청사진이라기보다는 큰 틀이었다. 미국 헌법은 기록 문서와 함께 비로소 시작됐을 뿐이다. 나머지는 아메리카 식민지 주민들이 잉글랜드에서 들여온 자유 문화에서 비롯됐다. 이후 정부 부처가 형체를 갖추고, 정치가와 법정이 선례를 세우고, 헌법 규범이 이 나라 시민 사회의 뼈대를 만들고, 노예 제도와 남북전쟁과 흑인 차별 정책 그리고 전시 억류와 워터게이트(Watergate: 닉슨 대통령이 재선 공작을 위해 민주당 도청을 시도하려다 발각된 사건—옮긴이)가 헌법에 적힌 것이 정말인지를 시험하면서 수 세대를 거쳐 실행되었다.

오늘날 미국인들의 입장에서 봤을 때, 헌법의 성공은 이미 운명 지어져 있었던 것처럼 보인다. 매디슨과 그의 동시대인에게 헌법은 가장 승산 없는 모험이었다. 그들은 아메리카의 공화국이 민주적이지 않다면 합법적일 수 없다는 걸 알았다. 하지만 민주주의는, 적어도 순수한 민주주의는 조작에 취약하고 편협한 지역주의의 이익과 격분한 소수자와 위험한 선동가에 의해 전복되기 쉬운, 본질적으로 불안정한 형태의 정부라는 것도 알고 있었다. 《연방주의자 논집》 55호에서 경고했듯 "어떤 인물들로 구성되어 있든 수없이 많은 모든 집회에서 정념은 반드시 이성의 왕위를 빼앗고 만다. 모든 아테네 시민이 소크라테스였다 해도 모든 아테네 집회는 여전히 오합지졸이었을 것이다". 매디슨은 진정한 대의민주주의라면 정파들이 형성되어 갖가지 대의명분을 알리도록 허용해야 한다는 것을 알았지만, 정파주의를 제멋대로 놔뒀다가는 통치 불가능한 체제가 될 수 있다는 것도 알고 있었다. 그는 기능이 마비될 만큼 약한 상태와 압제하의 막강한 상태 사이에서 새로운 정부가 어떻게든 최상의 지점을 찾아야 한다는 것을 알았다. (《연방주의자 논집》 51호에서 그는 유명한 말을 썼다. "인간이 인간을 다스리는 정부의 틀을 짜는 데 있어 가장 어려운 점은 다음과 같다. 즉, 우선 정부가 피통치자를 통제할 수 있게 해야 한다. 그런 다음 반드시 정부가 스스로를 통제할 수 있게 해야 한다." 부디 그렇게 되기를!) 그는 정치가 자기 계발과 지배를 추구하는 야심가들한테 당연히 매력적이라는 것을 알았다. 그러나 야심이란 그저 '양피지 장벽(parchment barriers)'으로 무기한 억누르기에는 너무나 강한 힘이라는 것도 알고 있었다.

타협의 천재

이 모든 난제에 대처하려면 외계인이 필요한 게 아니냐고 생각할 사람도 있을 터이다. 하나하나가 그 자체만으로도 만만치 않은데, 다 합치면 너무나 압도적으로 보인다. 헌법은 속담에 나오는 자전거나 호박벌처럼 절대 작동하지 말았어야 했다. 그렇다면 무엇이 잘된 걸까?

매디슨은 변호사 교육을 받았지만, 단지 정부에 깊은 관심을 가진 인물일 뿐 아니라 현역 정치가라는 엄청난 장점을 갖고 있었다. 버지니아주 의회와 미국 의회 의원이었고, 그다음은 국무장관, 그다음은 대통령을 지냈다. 그는 항상 헌법을 단순히 서류상의 말이 아닌 일상 정치 활동에 관한 것으로 보는 재능을 가졌다. 아울러 **역동적인** 사상가였다. 내가 보기에 그가 동시대인 가운데, 그리고 심지어 우리 가운데서도 특별히 두드러지는 게 바로 이런 측면이다. 현역 정치가로서 그는 정치 세력들이 시간의 경과와 함께 작동하고 상호 작용하는 방식을 생각했다. 그리고 그 세력들이 위험하게 돌아간다고 판단되면 그들을 이용해 서로 맞서게 할 것을 생각했다—매우 복잡한 개념이다. 적절한 장려책과 제도적 장치를 놓고 볼 때, 시스템은 야심을 억누르고 다른 데로 돌릴 수 있는 유일한 힘, 즉 야심 그 자체를 활용할 수 있었다. 아마도 헌법에 관해 지금까지 쓰인 것 중 가장 중요할 법한 두 문장에서 매디슨은 이렇게 말했다(《연방주의자 논집》 51호). "다른 모든 경우처럼 여기에도 공격의 위험에 비례해 방어를 준비해야 한다. 야심은 야심에 대항하게 만들어야 한다."

몇십 년 전 몽테스키외는 권력을 억누르기 위한 권력 분립을 제안한 바 있었다. 1780년에는 존 애덤스가 매사추세츠주 헌법을 기초하면서 권력을 세 부분으로 나누었다. 매디슨은 그들로부터 독립적이고 경쟁하는 권력이라는 원칙을 채택해 미국 헌법의 핵심에 놓았다. 그러나 그는 전임자들보다 (그리고 심지어 오늘날의 대부분 사람들보다) 권력 분립을 단지 야심을 억누르는 방안이 아닌 야심을 역동적으로 돌림으로써 협력과 타협을 촉진하는 방안으로 봤다. 권력은 정부의 각급(연방, 주, 지방) 사이에서는 수직적으로, 부서(입법, 행정, 사법) 사이에서는 수평적으로 나뉠 터였다. 각 수준에서 우위를 갖는 지역이 있을 테지만, 전부 서로를 견제하고 이따금 거부할 기회를 가질 터였다. 매디슨은 몽테스키외처럼 다수의 권력 중심이 경쟁할 수밖에 없게 만듦으로써 독재를 막을 수 있다는 걸 알았다. 그러나 또한 그와 거의 동시대 사람인 애덤 스미스와 비슷하게 경쟁이 무질서한 다양성의 에너지를 조정된 협력의 움직임으로 전환하는 엔진이 될 수 있다는 것도 알았다. 매디슨이 보기에 필수 요소는 타협이었다.

헌법은 많은 일을 수행하지만, 핵심은 타협을 강요하는 메커니즘이다. 의회는 입법을 할 수 있지만, 대통령은 거부권을 행사할 수 있고, 법원은 그것을 뒤집을 수 있다. 의회는 거부권을 기각할 수 있고, 대통령은 새로운 법관을 지명할 수 있지만, 의회는 그들을 거부할 수 있다—기타 등등. 설계상 어떤 행위자도 다른 행위자의 동의 없이는 많은 일을 할 수 없다. 그리고 결국 모두가 유권자의 주기적 개입에 의해 견제를 받는다. 하지만 이런 공식적인 견제와 균형은 시작일 뿐이다. 헌법은 부서, 단계, 정부 기관 사이뿐 아니라 그 각각의 내부에, 그리고 거기 있는 정치적 정파

각각의 내부에 협상을 강요한다. 의회 양원에서 각각의 다수당 의원들은 표를 모으려면 서로서로 협상해야 하고, 소수당 의원들은 다수당과 협력할지 아니면 그들을 저지할지에 관해 서로서로 협상해야 한다. 개별 정치가들도 어떤 날은 충성스러운 열혈 보병 역할을 하고 다음 날은 사리사욕의 정치 사업가 역할을 하면서 상충되는 역할의 균형을 잡는다. 매디슨 체제의 정치는 균형을 향한 끊임없는 투쟁이다. 희소한 (그리고 보통 지속 불가능한) 압도적 다수가 존재하지 않기에 어떤 단일 정파나 이해 집단 또는 정부 부서도 할 수 있는 게 별로 많지 않다. 이런 체제에서 효과적인 조치는 오로지 일련의 강제된 타협뿐이다.

왜 이토록 명백히 혼란스럽고 논란을 초래하는 방식으로 일을 처리할까? 왜 사소한 모든 일에 타협과 연합의 구축이 포함되어야 할까? 두 가지 이유가 있는데, 오늘날에는 그중 하나만 높게 평가받는다.

협상 강요의 이른바 부정적 장점은 어떤 한 행위자나 정파에 의한 독재를 예방할 수 있다는 것이다. 매디슨이 《연방주의자 논집》 51호에 썼듯 타협을 요구하는 게 야심을 억누르며, 사실상 그럴 수 있는 유일한 방안이다. 많은 이들에게 인정받지는 못하지만 그에 못지않게 중요한 것이 긍정적인 장점이다. 요컨대 타협은 단지 야심을 억누르는 것 이상으로 그걸 활용하고 일을 시키기도 한다는 것이다.

미국 건국의 아버지들은 자신들이 설계하고 있는 정부가 장차 어떤 종류의 문제에 맞닥뜨릴지 알 길이 없었다. 그들은 분명 대처할 수 없는 딜레마에 직면했다. 어떻게 하면 시스템이 오래가도록 충분한 안정을 제공하면서도 그것이 새로운 환경에 적응하도록 충분한 탄력성을 보장할까. 물론 주기적인 선거는 변화를 도입한다. 그러나 선거 사이에는 무슨 일이 벌어질까? 선거 결과가 모호하거나 교착 상태를 초래하면 무슨 일이 벌어질까?

매디슨식 대답은 시스템 자체에 끊임없는 조정을 만들어내는 것이었다. 행위자들이 협상하고 경쟁하고 협력하도록 강제할 경우, 여러 확인 지점을 요구함으로써 급작스러운 변화를 더디게 만들지만, 그만큼 중요하게도 달라지는 행위자들 무리 사이에 끊임없는 협상을 요구함으로써 변화를 **보장**하기도 한다. 교착 상태를 타개하려면 행위자들은 새로운 주장을 내세우고, 새로운 아이디어를 시도하고, 새로운 지지자들을 모으고, 새로운 동맹을 찾고, 옛날 동맹을 진정시킬 새로운 조치를 취할 필요가 있다. 회유 수단과 차선책 그리고 동맹을 찾는 게 혁신과 독창성을 보상해준다. 따라서 매디슨의 계획에서 타협이란 그저 부정적인 억지력이 아닌, 긍정적인 동력이다.

지금의 양극화한 분위기에서는 사람들이 타협을 기껏해야 필요악으로 생각하는 경향이 있다. 원칙을 굽히고 진보를 저해해 모두가 불만족스러워지고 마는 불합리한 판단이라고 말이다. 애석한 일이다. 왜냐하면 매디슨의 시각이 진실에 훨씬 더 가깝기 때문이다. 타협은 절대선(絶對善)이다. 정부가 무너지지 않고 계속 전진하게 해주는 톱니바퀴이자 끊임없이 혁신·적응·포괄에 압박을 가하는 원천이다. 바꿔 말하면, 타협은 민주주의가 어떻게 하면 역동적인 동시에 안정적일 수 있을까 하는 불가능해 보이는 난제에 대한 매디슨식 해답이다. 타협이 모든 점에서 훌륭한 방법이라는 얘기가 아니다. 좋은지 나쁜지는 타협하기에 달려 있다는 타협에 관한 상투적 문구는 확실히 맞는 말이다. 그러나 타당한 이유 때문에 개개인이 싫어하는 특정 타협은 그럼에도 불구하고 시간이 지나면 평화와 안정을 도모하고 적응을 촉진하는 지속적 협상 과정의 일부다. 같은 이유로 매디슨식 체제는 만인이 타협적 온건파일 거라고 가정하거나 예상하지 않으며, 그러기를 바라지도 않는다. 사실은 정반대를 상정한다. 사람들은 당연히 강력한 신념을 고수하며, 보통은 마지못해 협상에 들어가는 성향이 있다고 말이다. 그들이 타협하는 이유는 원해서가 아니라 그래야 하기 때문이며, 그들의 확고한 신념은 다양한 견해가 열렬한 옹호를 받을 수 있게 보장해준다. 매디슨식 정치 체제의 정치적 열의란 애덤 스미스식 경제 체제의 이윤 동기 및 로크식 인식론 체제의 강력한 의견과 동일한 역할을 한다. 바로 에너지의 원천이다. 모든 에너지가 그렇듯 야망과 열의는 파괴적일 수 있다. 타협이 그것들을 억누르고 다른 쪽으로 돌리고 활용한다.

(매우) 간단히 말하면, 그러니까 그것이 매디슨의 계획인 셈이다. 즉, 권력이나 영향력을 원하는 사람이면 누구나 어쩔 수 없이 다른 이들을 설득하게 만들고, 그렇게 해서 개인적 야심을 이용해 활력을 불러일으키고 협력을 조직하는 체제다. 지식의 헌법도 똑같은 방식으로 작동한다. 그 산물이 통치가 아니라 현실이라는 점을 빼면 말이다.

현실은 과연 무엇일까

지금까지 나는 현실, 객관적 현실, 그리고 현실 기반 공동체를 언급하면서 그게 무슨 뜻인지는 그다지 구체적으로 명시하지 않았다. 이제 그 공백을 채울 시간이다.

"무엇이 현실인가?"는 유의미한 답변을 하기엔 지나치게 형이상학적이고, 혹은 대답이 필요하기엔 지나치게 명확해 보이는 질문이다. 대부분의 사람이 대화에서 현실에 대해 얘기할 때는 세상의 실제 모습, '저 밖에 있는' 세상, 인간의 지각 및 인지와는 독립된 세상, 우리가 올바르게 지각할 때 인식하는 세상을 뜻한다. 분명 그것은 현실에 대한 우리의 주관적 느낌이다. 대화 속에서 사람들은 사물이 원래 상태대로 존재한다는 확신이나 자신감을 전달하는 용어로 '진짜(real)'와 '현실(reality)'을 사용하기도 한다. 흔히 알려진 대로라면, 현실은 신뢰할 만하고, 다루기 힘들며, 사라지길 바랄 수 없는 존재다. 우리가 발가락을 찧은 바위, 넘어지면 갑작스레 부딪히는 땅이다. 하지만 테아이테토스와 소크라테스가 지적했듯 그런 일상적 정의(definition)는 그다지 도움이 되지 않는다. 문제는 전적으로 인간이 정신 및 감각과 동떨어진 객관적 세계에 직접 접근할 수 없으며, 주관적 확실성은 진리를 보증하지 못한다는 점이다. (오히려 확신은 오도할 때가 너무 잦기 때문에 정반대다.)

이런저런 문제에 직면한 철학자와 실천가는 자신들의 접근법을 바꿨다. 그들은 현실을 알 수 없는 '저 바깥의 세상'이라는 가정하에 외부라고 형이상학적으로 사고하는 대신, 우리가 거기에 대해 객관적 지식을 갖고 있다고 인식론적으로 생각한다. 좀더 구체적으로 말하면, 그들은 현실을 어떤 방식으로든 입증되고 그렇게 해서 적어도 조건부 참—즉, 틀린 것으로 드러나지 않는 이상 참—이라고 밝혀진 명제들(또는 주장이나 진술들)의 집합으로 생각한다. 어떤 명제는 우리가 일상생활에서 감지하는 대로의 현실을 반영한다. ("하늘은 파랗다.") 또 어떤 명제는 양자물리학자의 칠판에 있는 등식처럼 직관으로는 이해할 수 없다. 많은 명제가 그 사이 어디쯤에 속한다.

명제는 다소 흥미로운 속성을 갖고 있다. 그것은 수적으로 무한하므로 절대 부족함이 없지만, 참인 명제는 귀하고 상대적으로 드물다. 그렇더라도 입증된 명제—지식의 전당에 들어간다고 여겨지는 진술—의 양은 개인 혹은 개인들로 구성된 어떤 대집단이라도 이해할 수 있는 범위를 한참 넘어선다. 명제는 물질적 사물은 아니지만, 특히나 그것이 사실이라면 순전히 일시적인 것도 아니다. 칼 포퍼는 그것이 물질적 사물의 영역도 아니고 주관적 정서 및 지각의 영역도 아닌 그 자체의 제3의 영역, 즉 "사고의 객관적 내용의 세계"에 존재한다고 주장했다. 포퍼는 인간의 지식을 거미들이 잣는 거미줄이나 벌들이 생산하는 꿀에 비유했다. 동물이 몸 밖에 짓는 체외 기관으로 말이다. 유사한 방식으로 인간은 지식—입증된 명제—을 창출하고 자신들의 그 지식을 책과 등식(equations)과 도서관과 데이터베이스에 저장하는데, 거기서 지식은 우리의 몸이나 마음과는 별도로 존재하며, 인류가 멸종하더라도 지금으로부터 수백만 년 후 어떤 외계의 종이 발견해 써먹을 수 있을 터이다. 명제에는 자유 의지가 없어 스스로는 아무것도 할 수 없다. 하지만 현실 기반 네트워크에 의해 획득되는 순간, 그 네트워크를 가로지르며 서로 상호 작용할 수 있다. 요컨대 한 명제의 변경이나 수용 또는 거부로 다른 많은 명제에 수정을 가할 수 있다. 그 네트워크는 인간의 창조물이고 그곳의 모든 참가자가 인간이기는 하지만, 창조자의 이해를 한참 넘어서며 자체 역학으로 추진되는 일종의 자연 선택을 거친다. 현실 기반 네트워크는 마치 생태계처럼 작동하며, 인간이 영향은 미치되 통제는 할 수 없게끔 이뤄진 입증된 명제들의 총체(body)를 생산한다.

이것이 우리가 현실을 알 수 있는 한에서의 객관적 현실이다. 이 명제들의 총체는 우리가 객관적 진리에 도달하는 것에 근접한다.

이제 내가 몇 문단 앞에 쓴 "어떤 방식으로든 입증되고"라는 구절이 숨기는 게 있다는 걸 당신은 틀림없이 알아차렸을 게다. 인식론에서 전체적인 문제는 과연 **어떤** 방식으로 입증되었느냐다. 앞서 살펴봤듯 이른바 부족의 신탁을 사용한 입증 대(對) 권위주의 정부를 이용한 입증 대(對) 사회적 오류 탐색을 활용한 입증의 인식론적·사회적 결과는 다르다. 그리고 이들 체제는 여러 면에서 상호 양립할 수 없다. 우리가 만일 지식·자유 및 평화에 유념한다면, 강력하게 권리를 주장할 필요가 있다. 누구나 무엇이든 믿을 수 있지만, 적어도 현실 기반 공동체에서는 자유과학—오류를 탐색하는 사회적 네트워크에 의한 개방적이고 사심을 배제한 점검—만이 유일하게 타당한 지식 감별기이다. 물론 다른 공동체도 온갖 종류의 다른 일을 수행할 수 있다. 그러나 객관적 현실에 관한 사회적 결정은 내리지 못한다.

이것은 아주 대담하고 광범위하고 엄격한 주장이며, 지식의 헌법에 의해 무시나 억압을 당했다고 느끼는 많은 사람과 공동체한테는 매우 안 좋게 받아들여진다. 가령 창조론자, 크리스천 사이언스(Christian Science) 신도, 대체의학 의사, 점성술사, 지구평면설 신봉자, 백신 접종 거부자, 버락 오바마 전 미국 대통령이 미국에서 태어나지 않았다고 믿는 사람, 9·11 음모론자, 포스트모더니즘 교수, 정당의 열성 당원, 온라인 극우 음모론 신봉자, 그리고 기타 수많은 신념 체계와 종교의 신자들이 있다. 또한 우리 시대의 포퓰리즘적이고 독단적인 기질과도 맞지 않는다. 그러나 미국 헌법의 통치 독점권 요구처럼('위헌'은 '불법'을 뜻한다. 이상 끝), 지식의 헌법에 대한 독점권 요구도 필수 요소다. 그 요구를 수호하는 것은 절대 사소한 과업이 아니며, 따라서 우리는 그것을 뒷받침하는 논리를 이해해야 한다.

현실을 위한 규칙

당신이 어떤 것(X)을 참이라 믿고, 다른 이들이 그것을 참으로 받아들이는 것이 중요하거나 적어도 정당하다고 생각한다 치자. X는 지구가 태양 주위를 돈다, 신은 삼위일체다, 배아는 인간이다, 인간의 활동이 기후 변화를 초래한다, 백신 접종이 생명을 구한다, 조 바이든은 합법적으로 대통령에 당선되었다, 혹은 그 밖의 결과적인 명제일 수도 있다. 구체적인 명제는 중요하지 않다. 정말 중요한 것은 그것을 입증하는 유일한 방법이 현실 기반 공동체에 제출하는 것이라는 점이다. 그게 아니면, 다른 시각을 가진 이들을 위협하거나 감옥에 보내거나 고문하거나 살상하는 이른바 야수적 폭력—우리가 알고 있듯이 역사를 통해 내려온 표준적인 방법—으로 당신 명제의 우위를 점할 수도 있을 것이다. 아니면 당신과 뜻이 맞는 친구들끼리만 나서서 서로 얘기할 수도 있을 것이다. 이 경우 당신은 추종자 집단—합법적이지만 사회적으로는 분열을 초래하고 인식론적으로는 무가치하다—을 만들 것이다. 아니면 당신과 의견이 다른 이들에게 망신을 주고 겁박할 SNS 캠페인—요즘 아주 흔하며, 논쟁을 질식사시키고 지식의 목을 조르는 (그리고 많은 사람에게 해를 끼치는) 방법—에 참여할 수도 있을 것이다.

현실 기반 공동체가 하는 일은 이번에도 다르다. 나는 《친절한 심문관》에서 자유과학을 구분하는 뚜렷한 장점은 두 가지 핵심 규칙에서 파생하며, 이 두 규칙을 준수하는 모든 공적 대화는 자유과학의 독특한 성격을 내보일 것이라고 주장했다. 그 규칙들은 다음과 같다.

- **오류가능주의 규칙: 누구에게도 최종 결정권은 없다. 원칙적으로 어떤 진술이 틀렸다**

고 드러낼 수 있을 경우에만, 그리고 그것이 틀렸다는 걸 밝혀내려는 시도를 견뎌내는 한 그 진술은 지식으로 확립된다고 말할 수 있다. 즉, 어떤 진술이 점검할 수 있는 동시에 점검에도 잘 견뎌온 한에서만 그것은 객관적으로 참이며, 그렇지 않으면 참이 아니다. 물론 실제로는 특정 진술이 점검에 견디는지 여부를 결정하기 어려울 때가 있어 거기에 대해서는 논쟁을 벌여야 한다. 그러나 중요한 것은 이 규칙이 우리의 행동 방향을 잡아주는 방식이다. 당신은 당신이 옳다고 확신하더라도 자신의 오류 가능성과 다른 모든 이들의 오류 가능성을 가정하고 자신과 다른 이들의 오류를 찾아내야 한다. 그러지 않으면 당신은 현실에 기반을 둔 게 아니다.

- **인식론적 규칙: 누구에게도 개인적 권한은 없다. 어떤 진술을 점검하는 데 사용한 방법이 점검자의 신분과 상관없이, 진술의 출처와 상관없이 똑같은 결과를 제공하는 한에서만 그것은 지식으로 확립되었다고 말할 수 있다.** 어떤 명제를 점검하기 위해 당신이 무엇을 하든 그것은 적어도 원칙상 누구나 할 수 있는 것이어야 하고 똑같은 결과를 얻어야 한다. 또한 가설을 제시하는 사람이 누구든 단순히 그가 누구인지, 혹은 그가 어떤 집단에 속하는지 때문에 무임승차권을 얻지 못한다. 당신이 누구냐는 중요하지 않다. 규칙은 만인에게 적용되고, 사람은 교체할 수 있다. 당신의 방법이 만일 당신이나 당신과 친화적인 집단 혹은 당신과 똑같이 믿는 사람들에게만 유효하다면, 당신은 현실에 기반을 둔 게 아니다.

두 규칙은 대단히 심오한 사회적 영향을 갖는다. '최종 결정권은 없다'는 어떤 진술이 지식이 되려면 점검을 받아야 하며, 아울러 지식은 항상 잠정적이고 점검을 견디는 한에서만 수립된다는 얘기다. 실제로 그것은 모두가 언제나 틀릴 수 있다는 오류가능주의 원칙을 구체화하고, 이는 어느 누구도 영원히 논쟁을 해결했다고 주장할 수 없음을 시사한다. 이는 결국 어떤 권력자나 활동가도 탐구나 논쟁을 합법적으로 중단할 수 없다는 의미다. 탐구나 논쟁을 정말로 중단시키려는 사람이나 그 결과를 미리 정하려는 사람은 지식 생산이라는 과업으로부터 그 자체로 스스로를 배제하고 있는 것이다. 어떤 이론가나 도덕주의자나 권력자도 최종 결정권을 주장할 수 없다. 누구나 할 수 있는 일은 오직 다른 모든 사람처럼 대화에 참여하는 것뿐이다.

'개인적 권한은 없다'는 점검으로 무엇이 적절하게 중요한지를 정의함으로써 한 걸음 앞으로 나아간다. 우리는 경험주의를 관찰에 입각한 실용적 원칙이라고 생각하는 경향이 있다. 뭔가 찾아내고 싶다면 나서서 둘러보라. 다 좋다. 그러나 나나 당신이나 다른 어떤 한 개인이 나서서 찾아본다고 우리를 기만하는 수많은 편견과 오해를 극복하는 데는 전혀 도움이 되지 않는다. 요점은 미국 철학자 찰스 샌더스 퍼스가 강조했듯 나나 당신이 찾아보는 게 아니라 **우리**가 찾아보는 것이다. 그런 다음 우리는 우리의 견해를 비교하고, 경합을 벌이고, 정당화한다. 결정적으로 그다음 경험 법칙은 우리가 같은 대화를 나눌 수밖에 없게 만드는 사회적 원칙—우리의 견해가 아무리 제각각이라도 우리 모두가 원칙상 단 하나의 현실에 대해 논의하고 있다는 데 동의한다는 필요 조건—이다.

이에 대해 알기 위해 이상한 온도계를 한번 상상해보자. 우리 셋은 같은 시간과 같은 공간에서 그것을 관찰하고 있다. 내가 볼 때는 61도다. 당신이 볼 때는 88도다. 다른 사람이 볼 때는 104도다. 누가 맞는가? 우리는 각자 신탁받은 권력을 주장하거나 나머지 두 사람을 제거해 분쟁을 해결하려 들 수도 있을 것이다. 아니면 우리가 기적을 목격한 거라는 데 동의함으로써 문제를 소거할 수 있을지도 모른다. 그러나 경험 법칙은 그런 조치를 모조리 금지시킨다. 그것은 우리의 온도 차이를 조정할 설명을 제시하라고 요구한다. 우리는 온도계가 사실은 외부 온도가 아니라 관찰자의 성격을 측정하고 있었던 건 아닌지 의문을 던질 수 있다. 차이를 설명하기 위해 착시나 대기 현상을 찾아볼 수도 있다. 우리 모두 눈금을 다르게 해석하고 있는 건 아닌지 조사할 수도 있다. 어쨌든 어떤 설명을 들고 나오든 온도계를 보는 우리 모두와 다른 사람들에게 그것이 먹혀야 한다. 따라서 우리는 다양한 관점을 단 하나의 현실과 연관시켜야 한다. 어쩔 수 없이 공통의 대화를 나눠야 하고, 그런 다음 우리의 대화를 공통의 결론이 나는 방향으로 이끌어야 한다. 그러자면 명제가 **경합을 벌일 수 있어야** 한다. 즉, 체계적이고 정리된 비교와 다양한 시각의 비판에 놓여야 한다.[1] 지적(知的)으로 말하자면, 한 사람은 장기를 두고 다른 한 사람은 테니스를 치는데, 둘 다 이겼다고 우기는 상황을 사전에 막자는 것이다.

더 나아가 경험 법칙은 점검 시 무엇이 중요하지 **않은지**도 지시한다. 바로 개인 혹은 부족의 특권적 시각으로 권한을 주장하는 것이다. 원칙적으로 사람과 집단은 교체할 수 있다. 내가 만일 신의 계시를 접할 수 있다고 주장한다거나, 오직 신도들만 목격할 수 있는 기적의 위력을 내세운다거나, 나의 계급·인종 혹은 역사적으로 우세한 지위나 역사적으로 억압적인 지위 덕분에 다른 사람들은 불가능한 것을 알고 말할 수 있다고 주장한다면, 타인들의 견해와 경합할 가능성에서 내 견해를 면제시킴으로써 나는 경험 법칙을 위반하고 있는 것이다.

이 두 규칙은 간단해 보이지만, 우리가 매일같이 목격하는 수많은 수사학적 행동을 금지시키는 사회적 학습 양식을 정립해준다. 대화를 용인하기에는 지나치게 위험하거나 불경스럽거나 억압적이거나 충격적인 주장은 십중팔구 오류가능주의 법칙을 위반하는 것이다. '유대인으로서'나

'동성애자로서', 또는 그 문제라면 '정보부 장관으로서'나 '교황으로서' 혹은 '소련 최고회의 수장으로서'로 시작되는 주장은 맥락이나 자격에 관한 유용한 정보를 제공한다면 타당할 수 있다. 그러나 후천적 권한이 아닌 개인이나 부족의 권한에 호소함으로써 논쟁을 해결하겠다고 우긴다면 그들은 경험 법칙을 어기는 것이다.

이러한 구분은 강조할 만한 가치가 있다. '개인적 권한은 없다'는 말은 전문 지식에 반대한다는 뜻이 절대 아니다. 사실 개인적 권한을 부인함으로써 그것은 후천적 권한에 대한 자극제로 작용한다. 그리고 전문가가 되기 위해 당신이 하는 일이 무엇이든 그것은 틀림없이 다른 사람들도 할 수 있는 일일 터이다. 어떤 실험이 예일 대학 사회과학 및 자연과학 종신 교수들에게 효과가 있다면, 그것을 되풀이하는 일개 학부생한테도 효과가 있어야 한다. 전문가들의 견해는 일시적인 존중을 얻을 수는 있지만, 여전히 이의 제기를 견뎌내라는 요구를 받는다.

'개인적 권한은 없다'는 또한 사람들의 출신 배경을 이해하려는 시도에 반대한다는 뜻이 절대 아니다. 우리가 만일 동성 결혼에 관한 논쟁을 벌이고 있다면, 나는 동성애자로서 나의 경험을 언급할 수 있고 그 경험은 (바라건대) 의미가 있을 수 있다. 사실 좋은 과학적 관행은 이해관계의 충돌이 수면으로 올라올 수 있도록 연구자들이 개인 신분을 밝힐 것을 요구한다. 그러나 개인의 지위와 이해관계에 관한 진술은 대화에 정보를 제공하려는 것이지 대화를 통제하거나 지배하거나 종료시키려는 게 아니다. 이 규칙은 사람들의 (그리고 집단의) 사회적 지위와 내력이 중요하다(어찌 그렇지 않을 수 있겠는가)는 점을 인정하며, 어느 정도까지는 그것들을 받아들인다. 그러나 이 규칙은 일원들의 사회적 정체성에 파고들어 그것들을 비장의 수사학적 무기로 쓰는 게 아니라 지식의 구축이라는 더 커다란 과제로 이끎으로써 그것들을 초월할 것을 요구한다.

정말이다. 이런 규칙은 적어도 관대한 만큼 부담도 준다. 비판을 보호하고 권한을 박탈함으로써 두 규칙은 표현의 자유를 지킨다. 그러나 지식을 발전시키려는 모든 사람에게 엄중한 의무를 부과하기도 한다. 당신은 자신의 주장을 점검하고 다른 이들과의 경쟁에 놓이게 해야 한다. 다른 이들의 상충되는 주장을 용인해야 한다. 자신의 확신이 아무 쓸모없다는 것도 받아들여야 한다. 당신의 신(god), 당신의 경험, 당신의 직관, 또는 당신의 집단이 인식론적으로 특권을 가졌다는 주장은 맹세코 버려야 한다. (사실은 특히) 자유과학의 배타적 정당성이 잘못되었거나 불공정하다고 생각할 때조차 당신은 그것을 수호해야 한다.

무엇보다 가장 어렵지만, 가끔은 낯도 두꺼워야 하고 언쟁을 좋아하는 지적 문화에서 피할 수 없는 감정적 상처도 견뎌야 한다. 다른 사람이 하는 말에 불쾌감을 느끼거나 정신적 충격을 받는다면, 물론 반대하거나 항의하거나 더 나은 대화 방안을 제안할 수 있으며 또 수시로 그래야 한다. 그러나 대화의 종료를 기대하거나 요구해서는 안 된다. 결국 당신이 틀리고 그들이 맞을 수도 있는 것이다. **최종 결정권은 없다. 개인적 권한은 없다.**

설득의 시장

두 가지 규칙—또는 수많은 규칙—이 학자·통계학자·언론인과 그 밖에 현대의 현실을 구축하는 사람들이 매일같이 지식을 발전시키기 위해 작업하는 다양한 방식을 포착할 수 있다는 말은 아니다. 그러나 인식 공동체가 오류가능주의 및 경험 법칙을 따른다면, 그들이 하고 있는 일이 자유과학처럼 보일 것이다. 그리고 그 구성원들이 하고 있는 일이 조직적인 사회적 설득으로 보이는 이유도 바로 그 때문이다.

1919년 연방 대법원 판사 올리버 웬델 홈스 주니어(Oliver Wendell Holmes Jr.)는 에이브럼스(Abrams) 대 미합중국 사건〔정부가 반전(反戰) 전단 배포를 검열했다〕에서 반론을 제기하며 "진실에 대한 최고의 시험은 시장 경쟁에서 스스로 인정받으려는 사상의 힘"이라고 썼다. 1950년대에 판사 윌리엄 더글러스(William O. Douglas)는 '사상의 시장'이라는 문구로 이 비유를 좀더 밀고 나아갔다. 멋진 비유다. 존 밀턴과 존 스튜어트 밀(John Stuart Mill))에서부터 현재에 이르는 표현의 자유 찬성론에 기댄 것인데, 현재의 소비지상주의 세상에서는 바로 이해하기 쉽다. 사상은 식료품점의 시리얼과 같고, 우리는 쇼핑객과 같으며, 경쟁은 시장을 더 많고 더 좋은 상품들의 방향으로 몰고 간다! 훌륭하다.

그러나 사상은 스스로 팔거나 교환하거나 경쟁하지 않으므로, 이 비유는 뭔가 중요한 점을 생략하고 있다. 바로 교환의 메커니즘이며, 이것은 구매나 물물교환이 아니라 설득이다. 왜냐하면 지식을 만들려면 당신이 궁극적으로 해야 하는 일이 그것이기 때문이다. 그런 측면에서 정치적 시장이 더 나은 비유일 수 있겠다. 미국 헌법은 각 정당과 그들의 의제에 연속적인 협상을 강요하며, 다양한 정파한테 법을 제정하려면 합의를 이룰 것을 요구한다. 마찬가지로 지식의 헌법은 인식론적 정파와 그들의 신념에 연속적인 협상을 강요하며, 다양한 정파에 지식을 만들려면 합의를 이룰 것을 요구한다. 당신은 다른 사람들을 침묵시키거나(최종 결정권은 없다) 지배할 수 없다(개인적 권한은 없다). 19세기 초에 이른바 넵튠파도 화산파도 할 수 없었듯 최종적으로 당신이 옳다는 것을 다른 이들에게 설득하지 못한다면, 그 두 파벌이 궁극적으로 그랬던 것처럼 당신도 다른 명제나 다른 접근법을 시도할 필요가 있다. 당신은 어떤 종류의 설명을 해야 설득할 수 있을지 알아내야 할 것이다. 고유의 지적 성향이 아무리 독단적이거나 권위주의적이라 하더라도 당신이 현실에 기반을 두고 있다면 현실에 관한 분쟁에 판정을 내릴 비강압적 방안을 모색하는 일에 가담하고 있는 셈이다.

따라서 당신은 경합하고, 설득하고, 타협하는—매디슨이 정치에서 꿈꿨던 역동적이고 창의적이고 선택권을 확장시키는 형태의 타협과 유사한—일에 가담하고 있는 것이다. 지지를 구하는 동안, 당신은 동료 검토와 공개 토론에 당신의 생각을 노출시킬 테고, 비판자들은 질문을 던지며 실험과 대안을 제기할 것이다. 다른 이들에게 당신의 견해를 설득시키려 애쓰는 동안, 당신은 당신의 생각을 다듬고, 조정하고, 수정 사항을 포함시키고, 반대 의견에 대처하고, 다른 아이디어를 시험할 것이다. 어쩔 수 없이 당신의 생각과 전략을 수정해야 할 수도 있는데, 현실 기반 네트워크 전체에 이런 과정이 하루 수백만 회 반복되면서 시스템 전체는 역동적인 상호 설득, 즉 비판적 설득의 그물망이 된다. 말하자면 지속적으로 의견을 교환하고 오류를 찾아내고 해결책을 제안하는 사회적 과정이다.

물론 비판적 설득은 정치적 타협과는 다르다. 물리학자들은 협상 테이블 앞에 앉아 플랑크 상수(Planck constant)를 두고 협상을 벌이지 않았다. 넵튠파와 화산파는 회의를 소집해 현대 지질학을 결정짓지 않았다. 그러나 설득은 협상자들이 새로운 법을 제정하거나 새로운 지식을 확립하기 위해서는 결국 화해—뭔가를 해결하는 것—에 이르러야 한다는 점에서 타협과 비슷하다. 마치 견제와 균형이 미국 헌법을 안정적이면서도 적응력 있게 만드는 것처럼, 공개적 점검은 지식의 헌법을 안정적이면서도 적응력 있게 만든다. 현실 기반 공동체의 구성원은 고유의 생각을 수립하거나, 다른 이들의 생각이 틀렸음을 드러내거나, 새로운 통합을 이뤄내거나, 새로운 질문을 고안하거나, 이전의 질문을 해결할 새로운 방안을 발전시킴으로써 자신들의 평판을 높이고 교수직과 상(prizes)을 거머쥘 수 있다. 그들은 다른 사람의 저서에 인용되거나 다른 사람의 저서를 인용하면서, 자신의 생각이 어떻게 이전 연구를 기반으로 했으며 거기서 벗어났는지를 입증하면서, 합당한 사람에게 공을 돌리는 한편 다른 이들도 똑같이 그렇게 하기를 기대하면서, 자신의 진실성을 입증하고 자신만의 생각을 더 넓은 지식이라는 모체 속에 위치시킬 수 있다. 제안하고 설득하고 연계하고 수정함으로써 각 개인은 기여도를 높이고 제자리를 찾으려 한다.

방금 내가 사용한 문구인 '비판적 설득'이 이상하게 들릴 수 있다. 누군가를 비판하는 것은 보통 설득하려는 것과는 정반대가 아니던가? 잠깐 해명하고 넘어가는 게 도움이 되겠다. 포퍼의 영향력 아래 있는 많은 이들처럼 나는 네트워크가 오류를 찾음으로써 진실을 추구한다는 의미로 그것을 '비판적'이라고 지칭한다. 그러나 이 말을 지나치게 글자 그대로 받아들인다면(때때로 포퍼와 다른 반증주의자들이 그랬듯이) 오산이다. 가끔 공동체 구성원은 서로의 가설을 거부할 때도 있겠지만, 그들은 또한 서로의 작업을 지지하고, 채택 및 적용하며, 친절하게 수정을 제안하고, 상호 협력적인 동맹 관계를 형성할 수 있으며, 실제로 그렇게 하기도 한다. 나 자신의 경력을 봐도 다른 이들과 의견을 달리할 때보다 그들에게 동의하는 데 더 많은 시간을 보내왔다. 내가 정말 누군가를 비판할 때는 먼저 우리가 동의하는 근거를 명시한 이후일 때가 많다. 이 시스템의 목표는 부당성을 입증하는 것이지만, 이는 어떤 명제를 그저 비판하는 것뿐 아니라 더 나은 대안을 지지함으로써 이뤄질 수도 있다.

어떤 논의에서든 네트워크는 유동적이고 변동하는 의견 일치와 불일치, 지지와 대립, 동맹과 논쟁의 교점(nodes, 交點)을 형성할 것이다. 설득의 시장에서 거래자들에게 항상 요구되는 것은 다른 사람의 생각(혹은 자기 자신의 생각)을 공격하는 게 아니라 비판의 정당성을 수용하고 거기에 책임을 지는 것이다. 그들은 자신의 신념을 다른 명제 및 견해에 노출시키는 방법이 아니고서는 그 외의 지식에 이르는 경로가 있을 수 없다는 점을 받아들인다. 개개인이 오류가능주의 및 경험 법칙을 따르고 서로서로 책임을 진다면, 그리고 그들의 견해가 많고 다양하다면, 설령 많은 개인이 자신의 실수에 연연한다 하더라도 그 네트워크는 오류를 수정할 것이다.

사회적 깔때기

지적이고 근면한 사람들의 네트워크 전체를 설득의 시장에 집어넣어 작업시키고, 그들이 오류를 찾거나 사실을 정립하면 영예를 주겠다고 약속하라. 그러면 시스템은 일종의 지식 깔때기처럼 작동할 것이다. 넓은 쪽 입구에는 수백만 명이 매일 수백만 개의 가설을 띄운다. 그 생각들 중 일부만이 네트워크가 획득할 만큼, 아니 네트워크의 주목이라도 받을 만큼 충분히 그럴듯하거나 흥미롭거나 생산적으로 보일 터이다. 일단 획득된 가설은 시험, 편집, 동료 검토, 학술 발표 및 출판, 그리고 나면 다음은—중요하다고 여겨진 운 좋은 몇몇 생각의 경우—인용이나 복제라는 차단

막을 차례차례 거친다. 극소수만이 깔때기의 좁은 쪽까지 가는 데 성공한다. 거기서 몇 년 혹은 심지어 몇십 년이 걸릴 수 있는 과정이 지나면 일종의 사회적 밸브가 살아남은 명제들에게 '일반적 수용(generally accepted)' 또는 '확인 완료(well confirmed)' 같은 명칭으로 표시되는 명성과 인정을 부여함으로써 그것들을 지식의 전당으로 받아들인다. 이 전당에 명제를 성공적으로 입성시킨 사람들은 출판, 교수직, 홍보, 수상으로 보상받는다. 돌파구는 열지 못했지만 규칙을 따른 사람들은 찬사를 받고 다시 시도한다. 규칙을 어긴 이들은 그냥 무시당한다. 보통 이런 사람들의 생각은 애초부터 네트워크가 획득하지 않는다.

깔때기의 양쪽 입구는 매우 다르게—거의 대조적으로—작동한다. 넓은 쪽 입구에서 공동체는 가능한 한 찾을 수 있는 많은 흥미로운 가설 및 논지를 수집한다. 거기서는 새로운 입력 정보를 찾는 동안 거의 누구든지 거의 모든 것을 말할 수 있게 한다. 지침이 되는 원칙은 자유다. 자유로운 언론, 자유로운 표현, 다양성 및 다원주의다. 관심사는 새로운 생각, 새로운 의제, 새로운 시각을 자극하는 데 있다. 시스템의 흡입구가 만일 생각을 억누르고 말하는 사람을 침묵시킨다면, 소중한 통찰을 잃고 오류를 못 보고 넘어갈 위험이 있다. 오류가능주의의 규칙인 '최종 결정권은 없다'가 깔때기를 계속 열어둔다.

그러나 네트워크가 어떤 생각을 획득하면, 경험 법칙인 '개인적 권한은 없다'가 가차 없이 키질을 시작한다. 대다수의 가설은 즉각 거절당하거나 애초에 검토조차 되지 않으며, 획득된 소수는 기(氣)를 죽이는 전문적 정밀 조사에 직면한다. 그러니까 널찍한 전단(前端) 쪽의 깔때기는 다원적이다. 생각이 많으면 많을수록, 다양하면 다양할수록 더 좋다. 하지만 입구가 좁아짐에 따라 가설은 갈수록 엄격해지는 전문적 검토 단계를 거친다. 가령 의학 연구와 새로운 약이나 장치 또는 치료법을 개발하는 과정을 생각해보자. 깔때기의 넓은 쪽 입구는 수백만 개의 분자를 걸러내지만, 작은 입구에 도달하려면 흔히 수천 시간과 수억 달러를 쓰는 훈련받은 전문가 수백 명이 필요하다.

시민적 자유 옹호자들이여, 주목하라. 현실 기반 공동체가 돌아가게 만들려면 표현의 자유가 필요하고, 그것이 바로 지식의 헌법(미국 헌법처럼)이 그토록 단호하게 그것을 수호하는 이유다. 그러나 언론의 자유만으로는 충분치 않다. 그것은 생각과 비판의 형태로 된 원료를 공급하지만, 이 원료는 규칙 기반의 사회적 점검이 가동되기 시작할 때까지는 그저 지식을 위한 미완성의 잠재력일 뿐이다. 게다가 지식의 헌법은 모든 표현이 주목이나 존경을 받도록 보장할 여유가 있지도 않다. 사실상 현실 기반 공동체는 대부분의 사람이 말하는 대부분의 것을 무시한다. 검토할 수 있는 명제의 수는 무한할지 모르지만, 현실 기반 공동체의 시간과 자원은 한정적이고 귀하다. 지식의 헌법은 미국 헌법과 같이 그 일원에게 공동체의 주목을 원한다면 정교한 규범과 절차를 따르라고 요구하며, 자체 의제를 설정하는 공동체의 능력은 영향력을 위한 단 하나의 가장 강력한 수단이다. 당신이 자신을 표현하고 싶다면, 좋다. 그러나 만일 당신이 지식을 창출하고 싶다면, 고생하고 땀 흘리고 괴로워할 준비를 하라. 입구 위의 표지판에는 이렇게 씌어 있다. "이거 어려울 텐데!"

현실에 기반을 두고 싶다면, 쉬운 부분뿐 아니라 지식의 헌법 전체를 받아들이고 지킬 필요가 있다. 그것이 부여하는 권리와 자유만큼이나 단호하게 부과하는 규칙과 책임을 받아들이고 지켜야 한다. 자유의 수호는 종종 힘들지만, 안타깝게도 반(反)제도적인 우리 시대에는 규칙을 수호하기가 훨씬 더 힘들다. 그리고 앞으로 살펴보겠지만, 그 규칙에는 적들이 있다.

모든 것을 체계화하는 법

하지만 깔때기 비유에는 문제가 하나 있다. 현실 기반 공동체의 경계는 탄탄하고 분명한 게 아니라 모호하고 거품이 끼어 있으며, 지식 자체도 마찬가지다. 무엇이 입증되었고 무엇이 입증되지 않았는가? 누가 전문 검토자의 자격을 갖추었는가? 과연 누가 좋은 과학이나 저널리즘을 하고, 누가 나쁜 과학이나 저널리즘을 하고, 누가 애초에 과학 혹은 저널리즘을 하고 있지 않는가? 과학과 유사 과학, 진짜 뉴스와 가짜 뉴스, 지식과 견해의 구분은 절대 결정되어 있지 않다. 과학철학자들 사이에서 어떤 유형의 것이 과학이고 과학이 아닌지에 관한 논쟁, 이른바 획정(demarcation, 劃定) 문제는 해결되지 않은 채 장기간 이어지고 있으며, 이것이 철학자들을 언짢게 만든다.

하지만 사실 누가 과학자인지 아닌지, 아니면 과학이 무슨 일을 하는지 또는 무엇을 하지 않는지를 정의하려는 노력은 핵심을 벗어난다. 현실 기반 공동체의 백미는 그것이 모든 종류의 명제를 획득하고, 모든 유형의 논쟁을 조직할 수 있으며, 그 방법이 오류가능주의 및 경험 법칙을 충족하는 한 논쟁을 해결하기 위해 모든 종류의 일을 할 수 있다는 것이다. 실제 세계에서 점검이란 정밀하고 권위 있는 방식으로 사실적 진술을 조작하는 일을 반드시 뜻하는 건 아니다. 그것은 다양한 견해를 가진 사람들에게 어떤 명제가 참인지 아니면 거짓인지를 설득하는, 반복 가능하고 사심을 배제한 방식을 찾는다는 뜻이다. 따라서 현실 기반 공동체는 사실에 관한 분쟁을 다루는 데 한정되어 있지 않다. 그것은 구성원 및 규칙이 어떻게 판정을 내릴지 알아낼 수 있는 모든 종류의 명제에 대해 그 뜻을 관장할 수 있고, 많은 유형의 대화를 합의의 방향으로 이끌 수 있다. 내가 《친절한 심문관》에서 이렇게 썼듯이 말이다.

> '점검'은 분명 결정적인 실험을 수행한다는 뜻일 터이다. 그러나 가장 어려운 자연과학에서도 시험의 의미에는 실험실의 실험뿐 아니라 사고 실험, 논리적 분석, 기정사실과의 일관성, 표면적 개연성, 찬성자와 반대자의 신뢰도, 사고의 미학적 매력(많은 물리학자가 아름다움을 진리의 징후로 여겨왔다), 그리고 우리가 설득력이라 부르는 기타 미지의 요인도 포함된다. 누구한테든 최종 결정권도 개인적 권한도 없는 한 위의 모든 것과 그 밖의 많은 것이 점검으로서 자격을 갖는다.

결과적으로 현실 기반 공동체는 구성원이 항상 규칙을 따른다면, 그들이 논의하기로 한 거의 모든 주장에 대해 적어도 관심을 끌 수 있다. 물론 어떤 명제는 용어 정의가 잘되어 있고 시험하는 데 논란의 여지가 없어 입증하는 게 비교적 쉽다. 예를 들어 "《햄릿》은 셰익스피어의 가장 긴 희곡이다"는 가장 엄격한 논리실증주의자(그냥 글자 수를 세라!)라도 의미 있고 과학적인 진술로 받아들일 것이다. 반면 같은 논리실증주의자라도 "《햄릿》은 셰익스피어의 가장 위대한 희곡이다"를 미학적 견해로 받아들이지 않을 테고, 따라서 비과학적이고 지식으로 포함시키기에 부적격이라며 거부할 것이다. 하지만 실제 세계에서는 두 번째 명제가 첫 번째보다 훨씬 더 흥미로우며, 논거를 모으고 증거를 인용하고 상충하는 판단을 비교하는 수 세대의 학자들에 의해 의미 있고 유익하게 논의되어왔다.

《햄릿》은 얼마나 자주 상연되는가? 거기 나오는 시를 얼마나 많은 이들이 인용하는가? 얼마나 많은 다른 작가들에게 영향을 주었나? 주제와 구조가 얼마만큼 혁신적인가? 비평가들은 어떻게 받아들였나? 관객들은 어떤 반응을 보이나? 아리스토텔레스까지 거슬러 올라가는 문학의 기준과 얼마나 잘 들어맞는가? 공동체가 '가장 위대한'이라는 주장을 고수할 수 있는 방법에는 온갖 종류가 있다.

결정적인 실험 하나가 이런 도덕적이고 미학적인 대화를 확실하게 해결할 거라고는 아무도 기대하지 않지만, 화학과 물리학에도 똑같은 사회적 역학이 적용된다. 설득의 시장 참가자는 다른 이들을 동요시킬, 사심을 배제한 논거를 찾아다닌다. 시간이 지나면 합의 요소들이 발전하고 해결이 난다. 가령《햄릿》은《페리클레스(Pericles, Prince of Tyre)》(셰익스피어의 로맨스극 중 첫 번째 작품—옮긴이)보다 더 위대한 작품이다—엄밀한 사실은 아니지만 거의 정착하고 있기 때문에 반박하면 경박해 보일 수 있는 명제—처럼. 그러는 사이 비판적 대화가 펼쳐지면서 설령 점검자들이 특정 명제에 동의하지 않더라도 자신이 논의하고 있는 게 무엇인지와 그것을 어떻게 생산적으로 논의할지에 관해서는 동의할 수 있도록 일반화한 기준과 방법·어휘가 발달한다. 그런 측면에서《햄릿》에 관한 대화는 지식의 **생산**에는 실패하더라도 지식의 탐구는 **체계화**할 수 있다.

이런 식으로 현실 기반 공동체는 경험적 지식뿐 아니라 미학적 지식과 도덕적 지식까지 향상시킬 수 있다. 그 결과가 항상 엄연한 사실이나 기술 혁신의 총체인 것은 아니지만, 마땅히 진리를 향한 진보로서 자격은 있다. 다시 한번《친절한 심문관》을 살펴보자.

도덕적 지식은 다른 지식과 마찬가지로 확정적이지 않다. 그것은 방향성을 가진다. 성미 고약한 인간들 사이에서는 아무것도 보장되지 않지만, 전반적으로 그리고 더 장기적으로는 자유주의 사회의 연속적인 도덕 발달을 볼 수 있고, 그것이 어느 쪽을 향해 달리고 있는지는 알 수 있다. 보통은 사회적 폭력 감소, 사회 참여 증가, 존엄 및 관용의 폭 확대를 향한다. 그리고 만일 옴짝달싹 못한 채 이런 종류의 도덕적 진보를 이루지 못하고 있는 사회가 보인다면, 당신은 그곳이 별로 자유롭지 않으며 권위나 금기 또는 그 밖에 퍼스가 '신념에 대한 집착'이라고 불렀던 것의 원인들이 공개적 비판을 저해하고 억제해왔음을 짐작할 수 있다.

프랜시스 베이컨과 그 추종자들은 과학적 탐구가 실험으로 특징지어진다고 말했다. 논리실증주의자들은 검증, 칼 포퍼와 그 추종자들은 허위입증을 특징이라고 했다. 그것들이 맞을 때도 있지만, 언제나 맞았던 것은 아니다. 더 나은 일반화, 어쩌면 현실 기반 탐구자들이 하는 일 대부분을 포착할 만큼 충분히 폭넓은 유일한 일반화는 자유과학이 질서 정연하고 탈중심적이고 사심을 배제한 사회적 판정으로 특징지어진다는 것일 터이다. 설득의 시장이 어떤 명제에 관해 안정적인 종류의 결론에 도달하거나 합의에 의한 체계적인 방법으로 그것을 다룰 수 있을까? 만일 그렇다면, 명확한 합의에 도달하든 아니든 그 명제는 현실 기반 공동체에 유용한 양식일 게다.

요점은 한 쌍의 마법의 법칙이 모든 견해차를 해결할 수 있다는 얘기가 아니다. 오히려 요점은 현실 기반 공동체는 자연과학을 포함하지만 자연과학 말고도 훨씬 더 많은 영역을 다룬다는 것이다. 사실 전통적으로 정의되는 과학은 현실 기반 공동체의 일부를 차지할 뿐이다. 현실 기반 공동체가 신조 전쟁을 예방하는 데 능한 이유는 그 시야가 사실들과 관련한 분쟁에 국한되지 않기 때문이다.

내가 이 점을 자세히 설명하는 데는 이유가 있다. 오늘날 현실 기반 공동체에 가해지는 공격은 화학 및 물리학과 같은 실험 자연과학으로부터 거의 동떨어진 곳으로 포화를 집중시킨다. 공격자들은 천문학이나 지질학에 맞섰다가는 자신의 창이 부러질 것이며 공동체의 '더 부드러운' 부분이 한층 취약하다는 것을 알고 있다. 그러므로 이 말을 기억하는 게 특히 중요하다. 사회학이나 문학비평 같은 학문을 정치적 논쟁거리로 삼거나, 사실 기반 저널리즘의 신뢰도를 깎아내리고 그 목소리가 들리지 않도록 선동하거나, 대통령을 기쁘게 하려고 정보 평가서를 바꾸거나 판사에게 거짓말을 하는 것, 이런 것들 하나하나가 가령 진화론 수업을 금지하거나 예방 접종에 관해 가짜 과학을 전파하는 것만큼이나 지식의 헌법에 대한 공격이다. 현실 기반 공동체는 특정 학문이나 발견물이 아닌 규칙과 가치로 정의되며, 공동체의 어떤 한 부분에서 그 규칙과 가치를 공격한다 함은 모든 부분의 규칙과 가치를 공격하는 것이다.

학문…… 저널리즘…… 정부…… 법

일반론은 이 정도면 충분하다. 내가 현실 기반 공동체를 얘기할 때 그것은 누구를 말하는 걸까?

첫째, 전문적인 학문, 과학 및 연구의 세계다. 전공과 전문 지식을 발전시키고, 증거를 수집하고, 가설을 세우고, 기존 문헌을 조사하고, 비판적 교환에 참여하고, 동료 검토를 수행하고, 결과물을 발표하고, 결과물을 비교 및 복제하고, 다른 사람의 연구에 공을 돌리며 그걸 인용하고,

학회에 나가고, 학술지와 책을 편집하고, 방법론을 개발하고, 연구 기준을 설정 및 강화하고, 위의 모든 것을 다른 이들이 할 수 있도록 훈련시키는 사람들의 세계다. 이런 사람들 다수는 학계에 있지만 일부는 싱크탱크(think tank), 기업, 비영리 단체 및 자문 회사에도 있다. 그들을 찾아낼 수 있는 한 가지 방법이 있다. 현실 기반 연구자는 그들의 결과물을 어떻게 다뤄야 할지 사전에 언질받거나 증거가 이끄는 대로 따르도록 허용되지 않을 때 자신의 임무를 수행하지 못하고 있음을 깨닫고 불편함을 느낀다. 여러 가지 사안에서 견해차는 있을 수 있으나, 그들은 거짓말과 상황 날조만큼은 발포 공격으로 여긴다.

둘째, 현실 기반('주류') 저널리즘의 세계다. 사실을 수집하고, 정보원(sources)을 구축하고, 탐사 팀을 구성하고, 문서를 꼼꼼히 살피고, 견해들을 삼각 측량 방식으로 보고, 뉴스를 개발 및 점검·편집하고, 그 뉴스의 게재 여부를 결정하고, 다른 곳에 발표된 뉴스를 따를지 혹은 그게 틀렸음을 폭로할지 결정하고, 오류를 평가한 후 정정 보도를 하고, 위의 모든 것을 다른 이들이 할 수 있도록 훈련시키는 사람들의 세계다. 이런 사람들 다수는 언론사에 있지만 일부는 출판사, 온라인 플랫폼 및 자유직에도 있다. 그들을 찾아낼 수 있는 한 가지 방법이 있다. 현실 기반 언론인은 그들의 뉴스에서 무슨 말을 해야 할지 사전에 언질받거나 정보원이 얘기하는 것을 무시하라는 명을 받을 때 자신의 임무를 수행하지 못하고 있음을 깨닫고 불편함을 느낀다. 여러 가지 사안에서 견해차는 있을 수 있으나, 그들은 거짓말과 상황 날조만큼은 발포 공격으로 여긴다.

셋째, 기밀 정보를 수집하고, 연구를 수행하고, 통계를 내고, 규제를 개발하는 정부 기관의 세계다. 기밀 정보 공동체에서 이들은 전공과 전문 지식을 발전시키고, 정보원을 구축하고, 정보를 수집 및 평가하고, 그 평가에 대한 신뢰도를 저울질하고, 상충하는 평가들을 심사하고〔때로는 대안적 견해를 제공하기 위해 레드 팀(red team: 조직 내 취약점을 발견해 공격하는 역할을 맡은 팀—옮긴이)을 꾸리기까지 한다〕, 고객을 위해 평가서를 발간하고, 자신들의 오류를 파악하기 위해 사후 검토를 수행하고, 위의 모든 것을 다른 이들이 할 수 있도록 훈련시키는 사람들이다. 미국 중앙정보국(CIA)과 국가안보국(NSA) 두 곳을 지휘했던 마이클 헤이든은 정보기관이 하는 일, 즉 "정보의 수집·평가·분석과 그 이후의 활용·연구 또는 반박을 위한 결론의 유포는 위협받는 계몽주의 가치관"을 반영한다고 쓴다.[2] 한 전직 CIA 요원은 이런 윤리를 다음과 같이 말했다. "당신에게는 이런 것이 주입된다. 즉, CIA에 있으려면 최대한 객관적이어야 한다고 말이다. 사실을 객관적으로 다루는 데 당신의 개인적 신념이 들어설 자리는 없다."[3] 버지니아주 매클레인(McLean)에 있는 CIA 본부 정문 근처에는 〈요한복음〉 8장의 유명한 구절이 새겨져 있다. "그러면 너희는 진리를 알게 될 것이며 진리가 너희를 자유롭게 할 것이다."

통계를 수집하고 연구를 수행하는 기관들도 현실에 기반한 정부 부처에 속한다. 노동통계국, 국립해양대기청, 질병통제예방센터, 농무부의 경제조사국, 회계감사원, 의회예산국 등 다수가 여기에 속한다. 이곳들은 대부분 절차적으로도 문화적으로도 객관성을 유지하고, 연구 성과를 정치적 영향력으로부터 보호하도록 설계된 안전장치 아래 작동한다. 2019년 도널드 트럼프 대통령이 허리케인 예보를 고의로 위조하고 국립기상국(National Weather Service)에 그와 똑같이 하도록 압력을 가했을 때 이는 전국적인 뉴스가 됐다. 공무원들이 제대로 된 예보를 부인함으로써 대통령의 명령에 따르는 듯하자 전직(前職) 기상국 지도부는 간섭을 규탄하기 위해 집결했다. 국립해양대기청의 전직 청장은 "과학 기관에서는 과학적 진실성이 중요하다"고 말했다.[4] 이는 지식의 헌법에 관한 얘기였다.

간과하지 말아야 할 이들은 현실 기반 규제자다. 사실을 직시하게 만드는 데 있어 정부의 획기적 업적은 1946년의 행정절차법(Administrative Procedure Act) 제정이었다. 이 법과 이후의 법률은 각 기관들에 제안된 규정을 발표하고, 그것이 공공의 논평과 비판을 받도록 하고, 그것을 객관적 증거 및 분석으로 정당화하고, 그 증거 및 분석이 법정에 반드시 설 수 있도록 할 것을 요구한다. 절대 우연이 아니지만 이 과정은 지식 자체가 겪어야 하는, 사심을 배제한 공개적 점검과 닮아 있으며 그것이 부과하는 규율이 매일매일 규제의 실수 및 남용을 막아준다. 이 단락을 쓰는 동안, 트럼프 행정부의 해명은 "딱 잘라 허위"이며 "규칙을 공표하는 기관의 결정을 자의적이고 변덕스럽게 만든다"는 것을 근거로 연방 법원 판사가 규제를 취소했다는 소식이 눈에 들어왔다.[5] 독재를 막는 안전장치 중 현실을 기반으로 한 정부의 규칙 제정은 목록에서 상위를 차지한다.

넷째, 법률과 법학의 세계다. 전공과 전문 지식을 발전시키고, 사실을 수집하고, 판례법과 선례를 조사하고, 소송과 주장을 내세우고, 자신의 주장을 뒷받침하는 증거를 들고, 판결을 발표하고, 다층적인 항소를 통해 상호 책임을 지고, 선례라는 누적된 총체를 구축 및 존중하고, 전문적 기준을 설정 및 강화하고, 위의 모든 것을 다른 이들이 할 수 있도록 훈련시키는 변호사와 판사와 법학자의 세계다. 사실이나 판례를 왜곡하는 변호사, 또는 사전에 어떤 판결을 언도할지 언질받은 판사는 자신의 임무를 수행하지 못하고 있음을 깨닫고 그걸 불편하게 느낀다. 여러 가지 사안에서 견해차는 있을 수 있으나, 그들은 거짓말과 상황 날조만큼은 발포 공격으로 여긴다. 2014년에 기자로 재직 중 기사를 날조한 적 있는 한 남성이 캘리포니아 변호사 자격증을 거부당한 것도 그 때문이었다. 주 대법원은 거부 견해를 발표하면서 그의 "사기"가 "법률 업무의 매우 중요한 사안들에 대해 그 성격과 직접적으로 관련된 부당 행위"의 한 형태라고 했다.[6] 역사학자 바버라 셔피로(Barbara J. Shapiro)는 **사실**이라는 개념 자체가 법 영역에서 비롯되어 거기서 과학과 저널리즘으로 퍼졌다고 주장한다.[7]

공통 핵심

분류는 결코 이 네 가지 범주로 끝나지 않는다. 현실 기반 전문가들은 각자 독특한 특성을 가지고 여러 종류의 업무를 수행하며 여러 곳에서 일하고 있다. 박물관, 도서관, 학교 등에도 현실 기반 전문가들이 있다. 현실 기반 공동체의 다양한 부문을 여러 가지로 구분하기 위해서는 책 한 권을 할애할 필요가 있지만, 그러면 다른 책이 될 것이다. 지식의 헌법을 이해하는 데 있어 더욱 중요한 것은 그것들이 공통으로 갖고 있는 구체적인 책임이다.

오류가능주의. 오류가능주의 규칙을 말로 때우기—우리 누구나 틀릴 수 있다는 정신—는 쉽다. 오류가능주의를 진지하게 받아들이는 것과 그걸 우리 삶과 직업의 구성 원리로 사용하는 것은 결코 쉽지 않다. 비판에 열려 있으려면 겸손과 인내와 관용이 있어야 한다. 과학자, 언론인, 변호사 및 기밀 정보 분석가들은 (인간에게 으레 일어나듯이) 완고하게 행동할 때조차 모두 오류가능주의와 경험주의를 원칙적으로 수용한다.

객관성. 사람과 조직은 경험 법칙에 대한 책임, 즉 개개인은 교체될 수 있어야 한다는 요건도 공유한다. 그들은 주관주의(subjectivism)를 거부한다. 즉, 어느 것도 단지 당신 혹은 당신의 상사나 성직자 또는 부족이 참이라고 느낀다는 이유만으로 참일 수는 없다. 그들은 관점주의(perspectivism)를 거부한다. 즉, 어느 것도 어떤 사람 혹은 집단의 시각 또는 인생 경험을 나타낸다는 이유로 참일 수는 없다. 현실 기반 공동체 전체에 걸쳐 객관성과 교체 가능성은 밀접하게 연관되어 있다. 가령 법은 이성적 인간의 기준이라 불리는 것들로 가득 차 있다. 이런 상황에서 일반적인 분별을 갖춘 사람이라면 어떻게 행동하고 생각할까? 법정에서 증거는 양쪽(또는 여러 쪽)의 정밀 조사를 받아야 한다. 수사에서 경찰과 검찰은 표준화한 방법을 사용해 증거를 밝히도록 되어 있다.

배타성. 공동체의 구성원은 객관적 현실이라는 개념에 대한 책임뿐 아니라, 그 책임 바깥에는 무정부주의, 즉 현실이 분열되고 진실이 통제력을 잃는 혼돈의 영역이 놓여 있다는 이해도 공유한다. 퍼스의 경고를 상기하자. "진실이 **공개적**으로 인정받지 않는다면—**어떤** 사람이든 자신이 연구를 시행하고 있으며 확고한 신념에 대해 진지하게 탐구하고 있음을 충분히 확신하지 않는다면—우리 각자가 다른 모든 사람은 믿지도 않을 완전히 무익한 자기만의 신념을 채택하지 않도록 막아줄 방안은 아무것도 없다." 지식의 헌법은 그 헌법의 규칙을 통해서만 접근할 수 있는 하나의 객관적 현실에 대한 책임을 요한다.

부당성 증명. 이 시스템은 온갖 종류의 일을 하지만, 2018년 저서 《나쁜 교육(The Coddling of the American Mind)》에서 그레그 루키아노프(Greg Lukianoff)와 조너선 하이트가 "제도화한 부당성 증명(institutionalized disconfirmation)"이라고 부른 것에 맞춰져 있다. 물론 개개인은 자신의 관점을 확인시키고 다른 이들을 설득하기 위해 열심히 노력한다. 그러나 그들은 자신의 주장이 도전받을 것이며, 그래야 한다는 것을 안다. 그들은 그 도전을 예측하고 대응한다. 자신의 학문적 업적이 동료의 심사 및 복제를, 자신의 기사가 편집 및 사실 확인을, 자신의 준비 서면이 적대적인 변호사에게 넘어가는 것을, 자신의 기밀 정보가 레드 팀의 검토를 겪도록 놔둔다. 개개인은 얼마든지 확신을 가질 수 있다. 그러나 그들이 규칙을 따르는 한 시스템 전체가 부당성 증명 작업에 가담할 것이다.

책임성. 틀리는 게 바람직하지는 않지만 불가피하기도 하다. 우리는 사람들이 안심하고 실수하길 바란다. 그러지 않으면 감히 새로운 가설을 내놓지 못할 테니 말이다. 반면, 우리는 실수를 범하지 않도록 장려하고 싶다. 그러지 않으면 아무렇게나 할 테니 말이다. 따라서 우리에겐 적절한 양과 종류의—너무 넘치지도 모자라지도 않은, 너무 가혹하지도 관대하지도 않은—책임이 필요하다. 이 바늘구멍에 어떻게 실을 꿸까?

해답은 다층적 책임이며, 그중 첫 번째이자 가장 중요한 것은 내면의 책임, 바로 인식론적 양심이다. 가끔씩 과학자는 불리한 데이터를 감추고, 검찰은 증거를 숨기고, 언론인은 인용구를 선별할 때가 있다. 중요한 점은 그러한 결함을 그저 결함으로 인정해야 한다는 것이다. 어떤 평판 좋은 과학자나 언론인·법조인도 노출되었을 때 "맞아요. 제가 가짜 증거를 날조하고 사실을 숨겼어요. 그게 먹히더라고요! 당신도 해보세요!"라고 말하지 않는다. 그들은 수치심을 표현하며, 바라건대 그렇게 느끼기도 할 것이다. 인식론적으로 그들은 법을 준수하려 하고, 다른 이들도 똑같이 하길 기대한다. 현실 기반 공동체의 구성원한테는 2019년 3월 2일 도널드 트럼프가 했듯이 단 2시간짜리 연설에 100개 이상의 거짓 주장이나 오해의 소지 있는 주장을 욱여넣을 생각은 절대 떠오르지 않을 것이다.[8] 거짓말을 내뱉는다는 생각 자체가 그들에게는 엽기적이고 반사회적이라는 인상을 준다. (엽기적이고 반사회적인 건 사실이다.)

노골적인 부당 행위의 경우, 규칙을 어긴 이들은 제재를 받거나 적어도 그래야 한다. 그들의 논문이나 수상이 철회되고, 경력이 단절되고, 명성이 훼손될 수도 있다. 가끔 위반이 중대하고 명확히 악의로 저질러진 극단적인 경우, 전문가 자격을 상실하거나 해고당할 수도 있다. 하지만 대개 책임은 더 단순하고 감지하기 힘들고 부드러운 형태를 띤다. 실수를 범한 이들은 논쟁에서 진다. 바꿔 말해, 그들은 설득에 실패하고, 그들의 견해는 중도에 폐기된다. 이 부드러운 형태의 책임—설득과 관련한 시장의 책임—이 갖는 경이로움은 그 결과가 심각해도 가혹하지는 않다는 점이다. 논쟁에서 지는 것은 고통스럽지만 모두가 다음 문제로 넘어가며 살아간다.

하지만 현실 기반 공동체가 잘못을 단념시키기 위해 하는 일은 대부분 올바름을 장려하는 것이다. 즉, 공동체는 채찍보다 당근을 선호한다. 학문적 인용, 다른 언론인의 후속 기사, 대통령 일일 보고에 포함된 내용, 그리고 법적 판례에 오를 기회 등등을 비롯해 그 밖의 긍정적인 장려책이 현실 기반 공동체 영역의 핵심이다.

테아이테토스를 기억하는가? 그와 소크라테스는 책임이 현실 기반 공동체를 단단하게 뒷받침하는 더욱더 중요한 측면을 제시한다. 바로 공동체 구성원이 문자 그대로 설명함으로써 상호 책임을 묻는 것이다. 성공적인 주장을 지식으로 만들기 위해서는 그저 지위를 이용해 강제로 명령하거나 단언해서는 안 된다. 왜 당신의 생각이 다른 경쟁자의 생각보다 나은지 설명해야 한다. 과학자, 역사학자, 문학비평가, 기자, 논설위원, 변호사, 판사 및 규제 담당자들은 일제히 자신의 주장을 정당화하고 다른 이들의 주장을 따져보며 매일 대부분의 시간을 보낸다. 어쩌면 소크라테스와 테아이테토스가 결론지었듯 설명은 지식을 확립하기엔 충분치 않겠지만 필요하다. 설명하길 거부하거나 그럴 필요가 없다고 말하는 이들은 스스로를 제거한 것이다.

다원주의. 현실 기반 공동체는 관점의 다양성을 수용할 뿐 아니라 거기에 확실히 의존하기도 한다. 깔때기의 넓은 쪽 입구는 제안하고, 비판하고, 이의를 제기하고, 방어할 최대의 자유를 요한다. 그러지 않으면 확증 편향과 동조 편향이 패권을 장악한다. 공동체의 개개인이 항상 상충되는 생각을 환영한다는 말은 아니다. 만일 그렇다면, 그들은 사람이 아닐 터이다. 오히려 그들이 상충되는 생각의 정당성을 받아들인다는 말을 하려는 것이다. 그들은 "입 다물어!"가 결코 설명이 아니라는 것을 안다.

예의. 가장 뛰어난 현실 기반 전문가—그중에는 세계 최고의 과학자들도 있다—라도 다른 모든 단순한 인간처럼 심술궂고 독단적일 수 있다. 그래도 그들은 대화를 계속할 필요가 있는데, 불화와 노골적인 적대감 속에서 그러기란 쉽지 않다. 현실 기반 공동체가 특히 인상적인 점은 인신공격이 상대적으로 꽤 드물고, 예의가 꽤 보편적으로 퍼져 있다는 것이다. 공동체 구성원은 침착하게 논쟁하고 사심을 배제한 수사학을 장려하는 정교한 규약—준수하면 그들에게 이익이 되는 규약—을 개발하고 거기에 따른다. 설득의 시장에서 무례함은 스스로를 소외시키는 행위다. 만일 당신이 불쾌한 행동을 하는 부류라면 개조하기가 더 힘들 것이다. 협력자는 당신을 피할 것이다. 학회 초대장은 점점 줄어들 것이다. 편집자들은 당신과 일하지 말라고 서로 경고할 것이다. 판사들은 당신에게 곁눈질을 할 것이다. 당신이 천재이거나 정치적 인맥이 있다면, 더 많은 걸 피할 수 있을 것이다. 그러나 시간이 흐르면 대개 협력하는 사람이 더 우세해진다.

전문성. 능력으로 따낸 자격이 중요하다. 실적과 평판을 증진시키려면,

수년간 어떤 땐 수십 년간 연구하고 연습해야 한다. 당신의 분야를 따라잡으려면 전문화되어야 한다. 그 분야에서 영향력을 행사하는 사람들에게 접근하려면 네트워크와 연계되어야 한다. 자료를 정리하고 팀에 가담하려면, 기관(대학, 의료 위원회, 과학 협회, 언론 매체, 언론 대학원, 법률 회사, 변호사 협회, 정부 기관, 제약 회사 등)과 연계되어야 한다. 의제에 영향을 주려면 신뢰를 얻어야 한다. 소통하는 데만 해도 당신은 독특한 전문 용어에 숙달해야 할 것이다. 현실 기반 공동체에 들어가고 싶다면, 요령을 터득하며 수십 년을 보낼—그리고 드물게 예외는 있지만 전문가가 될—준비를 하라. 그럼으로써 당신은 다른 전문가들에게 책임을 질 것이며, 일에는 올바르고 잘못된 방식이 있고 원칙을 무시하면 전문가로서 소임을 저버리는 것이라는 깊이 주입된 이해, 즉 진실성을 그들과 공유하게 될 것이다. 현실 구축 프로젝트는 누적되며(전문가는 이미 알려진 지식을 알아야 한다) 네트워크화해 있기 때문에(전문가는 다른 전문가들이 무슨 작업을 하고 있는지 알아야 한다) 본질적으로 전문화 및 전문 지식의 성향을 갖는다. 아마추어들이 기여할 여지는 언제나 있지만, 기관 및 전문가를 참조하지 않고서는 크게 성공하지 못한다. 바꿔 말해, 현실 기반 공동체는 근본적으로 전문가 네트워크이며, 구성원은 다른 전문가를 설득하려 애쓰는 전문가들이 대다수다.

조직주의. 이것 역시 근본적으로 조직들의 네트워크다. 아침저녁으로 오로지 수행할 임무만 생각하고, 수백만 명의 개인이 규칙을 따르며 책임감 있게 행동하도록 동기를 부여하고, 선례와 전문화한 지식의 방대한 저장고를 보관 및 검색하고, 사람들이 학문 내부 및 여러 학제 간에 생산적으로 상호 작용할 수 있도록 연결하고, 연구 의제의 우선순위를 매기며 자원을 분배하고, 행동 규범과 통행 규칙을 수립하고, 다음 세대를 모집해 문화적으로 동화 및 훈련시키는 것 등등의 일은 오직 조직—대학과 과학 및 의료 단체, 법학 대학원과 변호사 협회, 언론 기관과 언론 대학원, 정부의 연구 및 정보 기관 등—만이 할 수 있다. 조직들은 네트워크를 연결시켜주는 교점이다. 앞으로 살펴보겠지만 이것이 현실 기반 공동체의 적들이 조직을 파괴하고, 평판을 해치고, 회피하는 이유다.

헛소리 금지. 최근에 인식론자들은 진실에 대한 어떤 진지한 고려도 없이 행동한다는 게 무슨 의미인지 생각해봐야 한다는 의무감을 느껴왔다. '헛소리(bullshitting)'가 철학의 기술 용어가 되는 지경으로까지 말이다. 거짓말쟁이는 진실을 감추거나 부인하려 함으로써 그것에 대한 확실한 감사를 표시하는 반면, 헛소리쟁이는 철학자 해리 프랭크퍼트(Harry Frankfurt)가 1986년 저명한 논문(나중에 보강해 책으로 펴냈다) 〈개소리에 대하여(On Bullshit)〉에서 썼듯 "자기가 하는 말이 현실을 올바르게 기술하는지 아닌지 신경 쓰지 않는다". "그저 목적에 적합한 말을 고르거나 얘기를 지어낸다." 거짓말은 분명 지식의 헌법에 위배되지만, 헛소리는 훨씬 더 큰 해를 끼칠 수 있다. 인식론자 수전 하크(Susan Haack)는 "진심 어린 탐구자가 틀린 결론에 도달하거나 오도된 증거 또는 논지로 인해 잘못된 방향으로 이끌릴 수는 있다"고 쓴다. "그러나 정직한 탐구자는 불리한 증거나 불편한 논거를 감추지 않을 것이며, 일이 잘 안 풀릴 때도 모호함을 가장해 그 뒤로 은폐하려 들지 않을 것이다. 따라서 그가 실패하더라도 다른 사람들의 작업을 더 어렵게 만들지 않을 터이다." 반면 헛소리쟁이는 "불리한 증거 또는 불편한 논거를 감추거나 제법 모호한 진술을 고안하는 데 자신의 지능과 재주를 낭비하곤 한다".[9]

좋은 학자와 언론인은 모두 진실을 품고 있어야 한다거나 심지어 객관적 사실이 존재한다고 믿어야 한다는 주장을 하는 게 아니다. (일부 진지한 사상가는 객관성에 강한 반대론을 펼쳐왔다.) 다른 이들과의 공적인 상호 작용에는 해야 할 행동과 하지 말아야 할 행동 방식이 있음을 얘기하는 것이다. 칼 포퍼가 말했듯 진실은 규제적 원칙이다. 북쪽(north)과 같이, 그것은 방향이며 지향이지 종착지가 아니다. 현실 기반 공동체에 합류할 때—다년간의 훈련, 힘겨운 연구, 비평 및 실패한 논쟁을 위해 서명할 때—우리는 현실은 찾기 힘들고 완벽한 객관성은 불가능하다는 걸 인정할지라도 마치 현실이 저기에 있고 객관성이 가능한 것인 양 행동하기로 다짐한다. 진실은 찾기 힘들지만 그것을 탐구하는 것이 우리 공동체를 규제하고 체계화한다는 자명한 이치로부터 첫 번째 지시가 뒤따른다. 찰스 샌더스 퍼스는 다음과 같은 유명한 말을 했다.

> 최초의, 그리고 어떤 의미에서는 이런 유일한 이성의 지배에 따라, 당신은 배우기 위해서는 배우기를 갈망해야 하며, 너무나 갈망한 나머지 당신이 이미 생각하고 싶어 하는 것에 만족하지 못할 때는 그 자체가 철학이라는 도시의 모든 벽마다 새겨지는 게 마땅한 하나의 당연한 귀결이 뒤따른다.
>
> 탐구의 길을 방해하지 말라.[10]

바꿔 말해, 현실에 기반을 둔다 함은 곧 **배움**이라는 임무와 동일시하고 그걸 수행하는 것이다. 자유가 정치적 구조의 핵심 가치라면, 배움은 인식론적 구조의 핵심 가치다.

오래전 소크라테스가 아주 비슷한 말을 했다. 그는 배움은 과정이지 결과가 아니며, 대화이지 종착지가 아니며, 배우고자 하는 욕망으로 시작되며, 그것 없이는 꽃피울 수 없다고 말했다. 그가 테아이테토스한테 했던 훈계를 상기하자. "이런 궁금증이 철학자라는 표시거든. 철학에는 사실 다른 기원이 없다네."

수렴하는 구조

탐구 정신으로 결합된 현실 기반 공동체의 구성원은 분야나 전공이 무엇이든 공통의 시민 정신을 공유한다. 퍼스가 말했듯 편향을 확증하는 공동체는 셀 수 없이 많고, 각각은 현실에 대한 고유의 고정된 그림에 몰두하며, 구성원은 그들의 도그마로 결속된다. 그러나 현실 기반 공동체는 오직 하나뿐이다. 그럼에도 불구하고 의견 불일치와 차이로 들끓는다. 그곳에 널리 퍼진 구성원과 부문들은 상호 높은 수준의 독립성을 가지고 작동한다. 어느 순간이든 공동체의 가장 박식한 구성원조차 네트워크 전체에서 벌어지는 일 중에서 극소수만 안다. 하지만 각 구성원은 원칙적으로 다른 모든 이를 설득하거나 비판할 수 있다. 역사학자가 정보 분석가에게 브리핑하거나 변호사가 언론인에게 제보할 때처럼, 가끔 동떨어진 교점들이 연결되어 지적인 전류가 흐를 경우도 있다. 생태계나 시장 경제에서처럼, 모든 참가자 및 틈새가 다른 이들 대부분으로부터 분리되어 있다고 느끼거나 그렇게 보일 수 있지만, 특별하게 깨닫지 못할 뿐 대개 모두가 네트워크상에서 상호 작용한다. 수 세대 동안 학자들은 과학의 근본적인 통합, 즉 자연과학을 얘기해왔다. 그들은 더욱 광범위하게 현실 기반 공동체 전체의 근본적인 통합을 얘기해야 한다. 실을 꿰는 것은 공통된 연구 방법이나 공통된 견해의 총체가 아니라 공통된 책임, 바로 지식의 헌법에 대한 책임이다.

그런 측면에서 지식의 헌법은 미국 헌법과 닮아 있다. 둘은 다른 중요한 유사성도 갖고 있다.

둘 다 근본적으로 공적 의사 결정과 사회적 판결의 메커니즘이다. 미국 헌법은 명백히 타협을 강제하기 위해 고안되었으므로 우리 모두가 그런 식으로 생각한다. 그보다 덜 명확하지만 마찬가지로 중요한 지식의 헌법도 유사한 방식으로 동일한 작업을 수행한다. 강압을 차단하고 설득을 요구함으로써, 그리하여 협상을 강제함으로써.

이렇게 해서 둘 다 정당한 의사 결정에 대한 독점권을 천명하고, 다른 경로—정치적 권력, 인식론적 권력에 이르는 경로—를 차단한다. 의회 또는 피지명자의 활동을 통하지 않고는 연방법을 통과시킬 수 없고, 선거를 통하지 않고는 의회에 들어갈 수 없고, 법정의 질서를 무시해서는 안 된다. 설득의 시장과 다층적인 점검 및 심사를 통하지 않고는 지식을 만들 수 없다.

둘 다 결과가 아닌 과정을 구현한다는 점에서 근본적으로 자유주의적이다. 토머스 제퍼슨은 소지주들의 농경 공화국에 적합한 작고 제한적인 정부를 선호했다. 알렉산더 해밀턴은 세계 무역의 상업 공화국에 적합한 더 크고 야심찬 정부를 선호했다. 누가 논쟁에서 승리했는가? 제퍼슨과 해밀턴을 서로 맞붙게 한 제임스 매디슨이었다. 그의 헌법에서 제퍼슨과 해밀턴의 전망은 끊임없이 경합하며, 언제든 논쟁의 결과보다는 그것이 절대 최종적으로 해결되지 않아야 하고, 그렇게 해서 시스템의 역동성 및 적응성의 지속을 보장해야 한다는 게 더 중요하다. 마찬가지로 지식의 헌법도 어떤 정지(resting, 停止) 지점, 어떤 정체(stasis, 停滯), 경계나 방법의 어떤 고정된 정의(定義)도 허용하지 않는다. 오직 이전 문제가 해결되면 새로운 문제와 논쟁으로 이어지는 네트워크 전역에 걸친 끊임없는 협상,

논쟁 및 해결의 과정만을 허용한다.

있을 법하지 않지만 입증할 수 있게도 두 시스템은 모두 격동을 안정의 원천으로 사용한다. 미국 헌법은 세 번째 세기의 거의 중반에 접어들었고, 몇몇 심각한 도전에도 불구하고 잘 살아남았으며, 매디슨 본인이 예상한 것보다 더 잘 적응해왔다. (그는 역사 기록이 민주주의의 생존에 좋은 징조가 못된다고 여겼다.) 마찬가지로 현실 기반 공동체는 매디슨 시절 이전부터 끊임없는 논쟁의 파동에도 불구하고—사실상 그것 때문에—눈에 띌 만큼 연속성을 유지해왔다.

두 시스템의 안정에 기여한 필수 요소는? 둘 다 자기 수정(self-correction)을 제도화하기 위해 구축됐다. 미국 헌법 내부의 톱니바퀴와 한계—정기적인 선거, 집행할 수 있는 권리, 정부 부처와 각급 기관 사이의 경쟁—는 만일 한 정파가 실패하거나 오류를 범하면 다른 정파가 대체하는 것을 보장하려 한다. 공화당과 민주당은 권력을 통해 교대하고, 연방 정부가 멈추면 주(州)들이 조치를 취하고, 대통령은 전임자의 결함을 수습한다. 현실 기반 공동체는 명백히 자기 수정을 바탕으로 한다. 이 시스템은 많은 실수를 할지라도 장기간 거기에 갇혀 있을 가능성이 어떤 경쟁 체제보다도 훨씬 더 낮다.

정치 및 인식론의 두 시스템은 역동성을 갖고 있음에도 불구하고 연속성과 전례에 대한 존중에 치우침으로써 안정을 얻는다. 둘 다 그런 의미에서 자유적일 뿐 아니라 보수적이기도 하다. 정치인들은 당선되면 말끔히 정리하고 새로이 출발하겠다고 공약할지 모르지만, 헌법은 급진적인 공약을 지키기 어렵도록 설계되었다. 법률은 기록으로 축적되고, 계획은 선거구를 발전시키고, 제도는 전통을 유지한다. 드문 예외는 있으나, 매디슨의 설계(주기적인 혁명에 대한 제퍼슨의 선호와는 상충된다)에 따라 변화는 점진적이며 어렵지만—내가 다른 글에서 주장했듯 지나치게 어려울 때도 있다—정치 체제가 휘청거리기보다는 잘 굴러가도록 보장한다.[11] 마찬가지로 자유과학은 거대한 사회적 가로세로 낱말풀이처럼 누적되며 작동한다. 각각은 예전의 세부 사항을 수정해야 하지만 어느 쪽도 전체 격자를 교체하지 않으면서 새로운 세부 사항을 채우며 전진하는 것이다.[12] 가끔 나타나는 혁신적인 과학적 사고—토머스 쿤이 '패러다임 전환'이라 불렀던 것, 지동설이나 진화론 또는 유전자 이론이나 상대성 이론 등 엄청난 영향력을 가진 것—조차 그 성공 여부는 예전의 퍼즐을 해결한 다음 수많은 공동체 구성원의 일상적 연구로 흡수되는 정도에 의해 주로 판가름난다. 정치 및 인식론의 두 시스템은 누적되고 건설적이며, 따라서 새로운 요소를 포함하고 거기에 적응하려 하면서도 예전의 것으로부터 보존할 수 있는 것은 보존한다는 의미에서 보수적이다. 개개인은 급진적이 될 수 있다. 시스템은 그렇지 않다.

두 시스템 모두 급진주의에 대항하는 또 다른 완충 장치에 의존한다. 참여적이지만 포퓰리즘은 아니라는 얘기다. 사실 그것들은 전문성, 전문지식 및 전문화에 적극적으로 의존한다. 정치 및 인식론이라는 깔때기의 넓은 쪽 입구에서는 투표하고, 자원하고, 기부하고, 생각과 증거와 논쟁을 제공하는 사람은 누구나 환영받는다. 그러나 행동이 일어나려면—제안이 법률이 되고, 아이디어가 지식이 되려면—일련의 중재자 및 기관 전체가 개입해야 하고, 매 단계마다 전문가들이 다른 전문가를 설득하는 작업이 요구된다.

그리고 두 가지 구조적 질서는 중재된 것이기는 하지만 네트워크 전체에 권한을 분배하고, 이것이 독재자나 정파의 장악에 저항하는 데 유난히 강하도록 만들어준다. 매디슨은 정부 안팎으로 권력을 분산하도록 헌법을 설계했다. 현실 기반 공동체는 권위주의와 개인숭배에 대한 저항력이 정치 체제보다 훨씬 더 강하다. 중심도, 수장도, 지휘 체계도 없다. 정부의 특정 부분이나 특정 지식 및 문화 분야는 부패나 공략에 희생될 수 있다. 그리고 이는 심각한 문제다. 그러나 의사 결정을 분배하고, 설득을 거치지 않은 행동은 차단하며, 새로운 사람과 생각들에 여전히 열려 있는 시스템은 장기간 장악당하지 않는다.

다른 유사성도 많이 인용할 수 있지만, 어쩌면 가장 중요할 특성으로 건너뛰겠다. 두 헌법 모두 궁극적으로 미국을 건국한 인물들이 공화국의 미덕이라 여겼던 것의 여러 버전에 의존한다. 바로 적법성, 진실성, 자제력 및 인내 같은 습관과 규범이다. 그들은 만일 무엇인가가 미국의 헌법적 실험을 망칠 수 있다면, 공화국 미덕의 실패가 주범일 가능성이 가장 높다고 믿었다. 그들은 국민이 헌법상 책임은 짊어지지 않으면서 헌법상 권리는 행사하고 싶어지리라는 것을 알았다. 애덤스·프랭클린·매디슨 및 다른 건국의 아버지들이 민주주의는 도덕적인 국민에게만 적합하다고 경고했던 이유다. "인류한테 특정 수준의 경계와 불신을 요하는 타락이 어느 정도 있듯이 인간 본성에는 특정 수준의 존경과 신뢰를 정당화하는 다른 자질들이 있다." 매디슨은 《연방주의자 논집》 55호에 이렇게 썼다. "공화국 정부는 다른 어떤 형태보다 이런 자질들이 더 높은 수준으로 존재한다고 상정한다." 만일 국민이나 정파가 거짓말을 하거나, 법을 위반하거나, 극단주의와 민중 선동을 조장하거나, 상대편을 전멸시킴으로써 이기려고 든다면, 서류상으로 아무리 강해 보일지라도 어떤 헌법도 견디지 못할 것이다.

지식의 헌법도 마찬가지로 권리와 책임 모두—그리고 둘 중 권리가 파악 및 수호하기 더 쉽다—를 상정한다. 권리에는 자신이 선택한 대로 믿는 것, 자신의 견해를 표현하는 것, 비판하고 공개적으로 말하는 것, 그리고 넓은 범위에서 기분을 상하게 하는 것까지 포함된다. 모든 인식론적 질서 중 자유과학만이 자유로운 탐구와 지적 다원주의에 전제를 두고 있다. 하지만 책임은 무겁고 회피하고 싶은 마음이 든다. 우리는 개인적으로는 마음대로 믿을 수 있지만, 공공 정책을 만드는 데 있어서는 현실 기반 공동체의 사실에 대한 판단에 특권을 부여해야 한다. 우리는 생각나는 것을 말할 수 있고 심지어 남의 기분을 상하게 할 수도 있지만, 화를 내고 싶은 충동을 억제하며 무뎌질 필요도 있다. 우리가 생각하는 다른 사람들의 오류를 철회할 수도 있지만, 잘못을 저지른 이를 투옥하거나 해고하거나 캠퍼스 밖으로 쫓아냄으로써 오류를 범죄로 취급하지는 말아야 한다. 우리는 내키는 대로 실컷 질문하고 비판할 수 있지만, 우리 자신이 질문받고 비판당하는 것도 감수해야 한다. 우리는 우리가 옳다고 확신하며 타협 없이 우리의 신념을 수호할 수 있지만, 우리도 언제나 틀릴 수 있다는 걸 받아들이면서 인내와 겸손을 실천하려고 해야 한다. 우리는 이발소나 미용실에서는 마음껏 헛소리를 지껄일 수 있지만, 법이나 언론 또는 학계에서는 그래서는 안 된다. 현실 기반 공동체의 일부가 되고 싶어서 마치 진실은 존재하며 증거가 중요하다는 듯이 행동하고 가급적 그런 식으로 느끼기도 한다. 무엇보다 우리는 지식의 확립에 있어 유일무이한 비판적 설득의 통치권에 응하며, 지름길은 절대 인정하지 않는다. 설득에 실패하는 것은 논쟁에 지는 것이다. 이상 끝. 당신은 신령한 영감을 받았든, 역사적으로 억압당했든, 정의가 당신 편이든, 상대편의 입을 막든, 기타 무슨 방법을 쓰더라도 다수결 투표로 이기지 못한다.

이런 것이 과학이라는 공화국의 공화국적인 미덕이다. 그리고 그것들은 정치의 공화국적인 미덕만큼이나 많은 훈련과 책임을 요한다. 우리가 그것들을 내면화하고 제도화한다면, 지식의 헌법은 미국 헌법과 똑같은 종류의 사회적 마법을 수행할 것이다. 그것은 다원주의를 안정의 원천으로, 갈등을 역동성의 원천으로 만든다. 그것은 사회적 협력을 그것이 아니었다면 불가능했을 규모로 가능케 해준다. 그것은 다른 어떤 시스템도 대적하지 못할 (아니, 그런 시도도 하지 못할) 수준의 개인적 자유를 제공한다. 그것은 자신들의 뜻을 강요할 권위주의자를 교묘하게 받아넘긴다. 그것은 독립적인 정신의 소유자 수백만 명을 징집해 지식을 발전시키고 사회적 선택을 내린다. 그것은 의견 충돌의 열기를 진보의 빛으로 전환한다.

현실은 시간제 직업이다

그런데 잠깐. 한계를 인정할 시간이다. 지식의 헌법을 한껏 칭송하며, 그것이 사회적 판결을 내릴 수 있는 거의 모든 종류의 가설을 세울 수 있다고 주장하고, 그것이 공공 지식의 중재자여야 한다고 밝혔으니, 그것이 하지 못하는 일에 관해서 한마디 해야겠다. 요컨대 그것은 당신의 삶을 굴러가게 하는 일이나, 세상을 통치하는 일이나, 당신의 뇌를 통제하는 일은 못 한다.

과학은 위대하지만, 과학만능주의—과학이 삶의 모든 영역을 통치하며 그래야 한다는 사상—는 오류이며, 지식의 헌법은 그것을 내비치지 않는다. 사실 정반대를 암시한다. 현실 기반 공동체는 **하나의** 공동체다—**그** 공동체가 아니다. 그리고 그것은 자유로운 공동체이므로 고유의 권한에 대한 한계를 수용한다. 자유로운 사회와 제대로 이해한 자유과학에는 전통, 정체성 및 뿌리내림의 여지가 있다. 고유의 인생 경험과 주관적 견해를 가진 개인적이고 정신적이고 체화된 자아가 들어설 공간이 있다. 나 자신을 특혜 입은 백인 남성, 과거에 억압받았던 동성애자, 세속화한 유대인, 1970년대생, 미국 남서부 출신으로서 이해하는, 나를 위한 공간이 있다. 객관적 현실을 논의할 때 (원칙상) 교체 가능하다는 것은 우리가 육체에서 이탈한 공적 대화에 자신을 용해시키고 무명의 분자화한 암호들로 떠돌아다녀야 한다는 뜻이 아니다. 지식의 헌법이 하는 말은 "여기서 이것을 하시오. 다른 곳에서 다른 것을 하시오. 그리고 좋습니다, 어떻게든 둘 다 하시오"가 전부다.

미국 국립보건원 원장 프랜시스 콜린스(Francis Collins)는 당대의 가장 뛰어난 생물학자 중 한 명이다. 의학적 지식을 증진시키기 위해 매일 일터로 가는 그는 독실한 기독교인이기도 하다. 나 같은 무신론자에게 콜린스는 수수께끼다. 그는 절대 교모세포종(glioblastoma: 뇌종양의 일종—옮긴이) 치료법의 하나로 구마(驅魔)에 국립보건원의 연구 자금을 대지 않을 것이며, 절대 암 환자에게 화학 요법 대신 기도를 하라고 말하지 않을 것이다. 과학 전체의 전문적 관점은 초자연적 힘과 기적에 대한 거부를 바탕으로 하고 있다. 하지만 그는 초자연적 존재가 있으며 죽은 후 부활한 아들을 뒀다고 믿는다. 그는 과학과 기독교가 조화를 이룰 수 있다고 생각하며, 그 주장만으로 구성된 책을 한 권 썼다.[13] 종교는 경험적 개연성이 아닌 신념에 기초한다. 하지만 그는 전혀 단절을 겪지 않았다.

그렇다면 콜린스 같은 사람은 위선자일까? 전혀 그렇지 않다. 그는 인간이며, 과학자(그중 대다수가 더 높으신 존재를 믿는다)를 포함한 인간은 삶의 대부분을 편향을 확증하는 공동체, 즉 서로의 신념을 시험하는 게 아니라 확인시키는 사회적 친화 집단 속에서 보낸다. 생물학자는 연구를 한쪽으로 제쳐두고 미사의 성찬식에 참여할 때마다 현실 기반 공동체를 떠나 신앙과 유대감의 공동체로 들어간다. 그가 종교 활동을 한다고 해서 과학을 배반하고 있는 것이 아니며, 혹은 과학 연구를 한다고 해서 종교를 배반하고 있는 것은 아니다. 다른 공동체에서 다르게 행동하고 있는 것이고, 양쪽의 보상을 거두고 있는 셈이다. 모든 일상적인 상황에 지식의 헌법을 적용하는 사람은 셜록 홈스나 딴 세상의 허구적 인물인 스팍〔Mr. Spock: 미국의 SF 드라마 〈스타 트렉(Star Trek)〉에 나오는 과학반장—옮긴이〕 정도일 것이다. 사실 프랜시스 콜린스와 나의 세계관을 비교하면, 나는 나의 세계관이 훨씬 빈곤하다고 본다. 그는 2개의 인식론적 영역에 접근할 수 있다. 나는 하나뿐인데.

일부 호전적인 세속주의자는 신앙과 과학은 적이 될 수밖에 없다고 주장한다. 지식의 헌법은 사실상 경쟁자를 용인하지 못한다면서 말이다. 그러나 이런 융통성 없는 견해는 잘못됐다. 지식의 헌법은 공적 지식의 영역에서는 우위를 필요로 하지만, 사적인 믿음의 영역에서는 그렇지 않다. 그것은 학술지, 신문, 학교 교과서, 대학 교육 과정, 정부 보고서, 준비서면 및 정보기관 보고서에 나오는 것을 결정한다. 아울러 현실 기반 전문가들에게 전문적 생활의 규칙을 따르도록 요구한다. 그러나 우리 모두는 언제나 과학자나 기자처럼 행동하며 다니라고 요구하지 않으며, 설령 그런다 해도 실패할 것이다. 다행히 모든 사람이 진리를 탐구할 필요는 없다. 아쉬운 대로 대부분의 사람이 진실 **친화적**이면 그것으로 충분하다.

미국 헌법은 유추를 통해 중앙 정부를 위한 규칙을 수립하지만 우리 가정을 운영하거나, 우리 자녀를 가르치거나, 지역 사회를 조직하거나, 직장 일을 하기 위한 규칙을 정하지는 않는다. 우리에게 단지 헌법이 **자체** 임무를 수행하는 능력을 약화시키지 말고 뒷받침하는 방식으로 행동할 것을 요구할 뿐이다. 물론 이는 건국의 아버지들이 그토록 엄격하게 강조했듯이 헌법의 법적 권위를 지키고 원칙을 수용하는 사회에서만 작동한다. 그것은 보통 사람들이 법의 지배, 정당한 법 절차, 질서 정연한 권력 순환, 협상 등과 같은 규범을 존중할 것을 요구한다. 그러나 미국 헌법의 목적은 개개인이 자유롭고 안전하게 모든 종류의 삶을 살 수 있는 법적 틀을 창출하는 것이다. 마찬가지로 지식의 헌법은 개개인이 자유롭고 안전하게 많은 종류의 개인적 신념을 지킬 수 있는 인식론적 틀을 창출한다.

그 틀이 요구하지 않는 것들에 주목하자. 바로 특별한 뭔가에 대한 만장일치다. 1장에서 나는 공화당 상원의원 벤 새스의 다음과 같은 말을 인용했었다. "우리는 서로 공유하는 공적 사실들이 없는 지점에 도달할 위험이 있다. 우리에게 공유하는 사실들이 없다면 공화국은 돌아가지 않을 것이다." 음, 맞는 말이다. 그러나 틀린 말이기도 하다. 그렇다. 국민은 공통의 제도들에 대한 약속을 충분히 지킬 만한 '사실 문해력(factual literacy: 사실을 파악하고 분별할 수 있는 능력—옮긴이)'을 갖춰야 한다. 그리고 이러한 제도는 단순한 신념보다 지식에 특혜를 줄 필요가 있다. 그러나 만일 자유 과학에 공유된 공적 사실이 필요하다면, 그런 게 많지 않기 때문에 무너질 것이다.

커트 앤더슨(Kurt Andersen)의 2017년 저서 《판타지랜드(Fantasyland: How America Went Haywire: A 500-Year History)》에 따르면, 미국인의 3분의 2는 천사와 악마가 세상에서 활동하고 있다고 믿는다.

> 3분의 1은 우리 최초의 조상이 현생 인류와 똑같은 인간이었고, 정부는 제약업계와 결탁해 암의 '자연' 치료법 증거를 숨겨왔으며, 최근 외계인이 지구를 방문(혹은 현재 지구에 거주)했다고 믿는다. 4분의 1은 예방 접종이 자폐증을 유

발하며, 도널드 트럼프가 2016년 대선 일반 투표에서 승리했다고 믿는다. 4분의 1은 우리의 이전 대통령이 적그리스도(Antichrist: 유대교에서, 세상의 종말에 나타나 그리스도를 대적할 것으로 예언된 통치자—옮긴이)였다(또는 현재 그렇다?)고 믿는다. 4분의 1은 마녀를 믿는다. 놀랍게도 미국인 5명 중 불과 1명만이《성경》은 주로 전설과 우화로 이뤄져 있다고 믿는다. "언론 매체와 정부가 텔레비전 방송 신호에 은밀한 마인드 컨트롤 기술을 추가"하고 있으며, 미국 관료들이 9·11 공격과 연루되었다고 믿는 수치와 대충 비슷하다.

1999년부터 수행한 갤럽(Gallup) 여론 조사에 따르면, 미국인 중 4분의 3이 초자연적 사건을 믿고, 약 3분의 1이 유령의 존재를 믿으며, 거의 5분의 1이 태양이 지구 주변을 돈다고 믿는다.[14] 퓨 리서치 센터(Pew Research Center)의 2015년 여론 조사에 따르면, 거의 3분의 1이 진화론을 거부하고, 대신 인간과 다른 생물체는 태초부터 현재의 형태로 존재했다고 믿는다. 대중의 잘못된 정보 사례는 끝도 없이 증식될 수 있는데, 여러 기초적 사실에 대한 대중의 무지도 그만큼 인상적이다.

그렇다면 현실 기반 공동체는 사실을 아는 데 있어서도 개개인에게 의존할 수 없고(만일 그들이 사실을 안다면 어려움을 덜 겪겠지만), 사실에 동의하는 데 있어서도 틀림없이 개개인에게 의존할 수 없다(무의미할 것이다). 거기에 실질적으로 필요한 것은 사실을 **확립하는** 방법에 대한 엘리트의 합의, 그리고 가급적 대중적 합의에 근접한 어떤 것이다. 사람들이 전부 똑같은 것이 참이라고 동의할 필요는 없고 그럴 수도 없지만, 크리티컬 매스(critical mass: 어떤 변화를 일으키기 위한 최소한의 규모—옮긴이)는 진실과 거짓을 구분하기 위해 우리가 하는 일, 그리고 더 중요하게는 누가 그 일을 하는지에 동의할 필요가 있다. 달리 말해, 자유주의 인식론적 질서는 공유된 사실이 아니라 지식의 헌법에 대한 공유된 책임을 요구한다. 좀더 구체적으로 말하면, 다음 네 종류의 승인이 필요하다.

- 현실을 기반으로 한 인식론적 규칙(지식의 헌법)과 그것을 지키는 전문가 및 기관(현실 기반 공동체)의 일반적 승인
- 현실을 기반으로 한 공적 의사 결정 체제에 대한 일반적 합의(크리스천 사이언스교와 유사 요법은 수백만 명이 믿을 수 있지만 미국 식품의약국을 운영하지는 못한다)
- 현실 기반 공동체의 특권적인 인식론적 지위를 정당화하는 것에 대한 대중의 충분한 신뢰
- 표현의 자유, 지적 다원주의, 배움에 대한 책임, 사실성 및 진실성 준수 같은 규범을 뒷받침하는 지식의 헌법의 근본적 가치에 대한 대중의 충분한 존중

앞으로 살펴보겠지만, 네 가지 승인 모두 공격을 받고 있다. 사실상 언제나 그래왔다. 지식의 헌법은 언제나 논란이 있었고, 언제나 도전에 직면했다. 그러나 도전의 성격은 계속 진화하며, 방어도 진화하길 요구하고 있다. 다음 장들에서는 가장 최근의 도전들을 검토할 것이며, 그것들을 가능케 했던 기술적 지진(technology earthquake)에서 출발하고자 한다.

5 허위 정보 테크놀로지: 디지털 미디어의 도전

온라인 세상을 진실 친화적으로 만드는 것은 어렵지만 가능하다

미국 독립선언서는 역사상 가장 위대한 자유의 소환장이고 미국 헌법은 역사상 가장 위대한 통치 문서이므로, 사람들이 그 사이에 있는 기형의 의붓자식을 잊어버린다 해도 놀랄 일은 아니다. 독립전쟁이 아직 한창이던 1781년, 맨 처음 13개 주(州)는 중앙 정부에 쥐꼬리만 한 권력을 부여하는 반면, 대부분의 권한을 자신들에게 남겨두는 연방 규약을 채택했다. 과세할 여력이 없던 대륙 의회(Continental Congress)는 주 정부들에 세수를 구걸해야 했는데, 그들은 제공하지 않는 쪽을 선호했다. 주 정부들은 화폐를 찍어낼 수 있었고, 되는 대로 화폐를 발행하는 바람에 끝없이 치솟는 인플레이션을 유발했다. 또한 자체적인 무역 정책을 운영할 수 있었고, 이는 보호주의와 무역 전쟁을 초래했다. 각 주들은 하천 운행을 두고도 싸웠다.

1786년 전쟁에서 이겼지만 연방은 휘청거리고 있었다. 불안한 마음으로 지켜보던 이들 중엔 젊은 제임스 매디슨도 있었다. 조지 워싱턴이라는 농부이자 사업가 (그리고 퇴역 장군) 역시 불안해했는데, 그는 인플레이션과 불안정이 마음에 걸렸다. 그들이 보기에 연방 규약은 통치를 감당하기엔 너무 융통성이 없고 약했다. 하지만 이제 겨우 영국으로부터 독립을 쟁취한 주들은 절대 물러날 기미가 없었다. 그리하여 매디슨은 워싱턴의 조용한 지원을 받으며 그의 전공인 공작을 꾸몄다. 이 두 버지니아 출신 인물의 재촉에 힘입어 버지니아주 입법부는 주의 상업 규제 조정에 관한 다주 회의(multistate convention, 多州會議)를 요청했다. 지루해 보이고 빠져도 무방할 듯한 이 회의가 끌어들인 인원은 아나폴리스(Annapolis)의 한 선술집에서 만난 고작 12명의 대표뿐이었다. 그런데 이 대표들은 전부 연방제 지지자, 즉 더 강력한 중앙 정부를 지지하는 이들이었고, 거기엔 매디슨과 알렉산더 해밀턴이라는 또 한 명의 조지 워싱턴 측근도 포함됐다. 단 며칠에 불과했던 아나폴리스 회의는 자기들끼리는 결론에 도달할 수 없겠다는 결정을 내리고 더 큰 임무를 가진 더 큰 회의를 요청하기로 했다. 그 임무란 "연합(Union)의 긴급 사태에 적합한 연방 정부의 헌법 제정에 필요해 …… 보이는 더 많은 규정을 고안"하는 것이었다. 1787년 필라델피아에서 열린 헌법 제정 회의 대표들은 연방 규약을 폐기하고 새로 시작할 것을 결정하면서 자신들의 소관을 즉시 넘어섰다.

연방 규약은 거의 잊혔지만, 거기에 경의를 표하자. 그 실패가 없었다면 미국 헌법은 절대 채택되지 못했을 것이다. 그리고 자유부터 질서에 이르기까지 그것이 제공했던 중심축에 주목하자. 미국 헌법은 정부를 제약하고 그럼으로써 시민의 자유를 확실히 보호하기 위해 설계되었지만, 정부가 지나치게 강한 게 아니라 지나치게 약하다는 두려움에서 탄생했다. 《연방주의자 논집》 51호에서 매디슨은 "우선 정부가 피통치자를 통제할 수 있게 해야 한다. 그리고 다음으로 반드시 정부가 스스로를 통제할 수 있게 해야 한다"고 썼다. 순서에 주목하자. 우선 정부에 충분한 권한을 줘야 하고, 그런 연후에 비로소 제약해야 한다.

1787년의 도전 과제는 위험하리만치 무정부 상태인 공백을 메우기 위해 제도를 설계하는 것이었다. 디지털 시대의 도전도 유사하다. 지식의 헌법은 새로운 테크놀로지로 인해 극단으로 내몰린 일련의 규범과 제도 속에 구현되어 있다. 설상가상으로 디지털 정보 환경(줄여서 '디지털 미디어'라 부르겠다)의 설계상 결함과 왜곡된 장려책은 인식론적 무정부 상태를 적극적으로 선호한다. 기묘하게도, 그 메릴랜드주 선술집의 모임으로부터 2세기가 지난 후 현실 기반 공동체는 연방 규약에 해당하는 것과 맞서게 됐다.

견제와 가치

갑자기 정보의 유포가 어느 때보다 엄청난 규모로 더 값싸고 빨라졌다. 기존의 정보 게이트키퍼(gatekeeper: 뉴스나 정보의 유포를 통제하는 기관이나 사람—옮긴이)들은 완전히 무시당한다. 가짜 뉴스, 정치 선전 및 개인적 도발이 확산하고 있다. 혼돈을 저지할 방법은 아무도 모른다. 틀림없이 인터넷 얘기라고? 사실은 아니다.

"인쇄기는 15세기 구텐베르크의 발명으로부터 시작해 유럽 전역에 퍼지면서 인터넷과 PC가 우리 시대에 그랬던 것만큼 급진적으로 공적 영역을 변혁시켰다." 역사학자 니얼 퍼거슨(Niall Ferguson)이 2018년 팟캐스터 샘 해리스(Sam Harris)와의 인터뷰에서 한 말이다. 전 연방통신위원회 위원장 톰 휠러(Tom Wheeler)의 2019년 저서 《구텐베르크에서 구글까지:

우리 미래의 역사(From Gutenberg to Google: The History of Our Future)》에 따르면, 가동 활자(movable type: 활판 인쇄에서 사용하는 글자판—옮긴이)는 책의 복제를 약 300배 더 싸게 만들었다. 가동 활자가 발명되고 반세기 안에 유럽의 주요 도시마다 인쇄기가 자리 잡은 건 당연했다. 휠러는 가동 활자 발명 이후 첫 50년 동안 "1000년간 생산한 것보다 더 많은 책을 발간했다"고 적는다.

보통 사람들이 갑자기 훨씬 더 많은 생각—그중 일부는 틀렸고 위험했다—에 접근할 수 있게 됐다. 신기술의 최초 용례 중 하나는 오늘날 우리가 음모론이나 가짜 뉴스라고 부르는 것이었다. 마녀들이 사방에 도사리고 있다고 주장하며 공황 상태와 수만 건의 살인 사건을 불러왔던 《마녀들의 망치(Malleus Maleficarum)》라는 소책자는 1400년대 말 출간 이후 유럽 전역을 휩쓸었다. 인쇄기는 마르틴 루터(Martin Luther)의 급진적인 반대 의견에 날개를 달아줬고, 종교적 논란 및 전쟁을 유럽 전역에 퍼뜨렸다. 1750년 깜짝 놀란 장자크 루소는 이렇게 논평했다. "인쇄가 이미 유럽에서 양산한 가공할 무질서를 감안한다면, 그리고 이 악마가 매일 이뤄내는 진보에 비춰 앞일을 판단한다면, 우리는 군주들이 지체 없이 이 끔찍한 기술을 확립하는 데 들인 만큼의 많은 노력을 그들의 국가로부터 이것을 몰아내는 데 들일 것이라고 쉽게 예측할 수 있다."[1]

예전의 정보 혼란이 어떻게 정리됐는지 우리는 안다. 상세히 말한다면, 새로운 평형 상태가 확고히 자리를 잡았고, 출판은 일반적으로 평판 좋은 사업이 되었다. 출판물과 TV에서 당신이 본 것 대부분—분명 전부는 아니고 대부분—은 사실인 것 같았다. (내가 어릴 적에 사람들은 "신문에서 봤다니까"라는 말을 하곤 했다.) 정보 기술은 긍정적인 인식론적 가치라고 생각할 만한 것을 발전시켰다. 일반적으로 그것은 비(非)현실보다 현실을 선호하는 방식으로 정보를 사용했다. 물론 허위 정보를 출간하거나 방송하는 사람도 있을 수 있다. 많은 사람이 그랬다. 그러나 학계 및 언론 매체 네트워크에 주입된 허위 정보는 일반적으로 증거나 개연성, 흥미가 부족해 사라지곤 했다.

항상 그랬던 것은 아니다. 긍정적인 인식론적 가치를 확립하는 것은 길고 가끔은 어려운 과정이었다. 대학은 기업, 종교 단체, 입법 기관, 연구 및 강의 내용에 영향을 미치려는 기타 외부 세력으로부터 독립하기 위해 싸워야 했다. 어쩌면 그보다 훨씬 더 두드러진 것은 사실을 근거로 삼기 위한 언론의 투쟁이었으리라.

미국 건국 시대에 언론은 악명 높으리만큼 편파적이고 신뢰할 만하지 못했다. 거의 누구나 신문사를 차릴 수 있었고, 거의 누구나 그렇게 했다. 기준은 없다시피 했다. 역사학자 바버라 셔피로는 "사실에 충실하다고 아무리 숱하게 천명한들 편집자와 프로모터(promotor)는 대개 정파적인 정치적 목표와 선정적인 내용의 상업적 이익에 따라 움직였다"고 썼다.[2] 신문들은 우리가 오늘날 가짜 뉴스라 부르는 것들을 서슴없이 출간했다. 1835년 뉴욕의 〈선(Sun)〉은 달의 생명체에 관한 가짜 기사를 내보냈다. 1844년에는 대서양 횡단 열기구 여행에 관한—에드거 앨런 포(Edgar Allan Poe)가 쓴—가짜 이야기를 발간했다. 가짜 뉴스가 항상 무해한 것은 아니었다. 벤저민 프랭클린은 "여러분 개인의 인격을 갈기갈기 찢어놓는 짓"을 인쇄기를 가진 사람이면 누구나 저지를 수 있다고 불평했다. 그는 출판의 자유가 "서로를 모욕하고 비방하고 헐뜯는 자유"를 뜻하는 지경이 됐다고 토로했다. 헌법 제정 회의에서 유명한 정치가 엘브리지 게리(Elbridge Gerry)는 국민이 "사기꾼들이 유포한 가짜 보도들로 인해 매일 가장 사악한 조치와 견해로 잘못 이끌리고 있건만 아무도 즉각 반박하지 못한다"고 통탄했다.[3] 소책자 제작자들은 한층 더 천박했다. 카일린 오코너와 제임스 오언 웨더롤은 그들의 2019년 저서 《오보의 시대: 잘못된 신념은 어떻게 퍼지는가》에서 "미국 독립혁명 직전과 이후 몇십 년간 온갖 정파들이 대단히 의심스러운 비난과 터무니없는 거짓말로 가득 차기 일쑤인 악랄한 소책자를 통해 그들의 적을 공격했다"고 쓴다.

작은 소식지들은 19세기 후반 도시화와 인쇄 기술의 발전으로 매일 동틀 무렵 수백만 명에게 배달되었고, 예전에는 상상도 할 수 없었던 광고 수입을 창출하는 강력한 도시 신문으로 탈바꿈했다. 그럼에도 불구하고 뉴스 편집실은 여전히 그때그때 규칙을 따르는 시끌벅적한 동호회 수준이었다. 보도는 직업이라기보다는 거래였고, 취재는 오늘날 뉴스거리가 될 만한 공적인 사건이라고 우리가 여기는 것만큼이나 가십 혹은 선정적 이야기에 초점을 맞출 공산이 컸다. 랜들 섬프터(Randall S. Sumpter)는 2018년 저널리즘 윤리 역사서에서 "19세기 사사분기에 위조 기사는 저널리즘에 만연한 관행이었다"고 썼다.[4] 미국 언론인 멘켄(H. L. Mencken)은 20세기로 넘어갈 무렵 젊은 기자의 삶에 관한 자신의 회고록에서, 그와 다른 기자들이 어떻게 경쟁사를 이기려고 가짜 특종을 지어냈는지 들려준다. 그들은 그게 재미있다고 생각했다. 발행인들은 소문과 가짜 뉴스를 포함해 독자를 사로잡는 것이라면 무엇이든 게재하고 걷잡을 수 없이 선정적인 기사도 서슴지 않았는데, 이것이 에스파냐와의 전쟁을 부추기는 데 일조하기도 했다.

하지만 세기가 바뀌면서 언론 관행들이 모여 비공식적 행동 강령이 되었다. 1893년 펜실베이니아 대학 경영 대학원은 뉴스 전문가들이 가르치는 최초의 저널리즘 교과 과정을 도입했다. 15년 후 미주리 대학은 최초의 독립적인 언론 대학원을 창설했다.[5] 1922년에는 미국신문편집자협회가 발족했고, 이곳의 최우선 과제는 윤리 강령을 널리 알리는 것이었다. 강령에는 "모든 선의를 고려해 신문은 진실해야 한다"고 했다. "그것의 통제 범위 내에서 철저함과 정확성의 결여는 용서받을 수 없을 것이다." 이 강령은 뉴스와 의견을 구분할 것, 그리고 인쇄물로 인해 "평판이나 도덕적 인격"을 훼손당할수 있는 사람으로부터 응답을 구할 것을 요구했다. 뉴스의 판단은 사생활을 존중해야 한다. "신문은 대중의 호기심과 구분되는 대중의 권리를 확실히 보장하지 않고 사적인 권리나 생각을 포함해서는 안 된다." 그리고—다음은 로크, 퍼스 및 포퍼를 미소 짓게 만들 대목이다—"발단이 무엇이든 사실이나 견해에 대한 자체적인 심각한 실수에 대해 즉각적이고 완벽한 정정을 하는 것은 신문의 의무인 동시에 특권이다". '특권'이라는 이 한마디가 많은 것을 시사한다. 뉴스 전문가에게 오류의 정정은 자부심의 핵심, 문화를 구분하고 정의 내리는 특성이어야 하는 것이다.

내가 그 문화의 산물이다. 1970년대 말 대학 신문사를 시작으로 노스캐롤라이나주 지역 신문사에서 첫 직장을 얻은 나는 정확성이 중요하다, 내가 실수하면 실제 사람들이 상처를 입을 것이다, 내겐 내가 기사에 적은 사람들의 견해를 구할 의무가 있다, 가능한 한 항상 녹음 인터뷰를 수행해야 한다, 확인 불명의 출처는 의심해야 한다, 틀렸을 때는 그것을 인정하고 정정 기사를 올려야 한다는 것을 나 스스로에게 주입했다. 언론대학원과 주류 언론 보도국에서 기자들은 아직도 이런 가치를 배운다. "직원 수가 아주 적으면, 어떤 사람의 말이 맞는지 다수의 취재원한테 확인하는 작업이 언제나 가능한 것은 아닙니다"라고 소도시 신문사의 한 젊은 기자는 내게 말했다. "그러나 이런 원칙은 매일 우리가 하는 일의 최전선에 있습니다. 그것들은 우리가 진행 중인 사안과 관련해 나누는 대화 속에 있습니다. 보도국에서는 그것들에 관해 편집자와 얘기합니다. 우리는 실수했을 경우 기록한 것을 바로잡았는지 반드시 확인하죠. 특히 작은 신문사를 위해 일하고 지역 사회에서 당신이 뉴스 출처가 될 때는 유독 중요합니다. 우선은 틀리기를 바라지 않지만, 틀렸을 때는 그것을 인정해야 합니다."

2019년 하버드 대학 학생 신문 〈크림슨(Crimson)〉은 'ICE를 폐지하라'는 캠퍼스 집회에 관해 이민세관단속국(Immigration and Customs Enforcement, ICE)의 견해를 구한 것 때문에 학생들의 불매 운동과 학부생자치회의 규탄 투표를 불러왔다. 이 신문이 자신들의 보도가 '불안감'을 유발했다는 주장에 단호하게 대응한 것이 나는 자랑스러웠다. "언론의 근본 가치는 〈크림슨〉이 기사의 모든 대상에게 의무적으로 견해를 밝힐 기회를 주도록 하고 있다. ……이 기사 및 다른 모든 기사에 대해 〈크림슨〉은 언론 최고 수준의 윤리 및 진실성을 고수하도록 노력할 것이다." 이는 그저 한 명의 학생 편집자가 아닌, 100년간 현실에 기반을 둔 전문가 집단의 목소리였다.[6]

현대의 사실 기반 저널리즘의 제도화가 이뤄낸 일은 정보를 받아들여 전달할지 여부를 선택할 수 있는 교점—전문 보도국—시스템의 창출이었다. 현실 기반 공동체는 이러한 교점들의 네트워크다. 발행인, 동료 검토자, 대학, 통신사, 법정, 규제 기관 등 많은 교점이 있다. 이 시스템의 제도적 교점을 나는 사안들이 흘러가는 필터실과 펌프실로 상상하고 싶다. 각 단계는 사안들을 획득해 평가하고, 그것들을 저장된 지식과 비교하고, 오류를 찾아내고, 그런 다음 일부 명제를 걸러내고 살아남은 명제들을 다음 단계로 배분한다. 그리고 거기서도 똑같은 일을 한다.

중요한 점은 그것들이 위계가 아닌 네트워크를 형성한다는 것이다. 어느 게이트키퍼도 혼자서는 어떤 가설이 시스템에 들어올지 결정할 수 없으며, 그것을 통과하는 경로는 무한히 많다. 만일 한 신문이나 언론 기관이 당신의 주장을 거절한다면 다른 곳, 또 다른 곳을 접촉하면 된다. 만일 모든 교점이 여전히 각자 자기가 맡은 업무를 하고 있다면, 시스템 전체는 강력하게 긍정적인 인식론적 가치를 획득할 것이다. 입증하기에 불충분한 주장이 필터 하나를 통과할 가능성은 50퍼센트지만, 그 뒤 2개의 필터를 통과할 가능성은 25퍼센트이고, 3개를 통과할 가능성은 1.25퍼센트다. 그것은 최종적으로—보통은 빠르게—사장된다. 강력하게 입증된 주장은 훨씬 잘 먹힐 것이고, 만일 많은 이들이 수용한다면 네트워크 전체에 보급되어 지식의 토대로 들어갈 것이다. 펌프와 필터의 공동 작업이 정보를 진실 쪽으로 가도록 내보낸다.

펌프 뒤집기

이제 그것들이 역으로 흐른다고 상상해보자.

어떤 심술궂은 악마가 어느 날 밤 중앙 관제소에 침투해 펌프와 필터를 뒤집어놓았다고 가정하자. 오류를 걸러내는 대신 다음으로 넘긴다. 사실상 거짓되고 오도된 주장의 보급을 늦추는 대신 가속화시킨다. 인신공격을 무시하는 대신 부추긴다. 전문 지식에 특혜를 주는 대신 아마추어의 솜씨를 선호한다. 주장을 입증하는 대신 공유한다. 소통을 나누는 대신 과시로 거래한다. 출처를 밝히는 대신 숨긴다. 다른 사람을 설득하는 이들 대신 자기 홍보를 하는 이들에게 보상한다. 이런 게 필터실과 펌프실이 돌아가는 방식이라면, 이 시스템은 **부정적인** 인식론적 가치를 획득할 것이다. 그것은 진실에 불리하게 작용할 것이다. 그것은 정보 기술이 아니라 '허위' 정보 기술이다.

아무도 그런 일이 일어날 줄 몰랐다. 우리—분명 나 자신을 포함해—는 디지털 테크놀로지가 사상의 시장을 더 넓고 깊이 있게 만들어줄 거라고 기대했다. 더 많은 가설, 더 많은 검토자, 더 나은 전문 지식 접근성이 있을 것이라고. 이것이 어찌 진리를 향한 도약이 아닐 수 있겠는가? 최악의 경우, 디지털 생태계는 중립적일 거라고 우리는 생각했다. 현실 쪽으로 반드시 기울지 않을 수 있지만, 조직적으로 현실에 반(反)해 기울지도 않을 것이라고 말이다.

불행히도 우리는 현실과의 지속적 접촉이 규칙 및 제도에 달려 있다는 걸 잊었다. 우리는 우리의 인지적·부족적 편향을 극복하는 건 그 규칙 및 제도를 무색무형의 '플랫폼' 속에서 평준화시키는 게 아니라 그것들에 특혜를 주는 데 달려 있다는 걸 잊었다. 달리 말하면, 우리는 **정보** 기술이 **지식** 기술과는 매우 다르다는 걸 잊었다. 정보는 간단히 내보낼 수 있지만, 풍부한 사회적 상호 작용의 산물인 지식은 성취해야 한다. 정보를 지식으로 전환하려면 중요한 장려책과 설계 선택을 제대로 고민해야 한다. 애석하게도 디지털 미디어는 그것들을 잘못 생각했다.

상업용 인터넷은 인식론적 결함을 갖고 태어났다. 그것의 사업 모델은 일차적으로 광고 중심이었고, 따라서 주목도를 최우선 가치로 뒀다. 물론 전통적 미디어 기업도 부분적으로(종종 전면적으로) 광고 수익에 의존했다. 하지만 일반 사용자 및 유료 소비자인 시청자를 확보해 광고주를 끌어들였고, 다수는 자신들을 알고 신뢰하는 공동체 사회에 뿌리를 뒀으므로 평판상으로나 재정상으로 책임감을 느끼는 지지층을 구축하는 경향이 있었다. 저질 신문과 한탕 하고 튀려는 매체도 존재했지만, 그것들은 적어도 현대에 와서는 통례라기보다는 예외였다. 반면 디지털 미디어는 유료 고객을 가져본 적이 거의 없었고, 시선을 끌기 위해서라면 수단과 방법을 가리지 않는 경주에 착수해 순식간의 '인상(impressions)'과 '약속(engagement)'으로 광고주를 현혹했다. 디지털 미디어 기업은 구독자를 세분화하고 분류하기 위해 세밀한 측정법(metrics)을 활용할 수 있었지만, 그 통계 자료는 사용자와 공동체 그리고 광고주의 책임 있는 관계와는 매우 달랐다.

시스템 전체가 이처럼 누가 어떤 정보를 사람들 앞에 갖다놓고 싶든 거기에 즉각 반응하는 구독자를 모아들이는 쪽으로 최적화됐고, 정보의 정확성에 대한 고려는 (있다고 해도) 부수적일 뿐이었다. 측정법, 알고리즘 및 최적화 도구는 인기에는 민감하지만 진실에는 무관심했다. 계산 엔진은 심지어 의미에도 무관심했다. 퍼뜨리고 있는 내용을 이해하지 못했기 때문이다. 그것은 오로지, 그러나 집요하게, 클릭 수와 페이지뷰(page view)는 알고 있었다. 검색 또는 브라우징(browsing) 시간은 사람들이 무엇을 클릭하느냐에 따라 정보를 찾아낼 수도 있고 '허위' 정보를 찾아낼 수도 있다. 화장실 수리법 안내 영상은 보통 꽤 믿을 만했다. 예방 접종 관련 정보와 논란 있는 정치적 쟁점에 관한 주장은 그다지 신뢰할 만하지 못했다. 그러나 무엇이든 상관없다. 사용자가 가려낼 테니까.

디지털 시대는 새롭고 표면적으로 중립적인 정보 매체가 실제 진실에 반하는 쪽으로 기울어진 최초의 시기는 절대 아니었다. 앞에서 살펴봤듯 시선을 끌려는 쟁탈전은 19세기 미국 언론을 반쪽짜리 진실과 가짜 뉴스의 초현실적 왕국으로 몰고 갔다. 바로잡는 데 수십 년의 제도적 개혁이 필요했던 문제다. 정보를 즉각적으로 거의 아무런 비용 없이 퍼뜨리는 능력을 가진 디지털 기술도 비슷한 문제를 제기했지만, 그 규모의 자릿수는 1~2배 더 커졌다.

일반적으로 정보 기술 시스템이 참인 결과만큼이나 거짓인 결과를 산출할 가능성이 있을 경우, 혹은 둘을 구분하지 못할 경우, 우리는 그 시스템이 고장 났다고 말한다. 그러고 나서 무엇이 참인지 거짓인지 스스로 파악하지 못한 사용자에게 잘못이 있다는 얘길 들으면, 우리는 오류를 일으키기 쉬운 인간에겐 도움이 필요하다고 대답한다. 우리는 정보 시스템이 우리를 오류와 편견으로부터 멀리 있게 해주길 원하며, 바로 그것을 위해 현대 과학 및 언론의 제도와 표준을 마련했다. 디지털 미디어에 내장된, 모든 정보를 광고처럼 취급하는 사업 모델은 철저히 관심을 끌려는 경쟁을 제법 보장해줬다. 그것은 충분히 도전 의식을 북돋웠을 터이다. 그러나 디지털 정보 생태계는 단지 허위 정보에 눈이 먼 게 아니라 그것을 증폭시키는 특성을 발달시킴으로써 문제를 복잡하게 만들었다.

분노 중독

우선, 그것은 우리 뇌에 침투했다.

2013년 한 젊은 홍보 담당 중역이 재미없는 인종차별적 농담을 트위터에 올렸다. 그녀가 나중에 말한 바로는 인종차별주의와 백인의 특권을 풍자하려는 의도였다. "아프리카에 간다. AIDS에 걸리지 않기를. 그냥 농담. 나는 백인!" 트위터 팔로워는 겨우 170명이었다. "아무도 반응하지 않았고, 그녀도 놀라지 않았다"고 〈뉴욕 타임스〉는 보도했다.[7] 그러고 나서 그녀는 남아프리카공화국으로 가는 11시간의 비행길에 올랐다.

그녀가 하늘에 떠 있는 사이, 누군가가 첨단 산업계 블로그의 한 편집자에게 귀띔을 했고, 이 편집자가 못마땅한 투로 그 게시글을 트윗했다. 다른 기자들이 그것을 알게 됐다. 그 시점에 격분한 트윗이 쏟아지기 시작했고, 그 여성의 트위터 계정을 가차 없이 조준했다. "인종차별주의자 개* 미친*." 폭풍 트윗은 더 많은 매체의 관심을 끌어들였다. 유명인들도 가세했다. 마이애미에 사는 한 여성이 '저스틴은아직도착하지않았다(#HasJustineLandedYet)'라는 해시태그를 시작하고 나서 이 일화는 리얼리티 예능으로 둔갑했다. 소셜 미디어에서 그 여성의 이름으로 수십 개의 가짜 계정이 만들어졌다. 그러는 동안 연쇄 공격 자체가 기삿거리가 됐다. 그녀는 비행기에서 내릴 때 세계적으로 유명해져 있었는데, 좋은 쪽으로 그런 건 아니었다. 그녀의 이름은 3만 회 이상, 해시태그는 거의 10만 회 트윗된 상태였다.[8] 얼마 지나지 않아 그녀는 해고당했다. 몇 년이 지났지만 그녀는 여전히 자신의 삶을 완전히 재정비하지 못하고 있다.

이 일화는 나중에 철회 문화 또는 취소 문화로 알려진 것의 상징이 되었다. 내가 뒤에서 더 자세히 얘기할 주제다. 그러나 이 일화는 분노, 충동성 및 인신공격을 증폭하는 디지털 미디어의 경향을 극명하게 보여주기도 했다. 바로 제프리 베리(Jeffrey M. Berry)와 세라 소비에라이(Sarah Sobieraj)가 2014년 같은 이름의 책에서 분노 산업(outrage industry)이라 이름 붙인 것이다. "이 장르에는 몇 가지 뚜렷한 특성이 있지만, 그것을 정의하는 수사법으로 가장 쉽게 알아볼 수 있다. 전형적인 독설, 상대방에 대한 비방, 그리고 현재 사건에 대한 과장된 재해석이 그것이다."[9]

처음에는 이런 악의에 찬 행동이 헷갈릴 수 있다. 어쨌든 일반적 삶에서는 대부분의 사람이 거의 공손하니까 말이다. 게다가 인터넷은 의사소통과 연결을 위한 새로운 도구를 제공하는 듯했고, 이것이 공손함을 유도하는 것처럼 보였다. 그러나 디지털 미디어는 **과시**에 훨씬 더 좋은 도구인 것으로 판명 났고, 과시는 심리학자 조너선 하이트가 지적했듯이 의사소통과는 매우 다르다.

"우리는 자신의 평판에 집착합니다"라고 하이트는 내게 말했다. "소셜 미디어는 너무나 많은 사회적 시스템에 대단히 깊은 영향을 미쳤습니다. 표면적으로 우리는 서로에게 얘기하고 있지만 사실은 우리가 신경 쓰는 사람들에게 미덕을 과시하고 있는 그런 형태의 공동체를 창출하기 때문입니다." 내가 당신을 향한 망신 주기 캠페인에 가담하고 당신의 트위터 계정을 욕설로 폭격할 때, 내 트윗은 당신**을 향한** 의사소통의 형태를 취할지 몰라도 사실은 당신에 **관한**—그리고 특히 **나**에 관한—얘기를 하는 것이다. 실제로 내가 하고 있는 일은 나의 미덕과 똑똑함 그리고 충실함으로 내 동류 집단에게 감명을 주려는 것이다. 망신 주기 캠페인에 합류함으로써, 그리고 더 낫게는 그것을 주도함으로써 나는 내 지위를 높일 수 있다. 당신은 재수 없게도 나의 쓸 만한 탐구 대상이 된 것이다.

2009년에 소셜 미디어는 실질적으로 미덕 과시와 연쇄 공격을 부추기도록 고안된 방향 전환을 감행했다. 트위터는 '리트윗' 버튼을, 페이스북은 '좋아요' 버튼을 선보였고, 그 후 트위터가 '좋아요' 버튼을 베꼈으며, 곧 그에 상응하는 것들이 웹(web) 전체의 표준 특성이 되었다. 이런 기능이 공유 특성과 결합하면서 사람들이 어떤 항목의 콘텐츠든 깊이 생각하지 않고 즉시 사회망으로 퍼뜨릴 수 있게 해줬다. 이것이 판도를 바꾼 것으로 밝혀졌다. 리트윗 기능을 트위터에 구축했던 크리스 웨더럴(Chris Wetherell)은 "네 살짜리에게 장전한 무기를 막 건네준 건지도 모른다"고 나중에 말했다. "내 생각에는 그게 우리가 실제로 한 일이다."[10]

소셜 미디어의 역동성 덕분에 나는 개인적 비용이나 위험이 거의 없이 혹은 아예 없이 집단적 분노에 참여할 수 있다. 나는 익명성 뒤에 숨을 수 있다. 아니, 이름이 있다 해도, 신경과학자 몰리 크로켓(Molly Crockett)이 말했듯 "군중 속에 숨을" 수 있다. 당신과 나는 이전에 관계가 있다거나 이동 반경이 같다거나 하지 않을 테니, 대면해서 마주칠 일은 아마 절대 없을 것이다. 나는 당신이 잃어버릴지도 모를 직업이나 당신이 겪을지도 모를 배척 따위는 염두에 두지도 않을 것이다. 공감과 책임은 분노와 익명성으로 마비되었으니까. "소셜 네트워크는 〔이렇게〕 분노 표명의 평판상 이득을 어마어마하게 증폭시킨다"고 크로켓은 쓴다.[11]

내가 행여나 정말로 멈춰서 당신이 망신당하거나 평판에 먹칠을 당해 얼마나 괴로울지를 생각한다면, 그 고통은 당신이 받아 마땅한 것이라고 일축할 가능성이 높다. 어쨌든 내가 표현하고 있는 것은 평범한 사람과 사람 사이의 분노, 상호 작용을 허용하고 화해나 새로운 이해로 이어질 수 있는 대면적 감정이 아니다. 나와 내 부족은 하이트가 설명하는 독특한 매력을 가진 분노를 표현하고 있다. 분노는 일대일의 개인적 화(火)라기보다는 공유된 분노, 사회적 감정이다. "공유된 분노는 당신들을 결속시키죠"라고 그는 내게 말했다. "트럼프 대통령에게 화가 치민 당신이 그것을 다른 사람들과 공유하면 기분이 좋아지는 겁니다." 내집단(內集團)인 **우리**는 우리의 분노 대상인 **당신**이 **우리**에게 위협적인 존재나 배신자라는 공통의 확신으로 유대감을 갖는다. 설령 당신이 선의를 지니고 있다 해도 이렇게 될 줄 알았어야 했고, 어쨌든 당신을 망신 주는 건 다른 이들에 대한 경고 역할을 한다. 설령 당신이 사악하지 않다 해도—사실상 당신이 선의를 가졌다 해도—당신이 피해자가 된 데는 다 이유가 있다. 2020년 〈크리티(The Critic)〉의 한 기사에서 마리 르 콩트(Marie Le Conte)는 소셜 미디어 대상화를 생생하게 설명했다.

트위터의 주인공이 되는 게 어떤 기분인지 말로는 설명하기 어렵다. 사람들이 당신에게 트윗을 날린다. 처음에는 당신이 한 말을 비판하고, 그다음에는 그 말 때문에 당신을 모욕하고, 그다음에는 당신을 비판하고, 모욕할 만한 당신이 한 다른 말들을 찾아내려 하고, 그다음에는 당신의 외모, 잠자리에서는 어떨지, 그리고 그들이 생각해낼 수 있는 다른 모든 것을 왈가왈부하는 쪽으로 옮겨간다. 그들은 또한 당신에 관한 트윗을 하며, 당신이 유명인이 아니라면, 이게 더 당혹스러운데, 내 경우가 그랬다. 그들은 더 이상 당신한테 말하고 있는 게 아니라 당신에 관해 서로서로한테 얘기한다. 독서 모임인데, 당신이 책인 것이다.[12]

사회적 과시를 도덕적 관심 끌기 행위로 보는 것도 하나의 방식이다. 조슈아 그럽스(Joshua Grubbs)와 4명의 동료들이 말했듯 "자기 홍보와 지위 달성을 위해 공공의 도덕 담론을 사용하는 것"이다. 실험 연구에서 그들은 도덕적 관심 끌기 행위가 우리의 예상대로 "자기 지위나 신분을 향상시키고자 하는 일반적 욕망", 특히 지위 추구와 관련한 자아도취적 특성과 연관되어 있음을 알게 됐다. (그리고 정도는 덜하지만, 우월함을 드러내고자 하는 욕망—다른 말로는 따돌림—과도 연관이 있다.)[13] 책임 및 공감의 공급이 부족한 사회 환경 속에서는 자기 세력을 확대하려는 비난과 따돌림을 위한 인신공격으로 표출되는 도덕적 과시가 툭하면 재발하리라는 것을 예상해야 한다. 《분노 산업(The Outrage Industry)》에서 베리와 소비에라이는 관심 끌기 행위를 스포츠 경기에서 구호를 외치고 팀 색깔(color)을 과시하는 팬들에 비견되는 일종의 분노 팬덤(outrage fandom)이라고 유용하게 기술한다. "우리는 분노를 기반으로 한 정치적 견해 프로그램이 팬들한테 안전한 정치적 공간을 만들어준다는 것을 알았다. 이런 환경에서는 면대면(face-to-face) 정치적 대화에서 연상되는 불편함을 팬들이 전혀 겪지 않는다."[14]

도덕적 관심 끌기의 특성은 훨씬 더 기묘한 역학을 촉발한다. 온라인상의 분노, 망신 주기 및 도덕적 가식으로부터 계속 거리를 두는 건 시도하는 이들한테도 힘들다. "'좋아요'를 얻고 분노를 표시하면 도파민(dopamin: 에너지, 의욕, 흥미 등을 부여하는 신경 전달 물질—옮긴이)이 발생한다"는 증거가 있다고 하이트는 말한다. 만일 그렇다면 "그것은 고치기 어려운 행동 패턴인 습관화가 될 수 있죠". 게다가 온라인상에 분노를 표시하거나 재생하는 것은 하찮으리만큼 쉽지만 "이런 반응들('좋아요'와 공유 등)에 대한 양성 피드백은 예측 불가능한 시간에 전달된다. 습관 형성을 조장하는 것으로 널리 알려진 강화(強化) 패턴이다"라고 크로켓은 쓴다.

그런데 만일 당신이 분노를 표시하지 못한다면 어떻게 될까? 시류에서 제외됐을 때 치러야 할 사회적 비용이 높을 수 있다. 분노의 표명은 "즐겁기도 하지만 동시에 사회적으로도 필요합니다. 당신이 그러기를 기대한다는 뜻이죠"라고 하이트는 말한다. 실제로는 분노를 느끼지 않더라도 당신은 그걸 표현하는 게 가장 좋다는 것이다.

여기에 트롤링—즉, 분노를 자극함으로써 유명해지는 것(또는 적어도 악명이 높아지는 것)—의 비밀이 있다. 2019년 〈이코노미스트〉는 약 200명을 불러 모은 '보스턴 이성애자 프라이드 퍼레이드(Boston Straight Pride Parade: 성소수자들의 자긍심 고취와 권리 인정을 위한 행진인 '프라이드 퍼레이드'를 조롱하는 의미가 담긴 말—옮긴이)'에 관한 기사를 실었다. 가두 행진 참가자 한 명이 기자에게 이렇게 말했다. "좌파들을 우스꽝스럽게 보이게 하려고 여기 온 것뿐이에요. 그들을 끄집어내 그들의 본성을 드러내게 하려고요." 1000명 정도의 반대 시위자는 자신들이 부당하게 취급된다는 걸 알았지만, 그

대안—동지들과의 결속을 보이지 못하는 것—은 참을 수 없는 듯했다. 한 반대 시위자가 말했듯 "그들이 집에 가서 '눈송이(snowflake: 기성세대가 젊은 세대는 과민하고 나약하다며 쉽게 녹는 눈송이에 비유하는 표현—옮긴이) 애들을 향해 방아쇠를 당겼지'라고 말하고 싶어 하는 거 알아요. 하지만 그들에게 반대하는 게 더 강한 메시지죠. 아무것도 하지 않는 건 그렇게 해도 괜찮다는 말이잖아요."[15]

하이트는 트롤링을 테러에 비유한다. 둘 다 분노의 감정적 역학을 활용하고, 우리가 과잉 반응을 보이도록 이용한다는 점에서다. 이성적으로 생각하면, 미끼를 덥석 무는 게 트롤러(또는 테러리스트)를 더욱 가시적이고 영향력 있게 만든다는 것이 이해가 간다. 그러나 우리를 지배하는 건 감정이다. 2018년 백인 애국주의자 무리가 컬럼비아 특별자치구에서 집회를 계획했을 때, 나는 페이스북에 사람들이 몰려들어 반대 시위를 하러 나가겠다고 맹세하는 것을 지켜봤다. "여기 저 참가합니다"라고 한 사람이 썼다. "증오에 대한 대규모 규탄과 삶에 대한 재확인은 활기를 주는 강력한 일이죠." 다른 사람이 말했다. "그곳에 있었다면 저도 그들과 싸울 거예요." 또 다른 사람은 이렇게 썼다. "우리 프로 레슬링장 한쪽 구석에서 만나 이놈들을 발라버립시다." 결과는 소규모 한심한 헤이터(hater: 악플러처럼 특정 대상을 비방하고 강한 불호를 표현하는 사람—옮긴이) 무리에게 오히려 그들이 추구하는 홍보와 갈등을 제공하는 것일 테지만, 반박하고 싶은—그리고 반박하는 모습을 보이고 싶은—욕망은 자연스럽고, 많은 이들한테 거부할 수 없는 것이었다.

놀랄 것도 없이 베리와 소비에라이가 분노에 기반한 미디어로 분류하는 것들의 구독자는 "기하급수적으로 증가"해왔다. 이 구독자들은 "뜻이 맞는 공동체에 소속되었다고 느끼고, 자신의 생활 방식과 견해를 재확인

하며, 자신에게 이의를 제기할 모든 이들을 향한 탄약으로 무장한 채 떠돈다"고 그들은 썼다.[16]

10억 가지 사적인 현실

두 번째, 디지털 미디어는 현실을 파편화시켰다.

지식의 헌법의 요지는 앞에서 살펴봤듯이 현실이란 당신이나 내가 아는 것이 아니라 **우리**가 아는 것이라는 점이다. 순전히 개인적인 믿음은 당신이나 내가 아무리 많은 장점이 거기에 있다고 생각한들 절대 지식이 될 수 없다. 찰스 샌더스 퍼스의 금언을 상기하자. "개인주의와 거짓은 마찬가지로 보일 것이다." 그리고 이런 말도. "진실이 **공개적**으로 인정받지 않는다면—**어떤** 사람이든 자신이 연구를 시행하고 있으며, 확고한 신념에 대해 진지하게 탐구하고 있음을 충분히 확신하지 않는다면—우리 각자가 다른 모든 사람이 믿지도 않을 완전히 무익한 자기만의 신념을 채택하지 않도록 막아줄 방안은 아무것도 없다."

현실 기반 공동체의 구성원이 그들의 다양성에도 불구하고 자신이 모두 한 가지 현실의 측면을 탐구하고 있음을 받아들이는 것은 당연한 귀결이다. 지식의 헌법은 그들에게 같은 방식으로 세상을 보거나 사실을 놓고 합의를 보라고 요구하지 않는다. 실제로 그것은 사람들이 세상을 다르게 보고, 사실을 놓고 의견을 달리하는 곳에서만 효과가 있다. 그래야 생각을 시험해보고 편견을 극복할 수 있기 때문이다. 하지만 그것의 독특한 능력은 개별적 차이가 어쩔 수 없이 사회적 수렴을 향해 가게끔 하는 것이다. 그것은 설득을 요구함으로써 가능하며, 설득은 결과적으로 우리가 우리의 차이를 비교함으로써 설명하도록 요구한다. 연구 보고서는 이전의 연구를 조사해 저자들의 결과물이 어떻게 들어맞는지를 보여주며 시작한다. 준비 서면은 판례와 상대측의 주장을 분석해 차이와 의견 불일치를 제시한다. 언론인은 자신의 보도를 교정하기 위해 경쟁지의 기사와 자신의 것을 비교한다. 견해차는 수십 년간 또는 심지어 무기한 지속될 수 있지만(역사학자들에게 왜 제1차 세계대전이 발발했는지 한번 물어보라), 적어도 우리가 의견을 달리하는 지점, 그것에 관해 건설적으로 얘기하는 방법, 견해차를 해결할 유형의 대화나 실험을 놓고 합의를 이룰 가능성은 있다. 현실 기반 공동체는 견해차를 해결할 수 없을 때조차 우리가 같은 것에 대해 얘기하거나 그러려고 노력할 수 있도록 합의를 조직한다. 그것은 경합성(contestability), 즉 다양한 명제와 견해를 생산적 논쟁에 부치는 능력을 제공한다. 우리는 흔히 그리고 강경하게 의견을 달리하지만 적어도 우리가 무엇에 대해 의견을 달리하는지를 두고 합의하는 데는 협력한다.

그런 맥락에서 디지털 기술이 어떻게 분노에 대한 호소를 미세하게 조정하고 가장 수용적인 구독자를 겨냥할 수 있는지 생각해보자. 그것은 뉴스 피드(news feed: 게시된 뉴스의 내용을 한 뉴스 서버에서 다른 뉴스 서버로 전달하는 것—옮긴이)와 메시지를 개개인에게 맞춤 설정할 수 있다. 우리는 각자 개인화한 분노 식단을 가질 수 있다. 하나같이 모든 클릭을 주시하며 우리를 어떻게 자극할지 학습하는 자동화한 소프트웨어의 지원을 받는 낚시성 매체와 정파적 활동가와 정부 후원 댓글 부대가 우리에게 먹여주는 식단이다. 이와 같은 시스템은 현실을 다르게 바라보는 다른 사람들과의 의견 교환으로부터 우리를 밀어낼 수 있다. 다른 사람들의 관점에는 아예 노출조차 되지 않을지도 모른다. 다른 사람들은 뭐라 말할까? 우리의 차이는 뭘까? 도대체 어느 지점에서 우리의 의견이 다른 걸까? 우리는 알지 못할 수 있다. 알고 싶지 않거나 알 필요가 없을 수도 있다. 훨씬 더 이상한 건 이것이다. 즉, 우리 자신의 정보 식단이 우리에게 뭘 보여주려 고르고 있는 건지 우리한테 말해줄 수 없는 소프트웨어에 영향을 받을 수 있다는 것. 왜냐하면 **그것**도 알지 못하기 때문이다. 그것은 우리가 클릭하는 것과 우리하고 비슷한 다른 사람들이 클릭하는 것을 학습하고, 그런 다음 우리의 가상 아바타를 구축하고, 그런 다음 우리의 아바타가 원하는 것이면 뭐든지 우리에게 더 많이 공급해준다. 우리가 보고 있는 것을 우리가 왜 보는 건지 말 그대로 아무도 모른다. 그리고 다른 사람들이 정확히 무엇을 보고 있는지 말 그대로 아무도 모른다.

지식의 헌법은 모든 주관적 세계, 모든 소셜 버블(social bubble: 코로나19 사태로 생긴 신조어. 거리 두기를 유지해야 하는 상황에서 구성원과 만날 수 있도록 허용된 제한적인 규모의 모임—옮긴이)이 어쩔 수 없이 다른 주관적 세계 및 소셜 버블과 접촉하고 대화하게 만들어 현실 기반 **공동체**를 창출하려 한다. 반면 디지털 미디어는 정보 소비자를 누군가 '나라는 일간지(Daily me)'라고 불렀던 유아론(唯我論)의 방향으로 몰아간다. 정치학자 데이비드 바커(David C. Barker)가 말했듯 사상의 시장은 현실의 시장(marketplace of realities)과 더 흡사한 것으로 대체됐다. 그와 모건 마리에타(Morgan Marietta)는 2019년 공저 《하나의 나라, 두 개의 현실: 미국 민주주의에서 사실들의 싸움(One Nation, Two Realities: Dueling Facts in American Democracy)》에서 정파적이고 양극화한 현실의 버전들을 기술하기 위해 "사실 인식 결투(dueling fact perceptions)"라는 말을 쓴다. "그 결과, 뜻이 맞는 버블들로 더욱 후퇴해 더 많은 거리감과 불신을 창출하고 더 큰 양극화를 조성한다."

학자들은 소셜 미디어에서 필터 역할을 하는 버블의 보급에 관해 혼재된 결과물을 내놓았다. 바커에 따르면, 정파적 텔레비전과 라디오 토크쇼의 양극화 및 필터링 효과는 소셜 미디어의 버블 조성(bubble-making) 효과보다 문서화가 잘되어 있고 규모도 크다. 그러나 소셜 미디어는 연구하기가 더 어렵다. 바로 어떤 두 사람도 동일한 현실을 보고 있지 않기 때문이다. 지식의 헌법은 경합성을 고집하고 다수의 현실에서 하나의 현실을 구축하면서 견해차가 어쩔 수 없이 비교와 해결을 향해 가도록 설계되어 있다. 디지털 미디어는 경합성을 약화시키고 하나의 현실을 여러 개로 파편화하면서 정확히 상반된 작업을 하도록 설계되었다. 설상가상으로, 우리가 정정하는 것은 고사하고 감지할 수 없는 방식으로 말이다. 기이한 것은 기계들조차 자기 알고리즘이 뭘 하고 있는지 몰랐다는 점이다.

거짓말의 가속화

세 번째, 디지털 미디어는 자유과학을 역행했다. 그것은 현실 기반 공동체가 의존하고 있는 사회적 장려책을 뒤집었다.

디지털 미디어는 정보를 통과시키기 전에 검토하고 시험함으로써 그것의 속도를 늦추는 대신 즉각성과 충동성에 보상을 줬다. 지식의 헌법은 전달하기 전에 점검한다. 나쁜 정보는 거르고 속도를 늦춤으로써 진압한다. 반면 디지털 네트워크는 품질은 고려하지 않고 광속으로 정보를 퍼뜨린다. 진실이 신발을 신기도 전에 거짓말은 세계를 돈다는 옛말에 신소재를 제공한 것이다.

2018년 MIT 미디어 연구소(Media Lab)에서 일하는 세 연구자의 논문은 진짜 및 가짜 소문 두 가지가 온라인에 퍼지는 속도를 비교했다. "우리는 모든 범주의 정보에서 가짜가 진짜보다 현격하게 더 멀리, 더 빨리, 더 깊이, 더 넓게 퍼진다는 것을 알아냈다"고 연구자들은 보고했다. "1500명에게 도달하는 데 진짜가 가짜보다 약 6배 오래 걸렸다." 그들은 트위터상에서 거짓이 리트윗될 가능성은 사실보다 70퍼센트 더 높다는 것을 발견했다. "맨 처음 트위터의 계좌 수명, 활동 수준, 팔로워 및 팔로위(followee) 수를 통제했을 때도 그랬다."[17]

디지털 미디어는 냉철함을 장려하는 대신 감정에 보상을 줬다. MIT 연구자들은 디지털 네트워크에서 왜 허위 보도가 진실 보도를 앞지르는지 몰랐지만, 가짜 소문이 사실인 소문보다 더 참신해 보이고 더 혐오감을 유발하기 때문이 아닐까 하는 의혹을 가졌다. 놀람과 분노는 전염성 감정이며, 합쳐졌을 때 특히 강하다. 연구자 5명(대부분 심리학자)의 2017년 논문은 "도덕적·감정적 단어"—민감한 언어—의 존재가 게시글의 트위터 전송을 단어당 약 20퍼센트만큼 증가시킨다는 것을 밝혀냈다. 단 몇 번의 공유로 그런 장점을 증식시켜라. 그러면 선동적인 허위 정보가 지루한 현실을 뒤로하게 해줄 것이다. 게다가 뜻이 맞는 정치적 네트워크 내부에서는 민감한 게시글이 훨씬 더 빠르게 가속화되어 "이념적 양극화를 악화시킬 반향실"을 부추기는 것으로 드러났다.[18]

디지털 미디어는 인신공격을 무시하는 대신 촉진한다. 지식의 헌법은 사람이 아닌 가설을 공격함으로써 설득에서 사심을 배제하게 만든다. 현실 기반 공동체에서 당신은 누군가의 자격이나 실적에 도전할 수 있지만, 당신의 도전은 신중하고 증거를 기반으로 하며 특정 개인과 무관한 것이어야 한다. 그리고 만일 당신의 이의 제기가 모욕을 준다면 당신의 평판은 나빠질 것이다. 반면 분노 산업에서는 비방과 트롤링이 관심을 끄는 손쉽고 효과적인 방법이다. 대화는 정중하게 시작되더라도 급속히 욕설로 악화한다.

디지털 미디어는 평판에 대한 책임을 장려하는 대신 익명성 뒤에 숨었다. 학자, 언론인 및 그 밖의 현실을 기반으로 한 전문가들은 자신의 작업에 이름을 올리고 신뢰도를 확립하는 데 몇 년을 보낸다. 반면 분노 경제(outrage economy)는 익명성과 기만적인 정체성 가운데에서 번창한다. 익명성은 (기만은 그렇지 않지만) 적어도 정부의 검열이나 사회적 보복을 피해 갈 때는 긍정적인 면이 있다. 하지만 그것은 가짜 뉴스, 트롤링, 영양가 없는 포스팅에 이득을 준다. 그리고 봇들한테는 천국이다. 2020년 트럼프 대통령이 저격했던 전직 FBI 변호사 리사 페이지(Lisa Page)는 자신이 수천 개 욕설 트윗의 대상이 됐다는 것을 알았다. 조사 결과, "페이지의 트윗 댓글 4건 중 1건 이상이 트롤봇(trollbot)으로 추측되는 계정들에서 나왔다".[19] '추측되는'이라는 수식어에 주목하자. 정교한 검출 알고리즘도 누가 사람인지 알 수 없었다. 그리고 수사관들도 트롤링 캠페인의 진원지나 그것이 어떤 나라에서 온 건지조차 확실히 알아내지 못했다. 정보 책임으로부터의 분리가 전례 없이 너무나 완벽했다.

디지털 미디어는 전문가들한테 혜택을 주는 대신 아마추어와 유명 인사들을 격상시켰다. 현실 기반 공동체는 지식과 전문성에 보상을 하는 전문적 네트워크다. 반면 주목도가 법정 화폐라 할 수 있는 소셜 미디어에서는 명성과 전염성이 스스로를 합리화시켜준다. 원래 디지털 미디어에 가졌던 희망은 이 평준화하고 체계 없는 네트워크가 더 다양한 목소리의 참여를 더 많이 촉진할 테고 더 좋은 생각이 우세할 거라는 것이었다. 가끔은 그런 일이 일어났다. 하지만 이 매체는 주로 분노 조작술 전문가, 설득보다는 관심을 사로잡는 데 더 능하고 소통보다는 유포에 더 흥미가 있는 부류의 행위자를 선호하는 것으로 밝혀졌다.

2020년 1월 음모론을 유포한 경력이 있는, 유명하지 않은 한 트위터 계정이 전직 부통령 조 바이든이 대통령 선거 운동 중 인종차별주의적 발언을 했음을 시사하는 악마의 편집 동영상을 올렸다. 보수 매체의 여러 작가가 트위터에 이 조작 영상을 공유했고, 그것은 삽시간에 퍼졌다. 약 4시간 만에 그것은 페이스북 및 웹사이트 포챈(4chan)과 레딧(Reddit)의 여러 스레드(thread: 인터넷의 뉴스 그룹에서 하나의 게시물과 그에 대한 답장을 한곳에 모아놓은 것—옮긴이)로 넘어간 상태였다. 그 시점에 우익 매체가—그리고 주류 언론 매체도—퍼뜨리기 시작했고, 그것을 폭로하는 뉴스에 이 동영상을 끼워 넣었다. (나쁜 아이디어!) 닉 코라사니티(Nick Corasaniti)는 이 사건에 대한 자신의 〈뉴욕 타임스〉 기사에서 "얼마 안 가 동영상의 허위 정보 유포를 억제하려는 모든 시도가 소용없다는 게 입증될 것"이라고 보도했다.[20] 동영상이 처음 인터넷 변두리에서 표면화한 지 단 하루 만에 한 유권자가 선거 유세에서 바이든에게 그에 관한 질문을 던졌다. 시스템이 밑바닥에 고인 더러운 물을 여과하는 대신 분출시키고 있었다.

허위 정보 경제

끝으로, 허위 정보는 하나의 사업 모델로서 자리매김했다.

내가 거론한 어떤 기술 변화도 내 어린 시절의 매체 환경이었다면 이토록 중요하지 않았을 것이다. 내 또래 사람들은 3개의 주요 TV 네트워크(그리고 오늘날의 기준으로는 부족했던 그들의 뉴스 보도), 2개의 주요 뉴스 잡지(그리고 거의 구분이 안 되는 그것들의 사설 논조), 도시마다 한두 개(그러나 그 이상은 절대 아니었다)의 주요 신문, 그리고 몇 안 되는 통신사에서 뉴스를 사들여 '텔레타이프로 송신된 자료를 읽는' 라디오 방송국을 기억한다. 당신이 미디어 '거물들'에 대한 향수를 느끼는지, 아니면 그것들이 없어져서 기쁜지는 제쳐두자. (그리고 두 가지 감정이 다 있대도 당연하다.) 게이트키퍼들이 그토록 소수이고 영향력이 컸던 데는 이유가 있었다. 정보는 공짜이고 싶어 할 수 있지만, 지식은 비싸기를—아주 비싸기를—원한다. 단 하나의 조사 보고 프로젝트나 학계의 논문도 전업 전문가 여러 명의 연구와 수만 달러, 흔히 그보다 훨씬 더 많은 예산을 필요로 한다. 반면 없는 일을 지어내는 건 싸다.

그럼에도 불구하고 수년간 현실에 기반을 둔 조직은 넘어설 수 없는 장점을 갖고 있는 듯 보였다. 콘텐츠의 보급이 생산보다 훨씬 더 많은 비용이 들었던 것이다. 디지털 이전 시대였다면, 누군가 힐러리 클린턴이 피자 가게에서 소아성애자 조직을 운영한다고 주장하려면 친구들에게 말하거나 전단지를 인쇄했을 테고, 그렇게 한다 해도 그 사람은 대개 무시당했을 것이다. 매체 소유주들〔가령 피닉스(Phoenix)에서 살던 어린 시절에 내 고향 신문들의 독점 발행인이었던 유진 풀리엄(Eugene Pulliam)〕이 기사를 왜곡할 수 있겠지만, 현실에서 완전히 벗어날 경우 그들의 사업과 평판은 무너졌을 터이다.

물론 가짜 뉴스는 존재했고, 사업가들은 거기서 이득을 볼 방안을 강구했다. 우리 세대 언론인들은 1979년부터 2007년까지 "클린턴, 가슴 3개인 인턴 고용", "힐러리 클린턴, 외계인 아기 입양", "동굴에서 발견된 박쥐 아이" 같은 흥미로운 헤드라인을 선사한 〈위클리 월드 뉴스(Weekly World News)〉를 기억한다. 1992년 정치꾼들은 〈위클리 월드 뉴스〉의 총애를 받는 '우주 외계인'이 빌 클린턴을 대통령으로 지지했을 때 조지 부시의 재선 캠페인이 곤경에 빠졌음을 알았다. 그러나 우주 외계인 기사를 위해서는 그 8월호에 얘기를 만들어낼 작가 및 편집자, 사진을 조작할 예술가, 음경 확대 광고를 알릴 영업 팀을 고용해야 했다. 그런 다음 인쇄비를 지불하고 슈퍼마켓의 진열대 공간을 사들여야 했다. 박쥐 아이는 유통 및 마케팅이 비쌌고, 독자가 제한적이어서 관심을 끄는 데 비용이 많이 들었다. 반면 AP(Associated Press)는 사방의 취재진이 작성한 보도를 묶어 전 세계 매체에 도매로 팔 수 있었다. 규모의 경제는 진짜 뉴스를 선호했다.

당연하게도 대기업 전성기에 현실 기반 미디어는 허위 정보에 대해 안이하게 생각했다. 가짜 뉴스의 수요도 그다지 많지 않고, 그것을 공급할 사업 모델도 없었다. 몇 세기 동안 정보 보급 비용이 하락하기는 했지만, 하룻밤 사이에 사실상 0으로까지 떨어질 거라고는 아무도 예측하지 못했다. 톰 휠러는 "한 예측에 따르면, 1메가비트(100만 비트) 파일을 온라인으로 전달하는 데 0.1센트가 든다"고 쓴다. 2018년 인도네시아의 한 마케터는 225달러면 2000개 이상의 웹사이트 네트워크에 기사—가짜든 진짜든 가리지 않고—를 발행할 수 있다고 〈데일리 비스트(Daily Beast)〉에 말했다. ("원하는 기사가 있다면 발행해드릴 수 있습니다. 하지만 유료입니다, 선생님.")[21] 그리고 정보 과부하 때문에 갑자기 주목도가 세계에서 가장 귀한 상품이 될 줄—그리고 그것에 대한 국제화 및 기계화한 입찰 전쟁이 뒤따를 줄—은 역시 아무도 예측하지 못했다. 2017년에 온라인 사용자들은 매일 300만 개의 미국 의회 도서관에 상응하는 양을 업로드했다고 휠러는 적는다. 디지털화가 신문 및 TV 같은 패키지형 미디어 제품을 개별화시키고, 이어서 소셜 미디어와 인터넷 플랫폼을 통해 배급을 탈중앙화시키고, 그런 다음—어쩌면 무엇보다 가장 놀랍게도—배급을 다시 중앙화시켰다. 그러나 이번에는 구글, 페이스북, 유튜브처럼 채신없는 이름을 가진 새로운 대기업의 수중에 들어가자 옛 대기업들이 불의의 습격을 당했다.

새로운 대기업들은 한창때의 〈애리조나 리퍼블릭(Arizona Republic)〉처럼 주(州) 전체에서 발행하는 이른바 평판 좋은 신문보다 정보를 달러로 전환하는 데 더욱 효율적이었고, 전통 매체를 조롱할 만한 양과 속도로 콘텐츠를 옮길 수 있었다. 그러나 중대한 차이가 있었다. 그들은 지식이 아닌 정보, 진실이 아닌 콘텐츠를 거래했다. 그들은 현실 확인을 위해 잠시 멈추는 법 없이 노출 고객 수와 클릭 수를 금전화했고, 따라서 전염성과 수익성은 폐쇄 루프(closed loop: 어떤 특정 루틴이 실행 상태에 들어간 채 빠져나오지 않고 끝없이 반복되는 것—옮긴이)였다. 진짜 뉴스의 경제적 이익은 증발했다.

물론 많은 사람은 현실 기반 콘텐츠(즉 '뉴스')에 웃돈을 지불할 것이다. 내가 이번 장의 원고를 쓰고 있을 때 〈뉴욕 타임스〉는 구독자 수 500만 명을 돌파했다며, 그중 대부분이 디지털 구독자라고 발표했다—〈뉴욕 타임스〉가 종이판만으로 여태껏 도달할 수 있었던 것보다 더 많은 독자다. 문제는 대부분의 독자가 뉴스 제작비를, 아니 적어도 대중이 늘어난 기대만큼의 많은 뉴스 제작비를 충당할 정도로 충분히 돈을 내지 않을 거라는 것이다. 〔디지털 미디어 권위자 프레데리크 필루(Frédéric Filloux)의 말대로 "당신은 뉴스를 제작하는 데 드는 비용을 못 받고 판다".〕 현실 기반 저널리즘의 사업 모델은 뉴스를 사용해 구독자를 사로잡고, 그런 다음 그 구독자를 광고주에게 파는 것이었다. 탈(脫)중개화가 광고를 구글과 페이스북 그리고 크레이그스리스트(Craigslist)로 이동시키면서 그 모델을 무너뜨리자 뉴스 취재는 적자를 내는 사업이 되었다. 현실 기반 뉴스 매체들은 떼를 지어 규모를 축소하고 문을 닫기 시작했다. 2018년 미국의 신문 발행 부수는 데이터 입수가 가능한 첫해인 1940년 이후 최저 수준으로까지 떨어졌다. 신문사의 광고 수익은 2008~2018년 62퍼센트 감소했고, 보도국 고용자

수는 거의 절반으로 하락했다.[22] 2018년 노스캐롤라이나 대학 허스먼 언론미디어대학원(Hussman School of Journalism and Media)의 보고서는 미국 전체 신문의 5분의 1인 1800여 개가 지난 14년간 사라졌고, 나머지 다수는 지역 소식이나 콘텐츠 원본은 거의 발행하지 않는 '유령' 신문이라고 밝혔다.[23] 사하라 사막이 확장되는 것처럼 뉴스의 사막이 공동체를 하나씩 집어삼켰다. 이 추세는 안정될 기미를 거의 보이지 않았다. 2020년대 초 고품질 뉴스가 사업을 유지하느라 고전하는 동안 의견, 분노, 파생된 보일러플레이트(boilerplate: 각종 문서에서 반복적으로 인용되는 부분—옮긴이), 디지털 배출물(digital exhaust: 인터넷 사용자들이 발생시키는 개인적 데이터)은 상업적 시장의 번영을 향유했다.

위키피디아의 구조

그리하여 현실은 디지털 시대에 심리학, 테크놀로지, 시스템 설계 및 경제학이라는 강력한 조합의 혜택을 받지 못한 채 힘겨운 싸움을 하고 있다. 사람들은 디지털 혁명이 어떻게 인쇄나 전신(telegraph) 또는 방송이 초래한 격변과 비교되는지에 관해서는 언쟁을 벌이지만, 그것이 게임체인저(game-changer: 전체 판도를 뒤바꿀 만한 인물이나 제품 또는 사건—옮긴이)임을 의심하는 경우는 아무도 없다. 물론 디지털 시대는 헤아릴 수 없이 많은 장점을 가져다줬지만, 참담하리만큼 실망스러운 것은 너무나 많은 소시오패시(sociopathy: 반사회적 태도—옮긴이)와 비열한 행동을 불러왔다는 점이다. 퇴역한 4성 장군 스탠리 매크리스털(Stanley McChrystal)이 샘 해리스와의 2020년 팟캐스트 인터뷰에서 "나는 ……에 충분한 출처가 있다면

…… 진실이 이길 거라는 긍정적 관점을 진심으로 갖고 있었습니다. 왜냐하면 그게 진실이니까요. 그게 맞는지는 지금까지 입증되지 않았습니다"라고 한 말은 많은 이들을 대변한 것이었다.

그런데 현재의 디지털 미디어 구조가 유일한 것일까? 반드시 그렇지는 않다. 이번 장의 나머지 부분에서 나는 대안들의 희미한 모습을 스케치하고자 한다. 잘못되어버린 것은 대부분 반사회적 시스템 설계의 결과다. 더 나은 설계는 가능하다. 우리는 그걸 알고 있다. 그런 설계가 존재하기 때문이다.

2000년 3월 지미 웨일스(Jimmy Wales)와 래리 생어(Larry Sanger)라는 두 사업가가 급진적이고 참신한 종류의 백과사전을 내놓았다. 사실상 모든 것에 관한 지식을 사실상 모든 사람이 바로 활용할 수 있게 디지털 기술을 이용한 백과사전이었다. 선견지명이 있었던 이 실험은 실패로 돌아갔다. 이름 하여 누피디아(Nupedia)의 문서 집필, 편집 및 동료 검토는 전문가와 현업 종사자들에 의해 이뤄졌다. 전통적인 백과사전이 모두 그렇듯 말이다. 그 전문가와 현업 종사자들이 무료로 일해달라는 요청을 받았다는 점을 제외하면. 첫해에 누피디아는 겨우 21개의 문서를 간신히 올리는 데 그쳤다.

하지만 누피디아로 실패를 맛보는 사이 웨일스와 생어는 누구나 실시간으로 온라인 콘텐츠를 편집할 수 있게 해주는 이른바 위키(wiki) 소프트웨어를 우연히 접했다. 누구든지 백과사전을 쓸 수 있게 해준다는 건 미친 짓으로 보였다. 개나 소나 글을 올릴 수 있다고 상상해보라! 하지만 위키피디아(Wikipedia)라는 이름의 이것은 첫 달에 200개, 첫해에 1만 8000개, 2007년 말 이전에 200만 개의 게시 글을 자랑하며 기하급수적으로 성장했다. 2020년에는 영어 버전만 600만 개의 문서, 35억 단어를 돌파했다. 1분마다 100개 넘게 편집된 것이다.[24] 게다가 이건 영어로 쓰인 문서만 쳤을 때 수치다. 위키피디아는 300개 이상의 언어판을 자랑했다. 게다가 품질도 전반적으로 높아서, 2005년 〈네이처〉의 과학 문서 42건에 대한 논평에 따르면 전문적으로 출판된 《브리태니커 백과사전》에 필적했다. 《브리태니커 백과사전》은 이러한 결론에 반박했지만, 위키피디아는 그에 뒤지지 않을 만큼 경쟁력이 있었다—세계에서 여덟 번째로 방문자 수가 많은 웹사이트였다. 2020년 언론인 리처드 쿡(Richard Cooke)은 위키피디아가 "상위 10위권에서는 유일하고 상위 100위권에서는 극소수뿐인 비영리 사이트 중 하나"라고 썼다. "그것은 광고로 도배하거나 사생활을 침해하거나 신나치(neo-Nazi) 트롤링의 온상을 제공하지 않는다." 기고자와 입력물이 엉뚱할 때도 있었다. 남성들이 우세한 공동체이기도 했다. 트롤러 및 바이러스와 씨름도 했다. 고군분투하며 간신히 연명하기도 했다. 야심적인 모든 일이 그렇듯 위키피디아에도 문제점은 있었다. 그러나 다른 주요 소셜 미디어를 괴롭혔던 실패와 폐단 같은 것은 전혀 아니었다. 쿡이 썼듯 "그곳은 초기 월드와이드웹(World Wide Web)의 희미한 유토피아적 불빛을 보유하고 있는 몇 안 남은 곳 중 하나다. 거의 전적으로 무급 자원 봉사자들이 쓴 인류의 지식 전체를 총망라한 무료 백과사전. **그것**이 효과 있었다는 게 당신은 믿겨지는가?"

확실히 위키피디아는 몇 가지 일을 제대로 해냈다. 일부는 소프트웨어의 창의적 사용과 관련한 것이었다. 그러나 진정한 탁월함은 사회적 설계 영역에 있었다. 철학자 리 매킨타이어는 "위키피디아는 자원 봉사자들을 기반으로 한 지식의 출처가 오류투성이일 것이며 어젠다를 가진 이들을 인질로 잡아둘 거라는 불길한 예측에 직면했음에도 불구하고 성공을 거뒀다"고 쓴다.[25] "하지만 실제로 벌어진 일은 많은 눈들이 모든 입력물을 지켜보며 곧 오류와 편향을 찾아냈고, 그 결과 그 자체로도 놀랍도록 신뢰할 만한 지식의 출처가 되었다는 것이다."

어떻게?

첫째, 위키피디아는 단지 플랫폼만이 아닌 공동체를 구축했다. 공동 창립자이자 정신적 지주인 지미 웨일스는 "위키피디아는 절대 기술적 혁신이 아니다. 그것은 사회적 혁신이다"라고 쓴 바 있다. "우리는 공동체를 어떻게 조직할지에 대한 기초 개념을 찾았다." 그는 계속해서 말했다. "사실은 굉장히 구식적인 유형의 참조 사항을 말하는 것이다. 좋은 글, 중립성, 신뢰할 만한 출처, 검증 가능성, 그리고 공동체에서 사람들의 행동에 관한 얘기. 일종의 마법적인 과정에 대해 말하고 있는 게 아니다. 품질이 중요하며, 그런 이상을 중심으로 사려 깊은 공동체가 등장한 것이다."[26]

공동체의 가치는 두 번째 뚜렷한 특징을 반영했다. 바로 공동체가 현실에 기반을 뒀다는 점이다. 대부분의 소셜 미디어와 달리 위키피디아는 각 주제마다 한 페이지만 허용했다. 다툼하는 현실, 개인화한 현실, 혹은 파편화한 현실은 없었다. 다양한 사람에게 다양한 페이지를 제공하는 알고리즘도 없었다. 당신이나 나나 다른 모든 사람이 똑같은 것을 본다.

모든 페이지의 콘텐츠에 전부 동의했다는 말을 하려는 게 아니다. 천만에 말씀. 많은 입력물에 활발하고 가끔은 열띤 논쟁을 주최하는 토론 게시판이 수반됐다. 〔한 악명 높은 편집 전쟁은 그단스크(Gdansk: 폴란드 포모르스키 주의 주도—옮긴이)라는 도시명을 두고 몇 년간 격렬하게 불타올랐다.〕 그러나 참가자들은 같은 것에 대한 다른 시각을 두고 언쟁을 벌였다. 경합성 훈련을 자처한 것이다. 하나의 현실 기반 공동체가 존재하며, 위키피디아는 거기에 합류했다.

공동체의 다른 분야처럼 위키피디아 사람들의 공유된 현실에 관한 대화는 탈중심적이었다. 어떤 내용을 새로 입력하거나 편집할지 아무도 그들에게 지시하지 않았다. 공동체는 "상의하달식 권력을 찬탈해 개개인에게 권한을 부여하고 예전에는 서로 다른 소셜 네트워크에 고립되어 있었지만 인터넷으로 결합한 개개인의 미개발된 예전 노동을 이용한다"고 앤드루 리(Andrew Lih)는 쓴다.[27]

이것은 맨 처음 월드와이드웹이 약속했으나 지키지 못했던 비체계적·반(反)위계적 유토피아처럼 들린다. 하지만 좀더 자세히 살펴보면 탈중심이 비체계와는 같지 않다는 점을 당신은 즉각 알아차릴 것이다. 정반대다. 위키피디아에는 위계질서와 게이트키퍼, 원칙과 규범, 정당한 절차와 책임이 있었다. 예를 들어보자. 누구나 편집을 하고 그 편집한 내용을 원상태로 돌리거나 수정할 수 있지만 사이트에는 폭력적인 사용자를 차단하고, 문서를 삭제하고, 삭제한 것을 철회하고, 반달리즘(vandalism: 온라인에서 익명성을 악용해 타인의 명예를 훼손하고 그들의 유·무형 자산을 파괴하는 행위—옮긴이)의 표적이 된 페이지를 잠글 수 있는 관리자들이 1000명 넘게 있었다. 또한 이른바 관료(bureaucrats), 즉 관리자에게 특권을 부여하고 내용을 철회할 수 있는 소수의 슈퍼(super) 관리자도 있었다. 믿을 수 있는 관리자로 구성된 일종의 대법원인 중재위원회도 있었다. 관리자는 공동체가 자체적으로 설정한 규칙에 따라 공동체의 심사를 받았는데, 어떤 때는 "고려 대상이 되는 데만 1000건 이상의 편집과 최소 3개월의 경험을 요구하기도 했다"고 리는 썼다. 다른 현실 기반 공동체가 그렇듯 경험과 실적이 중요했다. 인터넷에 접속할 수 있는 사람이면 누구나 문서를 기고하거나 편집할 수 있었지만, 기성 편집자들이 임시 기고자보다 훨씬 더 큰 영향력을 행사했다.

위키피디아는 또한 다른 현실 기반 공동체처럼 객관성 개념을 심어줬다. 기고자들은 개인의 편견은 접고 중립적 시각에서 쓰려고 노력해야 한다. 그러나 다시 한번 다른 현실 기반 공동체처럼 위키피디아는 초인적인 객관성 유지를 개개인에게 의존하지 않았다. 오히려 다른 공동체 구성원에 대한 여러 층위의 책임을 구축했다. 주장 및 사실은 페이지를 보는 사람이 누구나 체크할 수 있는 평판 좋은 출처를 밝혀야 했다. 불충분한 출처를 발견한 사람은 {{citeneeded}}라는 태그를 추가할 수 있었다. 입력물마다 편집과 수정을 전부 보여주는 관련 페이지가 있어 모든 변경 사항을 특정 사용자로 추적할 수 있었다. 자동 알림 기능은 편집자들이 페이지에서 악의적이거나 출처 불명의 행동을 실시간으로 감시할 수 있도록 해줬다. 익명의 기고자는 새 페이지를 만드는 것 같은 일부 민감한 특권을 거부당했다. 폭력적인 이들을 차단하거나 쫓아낼 수도 있었다.

이 모든 대처가 책임을 위한 것이라면 공동체는 누구에 대해 책임을 졌는가? 당연히 스스로에 대해서다. 다른 현실 기반 공동체처럼, 그곳은 스스로에 관해 논쟁했다. 입력물마다 동반되는 토론 페이지를 통해, 논란을 일으키거나 경박한 입력물을 제거할지 여부에 관한 '삭제용 문서' 회의를 통해, 그리고 어떤 콘텐츠를 포함하고 말지에 관한 '포함파'와 '삭제파' 사이의 논쟁을 통해.

위키피디아의 큐레이션(curation)은 말 그대로 책임자가 없기 때문에 참가자들의 집착과 맹점을 반영했다. 리처드 쿡은 편집자들의 취향이 "사이트가 대수롭지 않은 영역을 깊이 파고들도록—다양한 종류의 자수(embroidery, 刺繡) 소프트웨어 수십 개에 대한 철저한 세부 사항, 안경 쓴 농구 선수들에게 할애한 목록, 〔그리고〕 아프가니스탄의 유일한 돼지인 칸지르(Khanzir)에 대한 간단하지만 감동적인 전기적(傳記的) 개요—몰아갈 수 있다"고 쓴다. 여기서도 역시 다른 현실 기반 공동체에서처럼 자기 수정의 요소가 있었다. 더 많은 접속자와 편집자가 더 많은 이들이 관심 갖는 페이지들로 흘러간 반면, {{citeneeded}} 태그와 이른바 스터브 입력물(stub entry: 텍스트가 너무 적거나 아예 없는 미완성 입력물—옮긴이)은 틈새에 주목했다. 중요하지 않은 세부 사항도 게시되었지만, 무관심으로 인해 그것은 계속 주변부에 머물렀다. 일반적으로 자유과학이 그렇듯 공동체는 스스로를 조직했다. 통제는 없지만 방향도 없지는 않았다.

이런 모든 조치에도 불구하고 위키피디아의 가장 성가신 문제는 바로 소셜 미디어 특유의 반달리즘과 출처 불명의 행동이었다. 사기를 치고, 중상모략을 하고, 자기 홍보를 하고, 광고를 하고, 아니면 그냥 트롤링을 위해 누구나 노골적인 방식이든 아니면 교묘한 방식이든 아무 입력물이나 바꿀 수 있었다. "반달리즘이 없도록 유지하려면 위키피디아의 이면에 다수의 헌신적인 사용자와 관리자가 필요하다"고 앤드루 리는 쓴다.

다행히 그런 헌신은 싸게 먹혔고—사실은 공짜다—평범한 사람들이 그것을 제공할 수 있었다. 쿡은 이렇게 썼다. "위키피디아의 영웅들은 자기 분야의 거물이 아닌 이른바 위키요정(WikiGnome)—오자를 청소하고, 깔끔하게 분류된 파일의 문서를 정리하고, 반달리즘을 훑어내는 편집자—이다. 이 작업은 생색나지 않을 때가 많지만, 즐거움이 없는 것처럼 보이지는 않는다. 그것이 위키피디아 사용자들의 공통된 출발점이며, 많은 이들이 기꺼이 거기 머문다."

그런 측면에서 위키피디아의 노동력은 독특하게도 아마추어였고, 다른 현실 기반 공동체 대다수를 특징짓는 전문성과는 현저한 대조를 이뤘다. 그러나 좀더 면밀히 조사해보면, 그 차이는 그다지 두드러지지 않았다. 위키피디아의 사회적 규범과 장려책은 집단적 진실성 개념을 주입시켰고, 작업을 수행하는 옳고 그른 방식을 규정했다. 기고자들은 자신이 가장 잘 아는 것에 끌리기 때문에 비공식적이지만 전공(專攻)과 전문 지식이 생겨났다. 위키피디아는 전통적인 직업들이 제공하는 조회, 기준 설정 및 훈련의 일부를 비공식적으로 복제했지만 경비는 덜 들인, 창발적 전문성에 대한 학습이었다고 할 수 있다.

한 걸음 물러나 바라보면, 위키피디아는 다른 현실 기반 공동체처럼 여러 관점을 단일한 누적된 현실에 기울이도록 한 다음, 거기에 비판적인 대화—경합성—를 강제하고 상호 설득의 방향으로 나아가도록 만듦으로써 성공했음을 알 수 있다. 위키피디아의 사용자 지침엔 이렇게 적혀 있다. "토론에서 결론이 나지 않을 때 논쟁에 더 큰 관심을 끌어 모으면 타협으로 이어질 수 있다. 제삼자의 의견을 구하거나 논평 요청을 시작할 것을 고려해보라. 그 분쟁을 잘 알고 있는 중립적인 편집자들이 터무니없는 편집을 억제하는 동시에 그 분쟁에 관한 합의를 구축하도록 도움을 줄 것이다." 이 말은 흡사 자유과학처럼 들린다.

요컨대 위키피디아는 지식의 헌법을 어떻게 온라인으로 가져올지 알아냈다. 스스로를 현실 기반 공동체의 축소판으로 만들고, 공동체의 책임을 구현했다. **오류가능주의**: 누구든지 언제나 수정당할 수 있고, 지식의 행렬에서 어떤 입력물도 최종은 아니다. **객관성**: 진리는 개인적인 것이 아니라 공적인 것이며, 당신이나 내가 안다고 주장하는 게 아니라 우리가 서로에게 우리가 안다고 설득하는 것이다. **부당성 증명**: 우리는 오류를 정정함으로써 진리를 찾는다. **책임성**: 우리는 다른 사람들에게 대답하고, 우리의 주장을 정당화해야 한다. **다원주의**: 우리는 우리의 편견이 서로 맞붙게 함으로써 그것을 중립화시킨다. **예의**: 우리는 침착하고 사심을 배제한 대화를 유지하려고 노력한다. **전문성**: 자격증, 전문 지식 및 실적이 중요하다. **조직주의**: 개인들은 왔다 가지만, 공동체는 탐구를 체계화하고, 기준을 발표하고, 가치를 가르치고, 지식을 보관하고, 구성원을 연결하고, 명예를 부여하는 등의 일을 하면서 지속된다. 〔비영리 단체인 위키피디아는 단지 온라인에서뿐 아니라 그 자체로도 제도가 되었다. 참여자들은 모임을 개최하고, 전 세계에서 연례 위키마니아(Wikimania) 콘퍼런스에 모여든다. 여기서 그해의 위키미디언(Wikimedian)을 지명한다.〕 **헛소리 금지**: 우리는 재미나 광고, 그 밖의 다른 것 때문이 아니라 진실하기 위해 이곳에 있다. 정확성이 첫 번째 임무다.

'플랫폼' 그 이상은 아니다

문제는 대부분의 소셜 미디어가 재미와 광고, 그 밖의 모든 것을 하기 위해 **존재한다**는 것이다. 위키피디아는 광고도 수익도 아닌 사실을 기반으로 한다. 그것은 상업적이지 않다. 모두에게 개인 맞춤형 피드가 아닌 동일한 현실을 보여준다. 그것의 규칙은 습득해서 나머지 디지털 영역으로 이식할 수 없다. 대부분의 디지털 영역이 지식업계에 있지 않기 때문이다.

맞다. 그렇다면 목표로 되돌아가보자. 대체로 디지털 영역은 사실을 추구하고 오직 진실 친화적이어야 할 필요는 없다. 소셜 미디어가 위키피디아와 같아야 할 이유는 없지만, 위키피디아에서 배울 수는 있다. 이미 그렇게 하고 있다. 가령 트위터는 버드워치(Birdwatch)—위키피디아가 모델이다—라는 새로운 공동체 피드백 툴(tool)을 시작해, 자격을 갖춘 사용자들이 자신이 생각하기에 틀렸거나 오도하는 트윗을 파악해서 주석을 붙이고 다른 참여자가 붙인 주석의 질도 평가할 수 있게 했다.[28] 우리는 소셜 미디어 조직이 지식의 경계를 넓히길 바라지 않는다. 그저 그들이 사실의 반대편 대신 사실 쪽으로 기울어지길 바랄 뿐이다. 그것은 훨씬 더 적은 요구다—부분적으로는 공개 기미가 보이는 모든 것에 대한 디지털 세계의 문화적 혐오감 때문에 여전히 어렵기는 하지만 말이다.

2016년경까지 디지털 세계의 운영진과 기술자는 인식론적 가치를 나중에 생각하면 되는 것으로 다뤘다. 그들이 거기에 대해 생각해본 적이 있다면 말이다. 무엇을 포스팅하거나 믿을지 사람들에게 지시한다는 건 불쾌한 생각으로 보였다. 1000송이 꽃이 피어나게 하라!(다양성을 존중해 문화가 꽃피우게 하자는 뜻—옮긴이). 온라인 표현의 감시 활동은 우리 임무가 아니다! 그러나 2016년 허위 정보와 자동화 그리고 조작이 겹치면서 더할 수 없이 나빠진 상황은 소셜 미디어와 이른바 플랫폼을 새로이 냉엄한 시선으로 보게 만들었다.

대규모 소셜 미디어 조직은 분명 신문이 아니며, 학술지는 더더욱 아니다. 그리고 그 정체 중 하나는 분명 플랫폼, 말하자면 사용자가 제공하는 콘텐츠를 위한 공개 포럼이다. 그러나 가장 눈에 띄는 사례를 들었을 때 페이스북은 단순히 플랫폼만은 아니다. 그것은 공동체이기도 하며, 공동체는 반사회적 행동이 미친 듯 날뛰면 붕괴하고 만다. 그것은 기업이며, 기업은 고객이나 주변 사회에 독이 될 경우 지속할 수 없게 된다. 그리고 그것은 전통적인 출판사들이 그러하듯 독자에게 콘텐츠를 일괄 포장해 배포하며 그 독자들의 관심을 광고주에게 판다.

플랫폼 기능은 콘텐츠 규제를 거의 혹은 전혀 내비치지 않는다. 그러나 나머지 세 기능은 콘텐츠 규제를 **요한다**. 만일 사용자가 다른 사용자에게 겁을 주고, 광고주를 쫓아버리고, 브랜드에 독이 되고, 체계적인 거짓 내용으로 네트워크를 뒤덮는다면, 그 조직은 무엇을 얼마나 눈에 띄게 유통시킬지에 관한 선택을 하지 않을 수 없다. 어떤 콘텐츠는 다른 콘텐츠보다 더 알려야 할 것이다. 판정도 내려야 할 것이다. 어떤 경우는 콘텐츠나 사용자를 전면 배제시켜야 할 것이다. 간단히 말해, 구식 미디어의 킬러앱(killer-app: 새로운 테크놀로지의 보급에 결정적 계기가 되는 인기 소프트웨어나 애플리케이션—옮긴이) 기술에 상응하는 것을 찾아야 한다. 바로 편집이다.

이번 장을 쓰는 동안, 〈워싱턴 포스트〉의 한 헤드라인이 내 눈에 들어왔다. "페이스북, 애초에 허용했던 기만적인 트럼프 선거 운동 광고를 내리다." 대통령의 선거 캠프 측이 페이스북 사용자들에게 "오늘 2020 국회의원 선거구 공식 인구 조사에 참여하세요"라고 권고하는 광고를 냈는데, 사용자들이 클릭을 했더니 진짜 정부 인구 조사가 아니라 정보를 수집하고 돈을 요구하는 선거 운동 조사로 연결되었다. 페이스북은 처음엔 광고를 허용했지만, 하원의장이 불평하자 "미합중국 공식 인구 조사를 둘러싼 혼란을 방지하고자 마련한 정책이 있고, 이는 시행 중인 그러한 정책 중 한 사례다"라면서 입장을 180도 바꿨다. 좋든 싫든, 그리고 어떤 딱지를 붙이든, 페이스북은 구식 미디어에 익숙한 사람들이 편집상의 판단이라 부르는 것의 한 버전을 실행하고 있었다. 2020년에 페이스북은 절대 단순한 '플랫폼'이 아니었다. 하루 10억 개 이상의 포스트를 차단하고 페이스북의 정책에 기초해 결정을 내리는 수천 명의 콘텐츠 모니터 요원에게 문제 있는 포스트를 보내기 위해 알고리즘과 사람 및 공동체 깃발에다 심지어 하원의장의 불평까지 활용했다.

이런 예는 더 많다. 허위 정보가 자사 상품의 진실성을 위협한다는 걸 깨달은 페이스북은 외부 팩트 체크(fack-check) 팀에 눈에 띄는 사실과 관련한 주장을 전송하는 시스템을 구축했다. 어떤 포스트를 거짓이라고 평가하면, 페이스북은 사용자의 뉴스 피드에서 그것을 강등시켰다. 문제의 콘텐츠를 검열하는 게 아니라 노출을 줄인 것이다—그리고 회사에 따르면, 그럼으로써 네트워크 전체에 걸쳐 확산 속도를 80퍼센트만큼 늦춘다. 만일 누군가 나쁜 정보를 공유하려 한다면, 이 아이템이 팩트 체크에 실패했다고 조언하며 더 나은 정보로 연결하는 팝업창을 띄울 것이다. 리자이나 리니(Regina Lini)는 〈뉴욕 타임스〉에 "이 사용자 중 어느 누구도 논란 있는 사실이 담긴 이야기의 포스팅을 금지당하지 않는다"고 썼다. "그러나 그들은 자신이 공유하고 있는 내용이 거짓이거나 오도할 소지가 있다는 점을 알아야 한다."[29] 만일 어떤 사용자가 오해의 여지가 있는 정보를 어쨌든 공유했다면, 그다음 사람이 그것을 보려 할 경우 경고창("부분적으로 잘못된 정보입니다—독립된 팩트 체크 팀이 점검했습니다")과 정보 링크("이유를 알아보세요")를 통과해야 클릭할 수 있다.

검색 및 광고의 거대 기업인 구글은 자체적으로 인식론적 방호책과 과속 방지턱을 채택했다. 외부 팩트 체크 팀과 파트너십을 맺고, 검색을 통해 검증된 뉴스 문서에 딱지를 붙이고, 그것을 알리는 데 그들의 결과를 사용한 것이다. 또한 결과와 함께 게시물이 다루는 주제, 그 게시물이 받은 판정에 관한 정보를 보여주는 식으로 검색 결과에 뉴스 발행인에 관한 내용도 포함시켰다. 기만적인 발행인한테는 애드센스(AdSense: 웹사이트 소유자에게 광고 수익을 나눠주는 구글의 광고 프로그램—옮긴이)의 접근권을 차단해 수입원을 끊었다. 어떤 종류의 광고—가령 미심쩍은 의료 광고—는 일체 금지시켰다. 검색 결과에서 특정 유형의 허위 정보는 끌어내렸다. 그 외에도 많다. 구글 대변인에게 자사의 허위 정보 방지 조치에 대해 문의하자 그녀가 보내온 목록은 여러 페이지에 달했다.

유튜브, 트위터 및 다른 소셜 미디어 기업은 빅 투(Big Two: 페이스북과 구글—옮긴이)보다는 덜 신속했지만 자체 가드레일을 개발하느라 분주했다. 핀터레스트(Pinterest)는 예방 접종 관련 검색에서 자격 요건을 갖춘 현실 기반 공중 보건 단체의 포스트만 보이도록 했다.[30] 트위터는 커뮤니티 등급 평가와 실시간 허위 정보 경고를 궁리했다.[31] 뉴스가드(NewsGuard)와 듀크 대학 리포터 연구소(Duke University Reporters' Lab) 같은 서드 파티 개발자(third party developer: 다른 회사 제품에 쓰이는 소프트웨어나 하드웨어를 개발하는 회사—옮긴이)는 사용자를 팩트 체크 완료 정보와 현실에 기반한 취재원으로 끌어들이기 위해 자동 장치를 투입하기 시작했다.[32] 그 외에도 디지털 미디어를 사실 쪽으로 기울 수 있도록 재분류하는 온갖 종류의 노력—대기업과 소기업, 대학과 연구 기관, 개발자와 혁신가에 의한—이 있었다.

사실을 위한 설계

2020년 시점부터 진실 친화적 인터넷이라는 개념은 상상의 나래를 펼쳤다. 위키피디아는 바로 그것의 성공이 특별했던 탓에 축하를 받았다. 페이스북이 몇 움큼의 혁신과 개입 그리고 즉흥적인 조치를 발표하기는 했지만, 가짜와 분노의 쓰나미를 넘어서는 게 낙관적이라고 느끼는 전문가는 많지 않았다. 페이스북은 콘텐츠 감시단 인력을 2배로 늘렸고, 다시 2배로, 또 그 2배로 늘릴 터였다. 그러나 콘텐츠를 필터링하는 인간의 능력은 산술적으로 증가하는 반면, 허접한 콘텐츠와 가짜 계정을 양산하는 봇의 능력은 기하급수적으로 증가한다. 페이스북은 2018년 단 6개월 만에 수십억 개의 사기 계정을 식별해 제거했다. 그것은 잘한 일이었지만,

순전히 그 수치만으로도 얼마나 쉽게 수십억 개가 더 생겨날 수 있는지를 시사했다. 그리고 이는 페이스북만 쳤을 때 그랬다. 얼마나 많은 전략과 기술을 더 모아야 허위 정보 기술을 따라잡을 수 있을까?

정답은 아무도 알 수 없다는 것이며, 나도 물론 아는 척하지 않겠다. 하지만 어느 정도 전체적인 윤곽은 파악할 수 있게 되었고, 희망을 갖고 낙관할 이유도 있다—우리가 문제를 정확히 이해한다면 말이다.

마법의 해결책이 없을 거라는 점은 확실해 보인다. 위키피디아는 몇 가지 중요한 점을 제대로 이해하며 시작했다. 처음부터 단일한 현실 그리고 중립성과 객관성의 규범에 전념했고, 스스로를 '플랫폼'이 아닌 공동체로 이해했다. 이런 점에서 그것은 현실 기반 공동체의 일부로 거듭 났다. 하지만 나머지는 시행착오와 진화 그리고 논쟁의 산물이었다—자유 과학 자체가 그랬듯.

나머지 디지털 미디어 세계에서 진실 친화적이 된다는 것은 훨씬 더 유기적이고 예측할 수 없는 일일 것이다. 거기에는 정책 구조, 법률 구조, 제품 구조, 그리고 특히 사회적 구조의 변환이 포함될 것이다. 그런 구조를 시행하려면 느린 인간의 판단과 빠른 기계화가 필요하며, 2020년 페이스북과 구글 같은 곳에서 이미 발명해 효율적으로 사용해온 인간-기계 파트너십이 필요할 터이다.

정책 진영에서는 많은 종류의 기업 및 조직이 사용자가 업로드하는 콘텐츠에 경계를 둘 것인지, 경계를 둔다면 어떻게 둘 것인지, 얼마만큼의 익명성이 과도한 것인지, 표현의 자유의 책임을 어떻게 정의하고 얼마만큼 비중을 둘지, 솔직함과 폭력 사이의 경계선을 어디에 그을지 같은 문제를 가려냈다. 법률 진영에서는 인터넷 기업을 사용자 생성 콘텐츠에 대한 민사 책임으로부터 보호하는 미국 통신품위법(Communications Decency

Act) 230조—오프라인 발행인은 이용할 수 없는 면제 조항으로, 사람들의 시각에 따라 온라인상에서 표현의 자유가 꽃피우게 하든가 온라인상의 괴롭힘과 사기에 동의했다—의 미래를 두고 격렬한 공방이 벌어졌다. (양쪽 시각이 모두 일리가 있었다.) 일부 나라, 특히 유럽 국가들은 디지털 미디어가 콘텐츠를 감시하고 혐오 뉴스나 가짜 뉴스를 끌어내리도록 하는 법령을 채택했다—미국 헌법에는 저촉되는 접근법으로, 합법적인 온라인 대화는 어쨌든 위축시키지만 기발한 트롤러를 막아내기에는 지나치게 융통성이 없어 보였다. 〔2018년 〈이코노미스트〉가 보도했듯 독일에서는 "그 규모에 압도되고 많은 벌금……을 초래할 것을 의식해 소셜 미디어 기업들이 지나치다 싶을 정도로 검열을 하고 있다". 금지된 트윗에는 온라인증오표현법(online hate-speech law)을 도입한 바로 그 장관의 트윗도 포함되었다.〕 어쨌든 법적 논쟁 역시 겨우 시작일 뿐이었다.

2019년 팟캐스터 샘 해리스와의 인터뷰에서 트위터 창립자이자 CEO 잭 도시(Jack Dorsey)는 정책 설계보다는 제품 설계로 허위 정보와 온라인 폭력 행위에 맞선 전투에서 더 많은 승리를 거둘 것이라고 말했다. 그것은 온라인과 오프라인 양쪽의 경험으로 입증된 강력한 통찰이었다. 가령 위키피디아의 경우, 규칙과 정책을 면밀히 설계했지만, 적어도 그 성공의 상당 부분은 책임과 오류 정정 그리고 설득 등을 장려하는 인센티브를 가진 구축 방식 덕분이었다. 이런 통찰에 영향을 받은 잭 도시는 팔로워 수를 강조한 트위터의 초기 설계 결정은 걷잡을 수 없이 관심 끌기 행동을 부추겼으므로 실수였다고 말했다. 그리하여 2019년에 잭 도시는 사용자가 유명인이 아닌 대화와 화제를 팔로하도록 도와주는 변화에 대해 말을 꺼내기 시작했다. 그는 또한 성과적이고 과시를 지향하는 콘텐츠와 감정적이고 경솔한 공유를 부추기는 '좋아요' 버튼도 유감스럽게 생각했다.[33] 그의 숙고가 어떤 결과를 보일지는 어느 누구도 확실히 모르지만, 진실 친화성과 친사회적 인센티브를 디지털 미디어 제품에 구축한다는 생각만으로도 새로운 가능성의 국면을 열었다.

예를 들면, 소셜 미디어가 어디서나 즉시 콘텐츠를 전파하도록 설정한 것은 신중하지 못했다. 즉시성은 본질적으로 충동과 분노와 충격 효과를 선호했다. 왜 사용자의 포스트가 가동되기 전에 대기 기간을 포함시키거나 적어도 사용자에게 선택권을 주지 않았을까? 속도를 늦추면—저스틴 코슬린(Justin Kosslyn)의 표현대로, 마찰을 도입하면—좀더 천천히 반응하는 우리의 정신 회로를 모아들일 시간이 생기고, 이 회로들은 더 이성적이고 덜 감정적이다.[34] 왜 일시 중지 도중에 내가 공유하고 있는 어떤 링크가 팩트 체크에서 낙제점을 받았는지 말해줄 수 있는 알고리즘에 포스트를 전송하지 않았을까? 아니면 터무니없는 장난이 내 삶을 막 망치려 할 때 내게 경고해줄 수 있는 내 개인적인 사회적 편집자 패널로 두세 명의 친구들을 지정하게 해주든지 말이다. '좋아요' 버튼 옆에 (아니면 혹시 그것 대신에) 내가 포스트의 정확성을 평가할 수 있도록 해주는 '맞아요' 버튼은 어떤가? 진실성으로 포스트를 평가할 가능성—그리고 내 포스트가 타인에 의해 평가받으리라는 걸 알 가능성—이 전염성이 아닌 정확성에 신경 쓰라고 내게 은근슬쩍 유도할 것이다. 그뿐만 아니라 시스템이 기계 학습과 외부 팩트 체크의 도움을 받아 사용자에게 인식론적 신용 평점을 줄 수도 있다. 신뢰도 평점이 높으면 황금 별 딱지를 받아 가시성이 더 높아질 수 있다. 진실성의 평판을 구축할 이유가 있는 것이다.[35]

이런 개념을 띄우는 요점은 그것들이 효과가 있을 거라고 예측해서가 아니다. 핵심은 인식론적 가치를 염두에 둔 디지털 미디어 설계에 대해 한번 생각해보자는 것이다. 트위터는 선거와 코로나19 팬데믹에 관한 허위 정보의 물결을 막으려 했던 2020년 11월에 사용자들이 허위나 오보라고 평가된 포스트를 공유하려 할 경우 경고하는 알림 문구를 도입했다. 알림에는 굵은 글씨체로 "이것은 논쟁의 여지가 있습니다"라고 적혀 있었다. "트위터가 신뢰할 만한 정보 공간으로 유지될 수 있도록 도와주세요. 공유하기 전에 좀더 알아보세요."[36] 그래도 사용자들은 리트윗 버튼을 누를 수 있지만, 그에 앞서 생각해봐야 할 것이고, 그중 일부는 더 알아보라는 제안을 받아들일지도 모른다. 사용자들이 더 많은 정보에 근거한 선택을 할까, 아니면 경고 때문에 나쁜 정보에 더 관심이 쏠리는 역효과를 낳을까? 시행착오만이 밝혀줄 것이다. 중요한 점은 소셜 미디어 기업과 개발자 그리고 연구자들이 진실 친화적 혁신을 고민하고 시험해보고 있다는 것이었다.

인터넷 3.0

그럼에도 불구하고 정책 및 제품 설계만큼이나 중요한 것은 어쩌면 가장 큰 변화를 일으킬 진실 친화적 기술이 사회적 기술, 다시 말해 **제도**라는 점일 터이다.

웹 버전 1.0은 제도적 사고에 대해 이념적 알레르기가 있었다. 그것은 초(超)민주주의적으로 뒤죽박죽 뒤섞인 상태를 칭송했다. 온라인 경쟁은 지속되는 동안은 재미있었지만, 소수의 거대 기업은 존 록펠러(John D. Rockefeller)도 현혹했을 법한 효율성으로 검색, 광고 및 소셜 미디어를 신속하게 통합시켰다. 2020년에 구글은 검색-광고 시장의 4분의 3 이상을, 구글과 페이스북은 합쳐서 미국 디지털 광고 전체의 절반 이상을 좌우했다. 유튜브 그리고 마이크로소프트와 트위터 같은 몇몇 두 번째 주자들이 자신의 영역에서 거의 그에 상응하는 우위를 차지했다. 웹 2.0 시대에 미국 서부는 맨 처음 월드와이드웹의 자유지상주의적 고객층도 기겁하고 경악할 만큼의 기업 도시가 되었다. "인간의 새로운 종류의 집단적 상상력으로 가는 …… 새로운 관문이 될 거라고 내가 생각했던 이 도구들이 결국 정반대가 되어버렸습니다"라고 미디어 평론가 더글러스 러시코프(Douglas Rushkoff)는 팟캐스터 샘 해리스에게 말했다.[37] 많은 사람은 디지털 미디어 거대 기업들이 마치 비체계적인 정보 공간의 수동적 공급자인 양 여전히 그들을 플랫폼이라고 얘기했지만, 실제로 그들은 책임이나 투명성 심지어는 자신이 무얼 하는지조차 종종 알지 못한 채 적극적으로 정보의 흐름을 전달하고 형성했다.

내가 이번 장을 쓰는 동안 플랫폼들, 아니 적어도 중요한 플랫폼들이 제도적 트래핑(trapping)을 채택하기 시작한 시대인 웹 3.0으로의 전환이 이미 진행 중이다. 그들은 스스로 및 자신의 사용자를 친사회적이고 진실 친화적인 행동으로 이끌 규범과 인센티브를 개발하는 작업에 열심이다. 물론 그 변화는 특히 인터넷을 해방구로 보았던 사람들에게는 심각한 단점을 수반한다. 어느 누구도 소수의 기업이 축적하고 있는 권력, 혹은 그들 사업 모델의 착취적 양상에 대해 완전히 기분 좋을 리는 없다. 그러나 제도화에는 장점도 있다. 웹 3.0과 함께 19세기 말의 황색 신문(yellow press)에서 20세기의 더 전문화하고 사실에 기반한 저널리즘으로의 전환—혹은 어림짐작과 약장수들의 분야에서 촘촘한 네트워크로 이뤄진 사실을 지향하는 전문직으로 넘어간 의학의 전환—과 비슷한 어떤 변화를 기대할 수 있다. 디지털 미디어는 인쇄업자보다는 발행인에 더 가깝게 행동하기 시작했다. 진실의 적이 되어서는 번성할 수 없으며 중립적이 될 수도 없다는 것을 깨달은 것이다. 부분적으로는 자신들이 원해서이기도 하지만, 대부분은 그래야만 했기 때문에 그들은 인식론적 기준과 규범을 공들여 만들기 시작했다.

눈에 띄는 사례는 어떤 콘텐츠를 제거하거나 끌어내릴지 결정할 외부 위원회를 수립하기로 한 페이스북의 선구적 결정이었다. 수백만 건의 편집 결정을 하기에는 노하우와 신뢰성 둘 다 부족하다는 것을 깨달은 페이스북은 2018년 말 콘텐츠에 관한 까다로운 결정을 내릴 별도의 전문가단을 지명하겠다고 발표했다. 이른바 감독이사회는 자체 내규, 관리 방식 및 직원이 있고, 독립된 신탁 기금으로 관리되며 재정 지원을 받게 될 것이다. 구성원은 행동 강령의 적용을 받고, 위반하면 신탁 관리자에 의해 해고될 수 있다. 이사회는 내용이 삭제되었다는 사용자들의 항의와 아울러 페이스북 자체가 언급한 '중요하고 어려운' 사례를 해결할 것이다. 페이스북은 이들의 결정을 준수할 의무가 있으며, 이것을 발표해 모든 이가 읽고 토론해서 일관적인 전례를 구축할 수 있도록 할 것이다. "이사회가 검토할 수 있는 유형의 콘텐츠는 내규에 기술된 그룹(Groups)과 페이지(Pages)처럼 시간이 지나면서 늘어날 것"이라고 페이스북은 밝혔다. "감독이사회는 활발하게 활동할 예정이다. 사람들의 페이스북 사용 방식 변화에 계속 빠른 반응을 보여야 할 필요가 있다."[38]

특히 흥미로운 요소는 감독이사회와 페이스북이 서로를 적극적으로 견제하고 균형을 유지할 수 있도록 이사회가 페이스북에 정책 변화를 권고할 수 있다는 점이다. 바로 제임스 매디슨한테 친숙한 개념이다. "독립체 각각이 진화하고, 그들이 서로 어떤 관계를 갖는지도 시간이 흐르면서 진화할 것"이라고 페이스북의 브렌트 해리스(Brent Harris)는 인터뷰에서 내게 말했다. 그리고 이사회의 독립적 구조는 다른 콘텐츠 호스팅

(hosting) 회사들의 참여를 허용하도록 설계했다. "사람들이 살펴보고 '지금 이뤄지는 방식보다 이게 낫네요. 우리도 이것의 일부가 되고 싶어요'라고 말할 만한 것을 우리가 구축하고 있다는 희망에 차 있습니다"라고 해리스는 말했다.

소셜 미디어 맥락에서 봤을 때 페이스북의 감독이사회는 극적인 혁신이었다. 그러나 기준을 개발하고 혼란에서 질서를 가져오기 위해 전문가 조직을 꾸린 사례로는 영국학술원, 미국의학협회, 미국신문편집자협회 및 수많은 다른 단체의 설립과 유사하다. 바꿔 말하면, 페이스북은 현실 기반 공동체가 아이작 뉴턴 시대 이래 해왔던 작업을 하고 있다는 얘기다.

진실 친화성을 온라인에 제도화하는 또 다른 사례는 눈에 덜 띄기는 하지만 더 중요한 것으로 판명 날지도 모른다. 그것은 지식의 헌법을 조직하는 문제와 관련이 있다. 무엇이 사실이며, 누가 결정하는가?

내가 1980년대에 기자 교육을 받을 때의 표준 관행은 기사의 양측 입장(또는 모든 입장)을 다루려는 노력으로 모든 논쟁에 대해 다양한 관점을 추구하는 것이었다. 대개 그러한 관행은 공정성과 정확성을 고취시켰다. 하지만 그 과정에서 정치인 및 다른 공인들은 허위 정보를 퍼뜨리기 위해 저널리즘의 양측 입장 고려를 얼마나 쉽게 조작할 수 있는지 알게 됐다. 그들은 균형이라는 저널리즘의 관행을 무기화하는 데 능숙해졌다. 듀크 대학의 언론 및 공공정책 교수 빌 어데어(Bill Adair)가 말했듯 두 가지 핵심 가치(공정성과 사실성) 사이의 고조된 갈등에 빠진 일부 매체는 자신들이 '판정을 내릴' 책임이 있다고 결정했다. 하지만 뉴스 기사에서 자신의 견해를 개진하는 것은 그들이 하고 싶지 않았던 일이다.

브룩스 잭슨(Brooks Jackson)이라는 한 기자가 FactCheck.org 사이트를

개설한 2003년 해결책이 수면 위로 떠올랐다. 오랫동안 기자들은 사실을 확인해왔지만 FactCheck.org 사이트는 정치인들의 공개적 주장을 연구하고 심사하는 데 집중하는 최초의 독립된 저널리즘 조직이었다. 2007년 어데어는 두 번째 주요 조직인 폴리티팩트(PolitiFact)를 발족했다. 2010년대에는 다른 팩트 체크 매체가 무더기로 생겨나 2020년에는 약 300개가 60개 이상의 나라에서 50개 넘는 언어로 가동되었다. 그들의 임무는 주류 언론인과 일반 독자에게 제3 심판자들의 서비스를 공급하는 것이었다. 언론인은 그릇되었거나 오도된 주장을 중립적으로 반복하는 대신 그 주장이 틀렸다는 독립적 평가를 받았다고 보도하거나 그 주장을 애초에 다뤄야 할지 말지 결정하기 위해 팩트 체크 자문을 구할 수 있다.

그런데 누가 팩트 체크 팀이고, 누가 사기꾼들일까? 해야 할 일과 하지 말아야 할 일은 무엇일까? 누가 확인자들이 맞았는지를 체크할까? 2015년 팩트 체크 담당자들은 비영리 기관인 포인터 연구소(Poynter Institute)의 후원 아래 자신들만의 전문 협회인 국제 팩트 체킹 네트워크(International Fact-Checking Network)를 창설했다. 거기서 윤리 강령〔공정한 취재, 자금 제공자와 정보원 공개, '업무 공개(show-your-work)' 방법론, 그리고 지식의 헌법의 필수 사항인 '열려 있고 솔직한 정정의 책임'을 강조한다〕을 공표했다. 또한 교육을 실시하고, 구성원을 연결하고, 회의를 개최하고, 기준에 부합하는 조직에 자격을 부여하기도 했다. (지원한 곳들이 전부 승인을 받지는 않았다. 한 네트워크 임원에 따르면, 승인 신청자 중 약 4분의 1이 거절당했다.)[39]

얼마 안 되는 무작위 추출 검사를 수행하던 소수의 팀으로 시작한 것이 이렇게 해서 제도적 허브(hub)가 있는 세계적 네트워크로 발전했다. 결국 그 허브는 페이스북, 구글 및 유튜브 같은 소셜 미디어 거대 기업들로 연결됐고, 이들은 자신의 알고리즘과 검색 엔진을 팩트 체크가 완료

된 정보를 선호하도록 바꾸었다. 소셜 네트워크를 팩트 체크 네트워크와 연계함으로써 디지털 미디어 거대 기업은 그들의 플랫폼을 사실을 향해 기울도록 만들기 시작할 수 있었다.

어쩌면 이보다 훨씬 더 중요한 점은 팩트 체크 조직이 세계적 네트워크를 형성하고 나자 중복적인 노력을 덜 들이고도 예전보다 신속하게 새로운 주장을 식별하고 평가할 수 있었으며 팩트 체크가 완료한 것을 사실로 입증된 주장과 허위로 알려진 주장의 데이터베이스로 결합할 수 있었다는 것일 터이다. 그들은 팩트 체크 서고(library)가 커짐에 따라 컴퓨터가 항목을 읽고 자동으로 배포할 수 있도록 그것들을 분류 및 부호화하기 시작했다. 가령 어떤 정치인이 힐러리 클린턴이 워싱턴 D.C.에 있는 어떤 피자 가게에서 아동 성 착취 조직을 운영한다는 주장을 반복한다고 치자. 뉴스를 스캔하는 한 컴퓨터가 그 주장을 발견하고 데이터베이스와 비교해 '허위'라는 이전의 평가를 찾아낸다. 그 컴퓨터는 소셜 미디어 매체의 컴퓨터에 허위 주장을 보고하고, 소셜 미디어 매체는 그것을 밑으로 내리거나 틀렸음을 폭로한다—전부 인간의 개입 없이, 이 문장을 읽는 데 걸린 시간보다 더 짧은 시간 안에 말이다. 이 글을 집필하는 시점에는 이런 종류의 막힘없는 자동화가 터무니없는 것이었고, 잘해봤자 인간의 판단을 대체하는 게 아니라 보충하는 게 고작이었다. 그러나 이와 같은 것들이 엄청난 규모로 인간 팩트 체크 요원의 효율성과 속도를 증폭시킬 수 있을 터이다.

언제나 그렇듯 오직 시행착오만이 무엇이 효과가 있고 없는지 밝혀줄 것이다. (어떤 연구자는 팩트 체크가 무슨 소용이 있느냐며 이의를 제기한다.) 중요한 점은 디지털 미디어를 그토록 사실에 적대적이게 만들었던 상업적 판단과 이념적 선입견이 재고되고 있다는 것이다. 오류 정정의 제도 및 규범이 온라인에서 형태를 갖춰가고 있다. 진실 친화적 기술 및 프로토콜이 부상하고 있다. 무엇보다 태도가 바뀌고 있다.

불과 몇 년 전만 해도 인터넷 경영진들은 사실에 대한 모든 책임을 으레 포기했었다. '트윗은 흘러가야 한다(The Tweets Must Flow)'라는 헤드라인의 한 2011년 블로그 포스트에서 트위터의 공동 창립자 비즈 스톤(Biz Stone)은 당시 표준 이념이었던 것의 예를 이렇게 들었다. "사람들이 트윗하기로 한 내용에 우리가 언제나 동의하는 건 아니지만, 우리는 콘텐츠에 대해 우리가 가질 수 있는 시각과는 상관없이 정보가 계속 흘러가도록 한다." 2020년이 되자 그런 식으로 말하는 사람이 훨씬 적어졌다. 사실에 대한 무관심의 결과가 너무나 암울했던 것이다. 허위 정보와 음모론이 바이러스 자체보다 더 빨리 퍼졌던 2020년 코로나19 팬데믹 동안, 유명한 디지털 미디어 기업들은 일부 관찰자가 인포데믹(infodemic: 정보와 팬데믹의 합성어로 입증되지 않은 정보가 빠르게 확산하는 현상—옮긴이)이라 부른 것의 속도를 늦추기 위해 유튜브에서 입증된 동영상을 알리는 것부터 구글맵에서 의료 서비스 제공자들의 가짜 논평을 제거하는 것과 검색 결과에서 공중보건 기관들을 위로 올리는 것에 이르기까지 많은 조치를 취했다.[40]

진실과 허위에 관한 선택을 내리는 작업은 소셜 미디어 회사에 복잡하게 뒤얽힌 힘겨운 선택을 선사할 것이 분명하다. 많은 결정은 논란에 휩싸일 테고, 적지 않은 결정은 승산이 없을 터이다. 그러나 플랫폼이 사실에 대해 중립적 입장을 취할 수 있을 거라는 핑계는 항상 그저 핑계일 뿐이었다. 실질적 선택은 현실 기반 공동체에 합류하는 것, 아니면 그걸 망치는 것이었다. 2020년에 좋든 나쁘든—그러나 모든 것을 감안하면 더 좋은 쪽으로—인식론적 무관심의 시대는 끝났다. 디지털 세계의 가장 엄청난 혁신가와 조직 다수는 사람들의 관심을 광고주에게 그냥 전달하기보다는 사실을 지지하기로 약속했다. 1780년대 위기 때의 매디슨과 워싱턴처럼 그들은 무정부주의에 대한 해독제로 더욱 강하고 더욱 능력 있는 제도에 대한 필요성을 인정하기에 이르렀다. 지식의 헌법에 따라 시민권을 신청한 것이다.

안타깝게도 그들 못지않게 엄청난 다른 혁신가와 조직이 그들을 방해하기로 결심했다.

6 트롤러 인식론: "그 일대에 거짓말이 범람하게 하라"

허위 정보는 신무기와 강력한 지지자들로 무장한
오랜 적이다

2014년 9월 11일, 루이지애나주 센터빌(Centerville)의 컬럼비언 케미컬즈(Columbian Chemicals) 공장에서 터진 독성 물질 누출 보도로 소셜 미디어가 들끓었다. 인근에 사는 거주자들은 경고 문자를 받았다. 현지 언론인들은 트윗을 받았다. 유튜브는 CNN 뉴스 장면으로 불붙었다. "수 마일 밖에서 들릴 정도의 강력한 폭발이 일어났다"고 존 메릿(Jon Merritt)이라는 사람이 트윗을 날렸다. @AnnRusselа라는 아이디를 사용하는 사람이 공장을 에워싼 불길 이미지를 공유했다. 유튜브 동영상 링크까지 완전히 갖춘, 이 재난 관련 위키피디아 페이지마저 만들어졌다.[1]

그것은 가짜였다. 문자, 트윗, 동영상 화면까지 전부 다. 그 공장의 모기업인 벌라 카본(Birla Carbon)은 당황했다. "저희 시설에서는 이런 독성 가스 방출, 폭발, 그 밖의 다른 어떤 사고도 없었습니다"라고 회사는 성명서에서 밝혔다. "저희는 이 문자 메시지의 출처를 모릅니다." 오래 지나지 않아 세인트메리(St. Mary) 행정지구의 국토안보국장 듀발 아서(Duval

Arthur)는 이 장난을 "슬프고 병적인 유머 감각"을 가진 누군가의 탓으로 돌렸다.[2]

바꿔 말하면 트롤러, 또 다른 말로는 인식론적 소시오패스였다.

당신이 무엇이든 할 수 있다면?

《공화국》 2권에서 플라톤은 사회철학의 근본적 질문을 제기함으로써 사회철학의 근본적인 탐구를 시작한다. 완벽하게 처벌받지 않고 행동할 수 있도록 당신을 보이지 않게 만들어주는 반지를 발견했다고 상상해보자. 그런 장치를 소유한 사람은 "처벌받지 않고 시장에서 자신이 원하는 것을 가져가고, 남의 집에 들어가 자신이 같이 있고 싶은 사람과 지내고, 자신을 속박하는 누군가를 죽이고도 거기서 벗어날 수 있고, 그 밖의 모든 상황에서 사람들 가운데 신과 동등한 존재처럼 굴 것이다".[3] 아무런 책임이나 제재에 직면하지 않는 사람이 무엇 때문에 올바르거나 도덕적으로 처신해야 할까라고 플라톤은 생각한다. 이 도덕적 질문의 이면에 정치적 질문이 있다. 과연 어떻게 해야 소시오패시의 힘을 견디도록 사회를 구축할 수 있을까?

'소시오패시'는 현대적 단어로, 고대 그리스 철학의 맥락으로 보는 건 시대착오적이지만 그래도 유용하다. 소시오패스는 사회 규범이 자신에게 적용된다고 느끼지 않으며, 그것을 모면할 수 있을 때면 언제든 거리낌 없이 노골적으로 자기 이익을 추구하는 사람이다. 외부에서 부과된 법과 제약을 따르기도 하지만, 그러는 것이 자신에게 이익을 줄 때뿐이다.

플라톤처럼 미국 건국의 아버지들은 현대 심리학 용어보다 훨씬 앞 시대의 사람이지만 깊은 심리학적 통찰을 갖고 있었고, 소시오패스적 행동 문제가 모든 사회 질서를 교란시킨다는 것을 인식했다. 규칙 파괴와 뻔뻔함은 산업, 정치, 과학, 예술 및 군대에서 돌파구를 찾도록 어느 정도 영감을 줄 수 있다. 그러나 조금으로도 효과는 충분하다. 지나치게 많으면 평화로운 사회 질서—특히 만인이 기본적으로 똑같은 일단의 규칙을 내면화하고 따르는 데 의존하는 자유주의적 사회 질서—의 붕괴를 초래한다. 미국의 건국 세대는 무정부주의만큼이나 소시오패스적 선동 정치가를 두려워했고, 두 가지가 서로를 충동질한다는 것을 알았다. 《연방주의자 논집》에서 알렉산더 해밀턴은 "저속한 흥미를 불러일으키는 재주와 인기를 끄는 약간의 기술"을 가진 사람들—선동가로 시작했다가 독재자로 마무리되는 사람들—이 제기하는 위험을 경고했다. 해밀턴은 나중에 워싱턴 대통령에게 보낸 편지에서 "이 나라 공화 정치 체제의 전복으로 가는 유일한 길"은 "상황을 혼란에 빠뜨리고 〔그렇게 해서〕 '폭풍우를 타고 회오리바람을 지배하도록'" 두려움과 아첨을 이용하는 가차 없는 선동가를 통해서라고 경고했다.

해밀턴과 그의 동료들은 추상적인 우려를 하고 있는 게 아니었다. 신생 공화국의 최초 도전 중 하나는 독보적 재능, 지나친 야망, 그리고 오늘날 우리가 자기도취나 소시오패스적 자질이라고 부를 만한 것을 가진 애런 버(Aaron Burr)라는 사람한테서 나왔다. "그는 극단적이고 비정상적인 야심을 가진 사내입니다." 해밀턴은 그에 관해 이렇게 말했다. "모든 사회적 애착을 배제할 정도로 이기적입니다." 버는 1801년 부통령 자리에 올랐고(대통령 자리를 아슬아슬한 차이로 놓쳤다), 결투에서 해밀턴을 죽였고, 자신이 지배하고 싶어 하던 서부의 영토를 점유할 책략을 꾸몄다. 그 기억들이 아직 살아 있던 30년 후, 젊은 에이브러햄 링컨은 자신의 첫 번째 공개 연설 중 하나에서 "공훈에 목마르고 몸이 달은" 야심을 가졌으며 "아무리 걸출한 전임자라도 그 발자취를 따르는 것을 수치로 여기는" "대단히 뛰어난 천재"가 초래할 대혼란을 경고했다. 링컨의 경고는 선견지명으로 드러났다. 레닌과 무솔리니와 히틀러의 시대든, 아니면 블라디미르 푸틴과 빅토르 오르반(Viktor Orbán: 헝가리 총리—옮긴이)과 로드리고 두테르테(Rodrigo Duterte: 필리핀 대통령—옮긴이)와 자이르 보우소나루(Jair Bolsonaro: 브라질 대통령—옮긴이)와 레제프 타이이프 에르도안(Recep Tayyip Erdoğan: 터키 대통령—옮긴이)이 있는 우리의 시대든 야심찬 소시오패시는 자유주의적인 (또는 상대적으로 자유주의적인) 질서를 계속해서 붕괴시켜왔다.

그런데 인식론적 소시오패시는 어떻게 되는 걸까? 만일 어떤 사람이나 정권이 진실에 관해서는 조금의 양심 가책도 없으며 처벌받지 않고 그것을 무시한다면 어떻게 될까? 그것은 분명 자유를 제한하는 나라와 공산주의 같은 운동의 특징이었다. 하지만 서구 자유민주주의에서는 지식의 헌법이 아주 오랫동안 견고했기에 정권을 위협하는 체계적인 거짓말은 생각할 가치가 거의 없어 보였다.

그것이 21세기에 달라졌다. 디지털 기술과 소셜 미디어는 플라톤의 처벌받지 않는 반지 한 개가 아니라 익명의 무리가 휘두르는 무한한 수의 반지를 조작해냈다. 이 무리가 처음에는 해외에서, 그다음에는 미국 대통령의 모습으로 강력한 국가 활동 세력과 연계되면서 트롤러 인식론—분해되고 디지털화하고 흔히 정신 나간 형태의 허위 정보—이 득세했다.

신조어: 트롤과 싯로드

존재하지도 않는 화학 공장 폭발 사건과 비슷한 시기에 게이머게이트(Gamergate)라 불리는 폭풍이 온라인 비디오게임 세계에 휘몰아쳤다. 한 무리의 가해자들이 은밀하게 정보를 캐내고(즉, 사적인 세부 사항을 폭로하고), 강간 및 살해를 하겠다고 위협하며 비디오게임 산업에 종사하는 몇몇 여성을 떼거리로 괴롭혔다. 그 무리는 포챈, 레딧, 트위터 같은 플랫폼의 익명 조직이었다. 동조자들은 지도자나 선언문이 없지만 하나의 운동이라고 주장했다. 내가 존경하던 한 보수주의 페미니스트는 당시 게이머게이트가 큰일이라며 내게 관심을 가져야 한다고 말했지만, 나는 그게 전혀 이해되지 않았다. 아무것도 아닌 듯했다. 그것은 그냥 …… 이상해 보였다.

게이머게이트의 자칭 대변인은 마일로 이아노풀로스(Milo Yiannopoulos)라는 젊은 저널리스트였다. 2014년 그는 〈브레이트바트 뉴스〉 팀에 합류해 그곳이 친(親)트롤링 미디어 프랜차이즈로 변신하는 데 일조했다. 이아노풀로스는 맹렬한 자기 홍보 욕구와 무엇에 대해서든 얘기하려는 의욕을 가진 타고난 선동가였다. 〈블룸버그 비즈니스위크(Bloomberg Businessweek)〉와의 2016년 인터뷰에서 그는 자신을 "완전히 자폐이거나 소시오패스인데, 아무래도 둘 다인 것 같다"고 묘사했다.[4] 재능 있는 작가인 이아노풀로스는 트롤링의 옹호자이자 이론가가 되었다. "트롤러가 세상을 구할 것이다"라는 2016년 〈브레이트바트 뉴스〉 기사에서 그는 트롤링을 "사람들에게 장난치고 그들을 선동하고 약 올리기 위해" 고의로 분노하는 것이라 기술했고, 그럼으로써 본래의 도발을 증폭시키기만 할 뿐인 독선적인 반응을 촉발했다. 그는 이런 관행을 자칭 '불만 부대'를 조롱하는 일종의 사회 풍자로 그렸다. 영국 채널4 뉴스와의 인터뷰에서는 "사람들을 생각하게 만들고, 어쩌면 웃게 만들기 위해 그들의 화를 돋우는 게 즐겁다"고 말했다. 트롤러는 평판과 삶을 망가뜨리고 싶어 안달 난 허무주의 반달(vandal)들이었을까, 아니면 그냥 '룰즈(lulz:: 한국어의 'ㅋㅋ' 정도에 해당하지만 비웃음에 가까움—옮긴이)—'웃음'의 인터넷 은어—를 찾아 나선 흉겨운 장난꾸러기들이었을까? 결코 알 수 없다. "이게 트롤링의 본질이다"라고 이아노풀로스는 썼다. "당신이 정말 진지한 건지 어떤지 다른 모든 사람이 계속 추측하게끔 만드는 것."

하지만 트롤러는 자신들이 무엇을 하는지 알았고, 그냥 장난을 치는 게 아니었다. 2017년 〈허핑턴 포스트(Huffington Post)〉는 백인우월주의자 웹사이트 더 데일리 스토머(The Daily Stormer)의 작문법을 찾아냈다.[5] 이 지침은 호기심 많은 독자를 끌어들이기 위해서는 "약간 무례한 유머"를 사용해야 하며, 그런 다음 몇 가지 반복적인 요점을 "자꾸자꾸 되풀이해서" 그들에게 못 박으라고 조언했다. 지침의 저자 앤드루 앵글린(Andrew Anglin)은 이렇게 덧붙였다. "세뇌당하지 않은 사람들이 우리가 농담을 하고 있는지 아닌지를 구별할 수 없어야 한다. ……이것은 분명 계책이며, 나는 정말로 유대인 놈들을 독가스로 죽여버리고 싶다. 하지만 그건 중요하지 않다." 그는 아돌프 히틀러의 프로파간다 전술을 인용했다. 히틀러는 《나의 투쟁》에서 "그들이 우리를 비웃든 모욕하든, 우리를 바보나 범죄자로 취급하든 알게 뭔가?"라고 썼다. "요점은 그들이 우리에 대해 얘기하고 끊임없이 우리에 대해 생각한다는 것이다."

트롤러는 온라인상의 조커(Joker) 입장임에도 불구하고 고전적인 프로파간다 방법을 이해하는 듯했고, 그것을 온라인 세계에 적용하는 재주가 있었다. 분노와 유머는 전염성이 있고 중독적이며 관심을 사로잡고 사람들의 뇌를 점령하는 무기가 될 수 있다는 걸 그들은 알았다. 2015년 다큐멘터리 영화 〈웰컴 투 리스(Welcome to Leith)〉에서 백인우월주의 지도자 크레이그 콥(Craig Cobb)은 인터뷰 기자에게 이렇게 말했다. "온라인에서 나는 아주, 음, 비열하게 말한다는 평판을 갖고 있습니다. 바로 그거라고 생각해요. 왜냐고요? 그게 변연계 뇌에 충격을 주거든요. 사람들이 매료되고 최면에 걸려 있는 이 무기력함에서 그들을 빼내려면 말이죠." 그들은 심리학을 이해했다. 트롤러의 작문법은 이 점을 내세웠다. "주요 법칙을 기억하라. **감정이 미끼다. 사실은 곁다리다.**" 그들은 반란 전술과 비대칭전(양측의 전투력 차이가 커서 약한 쪽이 테러 같은 전술을 사용하는 전투—옮긴이)을 이해했다. 설명서엔 "우리는 단일한 목표를 가진 익명의 무리라는 장점이 있다"고 적혀 있었다. "우리는 정직하게 승부할 필요가 없다. 원하는 건 무엇이든 말하고 퍼뜨릴 수 있다."[6]

대다수가 이른바 대안우파(alt-right: 일관된 이념보다는 분노 및 허무주의와 더 관계가 있던 인터넷 기반의 반발 운동)와 연관되어 있던 이 교란자들은 완전히 새로운 은어를 도입했다. (대안우파는 21세기 미국과 유럽에 등장한 극우 세력을 말한다—옮긴이.) 트롤과 룰즈 외에 싯포스터(shitposter: 쓰레기 같은 포스트를 올리는 사람—옮긴이), 싯로드(shitlord: 주로 사회 정의를 옹호하는 좌파 성향 사람들을 자극할 목적으로 충격적이고 편파적인 콘텐츠를 게시하는 트롤러—옮긴이), 에지로드(edgelord: 외설적이거나 모욕적인 말투를 써서 신랄하게 보이려는 사람—옮긴이), 쿡(cuck: 상대 정당의 의견에 쉽게 넘어가는 보수 정치가를 뻐꾸기에 빗대 조롱하는 말—옮긴이), 쿡서버티브(cuckservative: 쿡과 같은 뜻—옮긴이), 립타드(libtard: '자유주의자'를 뜻하는 'liberal'과 '모자라다'는 뜻의 'retard'의 합성어로, 분별없는 좌파를 비웃는 말—옮긴이), 노미(normie: 일반인—옮긴이), 레이쇼잉(ratioing: 트위터의 폭풍 댓글 공격—옮긴이), 독싱(doxing: 신상 털기—옮긴이), 스워밍(swarming: 집단 공격—

옮긴이), 브리게이딩(brigading: 스워밍과 같은 뜻—옮긴이) 등등. 그런데 허무주의로 보이는 이 무리와 집단은 도대체 무얼 원했을까? 무엇이 목적이었을까? 어떤 이들은 재미를 위해 분노와 양극화를 도모하는 거라며, 마치 트롤링은 그 자체가 목적이라는 듯이 말한다. 닉네임 Ironghazi로 통하는 한 트롤러는 〈데일리 비스트〉에 "궁극적 목표는 사람들이 온라인상에서 돌아버리게 만드는 것"이라고 말했다.[7] 적대적인 정치적 소문의 확산을 연구한 몇몇 연구자〔미사엘 방 페테르센(Michael Bang Petersen), 마티아스 오스문센(Mathias Osmundsen), 케빈 아르세노(Kevin Arceneaux)〕는 많은 트롤러의 동기가 "혼란 욕구"와 "흔히들 말하는 체제 파괴의 욕망"임을 발견했다. 이런 트롤러는 지위에 집착하지만 사회적으로는 소외되어 있다. "사회가 다 타서 잿더미가 되어야 한다고 생각한다" 같은 진술에 동의할 가능성이 높은 사람들이다. 바꿔 말하면, 그들은 허무주의자다. 놀랍게도 그런 사람들은 많은 듯하다. 미국인 중 거의 4분의 1이 "사회가 다 타서 잿더미가 되어야 한다고 생각한다"는 진술에 동의하거나 아니면 중립적이었다. 그리고 비슷하게 40퍼센트는 "우리의 정치적·사회적 제도를 생각하면 '다 타버렸으면' 하고 생각하지 않을 수 없다"는 진술을 거부하지 않았다.[8]

하지만 다른 많은 트롤러는 좀더 구체적인 의제를 추구했다. 처음부터 트롤링 문화는 우파 쪽에 치우쳐 있었다(다음 장에서 살펴보겠지만, 취소 문화가 좌파 쪽에 치우쳐 있는 것처럼). 보수주의 활동가는 보수주의 기부자들로부터 재정적 원조를 받고 있던 〈다트머스 리뷰(Dartmouth Review)〉가 캠퍼스의 자유주의자들한테 미끼를 던지고 게이 학생들의 신상을 털면서 유명해졌던, 적어도 1980년 이래 트롤링 기술을 사용하고 다듬어왔다.[9] 〈다트머스 리뷰〉의 초대 편집인 중 한 명인 디네시 드수저(Dinesh D'Souza)는 "보수주의자로서 효과 있는 한 가지 방법은 무엇이 자유주의자들을 짜증나고 불안하게 만드는지 알아낸 다음 계속 그 일을 하는 것"이라고 썼다. 그는 그 뒤로 보수주의 선동가로서 자신의 경력을 이어갔다. 그는 이렇게 덧붙였다. "그렇다. 자유주의자들에게 작살을 던지는 건 무지하게 재미있다. 그 일을 하고 돈까지 받으니 나는 특히나 운이 좋다."[10]

이 두 번째 문장은 또 다른 동기를 내비친다. 바로 수익이다. 현실 기반 세계에서는 별 볼 일 없는 사람이었던 앨릭스 존스(Alex Jones) 같은 이는 음모론으로 상업적 제국을 건설할 수 있다는 걸 깨달았다. 그들은 자신의 가시성(visibility)을 이용해 TV에 출연하고, 티셔츠를 판매하고, 광고주에게 조회 수를 판다. 힐러리 클린턴이 워싱턴 D.C. 피자 가게의 배후에 감춰진 아동 성매매 조직과 연루되었다는 '피자게이트(Pizza-gate)' 이론을 퍼뜨렸던 스테파니 맥윌리엄스(Stefanie MacWilliams)는 〈토론토 스타(Toronto Star)〉에 "나는 정말 후회 없다. 솔직히 그것 때문에 우리 구독자 수가 실제로 늘었다"고 말했다.[11] (이것은 무장한 한 사내가 아동 성노예들을 구하러 피자 가게에 들어가서 라이플총을 발사해 식당 손님들이 달아나게 만든 사건 이후에 한 말이다.) 2016년 미국 대통령 선거 준비 기간에 "성장세에 있던 마케도니아 청소년 단체" 한 곳은 열성 지지자들과 잘 속아 넘어가는 사람들을 위한 가짜 선동 "뉴스"를 날조하면 한 달에 수천 달러를 벌 수 있다는 걸 알았다.[12]

하지만 트롤러의 전술은 한층 더 심오한 의제를 시사했다. 바로 지식 자체에 대한 공격이다. 트롤링 지침서에 적혀 있는 것처럼 "발상은 우리가 사회 전체에 파고드는 반(反)힐러리 정서의 압도적 승리를 창출한다는 사실뿐 아니라 굉장히 많은 의혹, 감정적 호소, 상황적 증거를 계속 쌓는 것이다". 그들의 발상은 허위 정보의 과학에 깊이 뿌리내린 생각이었다.

거짓말의 소방 호스

2014년경 인터넷 연구자들은 어떤 패턴에 주목하기 시작했다. 분명 트롤러 무리의 행위는 보이는 것만큼 무작위적이고 우발적이지 않았다. 백신 반대 활동가를 추적하던 연구자들은 충분한 재원이 받쳐주고 컴퓨터 기술에 능숙한 조직적인 운동이라는 걸 알게 됐다. 르네 디레스타(Renée DiResta)는 2018년 보고서에서 "백신 반대 활동가들은 일찍부터 자신의 이야기를 정립했다. 사실상 허위 정보라는 주제는 1800년대 초 이래 거의 달라진 게 없다"고 썼다.[13] 그들이 사용한 마케팅 기술은 거의 낡아 빠진 것들이었다. 반복적인 메시지, 감정적 호소, 유명인 및 인플루언서(influencer)의 지지 및 쓰레기 과학 등. 새로운 점은 노련한 온라인 소셜 네트워크 활용이었다. "백신 반대 활동가들은 소셜 플랫폼이 제공하는 모든 기술적 특성을 최대한 활용하는 데 선두 주자였다"고 디레스타는 썼다.

루이지애나의 화학 공장 폭발 거짓말은? 사실 그것은 "슬프고 병적인 유머 감각"의 산물이 아니었다. 상트페테르부르크에 있는 악명 높은 정부 후원 댓글 부대로, 사람과 봇 그리고 알고리즘이 전염성 가짜 뉴스를 설계하고 다듬기 위해 불철주야 근무하는 러시아 인터넷 조사국(Internet Research Agency, IRA)의 허위 정보 실험이었다. 2015년 정례적인 연방 군사 훈련이 반정부 인사들을 찾아 체포하려는 오바마 정부의 계획일지 모른다는 온라인 허위 정보 캠페인이 수백만 명의 국민—텍사스 주지사를 포함해—을 설득했다. 그것 역시 2016년의 더 대규모 허위 정보 캠페인에 대비한 러시아의 예행 연습으로 밝혀졌다.[14] 얼마 지나지 않아 전 세계 국가들—러시아·이란 같은 큰 나라와 아제르바이잔·에콰도르 같은 작은 나라—이 정부 후원 댓글 부대 동원으로 알려지게 된 것에 투자하고 있다는 사실은 명백해졌다.[15] 이는 남의 불행에 쾌감을 느끼는 것과는 전혀 다른 영역이었다.

독립적이든 정부의 후원을 받든 트롤러들이 똑같이 발견한 점은 인터넷이 광고에 최적화되어 있어 예전에는 불가능했던 규모의 허위 정보 캠페인에도 아주 적절하다는 것이었다. 2018년 뉴아메리카 재단(New America Foundation)의 보고서 저자들은 "인간의 지능과 기계의 지능 둘 다를 마케팅 최적화에 활용하는 조율된 캠페인으로 광고 기술의 도구 상자 전체를 한꺼번에 묶을 수 있다"고 썼다. "고도로 민감한 구독자들의 커뮤니케이션을 겨냥할 목적으로 쓰이는 행동 데이터 수집의 모든 도구가 …… 정치적 허위 정보 과업에 적용된다."[16] 연구자들은 점차 트롤러 인식론의 실체에 관한 그림을 발전시켰다. 허위 정보 전쟁에 관한 역사서 《적극적인 조치(Active Measures)》에서 역사학자 토머스 리드(Thomas Rid)는 이렇게 요약했다.

> 대규모 허위 정보 캠페인은 자유주의의 인식론적 질서 또는 사실의 권위에 필수적인 관리인을 향한 공격이다. 이런 제도—법률 집행과 형사 사법 제도, 공공 행정, 경험과학, 탐사 저널리즘, 민주적으로 운영하는 정보국—는 기분보다 사실을, 감정보다 증거를, 견해보다 관찰을 중시한다. 그것들은 개방적인 인식론적 질서를 구현하며, 이것이 개방적이고 자유로운 정치 질서를 가능케 한다. 후자는 전자 없이 존재할 수 없다. ……적극적인 조치〔허위 정보를 가리키는 러시아의 용어〕는 그 질서를 약화시켰다. 하지만 빙하가 녹듯 너무나도 서서히 감지하기 힘들게 약화시켰다. 이 느린 속도가 허위 정보를 한층 더 방심할 수 없게 만든다. 증거의 권위가 약화하면 감정이 그 빈자리를 채우기 때문이

다. ……위험성은 어마어마하다—허위 정보가 자유민주주의의 토대, 사실을 그 공과(功過)에 의해 평가하고 그에 따라 스스로 수정하는 우리의 능력을 갉아먹기 때문이다.[17]

프로파간다와 허위 정보에 관한 연구는 오래되고 유명한 역사를 갖고 있으며, 거기에 대해서는 여기서 반복하지 않겠다. 기본은 확실히 자리를 잡았다. 프로파간다는 사실과 무관하게 여론에 영향을 주려는 캠페인으로 흔히(언제나 그런 건 아니지만) 어떤 정치적 결과를 도모하는 국가 활동 세력에 의해 수행된다. 그것은 오보(잘못된 정보), 허위 정보(의도적인 거짓말), 그리고 최근에는 유해 정보(mal-information: 사실이지만 여론을 오도하게끔 쓰이는 정보)로 불리는 것을 이용할 수 있다. 수단은 매우 다양하지만 목적은 바로 이것이다. 즉, **상대방을 무력화시키거나, 공개 토론 참여를 저지하거나, 소외시키거나, 겁박하기 위해 사회 및 미디어 환경을 조직 또는 조작하는 것.**

전통적으로 국가 활동 세력은 프로파간다와 허위 정보를 상대 정권에 맞선 심리 또는 정보 전쟁으로 이해해왔다. 현대의 트롤러들도 그것을 동일한 방식으로 본다. 그들은 표적으로 삼은 집단의 갈등과 불신을 가중시킴으로써 적에게 곤경을 초래하고 상대방을 잠재적으로 와해시킬 수 있다. 러시아인들은 2016년 미국 대선 관련 정보 공격을 개시했을 때 도널드 트럼프를 당선시키려 했던 게 아니라 미국을 더욱 양극화하고 통치 불능으로 만들 수 있을 거라고 생각했다. (그리고 그들이 맞았다.) 악명 높게도 그들이 휴스턴(Houston)의 이슬람 사원 앞 도로를 사이에 두고 반이슬람 시위와 친이슬람 맞불 시위를 일으킨 것도 바로 그 때문이었다.[18]

이런 공격에 대한 좋은 사고방식은 환경적으로 바라보는 것이다. 그들은 개별적인 사람이나 사실뿐 아니라 정보 공간 전체도 공격한다. 나중에 후보자 트럼프에 이어 대통령 트럼프의 수석 전략가가 된 〈브레이트바트 뉴스〉 대표 스티브 배넌(Steve Bannon)은 언론인 마이클 루이스(Michael Lewis)에게 유명한 발언을 했다. "민주당은 중요하지 않습니다. 진짜 반대 세력은 미디어죠. 그리고 그들을 다루는 방법은 그 일대를 거짓말로 범람하게 하는 것입니다."[19] 그 일대를 거짓말로 범람하게 하라. 표현은 원색적이지만, 현대 정보 전쟁이 무엇인지에 관해 이보다 더 간결하고 정확한 요약은 있을 수 없을 것이다. 모든 공동체, 특히 현실 기반 공동체는 무엇이 진실이고 무엇이 진실이 아닌지에 대한 결정을 신뢰의 네트워크에 의존한다. 사람들은 그들이 누구에게 이야기하고 있는지, 그 사람은 믿을 만한지, 어떤 기관이 신뢰성을 부여하는지 등을 알 필요가 있다. 그 일대가 거짓말로 범람할 때, 신임과 신뢰성의 모든 측면이 훼손된다. 인식론자 수전 하크는 고전이 된 1996년 논문 〈터무니없는 말과 그것의 영향(Preposterism and Its Consequence)〉에서 환경의 질이 수행하고자 하는 지적인 연구의 질을 결정한다고 강조했다.

> 〔탐구〕를 수행하는 환경은 정도의 차이는 있어도 뛰어난 지적 연구에 알맞을 수 있다. 좋은 환경은 참된 탐구를 독려하고 엉터리 및 가짜 탐구를 막을 것이다. 그리고 엉터리 및 가짜 탐구로 인한 최악의 피해가 줄어들 것이며, 수상쩍은 동기에도 불구하고 엉터리 및 가짜 추론가들이 하는 지식에 대한 기여는 만일 환경이 어떤 분야의 연구자들 사이에서 철저한 상호 검토를 가능케 한다면 걸러질 것이다. ……나쁜 환경은 엉터리 및 가짜 탐구를 조장하거나/조장하며 철저한 상호 검토를 방해할 것이다.[20]

트롤러 인식론은 선천적으로 파괴적이고 기생적이다. 지식을 창조하거나 신뢰를 쌓거나 견해차를 해결할 수 없다. 새로운 암 치료법을 개발하거나 새로운 원자 구성 입자를 발견할 수 없다. 일관된 대화를 조직할 수도 없다. 아주 드물게 연구실, 교실, 대학 교과 과정, 주류 언론의 보도국, 법정 등 현실 기반 공동체의 핵심 제도들을 직접적으로 공격하고 감염시킬 수 있을 뿐이다.[21] 트롤러 인식론이 하는 일은 현실 기반 공동체 **주변의** 정보 환경을 훼손시키는 것이다. 그것은 〔하버드 대학의 연구자 요차이 벤클러(Yochai Benkler), 로버트 패리스(Robert Faris), 할 로버츠(Hal Roberts)에 따르면〕 "표적 인구가 진짜와 가짜를 구별하거나 그 둘을 구분하는 데 도움을 요청하는 능력을 그야말로 상실하는, 일부 프로파간다가 유도하려는 조건"을 유발할 수 있다.[22]

진실이란 개념은 그 내부에 강압적 요소를 포함한다고 철학자 한나 아렌트(Hannah Arendt)는 말했다.[23] 당신이 뭔가가 사실이라고 믿는다면, 당신은 또한 당신이 그걸 믿어야 한다는 사실을 믿는 것이다. "하늘은 푸르지만 나는 그것을 믿지 않는다"라는 진술은 문법적으로는 맞지만 의미가 통하지 않는다. 허위 정보 조작자에게 목표는 진실의 강제력을 무너뜨리는 것이다. 사람들의 마음을 바꿔서 그렇게 만들기는 어렵다. 특히 2장에서 살펴봤듯 동질감을 규정하는 신념에 관해서는 어렵다. 그러나 사람들을 혼란에 빠뜨리고 불신하게 만드는 것은 더 쉽다. 아렌트는 "자신이 20세기 중반 유럽의 권위주의 정부들과 연관 지은 매우 특별한 종류의 거짓말을 반복적으로 환기시켰다"고 역사학자 소피아 로젠펠드는 쓴다. "이것은 너무나 뻔뻔하고 해박하며, 일반적인 정치적 거짓말과 선택적인 정신적 혼란과는 너무나 동떨어진 형태의 가식이라서 사람들을 근본적으로 무력한 상태에 빠지게 했다."[24] 《전체주의의 기원(The Origins of Totalitarianism)》에서 아렌트가 썼던 유명한 표현대로 "전체주의 통치의 이상적인 대상은 투철한 나치나 공산주의자가 아니라 사실과 허구의 구분(가령 경험의 실재), 진짜와 가짜의 구분(가령 사고의 기준)이 더 이상 존재하지 않는 사람들이다."

러시아의 프로파간다는 랜드 연구소 연구자들이 "거짓말의 소방 호스"라고 칭한 것을 효율적으로 사용하는 데 특별히 능했다.[25] 2018년 영국에서 러시아 요원들이 세르게이 스크리팔(Sergei Skripal)과 그의 딸을 독극물로 살해하려 한 이후 러시아 미디어는 영국을 비난했다. 그리고/또는 우크라이나. 그리고/또는 그것은 사고였다. 그리고/또는 그것은 자살이었다. 그리고/또는 그것은 친지들에 의한 보복 살인이었다. 그리고/또는 러시아는 거기에 쓰인 신경 작용제를 생산하지 않았다. 그리고/또는 완전히 다른 신경 작용제가 쓰였다. 〈이코노미스트〉는 이런 주장들의 "상충되는 성격은 크렘린궁의 결함이 아니라 특징"이라고 보도했다. "허위 정보 캠페인의 목적은 일관된 반대 담론을 제공하는 게 아니라 서구 정보국을 엉뚱한 주장들의 불협화음 속에서 익사시키는 것이다."[26] 〈워싱턴 포스트〉는 러시아의 변화무쌍한 날조 이야기에 대한 흐름도(flow chart)를 보도하면서 러시아의 캠페인이 벌이고 있는 것을 이렇게 요약했다. "그들은 사람들을 설득하는 게 아니라 당황하게 만들 의도로 무더기 거짓말, 날조된 이론, 주제를 딴 데로 돌리는 주장을 토해낸다."[27]

모든 허위 정보 캠페인의 성공 열쇠는 표적인 사회 자체의 미디어와 정치적 생태계에서 반복과 증폭을 촉발하는 것이다. 토머스 리드는 "……허위 정보 가치 창출 고리의 대부분이 희생된 사회 자체, 언론인, 운동가, 프리랜서 음모론 이론가, 그리고 정도는 덜하지만 연구자들에게 위탁되었다"고 쓴다. 한 미국 상원의원〔루이지애나주 공화당 의원 존 닐리 케네디(John Neely Kennedy)〕이 전국 채널 뉴스 인터뷰에서 러시아 첩보원들이 민주당원의 이메일을 해킹해서 공개했는지 여부는 "나도 모르고, 당신도 모르고, 우리 중 아무도 모른다"고 말하면서 러시아의 프로파간다 거짓말을 앵무새처럼 따라 했을 때, 상트페테르부르크의 누군가는 아마 월급이 올랐을 것이다. 공화당의 트럼프 옹호자인 하원의원 마크 메도스(Mark Meadows)도 마찬가지로 "내 생각엔 이게 어떻게 된 거냐 하면, 우리가 사실들을 보기 시작할 때, 누구나 진실이 무엇인지에 대해 각자의 인상을 갖는다는 것이다"라고 말했다.

나도 모르고, 당신도 모르고, 우리 중 아무도 모른다. 거짓말의 소방 호스는 설득이 아니라 혼란을 목표로 한다. 불확실성과 방향 감각 상실 그리고 거기에 수반되는 냉소주의의 유발을 목표로 한다. 2017년의 한 연구는 미국인 10~20퍼센트가 한 해 전에 접했던 가짜 뉴스 기사를 믿는다는 걸 밝혀냈다. 잘 속아 넘어가서 믿는 사람보다 무엇을 믿을지 잘 몰라 하는 사람이 두세 명은 더 많았다.[28] 그들은 사실성으로부터 표류해 더 이상 타당성을 판단할 수 없었다. 대학 조교를 지낸 한 여성이 "누가 거짓말을 하고 누가 진실을 말하는지 완전히 혼란스럽다는 말을 할 수밖에 없을 것 같다. 그저 무기력한 기분이다"라고 〈뉴욕 타임스〉에 말했듯이 말이다.[29] 한 남성은 "더 이상 진실한 뉴스 취재원은 없다. 나는 아무것도 믿지 않는다"고 같은 신문에 말했다.[30]

인식론적 무력감—진실을 위해 어디에 의지할지 모르는 것—은 거짓말이라는 소방 호스가 원하는 것이었다. "현대 프로파간다의 핵심은 단지 잘못된 정보를 제공하거나 의제를 밀어붙이는 게 아니다." 러시아의 반체제 인사 가리 카스파로프(Gary Kasparov)는 2016년 12월 트윗에서 이렇게 말했다. "당신의 비판적 사고를 고갈시키는 것, 진실을 전멸시키는 것이다." 목표는 무기력화였다. 러시아 정보국에서 망명한 프로파간다 및 이념 전복(subversion, 顚覆) 전문가 유리 베즈메노프(Yuri Bezmenov)는 오싹하리만큼 솔직한 1983년의 한 인터뷰에서 다음과 같이 설명했다. "무기력해진 사람은 진실한 정보를 가늠하지 못한다. 사실은 그에게 아무것도 알려주지 않는다. 내가 설령 그에게 정보를, 확실한 증거를, 문서와 그림을 퍼붓는다 해도 말이다."[31]

(허위) 정보는 권력

그런데 사람들을 무기력하게 만들기 위해 왜 수백만 달러를 써가며 관료 체제와 국제 네트워크를 구축하는 걸까? 정치가 항상 그렇듯 목적은 권력이었다. 정치적 시각에서 보면, 의기소침(demoralization)은 동원 해제(demobilization)나 다름없다.

"사람들을 수동적으로 만들어 싸우고 싶지 않게 하는 거죠." 영국 언론인이자 허위 정보 전문가 피터 포메란체프(Peter Pomerantsev)가 내게 한 말이다. 이번 세기의 처음 10년간 모스크바의 러시아 미디어 내부와 그 주변에서 일했던 그는 새로운 프로파간다 모델이 형체를 갖추는 걸 지켜봤다. 공산주의는 위대한 사회주의 미래를 구축하고 있다고 사람들을 확신시키려 했던 데 반해, 새로운 모델은 혼란을 싹트게 하고 음모론을 퍼뜨리는 데 초점을 맞췄다. 포메란체프는 그것이 "경박한 버전의 포스트모더니즘"과 비슷하다고 여겼다. 그는 크렘린궁이 미디어 통제를 강화하면서 사람들이 무기력함을 느끼도록 만들기 위해 정부를 지지할 동기를 부여하는 게 아니라 의욕을 꺾는 것을 목표로 한 메시지를 끌어낸다는 데 주목했다. "음모론에 둘러싸여 있으면 당신이 아무것도 바꿀 수 없으며 당신을 이끌어줄 게 아무것도 없다는 기분이 들죠"라고 그는 말했다. "거대 담론(metanarrative)은 푸틴에게 대안이 없다는 겁니다."

포메란체프가 러시아 프로파간다의 '카니발(carnival) 같은' 성질이라고 부른 것과 트롤러들이 '룰즈'라고 부른 것은 단순한 장난이 아니었다. 거짓말이라는 소방 호스의 완전한 무작위성과 뻔뻔함은 진북(true north, 眞北: 언제나 변하지 않는 방향성을 뜻하는 말—옮긴이)은 존재하지 않는다고 도전적으로 선언했다. 트롤러들은 창피를 당하지도, 철회를 당하지도 않았다. 그들은 그저 어깨를 으쓱하거나 웃고 그다음 거짓말이나 음모론으로, 그러고 나서는 또 다음 것으로 넘어가곤 했다. "가치가 없다면, 그리고 그 가치와 연결된 제도가 없다면, 사람들을 공격해도 무방한 것"이라고 포메란체프는 내게 말했다.

아니, 훔쳐도 무방하다. 푸틴과 그 패거리는 레닌이나 마오쩌둥을 본뜬 찡그린 얼굴의 이론가들이 아니었다. 그들은 탐욕스러운 도둑이자 약탈 정치의 주역이었다. 그런데 누가 확신할 수 있겠는가? "푸틴은 부패하지 않았다"고 그의 선전원들이 우길 텐데. "그를 비판하는 사람들은 썩었다. ……사실 모두가 썩었다. ……푸틴만 **제외하고**!" 트롤러들은 맞든 틀리든 아니면 중간이든 고발한 사람에게 모든 비난을 퍼부었다. 2016년 토론에서 도널드 트럼프가 힐러리 클린턴에게 한 유명한 응수—"꼭두각시가 아니라니까, 꼭두각시가 아니라니까, 당신이 꼭두각시지"—는 유치하게 들렸을지 모르지만, 모든 진술은 상대방에 의해 반영되며 모든 진실은 부인(否認)뿐 아니라 전도(inversion, 顚倒: 차례, 가치관 따위를 뒤바꾸어 원래와 달리 거꾸로 만드는 것—옮긴이)와도 맞닥뜨릴 수 있다는 점을 확인시키는 전략의 일부였다.

어쨌든 어떤 진술이든 옳을 **수 있다**. 음모론은 어떤 진술이든 원론적으로 틀릴 수 있다는 오류가능주의의 원칙에 달려들었고, 어떤 진술이든 원론적으로 옳을 수 있다는 불합리한 추론으로 대체하며 그것을 전도시켰다. 한 무리의 사람이 특정한 믿음을 주장한다면, 그들이 뭔가 알고 있는 건 아닐까? 그들이 틀렸다고 당신이 어떻게 확신할 수 있는가? 러셀 뮤어헤드(Russell Muirhead)와 낸시 로젠블럼(Nancy L. Rosenblum)은 2019년 책 《많은 사람이 그렇다고 말한다: 새로운 음모론과 민주주의에 대한 공격(A Lot of People Are Saying: The New Conspiracism and the Assault on Democracy)》에서 "새로운 음모론—비난만 있고 증거는 없는—은 과학적 확인을 사회적 확인으로 대체시킨다"고 쓴다. "트럼프의 유명한 어구를 써서 **많은 사람이 그렇다고 말한다**면 그건 충분히 옳은 것이다." 현실과 심지어 정직성마저도 핵심에서 벗어났다. 뮤어헤드와 로젠블럼은 "이 새로운 음모론자들은 자신의 말을 반드시 믿는 것도 아니다"라고 쓴다. "그러나 그들은 그것을 안 믿지도 않는다." 그들은 그냥 툭툭 내뱉을 뿐이다. 그러고 나서 다른 말을 또 내뱉는다. 그리고 그 뒤로는 다른 말을. 당신이 현실을 이해한 것 같다고 생각할 즈음엔 엄청난 양의 음모론이 불쑥 나타난다.

이런 식으로 트롤러 인식론은 검열 같은 걸 이뤄낼 수 있을 것이다. 아마 훨씬 더 낫고, 분명히 더 쉬울 수밖에 없다. 옛날식 검열은 비싸고, 비효율적이고, 특히 현대 미국 같은 개방적 사회에서는 누설되기 십상이다. 달갑지 않은 생각을 금지하는 대신 당신이 그것을 뒤덮고 때 지어 공격하려 한다면? 법학자 팀 우(Tim Wu)는 〈수정헌법 제1조는 한물간 것인가?(Is the First Amendment Obsolete?)〉라는 획기적인 2017년 논문에서 전통적인 검열은 정보와 구독자에 대한 접근성이 부족하므로 봉쇄하거나 저지할 수 있는 것으로 상정한다고 주장했다. 하지만 디지털 시대에 정보(좋은 정보와 나쁜 정보)는 차고 넘친다. 부족한 것은 관심이다. 그렇다면 정보를 봉쇄하는 대신 관심을 봉쇄하는 게 어떨까? 만일 당신이 그 지대(zone)에 혼란과 사기와 그야말로 쓰레기를 퍼붓는다면, 사람들의 관심은 딴 데로 돌려지고, 고갈되고, 압도당할 것이다. 팀 우는 "폭주는 더욱 전통적인 형태의 검열만큼 효과적일 수 있다"고 썼다. 미국의 수정헌법 제1조 같은 전통적인 표현의 자유 보호책은 거기에 대해 아무런 대응도 하지 못할 것이다.[32]

독재자나 약탈 정치인의 관점에서 보면 무기력화, 방향 감각 상실, 사실상의 검열에다 허위 정보의 장점을 또 하나 추가할 수 있을 것이다. 2장에서 살펴봤던 동조 편향을 소환해보자. 우리는 우리의 사회적 환경에서 타인의 믿음에 우리의 믿음을 일치시킨다. 트롤러들은 소셜 미디어 플랫폼을 집단 공격하고 많은 사람을 사칭하기 위해 소프트웨어를 사용함으로써, 우리의 공감대 탐지기를 도용해 사실상 아무도 갖고 있지 않은 어떤 주변적 신념이 널리 공유되고 있다는 인상을 만들어낸다. 르네 디레스타는 〈로페어(Lawfare)〉와의 2020년 팟캐스트 인터뷰에서 "도덕 관념이 없고 효과적이지만 멍청한 일련의 알고리즘을 조작해 누구나 어디서나 어떤 종류의 메시지로든 널리 퍼진 통념, 널리 퍼진 합의라는 인식을 불러일으킬 수 있다"고 말했다. 백신 접종 거부자들은 의견 일치를 조작해 엄청난 효과를 낼 수 있다는 것을 알았다. "실제 세상의 예방 접종 반대 지지자들은 여전히 극소수임에도 불구하고 소셜 미디어에서는 그들이 대다수의 시각을 주장하는 것처럼 보인다"고 디레스타는 썼다.[33] 그들은 자신의 추종자를 인위적으로 과장함으로써 신뢰도를 부풀리고 홍역과 같은 골칫거리에 대항해온 수십 년간의 진보를 위태롭게 만들었다.[34] 2020년 코로나19 팬데믹 와중에 세 형제가 격리 반대 시위를 선동하는데—부분적으로는 시위가 조직적으로 고조되고 있다는 인상을 줬다—

페이스북을 사용했다.[35] 러시아는 자신들의 고객인 사이프 가다피(Saif Gaddafi)가 리비아인들 사이에서 폭넓은 지지를 받는다는 위조된 인상을 창출하는 데 가짜 페이스북 페이지를 이용했다고 스탠퍼드 인터넷 관측소(Stanford Internet Observatory)는 보고했다.[36] 봇, 반향실 및 소셜 미디어 조작은 부지런한 인터넷 사용자라도 합의된 의견이 실제로 어디에 있는지 알지 못하게끔 만들 수 있다.

요점은 대중이 귀가 얇아서 항상 조작과 트롤링과 허위 정보에 잘 넘어간다는 게 아니다. 요점은 트롤러 인식론은 정보 환경에서 반칙을 범하고 사기를 침으로써 사실과 허구를 그리고 전문가와 사기꾼을 구분하고, 정보의 출처를 알고, 다른 사람들이 무엇을 믿고 무엇을 믿지 않는지 가늠하고, 자기가 누구와 (또는 무엇과) 상호 작용하고 있는지 알고, 정보 환경 속에서 자기 위치를 아는 것을 어렵게 만들 수 있다는 것이다. 당신이 조작이나 사기를 당하고 있는지 언제나 확실히 알 수 없다면, 당신을 보호하는 자연스러운 방법은 당신이 항상 사기를 당하고 있다고 추정하거나, 당신의 비공개 버전의 현실에서 온라인 친구들과 쭈그리고 있거나, 선동 정치인의 말을 믿거나 하는 것이다.

이와 같이 트롤러와 그 후원자들이 성공하면, 그들은 처벌받지 않은 채 거짓말을 하고 마음껏 조롱하고 약탈하고 괴롭히면서 플라톤의 투명인간 반지와 같은 권력을 획득한다. 그들이 성공하면 만인의 만인에 대한 홉스식 전쟁으로 우리를 몰아붙인다. 그 속에서 현실은 파편화하고 정보 전쟁의 군벌들은 자기의 현실 세계 권력이나 정치적 매력에 비해 지나치게 과분한 영향력을 행사한다. 홉스식 인식론적 질서 속에서 당신은 돈을 벌기 위해, 유명해지기 위해, 팔로워를 얻기 위해, 부정부패를 덮기 위해, 권력—아찔할 정도로 높은 권력, 지구상에서 가장 힘 있는 직위의 통제까지도—을 얻기 위해 하이테크 정보 전쟁을 계속해서 벌일 수 있다.

"가장 뛰어난 트롤러"

우리는 경고를 들었다. 1장에서 살펴봤듯 2004년 트럼프는 존 케리 상원 의원의 베트남 전쟁 영웅 담론을 뒤집은 허위 정보 전술에 관해 감탄하며 말한 적이 있다. 우리는 2013년에 그가 "가장 뛰어난 트롤러"로 언급되자 "멋진 칭찬!"이라고 말하는 것을 지켜봤다. 트럼프와 그의 전략가 배넌 및 추종자들은 자신이 무슨 짓을 하는지 알고 있었고, 그 짓을 잘해냈다.

팩트 체크 담당자들은 트럼프가 미국의 공적 생활에서 이전에는 꿈도 꾸지 못했던 속도와 양으로 거짓말과 왜곡된 이야기를 내뱉었음을 밝혀냈다. 2020년 1월, 〈워싱턴 포스트〉 팩트 체크 팀은 그가 **하루에** 22건의 거짓 진술을 한 것으로 추정했다. 2017년 12월, 〈뉴욕 타임스〉는 트럼프가 취임 첫해에 오바마 대통령보다 62배 더 빠른 속도로 거짓말을 내뱉었다고 추산했다.[37] 그 속도는 이후 더 빨라졌다. 〈워싱턴 포스트〉에 따르면, 2019년 3월 2일, 단 한 번의 연설에서 그는 104건의 거짓말과 오해 소지가 있는 진술을 했다.[38] 세 차례의 유세 동안 〈워싱턴 포스트〉는 그의 진술 중 3분의 2에서 4분의 3이 거짓이거나, 오해 소지가 있거나, 증거가 뒷받침되지 않는다고 평가했다.[39] 그걸 바로잡으면 그는 더 세게 밀어붙이곤 했다. 〈워싱턴 포스트〉는 20회 이상 반복된 거짓말에 대해 '무한 피노키오'라는 새로운 범주를 만들었다.

당신이 팩트 체크 담당자들의 편향이라고 생각하는 모든 것을 설명한다 해도 트럼프의 거짓말의 양과 과감함이 미국 정치의 인식론적 가드레일을 뚫었다는 데는 심각한 이견을 제기할 수 없을 것이다. 러시아의 허위 정보처럼 트럼프의 거짓말은 그냥 틀린 게 아니라 뻔뻔하고 터무니없이 틀리고, 설득이 목적이 아니라 정상적인 통치는 유보되었으니 지도자가 절대적 권위라는 걸 전달하기로 작정한 거짓말이었다. 대통령으로서 그의 맨 처음 행동은 자신의 취임식 군중이 오바마 때보다 더 많다고 우긴 것이었다. 확연하게 모순되는 사진 증거를 무시하고서 말이다. 〔언론 담당 비서관의 명백한 거짓말에 대해 질문을 받은 그의 참모 중 한 사람이 "그는 대안적 사실(alternative facts)을 제공한 겁니다"라고 발언한 일화는 유명하다.〕 그는 노골적으로 자가당착에 빠졌는데, 이는 진실에 대한 그의 무관심을 과시하는 또 다른 방식이었다. 어느 날엔 자신에 대한 탄핵이 주식 시장에 타격을 주고 있다고 말하더니, 바로 다음 날에는 시장이 새로운 최고치를 찍었다고 떠벌렸다. 오바마 정부 때의 실업률 하락을 보여주는 정부 통계는 '사기'라고 부르면서, 자신의 재직 중 실업률 하락을 보여주는 통계는 '진짜 사실'이라고 말했다. 자기가 분명 금방 했던 말을 안 했다고 잡아뗐다. 2017년 CNBC.com은 "수요일, 백악관은 도널드 트럼프 대통령이 미국의 형사 사법 제도는 '어이없는 웃음거리'라고 부른 적이 있다는 사실을 딱 잘라 부인했다. TV로 중계된 국무회의 도중 트럼프가 정확히 그 말을 한 지 불과 몇 시간 지나지 않아서였다"고 보도했다.[40] 그는 2018년 미국 국경순찰대 요원의 허구적인 살인 사건처럼 날조된 이야기를 반복하고 증폭시켰다.[41] 그는 자신을 비판하는 사람 중 한 명을 완전히 지어낸 살인 혐의로 중상 모략했다. 하고 또 하고, 푸틴식 거짓말 축제는 계속됐다. 미국의 시민 생활에서 조금이라도 이와 비슷한 사례는 한 번도 본 적이 없었다.

이제 요점은 확연해졌다. 트럼프와 그의 조력자 및 정치적 협력자들은 고전적인 허위 정보 캠페인, 유리 베즈메노프라면 바로 알아봤을 종류의 캠페인을 벌이고 있었다. 전통적인 정부 프로파간다 기관을 활용하는 대신 그들은 트위터 등 기타 소셜 미디어에서 자신의 캠페인을 조직했고, 거기서 음모론을 키웠고, 자기 적들의 정체를 알아냈다. 그들은 거짓말을 가끔이 아니라 빗발치듯 쏟아냄으로써 대중을 혼란에 빠뜨리고, 자기 적수를 당황하게 만들고, 정보 공간을 서커스로 둔갑시킬 수 있었다. 뻔뻔하고 의기양양하고 자기 모순적으로 거짓말을 내뱉음으로써 진실에 대한 우위와 책임에 대한 둔감성을 확고히 다질 수 있었다. 음모론을 되풀이하고 증폭시킴으로써 편집증을 일으키고, 증거 및 추론에 따른 주장을 약화시킬 수 있었다. 사실에 기반한 모든 정정(correction)을 무시하고 모든 협의를 뒤집고 모든 현실 기반 미디어를 '가짜 뉴스'라고 낙인찍음으로써 트롤링과 진실 사이에 잘못된 등가성을 확립할 수 있었다. 달갑지 않은 학문적 연구를 "트럼프의 적들의 진술"이나 "계획된 정치적 살인"이라고 공격함으로써 과학의 신뢰성을 떨어뜨릴 수 있었다.[42] 분노를 무기화함으로써 공공 의제를 조작하고 국민적 담화를 독점할 수 있었다. 왜곡과 혼란의 소용돌이를 창출함으로써 자신들의 부정부패와 무능으로부터 다른 곳으로 관심을 돌릴 수 있었다.

주식 시장이 폭락하고, 북한이 무기를 시험하고, 홍콩에서 항의 시위가 폭발했던 2019년 8월의 그날과 같은 때는 트럼프의 기교를 누구라도 인정할 수밖에 없었다. 트럼프는 주제를 바꾸기 위해 이스라엘이 의회의 진보적인 의원 2명에 대한 비자를 거절하도록 부추김으로써 소란을 일으켰다. 아니, 코로나19로 인한 미국의 사망자 수가 10만 명에 육박했던 2020년 그날도 있다. 〈워싱턴 포스트〉의 한 기사는 백악관의 반응을 이렇게 썼다. "토요일과 일요일의 트윗과 리트윗 세례 속에서 트럼프는 전 조지아 주지사 후보 스테이시 에이브러햄스(Stacey Abrahams)의 몸무게를 놀리고, 하원의장 낸시 펠로시(Nancy Pelosi: 캘리포니아주 민주당 의원)의 외모를 조롱하고, 민주당의 전 대선 경쟁자 힐러리 클린턴을 '매춘부(skank)'라고 불렀다."[43] 그러는 사이 트럼프는 조용히 연방 기관들의 독립적인 감사원장을 자기 골치를 덜 썩일 듯한 충신들로 교체하느라 바빴다.[44] 전 국가안보보좌관 존 볼턴(John Bolton)의 회고록에 따르면, 2018년 11월 트럼프는 자기 딸의 부적절한 개인 이메일 계정 사용으로부터 시선을 다른 곳으로 돌리려고 사우디아라비아에 관해 논란의 소지가 있는 성명을 발표했다. 볼턴은 "이렇게 하면 이방카(Ivanka)로부터 관심이 멀어질 거야"라고 트럼프가 말한 것으로 전했다. "내가 이 성명을 직접 읽으면, 이방카 이슈를 대체하겠지."[45]

허위 정보에 관심이 많은 사람이라면 누구도 트럼프가 실제로 "가장 뛰어난 트롤러"임을 부인할 수 없을 것이다. 수십 년간 언론인을 조종하고, 자신이 "진실한 과장법"이라고 부르는 것을 효율적으로 써먹고, 리얼리티 TV쇼에 출연하면서 갈고닦은 기량으로 그는 1930년대 이래 의심의 여지없이 가장 능수능란한 허위 정보 실행자였다. 트럼프가 거짓말에 거짓말을 거듭하며 4년간 대중을 구워삶은 끝에 최후의 발악을 했을 때, 바로 자신이 2020년 대선에서 승리했다고 혹은 적어도 그 결과가 의심스럽다고 대중을 확신시키는 놀랍도록 철저하고 뻔뻔하고 효과적인 캠페인을 벌였을 때, 그가 명인의 경지에 올랐다는 걸 행여 의심한 사람일지라도 틀림없이 납득했을 것이다.

선거를 치르기 정확히 7개월 전 그는 우편 투표의 타당성에 대한, 완전히 거짓말이지만 끊임없이 거듭되는 공격으로 프로파간다 전쟁에 돌입했다. 그는 우편 투표 유권자들이 민주당 쪽으로 기울 것이라 예상했고, 따라서 그런 측면에서 목표는 정치적이었다. 그러나 그의 더 크고 더 중요한 목적은 정치계와 보수 매체 지지자들에게 커다란 허위 정보 캠페인이 닥쳐온다는 신호를 보내고, 자신의 안내에 따르도록 그들을 조직하고 동원하는 것이었다. 선거가 끝나고 이제는 충분히 결집된 그의 프로파간다 머신(propaganda machine)이 미국에서 예전에는 한 번도 시도되거나 상상조차 못 했던 규모로 거짓말의 소방 호스 캠페인을 개시했을 때 아무도 놀라지 않았다. 소셜 미디어와 주류 매체 그리고 백악관의 권위를 이용하고 공화당 정치인 수백 명의 목소리를 결집한 트럼프와 그 협력자들은 날조한 스토리와 어떤 때는 서로 모순되는 음모와 불법 행위 이야기들을 퍼뜨렸다. 그들은 소송을 프로파간다 채널로 사용하면서(트럼프가 그의 사업 경력에서 완벽하게 터득한 기술) 선거를 뒤집으려고 엄청나게 많은 허위 소송—법정에서 전부 패소하더라도 의심을 확산시키는 데는 성공할 수 있으리라는 것을 알고—을 제기했다.

그리고 정말 그들은 성공했다. 여론 조사에 의하면, 미국 대중의 약 3분의 1, 공화당원의 약 3분의 2는 트럼프가 선거의 정당한 승자라고 믿었다.[46] 그 밖의 다수는 부정확하게도 선거 결과가 애매하다고 생각했다. 두 가지 결과는 조 바이든의 대통령직에 어두운 그림자를 드리우고, 도둑맞은 진짜 대통령이라는 트럼프의 주장을 영구화하고—마지막이지만 정보 전쟁의 관점에서 봤을 때 앞의 두 가지 못지않게 중요한—안 그래도 양극화한 미국인을 더욱더 분열시킬 것이다. 토머스 리드가 정보 전쟁에 관한 역사서에서 썼듯이 허위 정보 캠페인은 다양한 모양새를 취해왔지만 "목표는 동일했다. 바로 사실과 가짜 뉴스, 그리고 이상적이게도 방향을 잃게 만드는 2개의 혼합을 지렛대 삼아 상대방의 정치적 통일체 내에 기존의 긴장과 모순을 악화시키는 것이다". 정치적 이익을 위해 국가를 분열시키는 것은 트롤러 인식론이 하던 일이었다. 그것은 러시아인들이 하던 일이었다. 그리고—**미국**의 정치적 통일체에 맞서 정보 전쟁을 벌인다는 점을 제외하면—트럼프가 하던 일이었다. 트럼프는 정부의 직업 관료 및 전문가층〔그와 그의 추종자들이 불길한 효과를 노리고 '그림자 정부(deep state: 미국을 실질적으로 지배하는 숨은 권력 집단을 지칭—옮긴이)'라고 부른 것〕과 교전 중인 것만큼이나 국가의 인식론적 구조와도 전쟁 중이었다. 그 구조를 약화시키고, 정보 환경을 오염시키고, 냉소주의와 혼란과 분열을 증식시킴으로써 그는 뉴스를 장악하고, 상대편을 무력화하고, 자신의 결핍으로부터 시선을 돌리게 하고, 예전에 자신이 말했던 대로 '빠져나갈' 수 있었다.

트럼프는 대통령 재임 중 장점이라고는 무능밖에 없는 예비 독재자로 종종 취급받았다. 그 평가는 어떤 면에서는 정확했겠지만, 위험하게도 인식론 영역에서 그가 가진 기량과 효능은 과소평가했다. 임기 말에 그는 자기 정당의 절반 혹은 그 이상의 사람들이 진실과 거짓, 심지어 옳고 그름의 의식에서 벗어나도록 만드는 데 성공한 상태였다. 2007년 AP와 야후의 여론 조사에 따르면, 공화당원의 70퍼센트 이상—민주당원과 무소속 의원들 사이에서도 대략 비슷한 비율이었다—이 대통령의 정직성은 '매우 중요하다'고 말했었다. 그런데 트럼프 정권이 들어서고 불과 2년밖에 지나지 않은 2018년 말 〈워싱턴 포스트〉가 실시한 여론 조사에 따르면, 공화당원의 49퍼센트만—과반수도 되지 않는다—이 정직성을 매우 중요하다고 평가한 것으로 나타났다.[47]

푸틴 본인도 트럼프의 업적을 부러워했을 것이다. 그 둘 중 역사학자들이 더 위대한 혁신가로 평가할 사람은 트럼프였다. 러시아식 허위 정보 전술을 미국의 정치에 적용하는 방법을 알아냈으니까 말이다. (결코 쉬운 과제가 아니다.) 그 교훈을 다른 포퓰리즘 정치인과 선동가들이 주목하지 않았을 리 없다. 이들은 트럼프가 개척한 인식론적 무기를 다듬고 활용할 새로운 방안을 찾을 수 있을 테고 찾아낼 것이다. 이런 유감스러운 측면에서 우리는 지금 전부 러시아인인 셈이다.

보수 매체: "옳은 것과 나머지 것들"

트롤러 인식론은 혼란과 혼돈을 조장함으로써 현실을 작동하지 못하게 만들려 했지만, 거기서 멈추지 않았다. 그 이상도 할 수 있었다. 그것은 대안적 사실들로 이뤄진 고유의 세상을 창출함으로써 현실을 분열시켰다. 그것은 인식론적 분리 독립에 상당하는 걸 조성했다. 그러나 트럼프는 이 이야기의 일부였을 뿐이며 그 안에서 나중에야 등장했다.

제2차 세계대전 이후는 미국에서 이례적인 초당파주의의 시대였다. 많은 민주당원이 보수적이었고 많은 공화당원이 진보적이었으며, 정당 노선을 넘어 협력하고 법률을 제정하는 게 다반사였다. 지식의 영역도 마찬가지였다. 사람들은 정책 및 정치에 대한 의견이 달랐고, 실제로는 사실들(소련은 군비 경쟁에서 앞서 있을까, 아니면 뒤처져 있을까?)에 대해서도 종종 그랬지만, 인식론적 권위를 가진 출처에 대해서는 의견이 그다지 다르지 않았다.

1970년대부터 시작해 레이건 시대 이후 속력이 붙은 열성 당원들이 이념적 노선을 재정비하기 시작했다. 결국 거의 모든 보수주의자들이 공화당원이 됐고, 거의 모든 진보주의자들이 민주당원이 됐다. 그것은 타협과 초당적 통치를 더 어렵게 만들고, 정당 노선을 넘어서 불신과 적대감을 증대시키고, 궁극적으로 정당들을 서로 의견이 다를 뿐 아니라 서로를 두려워하고 종종 증오하는 경쟁 부족으로 둔갑시켰다. 그러는 사이 대중은 뉴스 매체를 비롯한 많은 제도에 대해 신뢰를 잃었다. 보수주의자들은 주류 매체를 진보 쪽에 편향됐다고 봤는데 그럴 만한 이유가 약간은 있었다. 보수주의자들은 처음에는 라디오 토크쇼, 그다음은 케이블 TV, 최종적으로는 온라인에서 매체 대항 기관(media counter-establishment)을 구축했다. 어떤 측면에서 그것은 정보 공급을 다각화하고 공인된 의견의 범위를 넓히는 반가운 개발이었다.

하지만 새로운 보수 언론 기관, 아니 적어도 그것의 중요한 일부가 보수주의적 견해뿐 아니라 인식론적 분리 독립을, 오직 보수주의자만 진실을 확실히 이해하고 보도할 수 있을 거라는 생각을 홍보한다는 조짐이 보였다. 보수주의 라디오 토크쇼의 원로 러시 림보(Rush Limbaugh)—영향력이 너무나 컸기 때문에 그 사람 자체가 온전한 매체 대항 기관이었다—는 자신을 비롯해 본인과 뜻이 맞는 취재원만 믿을 수 있다고 주장했다. 그는 자신이 "우리나라 문화에서 학생과 미국 사람들에게 거짓말을 하는 …… 기만적 구석이 네 곳 있다"면서 맹비난했는데 "그것은 정부, 학계, 과학, 그리고 미디어다".[48] 2009년 림보는 기후 변화에 대해 말은 하고 있지만 광범위하게 적용할 수 있는 논점을 제시하면서 청취자들에게 이렇게 말했다. "과학은 썩었어요. 우리는 오랫동안 미디어가 썩어 있다는 걸 알고 있었습니다. 학계도 썩었죠. 그들이 하는 일 중 어느 것도 진짜가 없어요. 전부 거짓말이죠!" 그는 자신의 분리주의를 명백히 밝혔다. "여러분, 우리는 실은 2개의 세상에서 살고 있습니다. ……2개의 우주에서요. 한 우주는 거짓입니다. 완전 거짓말이죠. 여기서는 모든 걸

좌파가 장악한 채 굴러가고 세계 전체가 거짓말이에요. 또 다른 우주는 **우리**가 있는 곳으로, 바로 진실이 최고의 자리를 차지하고 우리가 그것을 다루는 곳이죠. 그리고 좀처럼 이 두 우주는 겹쳐지지 않습니다."[49]

어느 누구도 단지 동질감이나 부족의 힘으로 지식에 대한 권한을 주장하지 못하도록 막는, 4장에서 언급한 자유과학의 네 가지 경험 법칙을 상기해보자. 경험 법칙은 만인이 만인에 의해 점검받을 수 있어야 한다고 요구함으로써 수백만 명의 사람 및 조직이 계속해서 서로 얘기를 나누고 (비록 시각은 여러 가지로 다양하겠지만), 동일한 현실 기반 프로젝트에 공을 들이게 만들며, 사회적 진실 탐구가 역사적으로 흔했던 적대적 부족 간 권력 투쟁으로 전락하는 것을 막아준다. 림보는 점검을 **우리** 측에서 수행할 때에만 중요하다고 말함으로써 경험 법칙을 부인했다. 따라서 그것은 지식의 헌법에서 완전히 벗어나 극단적 종파주의로 탈주한 것이었다. 림보는 정보의 전사이자 신도들의 지휘관을 자처하며 추종자와 아류를 그러모았다.

보수주의 미디어 세계의 다른 이들은 전통적 저널리즘과 그것의 규범에 한층 더 노골적으로 적대적이었다. 영향력 있는 보수주의 웹사이트 운영자 맷 드러지(Matt Drudge)는 "언론은 꺼져라! 어쨌든 다 사기니까"라고 말했다.[50] 2017년의 한 연설에서 〈브레이트바트 뉴스〉의 워싱턴 정치부 편집위원 매슈 보일(Matthew Boyle)은 이렇게 말했다. "결국 목표는 주류 언론 매체 전체의 완전한 파괴와 제거다." 그는 주류 언론이 단순히 편향된 게 아니라 부정직하다고 했다. "저널리즘의 진실성은 죽었다. 더 이상 그런 건 없다. 그러니까 모든 건 정보의 무기화다."[51] 일부 포스트모더니즘 학자들처럼 보수주의 매체는 객관성에 대한 모든 주장을 단지 잘난 척으로, 정치 전쟁의 곤봉으로 보기에 이르렀다. "제가 여러 번 얘기했습니다." 폭스 뉴스의 숀 해니티(Sean Hannity)가 말했다. "미국의 저널리즘은 죽었다고요."[52] 그럼 무엇이 '미국의 저널리즘'을 대체할까? 나중에 밝혀진 것처럼 상당히 다른 어떤 것이었다.

정치인, 설교가 및 선전원들은 적어도 플라톤 시대 이래 대안 현실(alternative reality)을 확립하려 애써왔고, 존스타운 같은 폐쇄적 공동체와 북한 같은 독재 체제에서는 성공을 거둘 수 있다. 하지만 미국처럼 다양하고 개방된 사회에서 대안 현실은 확장되기 어렵다. 현실이 계속 치고 들어온다. 그럼에도 불구하고 21세기 초에 정치적 양극화와 미디어 버블(media bubble)은 분리주의의 새로운 가능성을 창출했다. 모건 마리에타와 데이비드 바커는 2019년 공저 《하나의 나라, 두 개의 현실》에서 정치적 양극화와 인식론적 분리주의가 서로를 악화시키는 악순환을 상정한다. 그들은 사실에 관한 논쟁이 "선동가들을 동원하지만 중도파는 침묵시키면서 유권자를 왜곡하는 듯하다"고 쓴다. "그 결과, 생각이 비슷한 버블들로 더욱더 도피하고, 더 많은 거리감과 불신이 생겨나고, 더 심한 양극화가 조성된다."

2014년이 되자 연구자들은 보수주의자와 진보주의자가 신뢰하는 미디어 출처가 갈수록 확연히 달라지고 있다는 것을 알아차렸다. "정치와 정부에 관한 소식 입수와 관련해 진보와 보수는 다른 세계에 살고 있다"고 퓨 리서치 센터는 보고했다. "그들이 의지하고 믿는 뉴스 출처는 겹치는 게 거의 없다."[53] 연구자들은 중요한 경고를 덧붙였다. "조사는 또한 오늘날의 미국에서 이념적 버블(ideological bubble) 속에서 사는 것이 사실상 불가능하다는 점도 시사한다. 미국인 대부분이 정치 뉴스와 관련해 다수의 매체—인적 구성이 다채로운 시청자를 보유한다—에 의존한다. 그리고 일관된 보수주의자와 진보주의자 다수가 그들의 일상생활에서 반대되는 정치적 견해를 듣는다." 미디어 버블은 필터 버블(filter bubble: 소셜 미디어 기업들이 제공하는 맞춤형 정보에 의존하는 이용자들이 자신만의 울타리에 갇히게 되는 현상—옮긴이)처럼 완전히 밀폐되지는 않았다. 그러나 그것들은—특히 우파 진영에서—점점 더 양극화하고, 고립되고, 급진화하고 있었다.

요점은 보수주의자들만 반향실에 산다거나 가짜 뉴스를 믿는다는 얘기가 아니다. 많은 진보주의자들도 그랬다. 그렇다고 보수 매체가 편향됐고, 다른 매체는 그렇지 않았다는 뜻이 아니다. 이념 지도 전체를 보면 많은 편향과 편향 확증(bias-confirmation)이 있었다. 오히려 요점은 보수 및 비(非)보수 미디어 세계가 서로 다르고 비대칭적인 **체계적** 행동을 드러내고 있었다는 것이다. 퓨 리서치 센터 및 기타 기관들의 연구는 이런 비대칭적 행동 하나를 알아챘다. 진보와 보수 둘 다 편향을 확증해주는 취재원에 의존하는 경향이 있지만, 일관된 진보주의자들은 더욱 폭넓게 다양한 출처에 의존하고 그것들을 믿는다는 점이었다. 진보주의자들은 CNN, MSNBC, 미국 공영 라디오(NPR), 〈뉴욕 타임스〉 등 많은 매체를 소비했다. 그들은 퓨 리서치 센터가 제시한 목록에 있는 뉴스 매체 중 4분의 3 이상을 신뢰한다(불신하기보다는)고 말했다. 반면 일관된 보수주의자들은 "딱 하나의 주요 뉴스 출처", 즉 폭스 뉴스 "주위에 빽빽이 모여" 있고, 다른 대부분의 출처는 믿지 않았다. 2020년에는 양측의 열성 당원 중 약 5분의 1이 편파적 출처에서 나온 정치 뉴스만 받아들였다고 퓨 리서치 센터는 보고했다. 이러한 뉴스 버블을 장악한 공화당원 사이에서는 무려 70퍼센트—놀라운 수준의 집중이다—가 폭스 뉴스에 의존한다고 보고했다.[54] 게다가 보수주의자들이 의존하는 출처는 더 극단적인 경향이 있었다. 하버드 연구자 팀은 "좌파 쪽 유명 매체는 중도, 중도좌파 및 좌파에 걸쳐 고루 분포되어 있다"고 썼다. "보수 매체의 관심과 영향력의 중심은 극우 쪽에 있다. 중도우파는 중요도가 낮고 미디어 스펙트럼에서 대표성이 가장 떨어진다."[55] 바꿔 말하면, 미디어는 두 갈래로 나뉘고, 보수 쪽 부분은 정확히 림보가 처방한 대로 우파로 분리되고 있었다.

보수주의자들은 또한 현저하게 더 많은 가짜 뉴스를 보며 소화하고 있었다. 2018년 정치학자 앤드루 게스(Andrew Guess)와 브렌던 나이헌 그리고 제이슨 리플러(Jason Reifler)가 수행한 연구는 미국인 중 절반 정도가 2016년 선거 직전 몇 주 동안 가짜 뉴스 웹사이트를 방문했다고 밝혔는데, 방문자들은 이념적 스펙트럼에서 고르게 분포되어 있지 않았다. 가짜 뉴스 사이트 방문 약 10회 중 6회는 미국인 중 가장 보수적인 20퍼센트에 의한 것이었다. 트럼프 지지자들은 힐러리 클린턴 지지자보다 신뢰할 만하지 못한 웹사이트를 방문할 확률이 2배 이상 높았다. 놀랍게도 가짜 뉴스 사이트는 클린턴 지지자의 뉴스 식단에서는 1퍼센트에 그친 데 비해 트럼프 지지자의 전반적인 뉴스 식단에서는 10퍼센트 이상을 차지했다.[56] 다른 연구는 보수주의자들이 음모론과 가짜 뉴스에 더 많이 노출되고 그것들을 믿을 가능성이 더 높다고 밝혔다. 가령 야후 뉴스와 유고브(YouGov)가 실시한 여론 조사는 2020년 팬데믹 위기 동안 공화당원의 44퍼센트와 폭스 뉴스에 주로 의존하는 사람들 중 절반이 "빌 게이츠가 사람들을 디지털 ID로 추적하는 데 사용할 마이크로칩을 이식하려고 코로나19에 대한 대량 접종 캠페인을 이용하고 싶어 하는" 게 사실이라고 했다고 밝혔다. 민주당원과 무당파(無黨派) 중 이 엽기적인 주장을 믿는 사람은 4분의 1 미만이었다.[57] 공화당원은 코로나19 바이러스가 실험실에서 의도적으로 만들어졌다고 믿을 확률이 민주당원보다 2배 더 높았다.[58] 이런 예는 많다. "한 가지 영향은 보수주의 뉴스 매체 소비자는 자신들의 정치 부족 일원이 아닌 사람들이 널리 공유하는 뉴스 담론을 접할 확률이 더 낮다는 것이다. 그와 동시에 그런 담론을 접할 때 그들에게는 당연히 훨씬 더 낯설고 믿기 어려워 보일 것이다"라고 정치학자 마크 헤더링턴(Marc Heatherington)과 조너선 웨일러(Jonathan Weiler)는 썼다.[59]

무슨 일이 벌어지고 있었던 걸까? 보수주의자가 진보주의자보다 정신이 나갔던 걸까? 속기가 더 쉬웠던 걸까? 일부 진보주의자는 그런 설명에 열중했을지 몰라도, 좀더 그럴 법한 이유는 다른 데 있었다. 주류 매체와 우익 매체는 갈수록 완전히 다른 인식론적 작업을 벌이고 있었던 것이다. 그들은 동일한 지식 추구 작업의 이념적 상대가 아니었다. 이념적 우선순위가 무엇이든 주류 매체는 편향의 **부당성을 확증하는 일**을 하고 있었다. 그것은 정보를 확인하고 오류를 정정하는 것 같은 종래의 저널리즘 규범을 여전히 기반으로 했다. 보수주의 매체는 그중 일부를 하긴 했지만, 갈수록 편향을 **확증하는** 일을 했다. 그것은 구독자들이 듣고 싶어 하는 것을 그들에게 말해주는 데 더 관심이 있었다.

보수주의 매체가 언제나 거짓말을 했다거나 진보주의 매체가 언제나 진실을 말했다는 얘기가 아니다. 양쪽에는 좋은 기자와 편견 없는 소비자도 있었다. 오히려 차이는 체계적인 인센티브에 있었던 듯하다. 펌프실과 필터실 네트워크 비유를 다시 떠올려보자. 주류 매체는 제법 일관되게 가짜 뉴스를 걸러내고 진짜 뉴스를 전달했다. 그러나 보수 매체는 그 반대일 때가 많았다.

이런 식으로 생각해보자. 당신이 어떤 음모론을 받아들여 주류 매체에 주입시킨 다음 무슨 일이 일어나는지 지켜본다고 가정하자. 설령 주류 매체가 그것을 보도한다 해도, 그들은 일반적으로 그게 틀렸음을 밝히고 억누를 것이다. 하루나 이틀 치 뉴스거리가 되고 나면 그것은 자취를 감출 터이다. 보수 매체도 좌파 성향 음모론에는 같은 방식을 취할 것이다.

그러나 우파 성향 음모론을 주입해보라. 보수주의 시스템은 그걸 증폭시키는 경향이 있을 터이다.

그것이 하버드 대학 '인터넷과 사회를 위한 버크먼 클라인 센터(Berkman Klein Center for Internet and Society)'의 요차이 벤클러, 로버트 패리스, 할 로버츠가 2018년 발표한 미디어 네트워크 및 행동에 관한 철저한 분석의 결과물이었다. 그들은 《네트워크 프로파간다: 조작, 허위 정보, 그리고 미국 정치의 과격화(Network Propaganda: Manipulation, Disinformation, and Radicalization in American Politics)》에서 "우리의 데이터에 등장하는 일관된 패턴은 …… 좌우의 분열이 아니라 오히려 우파와 나머지 미디어 생태계 사이에 분열이 있다는 것"이라고 썼다.[60] 그들은 2016년 클린턴 투표자들과 트럼프 투표자들이 접할 수 있는 음모론과 가짜 뉴스는 널려 있고, 두 집단 모두 그것들을 듣는 데 비교적 관심이 있었다고 밝혔다. 그러나 주류 미디어 생태계는 "주류 언론과 새로 생긴 온라인 미디어가 계속해서 서로 최악의 충동을 억제하고 오류와 도를 넘는 행위를 수정함에 따라 양쪽의 허위 정보와 오류를 확인할 수 있었다". 반면 "미디어 생태계에서 배타적인 우익은 그것의 정상적인 작동의 중심적 특성으로서 편향을 확증하는 진술들에 대한 양성 피드백(positive feedback)을 생성한다". 주류 매체는 트럼프의 열세 살짜리 강간에 관한 날조된 이야기를 재빨리 억제한 반면, 보수 매체는 클린턴의 소아성애 조직 관여에 관한 날조된 이야기를 유포하고 증폭시켰다. 이것들과 다른 사례를 비교한 결과에 대해 연구자들은 다음과 같이 말했다.

> 미국의 나머지 정치 미디어 생태계와 비교했을 때, 우익의 역학이 근본적으로 다르다는 것을 분명하게 보여준다. 우익 음모론을 관찰하면서 우리는 이 네트

> 워크의 핵심—공화당의 권위자들을 이끄는 폭스 뉴스와 〈브레이트바트 뉴스〉로 구성된—과 나머지 온라인 우익 네트워크 사이의 양성 피드백 고리를 봤다. 이 사례들 속에서 우리는 반복, 증폭, 그리고 다른 매체가 기사의 오류와 실패를 폭로했을 때 그들을 비판하는 단단한 방어 태세를 봤다. 반면 주류 미디어 생태계는 높은 저널리즘 수준에 맞춰 서로를 견제하는 진지한 경쟁, 콘텐츠의 신속한 삭제, 정정, 몇몇 경우 관련 기자들의 징계라는 반복적 패턴을 드러냈다. 게다가 이 중 어떤 경우에도 한번 철회한 주장을 약간 반복하고 증폭하는 것 이상은 보지 못했다.

이러한 결과물을 내 어휘로 옮겨보겠다. 즉, 트럼프가 나타났을 때 주류 매체는 현실 기반 공동체의 일부였지만 보수 매체는 한 발—어떤 때는 두 발 모두—을 문밖에 걸치고 있었다. 전통적인 우익 매체는 그들이 무엇을 믿느냐가 아니라 어떻게 믿느냐의 관점에서 갈라지고 있던 우주를 점령했다.

내 논지의 어떤 측면은 일부 독자에게 편파적이라는 인상을 줄 것이다. 내가 민주당 사례보다 공화당 사례를 훨씬 더 많이 이용한다고, 말하자면 힐러리 클린턴보다 트럼프를, MSNBC보다 폭스 뉴스를 더 많이 철회한다고 지적할 수 있다. 냉소적인 정치적 거짓말에 뭐 새로울 게 있냐고, 온갖 진영이 거기에 연루되어 있다고 지적할 수도 있다. 〔2012년 상원의 민주당 소수파 지도자인 네바다주 상원의원 해리 리드(Harry Reid)는 공화당 대통령 후보 밋 롬니가 10년간 세금을 한 번도 납부하지 않았다는 날조된 혐의를 제기했다. 나중에 이 거짓말로 비난을 받자 그는 이렇게 응수했다. "글쎄요, 그걸 뭐라 부르든 마음대로 하라고 하세요. 롬니가 이기지 못했잖아요, 안 그래요?"〕 그러나 그들 사이에 인식론적으로 중요한 차이는 두 가지 정보 생태계의 정파성이 아니었다. 상황이 달랐다면, 정파적 양극화는 아주 쉽게 뒤집어졌을 수도 있다. 중요한 차이는 좌우가 인식론적으로 갈라져 비대칭적으로 발전했다는 것이다. 정보 시스템처럼 그들도 다른 종류의 일을 하고 있었다.

인식론적 분리주의

트럼프는 그 차이를 만들지 않았지만 그것을 활용하는 데는 능수능란하다는 걸 입증했다. 림보와 해니티 그리고 나머지 사람들처럼, 그러나 훨씬 더 뻔뻔하게 그는 주류 매체를 맹렬히 공격했고, 언론인을 향한 물리적 공격까지도 부추겼다. 그는 주류 매체를 "역겹다", "우리나라의 큰 위험", "미국 국민의 적"이라고까지 불렀고, 2017년 8월에는 이런 감정에 공화당원의 거의 3분의 2가 동의했다.[61] 그는 스티브 배넌이 말했듯 "실질적 야당은 미디어"라는 비유를 중심으로 자신의 정치적 메시지를 체계화했다. 그는 진짜 뉴스에는 '가짜 뉴스'라는 딱지를, 반대로 가짜에는 진짜라는 딱지를 붙였다. "여러분이 보는 것과 읽는 것은 실제로 벌어지는 일이 아닙니다"라고 그는 지지자들에게 말했다. "그냥 우리 옆에 찰싹 붙어 있으세요. 여러분이 보는 이런 사람들한테서 나온 헛소리, 가짜 뉴스는 믿지 마시고." 반면 인터넷 트롤링, 즉 그가 "여러분이 믿을 수 없다고 생각하는 헛소리"라고 그들에게 말한 것—전문적 찬사로서 의도한 '헛소리(crap)'—은 칭찬하고 증폭시켰다.

그러다가 트럼프는 이미 지식의 헌법에서 분리되고 있던 보수 매체 조직, 이미 분노와 허위 정보에 유리하게 작용하던 기술 환경, 그리고 이미 양극화하고 허위 정보에 취약하던 대중을 접했다. 또한 자신의 개성, 추종자 집단, 공화당, 미국 대통령직을 총동원해 이 모든 추세를 이용하고 고조시켰다. 자신의 댓글 부대 및 보수 매체 대항 기관과 함께 그는 어떤 평범한 트롤러도, 심지어 블라디미르 푸틴도 성취할 수 없을 뭔가를 달성할 수 있었다. 그들은 단지 혼란과 방향 감각 상실만이 아니라 트럼프는 결코 틀리지 않았고 언제나 음모론과 거짓말의 희생자였다는 것을 전제로 뒷받침되는 컬트적 대안 현실을 함께 창출했다.

가끔 트럼프식 반향실인 대안 현실에서는 낮이 밤이 되고 밤이 낮이 될 때가 있었다. 2016년 미국 대선에 개입한 것은 러시아가 아니라 우크라이나였다. 정치적 이익 때문에 우크라이나 검찰을 좌지우지하려 한 쪽은 트럼프가 아닌 바이든이었다. 특검 수사는 날조된 거짓말을 토대로 이뤄진 불발 쿠데타였다. 많은 관련 증거로 드러난, 트럼프 선거 운동의 영향권에 있던 사람들과 러시아인 사이의 연계는 물론이고 러시아의 불법 개입에 대한 트럼프 본인의 공개적 독려는 오바마 정부에 의한 날조 증거였다. 트럼프 선거 캠프에 교묘히 잠입하려 했던, 과거를 알 수 없는 학자 조지프 미프수드(Joseph Mifsud)는 러시아 요원일 리 없는 FBI가 심은 사람이었다. 2020년 초 하원의 탄핵 청문회에서 트럼프 옹호자들은 음모론과 풍자가 생중계되는 동안 거짓말이라는 소방 호스를 사용해 거의 모든 것("조 바이든은 2020년 트럼프 대통령에 대적할 민주당의 강력한 도전자였다"는 말까지 포함해)에 의문을 제기하거나 부인했다.[62] 그들의 전략은 "반대 담론뿐 아니라 완전히 분리된 현실을 창출하려는 것"이라고 라이언 브로더릭(Ryan Broderick)은 〈버즈피드 뉴스(Buzzfeed News)〉에 썼다. "공화당 심문 차례가 될 때마다 그들은 증인에게 물을 의향이 없었다. ……대신 폭스 뉴스 클립으로 돌리거나, 콩알만 한 페이스북 포스트를 공유하거나, 포챈 스레드에 맡겨버릴 타이밍만 만들곤 했다."[63] 마침내 현실의 역전은 트럼프가 2020년 선거의 압도적 승자이며 결과를 뒤엎으려 하는 쪽은 바로 그의 상대라는 주장과 함께 절정에 달했다. 놀랍게도 미국인 수백만 명이 취임식 날 조 바이든이 아닌 트럼프가 선서하고 대통령직에 오를 것이라고 믿었다.

컬트 집단—종교, 마르크스주의, 트럼프주의 등—은 스스로를 강화하는 신념의 무한한 철옹성 같은 고리 속에 신자들을 옭아 넣는다. 그것은 구성원이 외부의 사상 및 권위로부터 스스로를 고립시키도록 부추기고 흔히 그러라고 요구한다. 트럼프 취임 직후 텍사스주 공화당 의원 러마 스미스(Lamar Smith)는 하원에서 "뉴스는 대통령한테서 직접 얻는 게 좋을 겁니다"라고 말했다. 그리고 이렇게 덧붙였다. "실은 그게 있는 그대로의 진실을 파악하는 유일한 방법일 테고요."[64] 컬트 버블 내부에서는 설령 그 답이 화제의 전환이더라도, 혹은 그 설명이 당신 자신의 눈과 귀는 믿을 수 없다는 것일지라도 모든 의문에는 정답이 있고, 그럴 법하지 않은 모든 것에도 해명이 있다. 러시 림보는 2019년 우크라이나 스캔들 때 "여러분이 보고 있는 모든 것이 사기다"라고 청취자들에게 말했다.[65] 사실상, 부정적 증거는 바로 부당함을 증명하기 **때문에** 믿을 수 없는 것이다. 트럼프의 선거 운동에 영향을 미치려는 러시아의 활동에 대한 FBI의 수사에서 법무부 감찰관이 절차상의 실수는 발견했지만 아무런 정치적 편향성을 찾지 못하자, 유타주 공화당 상원의원 마이크 리(Mike Lee)는 그에게 물었다. "당신이 얘기하는 증거 부족 자체가 편향의 증거 아닌가요?"[66] 바로 그거다.

여기서 사람들은 자신이 사실들의 결투 혹은 심지어 현실들의 결투가 아니라 인식론적 체제의 결투 세계에 있음을 알게 된다. 하나는 오류와 경합이 가능한 세계, 다른 하나는 허위를 입증할 수 없고 컬트적인 세계다. 2장에서 살펴봤듯 많은 대안 현실은 불안정하고 공격적인 경향이 있다. 그것들은 현실 기반 공동체의 교의를 거부한 탓에 그로부터 소외되고 위협받는다고 느낀다. 현실 기반 제도—주류 언론인, 법정, 학자 및 정부 기관—가 그들의 주장을 거부함에 따라 좌절은 커져가지만 거부당하는 것은 음모가 진행 중임을 더욱더 확신하게 만들 뿐이다. 노여움과 두려움이 커지면 냉전이든 무력전이든 결국 신조 전쟁에 호소할 수도 있다. 2021년 1월 6일, 선거인단 투표 개표를 방해하기 위해 미국 국회의사당을 습격한 폭도는 자신들 바로 앞에서, 불과 몇 야드(yard: 1야드는 약 0.914미터—옮긴이) 떨어진 건물 안에서, 의회가 국민의 뜻을 거스르고 민주주의를 도용하는 중이라고 믿었다. 그들이 위기라고 생각했던 상황을 놓고 보면, 그들 다수는 진실을 수호하기 위해 무기를 들고 일어서는 수밖에 없다고 여겼던 것이다. 그날 국회의사당에서 벌어진 반란은 미국 헌법만큼이나 지식의 헌법에 대항한 것이었고, 우리가 본 것—현실에 관한 분쟁을 해결하기 위해 무력 및 협박을 사용하는 것—은 지식의 헌법이 조만간 지배력을 상실할 곳에서 우리가 늘 보게 될 광경이었다.

트럼프와 그의 트롤링 부대 그리고 미디어 조력자들을 비난하라. 그건 당연한 일이다. 그러나 그들은 구독자의 도움이 없었다면 성공하지 못했을 거라는 점을 상기하자. 미국처럼 선진적이고 개인주의적인 민주주의 국가들에서 허위 정보와 음모론이 확산하는 이유는 그들의 표적한테 주관이 없어서가 아니라 오히려 반대로 너무나 많은 사람이 적극적인 자기기만의 협력자이기 때문이다. 급격한 사회 변화에 뒤처졌다고 느끼거나 기득권층으로부터 존중받지 못한다는 기분이 든 그들은 감정적 카타르시스를 안기는 선악 대결의 이야기로 가려운 데를 긁어주는 설명을 추구한다. 자신들의 목소리와 투표가 무시당하고 변화로 가는 주요 경로를 차단당했다고 느낀 그들은 천년왕국 드라마의 영웅 역할을 제공하는 이야기를 찾는다. 소셜 미디어의 인맥에 힘입은 데다 가끔 실생활 인맥까지 가세해 그들은 간절한 마음으로 은폐된 진실과 미래의 사건들에 대한 특권적 통찰을 공유하는 게 가입 취지인 동호회에 합류한다. 큐아논(QAnon: 미국 극우 온라인 음모론 집단—옮긴이) 같은 음모론과 군사 개입으로 바이든 대신 트럼프가 대통령에 취임할 거라는 예언은 이성적인 시각으로는 어떻게 봐도 망상이었지만, 감정적으로는 일리가 있었다. "그것은 선과 악의 싸움이에요." 한 여성이 자신이 왜 매일 몇 시간씩을 들여 트럼프가 2020년 대선을 도둑질당했다는 증거를 인터넷에서 샅샅이 뒤지는지 설명하면서 2021년 AP에 말했다. "그녀는 체제가 가장 취약한 사람들을 저버리고 있다고 생각했다"고 AP는 보도했다. "그래서 미국 민주주의의 기준인 사실 전달자—법정, 의회 및 미디어—에 대한 그녀의 믿음이 약해졌다. 그녀는 아무것도 믿을 수 없지만 아무거나 믿을 수 있겠다는 기분이 들었다. ……'어떤 때는 이런, 내가 미쳤나, 하는 기분이 들죠'라고 그녀는 말했다. '우리가 미친 게 아니라는 걸 알아요. 다만 우리가 사는 세상이 너무 혼란스러워져서 그걸 수습하려 하는 것뿐이죠.'"[67]

그녀는 아무것도 믿을 수 없지만 아무거나 믿을 수 있겠다는 기분이 들었다. 정보 전쟁에 관심이 많은 사람이라면 이게 바로 허위 정보 캠페인이 유도하고자 하는 상태임을 알아챌 것이다. 선전가들은 정치적 양극화를 고조시키고, 기존의 제도를 공격하고, 사회적 불신을 부채질함으로써 일반 국민 중 허위 정보를 쉽게 받아들일 뿐 아니라 그걸 지어내는 데도 협력하고 일조하고 싶어 하는 부류를 만들어낸다. "늘 그런 건 아니지만 상당히 많은 허위 정보가 일반 대중에게 일어나는 것이라기보다는 그 구성원이 날조하는 데 공모한 것"이라고 심리학자이자 법학 교수인 댄 카한은 쓴다.[68] 허위 정보를 믿는 이들은 절대 자신이 들은 얘기를 맹목적으로 따르는 게 아니라 나름 철저한 조사를 수행하고 있으니 자신은 절대 속아 넘어가지 않을 거라고 확신한다. 워싱턴 대학의 케이트 스타버드(Kate Starbird)는 〈로페어〉 인터뷰 진행자에게 2020년 대선과 코로나19 팬데믹 등과 관련한 음모론은 "대단히 참여적인 허위 정보 캠페인"이라고 말했다. "그것은 하향식인 동시에 상향식이었다. 엘리트와 정부의 정보원들이 의제를 설정할 때도 있지만, 온라인 집단이나 구독자가 담론의 생성에 일조하고 증거를 짜맞춘다. 따라서 그것은 양방향의 관계다."[69] 선전가와 그 구독자들은 서로를 이끌어주고 따라가면서 현실로부터 함께 멀어진다.

현실의 반격

이번 장의 논지는 허위 정보가 오래되고 잘 알려진 형태의 정보 전쟁이라는 것이다. 전략적인 핵심에 관한 일이라면, 도널드 트럼프나 블라디미르 푸틴, 그들의 협력자나 대리자가 벌이는 현대의 허위 정보 캠페인은 레닌이나 괴벨스(P. J. Goebbels: 나치 독일의 선전부 장관—옮긴이) 시대의 프로파간다 정보원들한테는 친숙해 보일 터이다. 새로운 요소는 디지털 혁명으로 제공받은 특별한 도구 세트였다. 이 새로운 도구들이 트롤러와 음모론자의 손아귀에 들어갔고, 정치적 양극화로 인해 권능을 부여받았고, 국가 활동 세력에 의해 포집 및 이용되었으며, 소시오패스 정치인들에 의해 주류 정치로 흘러 들어갔고, 보수 미디어에 의해 증폭되었고, 미국 대통령직의 권력과 더불어 강화되었다. 어느 한 매개체—디지털 기술, 정부의 후원, 양극화, 소시오패스 정치인, 보수파의 극단적 종파주의—만 있어도 대망을 품은 정보 전사의 삶은 더 수월해졌다. 그것들이 합쳐져 최악의 혼란 상황을 불러일으켰다.

경종의 이유. 맞다. 체념의 이유. 그건 아니다. 트롤러 인식론이 지식의 헌법을 압도할 거라고 상정하지 않을 많은 이유와 그것이 실패할 거라고 기대할 많은 이유가 있다. 현실 기반 공동체는 나름의 취약점을 갖고 있는데, 그중 하나는 다음 장에서 다룰 것이다. 그러나 트롤러 인식론도 자체적 취약성이 있다. 다시 말하지만, 그것은 전적으로 기생적이고 파괴적이다. 건설적인 작업은 아무것도 못 하는 무능함이 지속 가능성과 호소력을 제한한다. 그것의 거짓말은 트럼프가 2021년 1월 20일 재취임할 거라는 주장에서 벌어졌듯 현실과 기분 나쁘게 충돌하기 쉽다. 그것은 거짓말을 퍼뜨리고 증폭시키려 표적으로 삼은 정보 네트워크에 의존하지만, 그 네트워크는 진실에 눈을 뜨는 경향이 있다. 그것은 공격을 조직할 수는 있지만, 그것이 풀어놓은 악마에 대한 통제력은 거의 갖고 있지 않다. 그것은 오래가는 제도를 구축하는 데 능하지 못하다. 그 규범이 소시오패스적인 탓이다. 그것은 고유의 상황 인식을 유지하는 데 능하지 못하다. 토머스 리드가 썼듯이 선전가들은 자신의 거짓말과 반쪽 진실에 얽매이기 쉽기 때문이다.

트롤러는 그들이 강해서가 아니라 약하기 때문에 비대칭적 정보 전쟁—기습, 집단 공격, 익명 습격, 방해 공격—을 이용한다. 그들의 바람은 현실 기반 공동체를 난타해 약화시키는 것이다. 그들은 위험하지만, 그들의 최대 위협은 그 자체의 능력이 아니라 지식의 헌법의 방어에서 틈새를 활용하는 역량에 있다. 자신감을 약화시키고, 정당성을 떨어뜨리고, 원칙을 흐리고, 지지층을 분열시키는 것이다.

그 점에서도 트롤러 인식론의 능력은 제한적이다. 트롤러를 과대평가하는 것은 그들을 과소평가하는 것만큼이나 해롭다. 테러처럼 트롤링의 사업 계획은 실제 위협에 비해 과중한 공포를 유발하는 것이다. 허위 정보의 과대 선전은 푸틴과 트럼프 같은 파괴적인 행위자를 우쭐한 기분이 들게 만드는 위험을 무릅썼고, 이것이 바로 그들의 목표였다. 2016년 대선 캠페인 시기에 대부분의 국민은 가짜 뉴스 웹사이트로 이동하지 않았다. 2019년 뉴욕 대학 '소셜 미디어 및 정치적 참여 연구소(Social Media and Political Participation Lab)'와 프린스턴 대학의 분석에 따르면, 10퍼센트 미만이 페이스북에서 가짜 뉴스 링크를 공유했다. 공화당원은 민주당원보다 가짜 뉴스 링크를 공유할 가능성이 4배 더 높았다—하지만 그럼에도 불구하고 공화당원의 5분의 1 미만이 그렇게 했다.[70] 브렌던 나이헌과 그 동료들은 가짜 뉴스가 가닿은 범위는 2018년 중간 선거 기간에 감소했음을 발견했다. 부분적으로는 미디어 플랫폼의 보호 조치 덕분이었다.[71] 2020년 팬데믹 기간에 여론 조사는 더 많은 공화당원(80퍼센트)이 의료 정보와 관련해 질병통제예방센터보다 트럼프를 더 믿는다는 것을 밝혀냈다. 하지만 공화당원 대다수(74퍼센트)는 여전히 질병통제예방센터를 신뢰하기도 했다.[72] 보수 및 주류 매체는 단지 이념적으로뿐 아니라 인식론적으로도 멀어지고 있었으나, 완전히 단절된 것은 아니었다. 어쨌든 허위 정보는 사람들의 정치에 관한 생각을 거의 바꾸지 못한 듯했다. (생각은 바꾸기가 매우 어렵기 때문이다.) 그 영향은 오히려 일부 사람이 이미 믿고 싶어 하는 것을 더 공고히 해주고, 무엇을 믿을지 잘 모르는 사람에게 혼란을 주고, 무엇보다 정치적 거짓말과 허위 정보의 사용을 정상화시키는 종류의 것이었다.

지식의 헌법의 취약성을 과장해서 말하는 것 또한 실책이다. 현실 기반 공동체는 어마어마한 장점을 갖지 않았다면, 즉 제도적 깊이, 방대한 네트워크 및 축적된 진실성이 없었다면 4세기 동안 유지 및 확장되지 않았을 것이다. 그것은 탄력성과 저항력을 구축하는 데 그러한 장점을 사용할 수 있으며, 트럼프 시대의 충격으로 맨 처음 휘청거린 이후 그러기 시작했다.

토머스 리드는 2020년 4월 〈로페어〉와의 인터뷰에서 2016년 이전의 시기가 "사실상 허위 정보의 황금시대였다. 당신은 문제없이 허위 정보를 유포할 수 있었고, 아무도 그런 일이 일어날 거라고 예상하지 않았기 때문"이라고 말했다. 그러나 2016년은 뉴스 매체, 연구 공동체, 국가 안보 공동체, 소셜 미디어 플랫폼 등에 각성을 불러왔다. 앞장에서 살펴봤듯 소셜 미디어 기업들은 조직화한 가짜 행위를 차단하고, 인력 및 봇을 사용해 콘텐츠를 조정하고, 팩트 체크와 경고를 효율적으로 이용하고, 자사의 정책과 제품의 취약성을 해결함으로써 자신의 네트워크를 단련시켰다. 트롤러 네트워크를 추적하고 정부와 소셜 미디어 기업에 위협을 환기시켜줄 학문적 기관과 비영리 단체가 전 세계에 우후죽순처럼 생겨났다. 학교는 학생들에게 진짜 뉴스와 가짜 뉴스 구분 방법을 보여주며 미디어 정보 해독력을 가르치기 시작했다. 언론 대학원은 졸업생들이 가짜 출처와 조작 이미지 감지 방법을 확실히 배우도록 했다. 공교육은 비록 묘책은 없지만 유망해 보였다. 연구에 따르면 사람들에게 콘텐츠를 공유하기 전에 잠깐 멈춰 생각해보라고 요구하는 것 같은 간단한 개입만으로도 비판적 사고를 증대시키는 것으로 밝혀졌다. ("어린이들도 무엇이 진실한지 평가하는 데 있어 좀더 비판적이 되는 법을 학습할 수 있다"고 〈월스트리트 저널〉은 보도했다.)[73]

시민들의 저항도 나타났다. 2020년의 한 연구는 보통 사람들이 허위 정보를 바로잡기 위해 소셜 미디어를 사용할 수 있으며 그럴 때가 많다—그리고 특히 질병통제예방센터 같은 믿을 만한 출처를 인용할 때는 집단에 기반한 사실 정정이 효과적일 때가 많다—는 것을 밝혀냈다.[74] 비영리 단체들은 온라인 기사를 점검할 전문 과학자 네트워크 및 십대 청소년 팩트 체크 네트워크까지 조직했다. 유럽에서는 스스로를 '요정들'이라 부르기도 하는 시민운동가들이 실시간 트롤링 활동을 감시하고 대응할 네트워크를 개발해 트롤러들이 음모론을 배양하고 표적을 선택하는 대화방과 페이스북 그룹에 잠입해 들어갔다. 토머스 켄트(Thomas Kent)는 "어떤 활동가들은 소셜 플랫폼에서 직접 트롤러와 맞서기 위해 비밀 팀에서 일한다"고 《미국의 이익(American Interest)》에서 보고했다. "또 어떤 활동가들은 페이스북과 트위터가 트롤러 및 봇을 정지시킬 수 있도록 그들의 전체 네트워크를 파악한다."[75]

언론인들의 학습 곡선은 빠르게 상승했다. 그들은 허위 정보 캠페인을 은폐 및 적발하는 담당 분야를 개발했다. 그들은 음모론을 반복해서 언급하지 않으면서도 거기에 주의를 돌리는 데 더욱 정교해졌다. 그들은 가짜 포스트와 인공 지능의 합성 그리고 알고리즘 조작을 더 확실히 파악했다. 팩트 체크에 힘입은 그들은 잘못된 정보를 분명히 표시하는 일에 더 자발적이 되었다. "트럼프는 ……라는 거짓 주장을 반복하기도 했다"—아니면 "줄리아니(R. Giuliani)는 ……라고 거짓으로 주장하기도 했다"—아니면 "한 초정통파 랍비(rabbi)가 홍역 발생을 ……라고 거짓으로 기술했다"는 식이었다. 그들은 출처가 가짜거나 의심스러울 수 있는 정보는 그게 어디서 왔고 왜 그게 확실치 않은지를 기사—가령 조 바이든의 아들 것으로 추정되는 하드 드라이브에서 발견된 자료에 관한 기사—의 맨 위에 설명하면서 으레 그것을 맥락과 관련지었다.

허위 정보 위협에 대한 완전한 해결책은 없고 있을 수도 없겠지만, 수많은 행위자에 의해 이뤄지는 조정으로 더 강한 면역 체계 같은 것—끄떡없는 건 아니지만 확실히 덜 취약한—의 전망이 보였다. 그러한 조정은 빠르게 다가오고 있었다. 인터넷 연구 기업 그라피카(Graphika)의 조사 책임자 벤 니모(Ben Nimmo)는 2020년 9월 이렇게 말했다. "플랫폼과 법 집행, 그리고 이런 부류의 일을 찾고 있는 연구업계 전역에 훨씬 더 우수한 네트워크가 마련되어 있을 뿐 아니라, 거기에 대해 보도하는 훨씬 경험 많은 기자단도 있습니다. 그들은 어떤 종류의 질문을 던져야 하는지, 어떤 종류의 요점을 찾아야 하는지 알죠. 그러니까 이 모든 것을 종합하면 4년 전, 아니 1년 전보다도 훨씬 더 건강한 환경을 향해 나아가고 있는 거죠."[76]

현실 기반 공동체의 관행이 변화했다 해도 만일 대중이 언론인이나 과학자 또는 그 밖의 현실에 기반한 전문가의 판단을 거부한다면 별 차이가 없을 것이다. 그러나 대중 또한 탄력성 증가의 조짐을 보였다. 뉴지엄(Newseum)의 여론 조사에 따르면, 선동가들의 주류 매체 공격에도 불구하고, 아니 바로 그것 때문에 뉴스 매체가 편견 없이 보도하려 한다는 대중의 신뢰도는 2016~2017년 20포인트 상승했고, 이후 2019년에는 5포인트 더 높아졌다.[77] 대다수(뉴지엄의 2019년 여론 조사에서는 4분의 3 이상)가 "인터넷의 가짜 뉴스와 오보 확산은 우리 민주주의에 심각한 위협"이라는 데 동의했다. 저널리즘에 대한 신뢰는 아직도 전성기 수준에 한참 못 미쳤지만, 소비자 행동은 '고등급 선호 현상(flight to quality)'을 시사했다. 구독자, 특히 젊은 구독자는 소셜 미디어에 대한 신뢰 하락을 나타냈고, 기성 뉴스 브랜드 및 유료 구독 쪽으로 소비를 전환했다. 2017년 〈폴리티코(Politico)〉는 "젊은 구독자들이 올드미디어(old media: '뉴미디어'에 비해 상대적으로 오래된 기존의 미디어를 이르는 말—옮긴이)로 모여 든다"를 머리기사의 표제로 달았다. 코로나19 위기—팬데믹뿐 아니라 이른바 인포데믹—중에는 한때 멸종한 공룡으로 여겨졌던 전통 네트워크 심야 뉴스 프로그램이 다시 날개를 달았다. "더 어린 사람들도 보게 됐다"고 〈뉴욕 타임스〉는 보도했다.[78] 언론인 신뢰도만큼 무너진 적이 한 번도 없던 과학자에 대한 신뢰도 역시 올라갔다. 퓨 리서치 센터 여론 조사에 의하면, 2019년 거의 90퍼센트의 대중이 자신은 공익을 도모하는 과학자에 대한 엄청난 혹은 상당한 신뢰를 갖고 있다고 말했으며, 거의 3분의 2가 과학적 방법론은 일반적으로 정확한 결론을 도출한다고 말했다.[79]

그러니까 우리가 살펴본 것은 현실 기반 공동체가 트롤러 인식론에 적응하기 위해 악전고투하며 혁신하고 임신변통으로 대책을 마련하는 모습이었다. 성공했냐고? 그렇다. 미흡하냐고? 역시 그렇다. 백악관에 트롤러 우두머리가 없는 상태에서 트롤러 인식론이 얼마나 잘 번성할 수 있을지는 미지수다. "대통령의 기법은 …… 가차 없고 잘못을 허락하지 않는다. 절대 오류를 인정하지 않으며, 계속해서 거짓말을 되풀이하고, 전술에 대해 수치심이 없다." 팩트 체크 팀은 2020년 〈워싱턴 포스트〉에 이렇게 썼다. "트럼프가 향후 대통령을 위한 견본을 만든 건지—그가 궤도에서 벗어난 건지, 아니면 대통령직의 성격을 바꿔놓았는지—는 수년간 알 수 없을 것이다."[80]

일부 대답이 투표함으로 전달되겠지만, 대부분은 현실 기반 공동체의 탄력성에 달려 있다. 그리고 그것은 현실 기반 공동체가 내부로부터의 도전, 바로 혼란이 아닌 동조에 대처할 수 있는지 여부에 달려 있다.

7 **취소 문화:** 소수의 횡포

강압적 동조가 현실 기반 공동체를
타락시키고 있다

1989년 2월 14일, 이란의 최고 지도자 아야톨라 루홀라 호메이니(Ayatollah Ruhollah Khomeini)는 소설가 살만 루시디(Salman Rushdie)를 매장시킬 것을 요구했다.

41세이던 1988년 《악마의 시(The Satanic Verses)》를 출간했을 때, 루시디는 문학계에서는 높이 평가받았지만 대중적 유명 인사는 아니어서 이 책—현대 영국에 사는 인도계 무슬림 2명에 관한 마술적 사실주의 소설—은 애초에 그다지 관심을 끌지 않았다. 그러나 출판 후 몇 주가 지나면서 영국(루시디의 고국) 및 전 세계 무슬림들의 항의가 거세졌다. 텔레비전으로 파키스탄의 시위를 시청한 호메이니는 이 책이 반(反)이슬람 소설이라고 포고하는 칙령을 발표했다. 그는 전 세계 무슬림에게 루시디와 책 출판을 도운 모든 사람을 처단하라고 촉구했다. 뒤따른 폭력의 분출 속에서 이 책의 일본인 번역자를 비롯해 수십 명이 살해됐고, 그보다 많은 사람이 협박에 시달렸다. 이란이 그의 머리에 수백만 달러의 현상금을 내걸면서 루시디는 9년간 경호를 받으며 은신해야 했다. 그러는 동안 그의 결혼 생활은 무너지고 작업량은 줄었다. 그 뒤로도 파문은 수년간 지속됐다. 2018년 노르웨이 경찰은 노르웨이판 출판업자 빌리암 뉘고르(William Nygaard)의 총격 사건을 발표했는데, 그는 자택 밖에서 죽어가도록 방치되어 있었다(하지만 살아남았다).

이 캠페인은 살인과 폭행 그리고 무더기 혼란 사태를 넘어 원하던 효과를 얻었다. 1990년 대니얼 파이프스(Daniel Pipes)는 위기에 관한 책에서 "호메이니는 자신의 칙령으로 놀라운 성과를 달성했다"고 썼다. "유럽과 북아메리카에서 (그리고 다른 많은 지역에서도) 그는 전례 없는 우려의 분위기를 조성했다. 작가, 출판인, 서적상, 도서 구매자, 교수 및 학생들은 신변의 안전을 걱정하며 그들이 하는 말을 예의 주시했다."[1]

사상자경주의(thought vigilantism: '자경주의'는 경찰이 아닌 시민이 직접 나서 생명과 재산을 지키려는 태도를 말함—옮긴이)는 아주 오래된 현상이지만, 호메이니는 대중 매체의 도움을 받으면 말 그대로 하룻밤 사이에 그것을 전 세계 어느 곳의 누구한테나 동원할 수 있음을 보여줬다. 한 세대가 지나고 디지털 기술은 사상자경주의를 훨씬 더 용이하고 빠르게 만들 터였다. '캔슬러(canceler: 취소 문화 참여자—옮긴이)'라 불리는 이들은 트롤러와 허위 정보 유포자처럼 소셜 미디어에서 자신들의 목적에 적합한 이상적 기술을 발견했다. 그러나 트롤러가 혼란과 분열을 도모하려 했던 데 반해, 캔슬러는 싸늘하고 강압적인 분위기를 조장하려 들었다.

제임스 매디슨이 루시디 사건과 이후의 취소 캠페인을 예측한 것은 아니지만, 그는 사실상 그것들이 예시하는 도전 과제에 대한 적절한 통찰력을 갖고 있었다. 집단이 다른 집단이나 더 큰 사회를 희생시키며 자기들이 원하는 뭔가를 얻기 위해 조직하고 선동할 때 어떤 조치를 취할 수 있을까? 루시디의 경우, 이 집단은 그의 머리를 원했다. 다른 사상자경주의자들은 누군가가 해고되거나 배척당하게 해놓고 만족했다. 물론 사회봉사 단체를 위한 보조금처럼 더 온화한 주장을 밀어붙이려고 만드는 집단도 많았다. 매디슨은 자신이 알기로 과거에 민주주의를 침몰시켰던 일반적인 문제점을 의식하고 있었다. 그는 이것을 파벌—오늘날 우리가 종종 특수 이익 집단이라고 부르는 것—의 문제라고 칭했다. 그는《연방주의자 논집》10호에서 이렇게 썼다. “전체 중 다수든 아니면 소수든, 어떤 열정이나 다른 시민의 권리 또는 공동체의 영속적이고 집합적인 이익에 반하는 이익의 공통된 충동으로 단결하고 작동하는 많은 시민을 나는 파벌로 이해한다.”

매디슨은 ‘파벌의 나쁜 짓’이 민주주의를 곤경에 처하게 한다는 걸 알았다. 민주주의는 시민이 이익 집단을 형성하는 걸 막을 수 없기 때문이다. 대안은 파벌이 끼칠 손해를 제한하거나 그것을 심지어 건설적으로 활용함으로써 그들의 **효과**를 통제하는 것이었다. 그러나 매디슨이 알기로 예전의 어떤 민주주의도 그러한 도전 과제에 지속 가능하게 대처한 적은 없었다. 결국엔 일부 파벌이 나머지 인구를 강탈하거나 탄압하곤 했다.

매디슨은 그 특유의 성격대로 반직관적인 해결책을 들고 나왔다. 틀림없이 파벌은 많고, 저마다 다를 터였다. 루소가 제창했던 것 같은 작고 동질적인 공화국은 파벌에 장악당하기 쉬웠다. 대신 크고 다원적인 공화국은 반드시 다수의 다양한 파벌이 있고, 다양성은 어떤 한 파벌이 우세할 수 없도록 보장할 터이다. 그는 이렇게 썼다. “범위를 넓혀라. 그러면 훨씬 더 다양한 정당과 이익 집단을 포섭할 것이다. 당신은 전체 중 대다수가 다른 시민의 권리를 침해할 공통의 동기를 갖게 될 확률을 낮추는 것이다. 아니, 그런 공통의 동기가 존재한다 하더라도 그걸 느끼는 모든 이들이 자신의 강점을 발견하고 서로 합심해 행동하기는 더욱더 어려워질 것이다."

매디슨이 《연방주의자 논집》 10호를 쓴 이래 미국 인구는 거의 100배 늘었고, 다양성도 빠른 속도로 커졌다. 이 나라가 오래전에 무너질 거라고 생각했던 사람도 있을지 모른다. 하지만 더 큰 틀에서 보면, 미국은 여느 때보다 더 민주적이고 안정적이고 소수자의 권리를 보호하고 있다. 제2의 위대한 자유주의 사회 체제인 시장 경제 역시 범위와 포함 대상에 있어 엄청난 규모로 성장했다. 그리고 그 밖에도 3장에서 살펴봤듯이 과학, 저널리즘 및 진리를 추구하며 사실을 근거로 하는 전문가들이 이끌어가는 전문적인 현실 기반 공동체가 엄청나게 영역을 확대했고, 전 세계에 걸친 그 영향권과 지리적 다양성은 계속해서 기하급수적으로 증대되고 있다. 자유주의와 다양성은 협력 관계라는 매디슨의 반직관적 주장은 경험을 통해 옳다는 게 증명되었다. 그것들은 함께 번성하고 서로를 필요로 한다. 영역 확장은 골칫거리를 야기하지만, 궁극적으로는 우리를 더 강하게 만든다.

그러나 다양성에는 적들이 있고, 그중 다수는 현실 기반 공동체 내부에 있다. 이들은 다양성을 옹호하지만 가장 중요한 유형을 도외시한다. 아니, 노골적으로 반대한다.

"이 시대의 가장 큰 위험"

1859년 존 스튜어트 밀이라는 런던 출신의 해박한 인물이 주옥같은 수필

집 《자유론(On Liberty)》을 발간했는데, 이것은 곧 표현의 자유에 관한 근대적 대화의 출발점이 되었다. 엄격한 부친에게 교육받은 밀은 영국령 동인도회사에서 식민지 공무원으로 일했고, 잠시 하원의원을 지냈지만, 교수직에 임용된 적이 없을뿐더러 대학에 다니지도 않았다. (그와 그의 부친은 그것을 시간 낭비라고 여겼다.) 그렇다고 이것이 그가 오늘날 누구보다 더 많이 인용되는 19세기의 가장 영향력 있는 영국 철학자가 되는 것을 막지는 못했다. 간결하면서도 강력한 《자유론》은 그의 저서 중 가장 많이 인용된다. 당신이 만일 고등학교나 대학 때 이 책을 공부했다면, 아마 두 번째 챕터인 '사상과 표현의 자유에 관하여'를 읽었을 것이다. 거기서 밀은 우리가 틀렸다고 생각하는, 방어조차 하기 어렵다고 생각하는 사상과 견해를 용인하고 심지어 환영하기 위한 세 가지 서로 맞물린 논지를 펼친다. 첫째, 우리가 아무리 확실하다고 느낀다 해도 우리 자신의 신념이 틀릴 수 있고 우리가 거부하는 견해가 옳을 수도 있다(고전적인 오류가능주의). 두 번째, 특히 도덕과 정치에서 한 가지 견해는 완전히 옳고 다른 견해는 완전히 틀린 경우는 좀처럼 없다. "이 둘 중 하나보다 더 흔한 사례가 있다. 상충하는 신조들은 하나는 옳고 다른 하나는 틀리기보다는 둘 사이에 사실을 공유한다." 따라서 오직 "자신의 견해를 다른 사람들의 견해와 맞춰봄으로써 그것을 수정하고 완성하는 꾸준한 습관"만이 우리가 전체 그림을 맞출 수 있도록 해준다. 세 번째, 한 견해가 옳은 것으로 확고히 자리를 잡은 경우라도 대안들과의 경쟁이 있어야 지적인 무기력과 교조주의를 막는다. "확고한 견해를 가진 이가 자신의 생각이 틀릴 수 있다는 가능성을 기꺼이 인정하고 싶지 않다 해도, 아무리 사실일지언정 충분히 자주 대담하게 논의하지 않으면 그건 살아 있는 진리가 아니라 죽은 도그마로 여겨지리라는 심사숙고에는 틀림없이 감명받을 것이다."

종합하면, 밀의 논지는 훗날 찰스 샌더스 퍼스와 칼 포퍼가 취하는 방향에 고개를 끄덕인다. 바로 지식은 사회적 현상이라는 것이다. 그것은 단지 개인의 이성만이 아닌 인간 상호 작용의 산물이다. 그것은 관점의 비교를 요한다. 단 한 사람 또는 단 하나의 견해만 있는 곳이라면 어디서든 사실과 믿음은 구별이 안 된다. "인간의 불완전한 정신 상태에서 사실을 도모하려면 다양한 견해가 필요하다"고 밀은 썼다.

만일 공동체가 견해의 다양성에 적대적이라면 어떻게 될까? 이 질문은 《자유론》 중 당신이 대학 때 읽었을 가능성이 적은 챕터로 우리를 데려간다. 비교적 지나치기 쉬운 3장 '행복의 요소 중 하나인 개별성에 관하여'에서 밀은 혁신, 창의성 및 지적 돌파구는 개별성, 인습에 얽매이지 않는 언행 및 천재성에 달려 있다고 주장했다. 천재성은 본디 드물며 "자유로운 분위기 속에서만 마음껏 숨 쉴 수 있다". 오늘날 미국인에게는 다소 놀랍겠지만, 밀은 자유에 대한 가장 무서운 위협은 국가의 억압이 아니라 사회적 동조이며 이것이 다양성—성향과 관심사와 재능의 다양성(그러나 그가 암시한 것은 특히 견해의 다양성이었다)—의 결핍으로 이어진다고 주장했다. "견해의 폭정은 특이함을 비난의 대상으로 만들 정도라서, 바로 그런 이유로 그 폭정을 타개하려면 사람들이 특이해지는 게 바람직하다." 그의 냉철한 결론은 다음과 같다. "지금은 감히 특이함을 무릅쓰는 사람이 극히 소수라는 게 이 시대의 가장 큰 위험이다."

가장 큰 위험이라니! 이는 강력한 주장이고, 오늘날에도 약간 별나 보이는 주장이다. 20세기에는 국가의 억압이 자유로운 사상과 표현에 단연코 가장 심각한 위협이었고, 미국 같은 현대 자유 사회는 분명히 개성이 결여되지 않았다. 적어도 1960년대의 문화적·성적·지적·사회적 해방 이후에는 그랬다고 난 생각했다. 인식론에 뿌리를 두고 심리학으로 확인된 이유들에 대해 밀이 뭔가를 알아냈었다는 걸 내가 깨달은 시점은 새로운 세기가 되고 나서였다.

객관성은 다양성에서 나온다

오늘날 과학철학자들은 대체로 밀의 관점에 동조해왔다. 다원주의와 견해의 다양성 없이는 원칙상으로도 우리의 편향을 초월하기란 불가능하다. 완벽한 객관성은 늘 우리를 피해갈 것이지만, 우리가 만일 우리의 견해를 타인의 다른 견해와 대조하면서 경험 법칙을 따른다면 거기에 훨씬 더 근접할 텐데, 물론 이것은 사람들의 의견이 불일치하는 곳에서만 가능하다. 과학사학자 나오미 오레스케스(Naomi Oreskes)는 2019년 저서 《왜 과학을 믿는가?(Why Trust Science?)》에서 "동질적인 공동체는 어떤 가정(假定)이 증거로 정당화되며 어떤 가정이 그렇지 않은지를 깨닫는 데 애를 먹을 것이다"라고 썼다. "결국 당신이 공유하고 있는 편향은 식별하기 어렵다. 다양한 가치관이 있는 공동체라면 과학 이론에 내장되어 있거나 과학 이론이라고 가장하는 편향에 휩싸인 신념을 파악해 이의를 제기할 가능성이 높다."[2] 공유된 가정—가령 동성애는 정신병이라던 20세기 중반 정신의학계의 주장—은 보이지 않게 되든지 이의 제기가 불가능해지든지 아니면 둘 다이다. 철학자 헬렌 론지노는 획기적인 1990년 저서 《사회적 지식으로서 과학》에서 이렇게 썼다. "이상의 모든 것들로부터 다음과 같은 결론에 이르게 된다. 특정 공동체에 포함되어 있는 다양한 관점의 수가 더 많으면 많을수록 〔그 공동체의〕 과학적 관행이 객관적일 가능성은 더 높다."[3]

그러므로 객관성은 관점의 다원화와 다양성의 함수로서 증가하고, 관점의 독점과 동질성의 함수로서 감소한다. 3장에서 나는 현실 기반 네트워크의 세계화가 어떻게 더 많은 사람이 문제에 관심을 기울이도록 하는지 강조했지만, 그에 못지않게 중요한 점은, 어쩌면 그보다 더욱더 중요한 점은, **다양한** 사람들, 이전에는 결코 공헌할 기회가 없던 장소에서 온 다채로운 시각을 보유한 많은 사람이 관심을 기울이도록 하는 것일 터이다. 좋은 사례가 생물학에서 나온다. 동성애 행동은 자연계에서 흔한데, 이것이 진화생물학자에게는 특이한 것으로 보인다. 결국 불임 성교(sterile sex)는 귀중한 생식 에너지의 낭비로 보이니 말이다. 아니 …… 어쩌면 그렇지 않을 수도 있다. 성적 성향이 혼재된 일단의 연구자들은 이 문제를 곰곰이 고민하다가 배경을 이루는 가정에 의문을 갖고 가설을 뒤집어야겠다는 생각을 떠올렸다. 아마도 진화의 관점에서 고비용 부분은 이성관계에 필요한 인지 장비(cognitive equipment)와 해부학적 분화일 것이다. 이런 경우 동성애는 진화의 관점에서 보면 비용이 들지 않을 수 있다. 설명이 더 필요한 부분은 동성애의 **희소성**이다. 〈이코노미스트〉는 이 이론에 대해 보도하면서 다음과 같이 논평했다. "그것은 과학 지식의 다른 측면들도 명료하지 않을지 모른다는 의문을 제기하게 한다. 그 분야 실무자들의 배경 때문에 인습에 얽매이지 않는 질문은 던지지 않기 때문이다." 밀(Mill) 선생을 호출하라!

침묵의 나선과 좀비 과학

심리학과 사회학은 인식론이 예측하는 바에 동의한다. 어떤 공동체가 지적인 동조 행동의 희생자가 된다면, 그들은 일종의 인식론적 토끼굴인 '침묵의 나선(spiral silence)' 아래로 내려간다.

이 연상적 용어는 독일 사회학자 엘리자베트 뇔레노이만(Elisabeth Noelle-Neumann)의 1974년 논문에서 나왔다. 그는 개개인이 사회적 고립을 두려워한다고 상정했다. 그들은 자신의 사회적 환경을 관찰하고 주변 의견의 분포와 강도를 지속적으로 평가하는 '의사 통계적(quasi-statistical)' 감각 기관을 갖고 있다. 2장에서 살펴봤듯 동조 편향은 막강하다. 우리는 흔히 부지불식간에 우리의 신념, 심지어 우리의 지각마저 주변 사람들의 것에 맞춘다. 또한 6장에서 살펴봤듯 우리의 여론 감지 '기관들(organs)'은 속임수에 빠질 수 있다. 독재자들은 국영 매체와 검열을 이용해 지도자가 폭넓은 지지를 얻고 있으며 어느 누구도 좀처럼 이견을 갖지 않는다고 국민이 믿게끔 만들 수 있다. 온라인 선전가들은 알고리즘 증폭과 허구의 인물을 활용해 백신 접종 거부자 같은 소집단을 그럴싸한 대규모 학파처럼 보이게 만들 수 있다. 조작당하거나 억압받는 사회적 환경에서 주변의 신호를 따라가는 사람들은 여론의 분포를 잘못 해석할 것이다. 자신이 소수파에 속한다고 믿는 사람은 자신의 견해가 설 자리를 잃고 있다고 추정할 터이다. 고립감을 더 많이 느끼면 느낄수록 그 사람은 자신의 생각을 더욱더 표명하고 싶지 않을 테고, 동조 압박을 더 많이 느낄 것이다. 당신은 나선이 어떻게 형성되는지 안다. "더욱더 많은 개인이 이런 경향을 감지하고 거기에 자신의 견해를 맞추면 맞출수록, 한 파벌은 더욱더 우세해지고 다른 파벌은 쇠퇴하는 듯하다"라고 뇔레노이만은 썼다. "이렇게 한 파벌은 소리 높여 말하고 다른 파벌은 침묵을 지키는 경향은 갈수록 한 가지 생각을 지배적 견해로 자리매김하는 나선의 과정을 시작한다."[4]

침묵의 나선은 기이한 특성을 갖고 있다. 원칙적으로 애초에는 합의를 나타내지 않을 수 있는, 사실은 분명히 소수였던 견해를 일단 우세한 것처럼 보이도록 만들고 나면 저항하던 이들이 입을 다물어버리거나 의혹에 굴복하거나 일반적인 견해라고 여겨지는 것으로 바꾸면서 그게 정말 우세해진다. 부당하게 끌어낸 합의가 진짜 합의가 되거나 적어도 분간할 수 없을 정도로 충분히 흡사해지기도 한다. 게다가 우리가 전체주의 국가들을 통해 알고 있듯 이런 나선이 일단 형성되고 나면 명확한 사실들마저도 그것을 차단하는 데 장기간 실패할 수 있다. 다양성이 고갈되면 공동체는 스스로의 거울 세계(looking glass world)로 한층 더 깊이 휘말려 들어간다.

그러는 동안 공동체 구성원은 그들한테는 혹독한 비판 및 논쟁처럼 보이는 것에 참여하고 있을 수 있다. 카일린 오코너와 제임스 오언 웨더롤은 2019년 공저 《오보의 시대: 잘못된 신념은 어떻게 퍼지는가》에서 이 왜곡된 역학을 설명한다. 적대적인 두 진영으로 갈린 과학 공동체를 상상해보자. 이들 진영은 서로에 대한 신뢰를 잃어 의사소통을 멈췄다고도 가정하자. 그들은 서로 다른 학회에 참석하고, 서로 다른 학술지에 발표하고, 서로 다른 학교에서 교편을 잡는다. 양쪽 진영의 개별 구성원은 여전히 성실하고 근면한 과학자들이다. 그럼에도 불구하고 뭔가 잘못됐다. "이제 과학자들은 옳든 그르든 꾸준히 합의를 향해 나아가는 대신 으레 서로 다른 생각을 주장하는 양극화한 집단으로 갈라져 각 측은 이미 자신들에게 동의하는 사람들의 증거만을 믿는다." 양극화는 고정된다. 오코너와 웨더롤은 "옳은 생각을 채택한 과학자들의 증거가 아무리 많더라도 잘못된 생각을 채택한 이들을 확신시키기에는 충분치 않을 것이다"라고 썼다. "설상가상으로 그들은 일단 전부가 동의하는 행동을 찾고 나면 새로운 증거와는 상관없이 그 행동을 계속할 것이다. 설령 다른 행동이 실제로 더 낫다고 모든 과학자가 믿게 된다 하더라도, 그들은 이를 수행할 것이다. 왜냐하면 아무도 합의에 기꺼이 맞서려 들지 않기 때문이다."

강력한 증거도 인식론적 버블을 터뜨리지 못한다. 부분적으로는 (오코너와 웨더롤이 쓴 대로) "사람들의 판단이 사회적 환경 속에서 타인의 영향을 받음에 따라 부정확한 생각의 진술이 눈덩이처럼 커지는" 정보의 폭포 때문이다. 나는 당신이 좋은 경험적 정보를 내게 제공하고 있다고 믿지만, 당신은 실은 그때 당신에게 말한 다른 사람들한테 내가 했던 말을 재활용하고 있다. 우리는 미처 깨닫지 못한 채 우리 자신에게 얘기하고 있는 것이다. 주식 버블에서처럼 우리 중 의식적으로 대세를 따르는 사람은 없다. 우리는 각자 확고한 증거처럼 보이는 것을 바탕으로 합리적 결정을 내리고 있다—우리가 폐쇄 루프에 갇혀 있음을 알지 못한 채.

그 결과, 비판적 설득의 인식론적 가치가 뒤집히면서 대항력 있는 증거가 눈앞에 있어도 현실에서 벗어난 쪽을 가리킬 수 있다. 오코너와 웨더롤은 "동조는 참신한 좋은 아이디어가 확산될 싹을 잘라버린다"라고 썼다. "물론 동조는 나쁜 아이디어가 확산될 싹도 잘라버릴 수 있지만, 대체로 동조 경향이 더 강하면 강할수록 **과학자 집단**이 더 나쁜 행동을 취하는 경우가 더 많아지리라는 것을 우리는 안다. ……그들의 사회적 영역의 압력이 세상의 모든 압력을 집어삼킨다."[5]

나는 오코너와 웨더롤이 사이비 종교 집단이나 정당을 말하는 게 아니라는 점을 강조하려고 '과학자 집단'을 진하게 표기했다. 요컨대 그들은 실은 좀비(zombie)처럼 된 과학 공동체를 묘사하고 있다. 지식의 헌법에 대한 개개인의 사적인 헌신이 좀비화를 막는 데 일조할 수 있지만 그래도 보장은 못 한다. 단일 관점의 문화가 장악한 곳이면 어디서나 버블이 형성될 수 있다. 버블 안의 사람들은 자신이 활발한 논쟁과 비판에 참여하고 있다고 인식할 것이다—그들이 실제로 하고 있는 일은 공통의 편향을 확인하고 재확인하는 작업임을 알지 못한 채 말이다.

위의 어느 것도 새로울 게 하나 없다. 미합중국에 대해 침묵의 나선과 관련한 소름 끼칠 만큼 정확한 묘사는 1840년에 쓰였다. "전반적으로 자주 의식(independence of mind)과 진정한 토론의 자유가 미국보다 더 없는 나라를 나는 알지 못한다." 알렉시스 드 토크빌(Alexis de Tocqueville)은 명저 《미국의 민주주의(Democracy in America)》 2권에서 이렇게 썼다. 그의 설명은 이렇다.

> 미국에서는 대다수가 사상을 중심으로 어마무시한 원을 그린다. 그 안에서 작가는 자유롭다. 그러나 만에 하나 그가 감히 그 한계를 벗어난다면 화를 입을 것이다. 그가 아우토다페(auto-da-fé: 에스파냐의 종교 재판에 의한 화형—옮긴이)를 두려워해야 하는 것은 아니지만, 그는 모든 종류의 혐오스러운 것들과 일상의 박해에 노출된다. 정치적 경력은 그에게 차단된다. 요컨대 그는 자신에게 그 길을 열어줄 능력을 가진 유일한 권력의 심기를 건드렸다. 모든 것이, 심지어 영광마저 그를 부인한다. 견해를 발표하기 전에 그는 지지자들이 있다고 믿었다. 자기 자신의 모든 걸 드러낸 지금, 그에게 지지자란 더 이상 없는 듯하다. 왜냐하면 그를 비난하는 이들은 공개적으로 말하는데, 그와 같은 생각을 하는 이들은 그에게 있던 용기가 없어 입을 다물고 거리를 두기 때문이다. 그는 항복한다. 마침내 매일의 노력 속에서 마치 진실을 말한 걸 후회한다는 듯이 굴복하며 침묵으로 되돌아간다.[6]

순수주의 vs. 다원주의

미국 수정헌법 제1조는 침묵의 나선에 맞선 보호를 전혀 하지 않는다. 지적 다원주의와 견해의 다양성에 대해 단지 말뿐이라도 인정하지 않는다. 유일한 예방책은 실재하는 것, 실질적인 지적 다원주의와 견해의 다양성뿐이다. 밖으로 나가 견해의 다양성을 적극적으로 추구하라. 당신을 불편하게 만드는 관점을 찾으라. 이상하고, 비정통적이고, 위험해 보이는 사상가들을 찾으라. 만일 당신 주변의 모든 사람이 당신에게 동의한다면(또는 그렇게 보인다면), 당신은 잘못하고 있는 것이다. 그리고 견해의 다양성은 **견해**의 다양성을 의미한다. 요컨대 다른 종류의 다양성도 중요하긴 하지만 대체물은 아니다. 동일한 견해를 가진, 인구학적으로 다양한 사람들이 방을 그득 메우고 있다면 그건 버블이다.

모든 유대인이 신나치한테 가서 말을 걸어야 한다거나, 역사학자들이 나치의 유대인 대학살이 벌어졌는지 여부를 재고해야 한다거나, 정신의학계가 동성애자는 정신병자라는 주장을 다시 논의해야 한다고 내가 제안하는 게 아니다. 지식의 헌법의 효율은 지식의 집합체, 끊임없는 재소송을 요하지 않는 합의가 끝난 주장들의 기록 보관소를 만드는 데서 생긴다. 현실 기반 공동체는 학습한 것을 보존하고 폐쇄된 계정을 마지못해 재개한다는 의미에서 보수적이다. 새로운 증거가 나타나거나 전문가들이 새로운 논지를 전개할 때는 기존 주장의 재검토가 적절할 수 있지만, 합의를 본 지식에 반하는 주장은 대개 연구비 예산이나 탐사 보도 팀이 붙을 만하지 않아 당연히 묵살된다. 견해의 다양성은 무엇이든 상관없다는 뜻이 아니다. 개연성, 신뢰성, 알려진 사실과의 일관성, 이 모든 차단막이 중요하다. 필연적으로 사람들은 어떤 명제가 합의를 끝낸 지식인지,

어떤 명제가 심각하게 분쟁 중인지(또는 분쟁에 들어가야 하는지)에 대해 의견을 달리하지만, 시간이 흐르면 합의가 형성되고 공동체는 그 합의를 존중한다.

내가 하고자 하는 말은 오히려 지적 다양성을 **억누르기** 위해 협박이나 사회적 강압을 이용하는 것은 표면상의 정당한 이유가 무엇이든 지식의 헌법을 위반한다는 점이다. 밀이 옳았다. 동조는 탐구에 먹구름을 드리운다. 공식적인 검열보다 더욱 짙은 먹구름일 때가 많다. 나는 달갑지 않고 혐오스럽기까지 한 새 아이디어와 우리가 조우했을 때 마땅히 던져야 할 질문이 "이것을 어떻게 제거할까?"가 아니라 "이것으로부터 뭘 배울 수 있을까?"라는 얘길 하고 있는 것이다.

흠, 재미있을 것 같다. 〈스타 트렉〉—새로운 생명과 새로운 문명을 찾아라! 예전에 아무도 가본 적 없는 곳으로 대담하게 가라!—처럼 말이다. 안타깝게도 우리가 2장에서 살펴봤듯 대부분의 사람은 새로운 낯선 생각과 마주하기보다는 차라리 치과 치료를 받고 싶어 한다. 수천 년 동안 사람들은 반대 의견을 억누르고, 처벌하고, 몰아낼 이유를 찾느라 무던히도 애를 써왔다. 《친절한 심문관》에서 나는 자유사상과 자유과학에 대한 오늘날의 도전 과제가 세 부류로 나뉜다고 썼다. 하나는 확신을 근거로 한 **원리주의**다. 당신의 생각은 절대, 분명, 너무나 틀렸기 때문에 당신은 틀림없이 그것을 믿을 만큼 사악하거나, 멍청하거나, 무식할 테고 아무도 그것과 마주쳐서는 안 된다. 두 번째는 공정성을 근거로 한 **평등주의**다. 당신의 생각은 원래 그 자체가 억압적이며, 그것을 표현할 경우 일부 시각이나 일부 집단에 불이익이 간다. 아니면 어떤 이들이 주장하듯 객관적 진실이라는 발상 자체가 억압받는 집단—그리고 다른 다수의 변종—을 침묵 또는 소외시킨다. 세 번째는 피해를 근거로 한 **인도주의**다.

당신의 생각은 폭력적이거나 유사한 방식으로 나 또는 내 집단에 상처를 입히고, 따라서 그걸 표현하거나 용인하는 것은 나의 인권을 침해한다. 이러한 주제들의 변형은 수 세기를 거슬러 올라가며, 정치적 좌파와 우파 그리고 그 사이의 모든 진영에서 찾을 수 있다.

《친절한 심문관》에서 나는 이런 논지에 관해 훨씬 더 많은 얘길 했다. 여기서는 그것들 전부가 견해의 다양성을 방해한다고만 해도 충분할 듯하다. 그것들은 다원주의가 아닌 순수주의(purism)다. 다른 편견에 맞서 편견을, 다른 선입관에 맞서 선입관을 겨루게 하는 대신 애초부터 편견과 선입관을 제거하려 든다—처음에는 비난할 만한 말이 있나 감시하고, 그다음엔 다양한 말들이 모이면 비난할 생각이 있나 감시하고, 마지막으로 나쁜 생각이 자꾸 툭툭 튀어나오면 비난할 사람을 감시하는 아우게이아스(Augeas) 왕의 과업이다. 순수주의자들은 "사냥하고 또 사냥하고, 샅샅이 뒤지고 또 뒤질 수밖에 없는 운명"이라고 나는 1995년에 썼다.[7] 그것은 25년 뒤에도 여전히 마찬가지였지만, 이때쯤에는 유난히 골치 아픈 유행이 등장한 상태였다.

다양성은 위험하다……

2020년 〈뉴욕 타임스〉 기자와 다른 직원들은 회사 내부와 소셜 미디어 양쪽에서 자신들의 신문에 맞선 시위에 들어갔다. 기명 논평(op-ed) 지면에 톰 코튼(Tom Cotton)이라는 미국 상원의원의 논란거리 기사가 게재됐던 것이다. 사설 담당 편집장 제임스 베넷(James Bennet)은 어쩔 수 없이 사임했다. 드라마는 복잡했지만, 한 가지 양상이 두드러졌다. 신문이 자체 보도한 바처럼 "〈뉴욕 타임스〉 직원들은 코튼 씨 글의 스크린 샷을 찍어 트윗하기 시작했는데 대부분 다음 문구의 여러 버전이었다. 'Running this puts Black @nytimes staff, in danger(이 기사의 게재는 〈뉴욕 타임스〉의 흑인 직원들을 위험에 빠뜨린다).'"[8] 구성원들이 달갑지 않은 견해로부터 정당하게 안전을 도모할 수 있는 공동체—성경 연구회, 협력 단체, 팬클럽—는 있지만, 언론은 그중 하나가 아니다. 적대적인 감정적·지적 영역으로 진입하는 것은 직무 해설서에도 나온다. 하지만 2020년에는 '감정적 안전주의(emotional safetyism)'라는 것이 현실 기반 공동체 전역에 퍼진 상태였다.

비유가 아니라 실제로 '마음에 상처를 주는 말'이 폭력의 한 형태라는 것은 보편적인 인도주의적 주장의 신종 변형이었다. 장구히 지속되어온 수정헌법 제1조의 원칙은 진정한 위협과 임박한 무법 행위의 선동에 엄격한 제한을 허용해왔지만, '마음에 상처를 주는 말' 원칙은 여기서 훨씬 더 나아갔다. 마음을 상하게 하거나 억압적으로 여겨지는 표현은 말 그대로 폭력이나 억압—생각이 아니라 행동—이라는 것이다. 언젠가 한 법학 교수가 말했듯 "내게 인종차별적 욕설은 말이 아니다. 총탄이다".[9] 한 민권 변호사(보수주의자의 주장을 듣는 것과 실제로 총을 맞는 것의 차이를 이해할 거라고 여겨지는 사람)는 보수주의적 연사를 학생 운동가들이 봉쇄하고 공개 토론에 참여할 수 없도록 막은 일을 이런 식으로 정당화했다. "당신이 어떤 곳에서 학위를 따려 하는데 누군가 당신의 머리에 총알을 박아 넣는다는 건 말이 안 된다."[10] 명백히 폭력과 억압은 인권 침해다. 따라서 폭력적이거나 억압적이라고 여겨지는 표현은 못 하게 할 수 있을 뿐 아니라 **반드시** 못 하게 해야 한다는 결론에 도달한다.

'마음에 상처를 주는 말' 원칙이 학계에서 호응을 얻기 시작한 것과 비슷한 시기에 그것은 예기치 않은 곳으로부터 도움을 받았다. 1980년경부터 연방 평등고용추진위원회는 직장이 고용차별법의 보호를 받는 소수자한테 지나치게 적대적인 환경이 되는 것을 고용주에게 금하는 규제를 공표했다. 원래 발상은 매일 이른바 특정 대상을 겨냥한 인종적 따돌림을 견뎌야 하는 직원은 차별의 피해자라는 것이었다. 이 발상은 타당해 보였지만, 방지하기는 어려운 것으로 판명 났다. 1990년대 중반이 되자 이 원칙은 지불 수표에 성경 구절을 인쇄한 고용주를 고소하는 데 사용되었다. (법정은 이것을 비기독교인에 대한 종교적 따돌림으로 여겼다.) 대학은 누군가 성희롱이라고 항의했다는 이유로 한 대학원생에게 비키니 차림의 아내 사진을 책상에서 치우게 했다. 한 도서관 직원은 동료들이 〈뉴요커〉의 만화가 자신들을 괴롭힌다고 말한 이후 업무 구역에서 그 잡지를 치우지 않을 수 없었다. 테네시주 머프리즈버러(Murfreesboro)시는 한 직원이 시청에 공공 전시한 어떤 그림에 대해 적대적 환경이라는 항의를 제기한 이후 그것을 떼어냈다.[11] 위의 사건들을 비롯해 비슷한 다양한 사례를 빨간 신호등이 번쩍이는 것으로 여겼어야 하는데, 그러지 못했다.

'마음에 상처를 주는 말' 원칙과 적대적 환경 원칙은 나란히 흘러가다가 결국—어쩌면 갈수록 처치가 필요하고 치료받는 사회에서는 불가피할 듯하다—세 번째 강줄기와 합쳐졌다. 말과 생각은 감정적 영향을 미칠 수 있다. 그것들은 마음을 아프게 할 수 있다. 감정적 상처와 신체적 상처는 둘 다 상처이므로 같은 것의 두 가지 형태이고, 그러므로 누군가를 속상하게 하는 모든 표현이나 생각은 '공격적'이고, 만일 피해자가 소수자라면 그 공격은 혐오 범죄다. 우리가 거리에서 물리적 폭력으로부터 안전할 권리가 있다면 공적 담론에서 감정적 폭력으로부터 안전할 권리도 분명히 있다. 그러므로 누군가 불쾌감을 느끼거나 속이 상한 **이후**에 반응하는 것만으로는 충분하지 않다. 우리가 위험한 생각을 예기치 않게, 아니 그보다도 설상가상으로 불가피하게 마주치지 않도록 사전 대책을 강구해 환경에서 그것들을 제거해야 한다. (머프리즈버러의 미술품 때문에 괴로웠다고 말한 직원은 "상관들과 미팅하기 위해 가는 길에 내 얼굴을 찌르는" 그림을 보지 않을 권리를 주장했다.)

지식의 헌법은 생각과 말이 주관적인 기준에 따라 마음을 상하게 할 수 있음을 인정한다. 그것은 우리가 피해에 대처하고 그것을 완화할 수 있도록 예의 있게 상호 작용하고, 견해차를 비개인화하고, 주의해서 경청하고, 우리의 주장을 입증하고, 학술지 편집 같은 중재 채널을 통해 논쟁을 계속 벌이도록 우리를 밀어붙인다. 그것은 또한 특정 유형의 표현—가령 진정한 위협과 특정 대상을 겨냥한 개인적 괴롭힘—은 금물이라는 것도 인정한다. (미국 수정헌법 제1조는 그런 예외적 사례를 규정하고 범위를 설정한다.)[12] 그리고 다른 사람에게 공감하고 개개인이 불필요한 치욕을 겪지 않도록 애쓰는 것이 일반적인 예절이라고 이해한다. 보통 그것은 예의를 장려하는 좋은 일을 한다. 확실히 독재 체제보다 낫다.

그러나 그것은 또한 비판이 바로 그 천성으로 인해 고통스럽고 굴욕적일 수 있다는 점도 인정한다. 우리가 자연과학에서도 살펴봤듯 논쟁은 화나게 하고 인신공격을 하고 감정적 상처를 줄 수 있다. 이것에 대응해 지식의 헌법은 엄한 사랑을 준다. 그것은 어느 정도의 감정적 타박상을 받아들일 것을 우리한테 요구한다. 낯이 두꺼워질 것을 요구한다. 표현만으로는 해를 끼칠 마술적 힘이 전혀 없으며 우리는 그것을 재구성해 어떻게 해석할지 선택하며, 이는 총탄에 해당되지 않는다. (만일 누군가 내게 '빌어먹을 호모'라고 부른다면, 나는 내가 빌어먹을 호모가 아니며 그 사람 자신이 상담이 필요하다고 내게 말하는 것으로 해석한다.) 지식의 헌법이 허용하지 **않는** 것은 비판이나 공격 또는 감정적 영향을 물리적 폭력으로, 감정적 상처를 주는 표현으로부터 보호받는 걸 권리로 취급하는 것이다. 만일 주관적으로 봤을 때 상처를 주는 표현이 폭력이라면 비판은 폭력이고, 그렇다면 과학은 인권 침해다.

감정적 안전주의는 적어도 소수자와 관련되어 있는 한 그런 모든 비난을 억압이라며 거부했고, 그것은 곧 그 선구자들보다 훨씬 더 억제하기 힘들다는 게 판명 났다. 위험에 빠졌다는 주장만 하면 대화가 종결된다는 발상이 핵심이었다.[13] 누구나 언제 어디서든 감정적 안전을 요구한 것은 아니었다. 그러나 안심할 권리가 정확히 어디서 시작하고 끝나는지 그 누구도 말하지 못했다. "당신이 불편하게 느끼는 곳이 틀림없이 있을 것이다. 그렇게 사람들은 학생으로서, 미래 지도자로서 성장하는 거니까." 한 학부생은 이렇게 인정했다. (여기까지는 좋았다.) "그러나 대학 캠퍼스가 학생들이 안전하지 않다고 느끼는 장소가 되어야 할 필요는 없다고 생각한다. 나는 '불편'한 게 아니다. 나는 위협을 느낀다."[14] 불편한 느낌과 위협받는다는 느낌의 차이는 뭘까? 아무도 말하지 못했다.

심리학자들은 2018년 책 《나쁜 교육》에서 그레그 루키아노프와 조너선 하이트가 주장했듯 갈수록 "진로를 위해 자녀를 준비시키는 게 아니라 자녀를 위해 진로를 준비하는" 육아 문화로부터 안심감에 대한 강조가 자라난 게 아닌지 의심했다. 그럼에도 불구하고 2010년대 말에 들어서면 감정적 안전주의라는 어휘가 아주 흔해졌다. 상처를 준다고 여겨지는 생각에 이의를 제기했던 사람들은 강력한 수사학적 무기와 무제한의 잠재적 표적으로 자신들이 무장하고 있음을 알게 됐다.

……그런데 '안전'이 안전하지 않네요

《친절한 심문관》에서 나는 '마음에 상처를 주는 말' 원칙에 대해 할 말이 많았다. 나는 말은 총탄이 아니고, 말을 멈춘다고 총탄이 멈춰지는 것이 아니며, 말을 총탄과 혼동하는 것은 안타까운 오류라고 주장했다. 여기서 그 논의를 반복하지는 않겠으나, 감정적 안전주의가 본래부터—그냥 우연이 아니라—표현의 자유, 지적 다양성, 지식의 추구 및 사회적 평화와 양립할 수 없는 이유를 몇 가지 언급하면서 내용을 업데이트하고자 한다.

감정적 안전주의는 입을 다물게 하는 것이다. 어떤 생각 때문에 당신이 안전하지 않다고 느끼게 된다면, 당신은 그것에 관한 대화를 좀처럼 나눌 수 없다. 위험할 테니까. 다른 누군가한테서 당신의 생각이 그 사람을 안전하지 못하게 느끼도록 만든다는 말을 듣는다면, 당신은 요점을 거론할 입장이 아니다. 그 사람의 감정에 대한 전문가는 그 사람이니까. 설상가상으로, 감정적 안전을 침해했다는 비난에 맞서 자신을 변호하는 것은 그 자체가 안전하지 않다. 변호는 위험을 부인하기 때문이다. "그녀는 방에 있던 백인들에게 교육 기간 중 우리가 방어적으로 느끼도록 만드는 말이 나온다면 우리 자신을 변호하지 말라고 알려주면서 교육을 시작했어요"라고 기업의 인종 감수성 훈련 교육을 받은 한 여성이 말했다. "그러니까 훨씬 더 조심스러워지더라고요. ……제 POC(person of color, 유색인종) 동료들과 소통하면서 걱정이 됐죠. 잠깐, 내가 무슨 잘못된 말을 하는 건가? ……그리고 위험을 무릅쓰고 이 소통을 시도하느냐 …… 아니면 고개를 도로 숙이고 다시 컴퓨터 앞에 앉느냐의 선택에 직면했을 때 후자를 고르는 게 종종 더 쉬웠습니다."[15] 누군가가 안전을 전술로 삼을 때 유일하게 할 수 있는 '안전한' 일은 대화를 끝내는 것이다.

감정적 안전주의는 당신을 신경증에 걸리게 한다. 만일 당신이 계속 위험을 찾느라 주변 환경을 샅샅이 뒤진다면, 결국에는 위험을 보게 될 것이다. 하이트와 루키아노프는 이렇게 썼다. "오늘날 새로운 점은 학생들이 취약하다는 전제다. 학생들은 자신이 위험에 처해 있고, 따라서 더 많은 보호가 필요하다고 생각한다. 그렇지 않은 학생조차 다른 학생이 위험에 처해 있고, 따라서 보호가 필요하다고 생각한다. ……간단히 말해보자. 많은 대학생은 왜곡된 사고방식을 배우고 있다. 이는 그들이 취약해지고, 불안해하고, 쉽게 상처받을 가능성을 높인다."[16] 감정적 안전주의의 어휘 목록에서 문란하리만큼 쓰이는 말이 '트라우마(trauma)'다. 하버드 대학에서 한 법학 교수의 기숙사 관장 직위 해제를 요구한 학생들은 그가 수치스러운 영화 제작자 하비 와인스타인(Harvey Weinstein)의 변호인단과 일한 것이 "사람들을 언짢게 할 뿐 아니라 심각한 트라우마를 유발했다"고 말했다.[17] 만일 피고 측 변호인과 소통하는 게 트라우마를 유발한다면, 과연 트라우마를 유발하지 **않는** 것은 또 뭐가 있을지 의아했다.

감정적 안전주의는 갈등을 초래한다. "만일 당신이 …… 불쾌한 것을 더 찾아보라고 학생들을 부추긴다면(그들이 더욱 부정적인 영향을 경험하도록 이끈다면)……." 하이트와 루키아노프는 계속 말한다. "아울러 당신이 만일 그들이 불쾌하다고 생각하는 것을 말이나 행동으로 하는 사람은 누구든 그들에게 편협한 행동을 저지른 '침략자'라고 말한다면, 당신은 그 학생들에게 피해, 분노, 절망의 정서를 조장하고 있는 것이다. 그들은 세상을—그리고 심지어 자신의 대학을—상황이 절대 나아질 것 같지 않은 적대적인 장소로 보게 될 것이다. 만일 영원한 분노와 집단 간 갈등의 환경을 창출하고 싶은 사람이 있다면 이는 효과적인 방법일 것이다."[18]

감정적 안전주의는 과잉 반응에 보상한다. 안전하지 않다고 느끼거나 주장하는 것이 당신에게 권한을 부여하는 환경에서는 **매우** 안전하지 않다고 느낄수록 이득이 된다. 현실 기반 공동체는 도전을 받을 때 옹호할 수 있는 합리적 주장에 보상한다. 안전 기반 공동체는 도전자에게 방어 태세를 취하도록 하는 감정적인 표현에 보상한다. "학생들은 우리가 '그들을 죽이려' 한다며 그냥 괴성을 지르고 있었다." 시카고 원칙(Chicago principles), 즉 표현의 자유 성명을 채택하려던 윌리엄스 칼리지(Williams College)의 한 교수가 말했다.[19] 니컬러스 크리스타키스(Nicholas Christakis, 예일 대학 교수)와 성난 학생 집단 간 대립에서는 이런 말이 오고갔다.

크리스타키스 그러니까 저는 우리의 공통된 인간성에 실제로 특혜를 주는, 우리 사이의 다른 점이 아니라 같은 점에 관심을 가진 사람으로서, 인간으로서 우리에 대한 시각을 갖고 있습니다. ……표면상의 외모는 여러분과 다르더라도 저는 자리에 앉아서 여러분과 얘기를 나누며 여러분의 고충을 이해할 수 있다고, 여러분의 말에 귀 기울일 수 있다고 생각합니다. 그게 사실이 아니라면, 여러분이 그것을 부인한다면, 저나 다른 사람에게 여러분의 말을 들어달라고 요구할 이유가 무엇인지요?

학생 왜냐하면 저희는 죽어가고 있으니까요![20]

감정적 안전주의는 결과를 무시한다. 검열과 억압은 해로운 아이디어나 생각이 사라지도록 만들지 않는다. 대개는 그 반대다. 코튼 상원의원의 이른바 안전하지 않은 〈뉴욕 타임스〉 기사를 둘러싼 논쟁에서 유일하게 확실한 승자는 (〈워싱턴 포스트〉의 보도에 따르면) "용기를 얻기만 했던", "부수적 효과를 즐기던", 논쟁으로 20만 달러를 모아들인 코튼 본인이었다.[21] 역사는 거듭해서 검열이 억압하려는 견해에 관심을 불러 모은다는 걸 입증한다. 아돌프 히틀러는 "독일 어디서나 사기꾼들은 말할 수 있지만 히틀러는 금지당합니다" 같은 설명이 달린 포스터를 내걸면서 바이마르 공화국의 검열법을 바이올린처럼 연주했다. (나중에 정권을 잡자 그는 한층 더 가혹한 자신의 검열 체제를 정당화하는 데 바이마르 검열법을 이용했다.)[22] 안전에 대한 호소는 현실 세계의 효과를 전혀 고려하지 않는다. 잡지 〈리즌〉의 로비 소아브가 한 대학원생에게 어떤 연사를 공개 토론에 참여하지 못하게 하면 순교자를 탄생시키고 학생 시위자들의 평판을 떨어뜨림으로써 역효과를 낳지 않겠냐고 물었을 때, 그 학생은 핵심은 인정하지만 그게 자신의 관심사는 아니라고 했다. 그는 이렇게 말했다. "저는 캠퍼스에서 안전하고 편안함을 느끼는 사람들이 걱정입니다."[23]

감정적 안전주의는 검열 기계다. 그것이 미치지 않는 아이디어나 사람 또는 행동은 없다. 하버드 대학의 학생 신문 〈크림슨〉이 ICE, 즉 이민세관단속국에 학교의 ICE 반대 시위에 관한 기사에 논평을 해달라고 요청했을 때, 학생자치회는 이러한 요청이 '안전하지 못한 감정'을 유발했다며 규탄했다. (기특하게도 학생 기자들은 꿈쩍도 하지 않았다. "저널리즘의 근본 가치는 〈크림슨〉이 기사의 모든 대상에게 의무적으로 견해를 밝힐 기회를 주도록 하고 있다.")[24] 미주리주의 트루먼 주립대학(Truman State University)은 학생들 사이에 초래될 '감정적 위험'을 인용하며 동물 권리 연구 동아리의 승인을 거부했다.[25] 시카고의 레즈비언 프라이드 행진에서는 다윗의 별(유대인의 프라이드를 나타낸다)이 들어간 무지개 깃발을 든 가두 행진 참가자들이 쫓겨났다. 행진 주최 측에 따르면 이런 깃발이 "사람들이 안전하지 못하다고 느끼도록 만들기" 때문이다.[26] 연방 정부 공무원의 논평, 동물 권리 보호 집단, 유대인 프라이드 깃발의 공통점은 무엇일까? 정확히 없다. 누군가 그것이 안전하지 않다고 주장했다는 점을 빼면.

감정적 안전주의는 정치화한다. 사람들은 항상 자신의 정적이 위험하다고 생각한다. 브라운 대학(Brown University) 학생들이 "소외된 공동체에 실질적인, 유형(有形)의 국가적 폭력"을 초래하고 "그렇게 해서 적극적으로 다른 사람들을 덜 안전하게 만드는 혐오스러운 수사학"에까지 이른 "재정보수주의(財政保守主義)와 자유 시장 이데올로기"를 갖고 있는 한 연사를 반대하고 나선 것은 놀랄 일이 아니다.[27] 그리고 하버드 대학 학생들이 연방 대법원 대법관 브렛 캐버노(Brett Kavanaugh)가 그곳에서 가르치도록 허용하는 것은 적대적 분위기를 조성할 거라고 주장하며 민권 소송을 제기한 것도 마찬가지다. 그들은 이 소송이 "안전하다고 느낄 우리의 권리"를 자신들에게 부여할 거라고 말했다.[28] 그리고 에모리 대학(Emory University) 학생들이 캠퍼스에 분필로 쓴 '트럼프 2016'에 이의를 제기한 것도 마찬가지다. "저는 편안하고 안전하다고 느껴야 합니다." 한 학생이 말했다. "우리 학교에서 제가 두려움을 느껴야 할 이유는 없잖아요."[29] 항의에 위협을 느낀 뉴욕의 '레즈비언·게이·바이섹슈얼·트랜스젠더 커뮤니티 센터(Lesbian, Gay, Bisexual and Transgender Community Center)'는 성소수자들이 민주당에서 '떠나기'를 부추기려 계획한 특징적인 보수주의자 패널(panel)을 취소했다. "이 행사가 진행되도록 허용하면 우리 공동체 일원 다수가 안전하지 못하다고 느끼게 만들 것"이라고 센터 측은 말했다.[30] 감정적 안전주의는 제한 원칙이 없기 때문에 말 그대로 만사를 정치화하고 사회생활 구석구석에 파고들 수 있다. 그것은 좌익 선거구들에서 미친 듯이 날뛰기는 했지만 간편한 정치적 무기였다. 보수주의자들도 곧 그것을 채택하리라는 걸 당신은 확신할 수 있을 것이다.

감정적 안전주의는 일상의 상호 작용을 재앙으로 만든다. 예일 대학에서 일어난 대소동은 학생들의 핼러윈 복장에 관한 한 교수의 이메일에서 비롯했다. 보든 칼리지(Bowdoin College) 학생자치회의 두 회원은 일부 초대객이 조그만 솜브레로(sombrero: 챙이 넓은 멕시코 모자—옮긴이)를 쓰고 파티에 참석했다는 이유로 탄핵 절차에 직면했다. 학생자치회는 위반자들을 비난하면서 자치회가 "상처 입은 모든 학생"을 대표한다고 말했다. 이 사건이 "유색 인종 학생, 특히 라틴계와 멕시코계 학생이 …… 안전하지 못하다고 느끼는 환경을 초래했기" 때문이다.[31] 미묘한 차별(microaggression) 개념은 평범한 상호 작용을 공격으로 재해석하고 모든 것을 포괄하면서—그러니까 "어디서 왔어요?"와 "가장 적격인 사람이 그 일을 얻어야 한다고 생각해" 같은 말을 비롯한 모든 것—생활의 일상적 오해와 실례를 인권 침해와 트라우마로 둔갑시켰다.[32]

감정적 안전주의는 물리적 폭력을 하찮아 보이게 만든다. 말이 총탄만큼 폭력적이라면, 총탄은 말만큼만 폭력적일 뿐이다. 불쾌한 말하고 조우하는 것과 머리가 깨지는 것을 구분해주던 어휘를 상실한 것이다. 2019년 민주당 대선 후보 토론회에서 사회자가 뜻하지 않게 한 질문자의 이름을 잘못 발음하자 그녀는 "성별을 잘못 호칭하거나 트랜스젠더인 사람의 이름을 바꾸는 것은 폭력"이라고 말했다.[33] 코튼 상원의원의 논란 많은 〈뉴욕 타임스〉 기사가 "단지 하나의 견해가 아닌 폭력으로 느껴졌다"고 이 신문의 한 노조 활동가는 말했다.[34] 폭력적으로 **느껴졌다**? 수많은 소수자를 포함해 수백만 명의 미국인이 폭력이 어떤 느낌인지 알고 있는데, 그건 〈뉴욕 타임스〉 칼럼의 글 쪼가리 하나와 똑같은 느낌은 아니다.

감정적 안전주의는 실제적인 폭력의 구실이 된다. 말이 폭력이라면, 화자를 침묵시키기 위해 물리적 폭력을 사용하는 것은 정당화할 수 있는 자기 방어다. 2017년 칼럼니스트 바리 와이스(Bari Weiss)는 "우익 선동가 마일로 이아노풀로스가 예정대로 2월에 〔캘리포니아 주립대학 버클리 캠퍼스에〕 등장한 것이 가면을 쓴 운동가들이 화염병을 투척하고, 창문을 박살내고, 경찰에 돌을 던지고, 최종적으로 10만 달러어치의 피해를 야기하도록 촉발했다"고 썼다. "학생 신문은 '폭력이 학생들의 안전을 보장하는 데 도움을 줬다'는 헤드라인 아래 시위를 정당화하는 칼럼을 게재했다. 이 글을 두 번 읽어보라."[35] 좋다. 그렇게 해라. 칼럼 기사의 저자는 이렇게 썼다. "평화 시위로는 그 행사를 도저히 취소시키지 못할 터였다. ……유리를 부수고 폭죽을 쏘는 것만이 그렇게 할 수 있었다."[36] 저자는 "그곳에 있던 사람들은 시위대가 자신을 공격하고, 때리고, 후추 스프레이를 뿌렸다고 말했다"는 것과 행사에 참석하려던 사람 중 최소 4명이 다쳤고, 2명은 뇌진탕에 갈비뼈 골절 또는 멍·상처가 나고, 후추 스프레이로 인한 화상과 살갗이 부푸는 피해를 입었다는 사실은 언급하지 않았다.[37] 그럼에도 불구하고 저자의 전제를 놓고 보면 그의 논리는 건전했다. 물리적 폭력이 감정적 폭력을 예방한 것이니 말이다.

감정적 안전주의는 소수자를 박대한다. 그것은 우리가 말이나 생각으로부터 '안전'하기를 원한다고 가정한다. 우리가 열띤 논쟁 속에서는 풀이 죽을 거라고, 우리가 '공격적인' 말로부터 보호를 필요로 하며, 그것을 얻기 위해 당국으로 달려가야 한다고 가정한다. 동성애자는 약하고('팬지꽃' '연약한 손목' '계집애 같은 사내' '요정'), 아프리카계 미국인은 어린애 같고, 여성은 여리다고 정형화한다. 게이 및 다른 소수자는 논쟁에 합류해 승리함으로써 법적인 평등을 위해 싸웠고, 약하다는 고정관념을 격파함으로써 문화적 평등을 위해 싸웠다. 우리에게 필요한 마지막 단계는 그걸 소생시키는 것이다. 고맙다. 하지만 당신네들의 감정적 '보호'나 유지해라.

감정적 안전주의는 실질적인 문제로부터 주의를 딴 데로 돌린다. 말과 폭력의 등가성이 호응을 얻고 있던 1993년 법학자 마리 마츠다(Mari Matsuda)는 "이런 폭력적인 말들이 우리 사이에 존재할 때 우리는 안전하지 않다"고 썼다.[38] 사람들은 인종차별적 발언을 하는 깡패 집단이 뒷골목에서 쇠사슬을 휘두르며 머리를 박살내는 것을 상상했다. 그러나 잘못되고 해로운 말이 문제가 아니다. 잘못되고 해로운 **생각**이 문제이며, 그것은 억눌러도 물리치지 못한다. 그것이 잘못됐음을 입증하고 더 나은 생각으로 교체해야 그것을 물리칠 수 있다. 동성애자들은 우리가 아이들을 꼬드겼거나 정신병이 있거나 국가의 안보를 전복시켰다는 주장을 검열함으로써 평등을 위한 전투에서 이긴 게 아니다. 우리는 잘못된 주장을 증거와 논지라는 불빛에 비춤으로써 이긴 것이다. 강요가 아닌 수정으로 이긴 것이다. 천만다행으로 우리에겐 우리의 적을 질식시킬 힘이 없었다. 우리는 그들을 찾아내고, 그들과 정면으로 부딪치고, 그들에게 논박하고, 그들이 틀렸음을 증명하기 위해 그들에게 귀를 기울여야 했다. '마음에 상처를 주는 말'을 추적해 무지 및 증오와 싸우고 '안전하지 않은' 얘기를 삭제하려 애쓰는 것은 모든 온도계를 망가뜨려 지구 온난화와 싸우는 것과 같다. 증오는 두려움과 무지에서 나오며, 현실로부터 숨는 게 아니라 거기에 정면으로 부딪치는 것이 해답이다.[39]

감정적 안전주의는 다원주의를 약화시킨다. 다양성은 본래 불편하며 가끔 감정적으로 안전하지 않을 때도 있다. 지식의 헌법의 천재성은 우리가—체계적이고 조직적이고 보통은 고상한 방식으로—낯설고 달갑지 않은 생각과 부딪치고, 그것과 경합을 벌이고, 우리의 생각과 그것을 비교하도록 강요한다는 데 있다. 물리적 안전은 틀림없는 시민권이다. 그러나 말이나 생각으로부터 안전하게 느낄 권리는 감정을 상하게 하는 것을 범죄화하는 권리다. 그것은 세상에서 감정적인 위험—그리하여 지적인 다양성—을 제거해야 한다는 적극적인 의무를 만든다.

브라운 대학 총장(그리고 아이비리그 대학 최초의 흑인 총장) 루스 시먼스(Ruth Simmons)는 2001년 학위 수여식 개회사에서 이렇게 말했다. "여러분에게 표현의 자유를 실천해 여러분의 인간성을 모욕하는 사람을 받아들이라고 하지 않겠습니다. 그러나 여러분 자신의 자유의 대가는 이런 견해의 표명을 허용하는 것임을 이해하라고 여러분에게 요구하고자 합니다. ……가장 좋은 상태에서 배운다는 것은 안락의 반대 명제라고 생각합니다. 발견의 과정이 우리를 기분 좋고 안전하게 느끼도록 만들어야 할 필요는 없습니다." 정말 그렇다. 사회적 학습—지식의 창조—과정은 훌륭하고 건전하고 중요하지만, 안심이나 확신 또는 안전을 약속할 수는 없다.

시먼스의 요점은 분명 누구라도 근거 없이 불쾌해야 한다는 게 아니었다. "우리는 남성과 여성이 근거 없이 허울만 그럴듯한 발언에 굴하지 않을 거라는 희망을 버리지 않을 것입니다"라고 그녀는 말했다. "그러나 그들이 그러지 않는다 해도, 우리는 그들 논리의 오류를 드러내기 위해 열심히 공부하는 바로 그 순간에도 그들의 말할 권리를 지키기 위해서 우리 안의 모든 힘을 동원해 싸워야 합니다." 지식의 헌법은 예의를 장려하고 제도화하는 데 어떤 대안적 체제보다 훨씬 낫긴 하지만, 그것을 보장하지는 않는다. 집행할 수 있는 권리가 아닌 예의, 사심 배제, 사려 깊음이 최상의 관행이다. 살만 루시디가 말한 것처럼 "표현의 자유가 뭔가? 공격할 자유가 없다면 그것은 소멸한다".

취소 문화의 부상

감정적 안전주의는 신기술과 내가 앞의 두 장에서 기술한 전술들의 도움을 받지 않았다면 그것이 성취한 문화적 탄력을 얻지 못했을 터이다. 나중에 그 전체를 묶어 취소(canceling)라고 알려지게 됐지만, 그것은 별명이 생기기 오래전에 부상하고 있었다.

나는 2014년 취소 문화에 관심을 갖기 시작했다. 인터넷 회사 모질라(Mozilla)의 신임 최고 경영자 브랜든 아이크(Brandon Eich)가 그를 향한 소셜 미디어의 격렬한 항의 이후 해고당했다. 아이크는 3월 24일 회사를 이끌도록 임명됐으나, 대박 홍보 효과를 감지한 한 온라인 데이트 회사가 부추긴 활동가들이 6년 전인 2008년 그가 캘리포니아 동성결혼법을 뒤집는 국민투표에 1000달러를 기부했다는 이유로 그에게 반대하는 캠페인을 벌였다. 그가 기부할 당시에는 많은 진보주의자와 민주당원(그리고 유력한 대선 후보이던 버락 오바마)을 포함해 대다수 미국인이 동성 결혼에 반대했다. 하지만 2014년의 관점에서 그것은 이유가 되지 않았다. 임명된 지 불과 11일 후, 아이크는 쫓겨났다. 모질라는 관례적인 표현의 사과문을 발표했다. "유감스럽게 생각합니다. 저희는 더 나은 행동을 해야 합니다."

법률적으로 말해서, 활동가들은 마땅히 아이크를 비난할 권리가 있고, 모질라는 마땅히 논쟁을 자초하지 않는 최고 경영자를 뽑을 권리가 있었다. 하지만 뭔지 문제—나를 비롯해 수십 명의 다른 동성 결혼 옹호자들이 우리의 실망을 표명한 공개서한을 쓸 정도의 심각한 문제—가 있어 보였다. 우리는 아이크가 "모질라의 LGBT 직원들에게 어떤 형태의 차별을 생각하거나 실행했다"는 증거는 없다고 지적했다. "만일 그랬다면 전혀 다른 경우였을 것이다. 그는 대다수 미국 대중이 그와 같은 견해를 공유행던 시기에 자신이 취했던 개인적인 정치적 행동 때문에 사임 압력을 받았다. ……따라서 쟁점은 명료하다. 정치적 캠페인에서, 동성 결혼 반대를 표현했다는 것만으로 자유 사회에서 용인할 수 있는 담론의 범위를 벗어나는가?" 만일 그렇다면, 모든 CEO는 활동가들에게 동의하거나, 아니면 직업을 잃을 위험을 감수할 수밖에 없는 걸까?

우리는 2014년 아이크 사건이 더 나쁜 일이 다가올 전조는 아닐까 의심했지만, 소셜 미디어가 쓰나미를 불러일으킬 거라고는 예측하지 못했다. 그것은 썰렁한 농담을 트윗으로 날렸다가 비행기 운항 중 국제적인 망신 주기 운동의 표적이 되었던 그 여성이 포함된 2013년 사건 이후 눈에 띄었다. 그녀는 유명한 CEO가 아닌 평범한 사람이었지만, 이제는 평범한 이들도 십자선 안에 있었다. 망신 주기 운동의 표적이 된 사람들을 인터뷰한 언론인 존 론슨(Jon Ronson)은 "사람들이 매일같이 주로 소셜 미디어에 사려 깊지 않은 농담을 게시한 것 때문에 잔인하게 비판받는다"는 것을 알았다. "……내가 만난 사람들은 대부분 그들이 넘어간 선 때문에 실직하고 해고당했으며, 왠지 망가진—심히 혼란스럽고 정신적 충격을 받은—것처럼 보였다."[40]

그런 일은 무엇에 관해서든 누구한테나 일어날 수 있을 것이다. 2020년 한 데이터 분석가는 시위와 투표 행동에 관한 학문적 연구의 정확한 요약을 트윗한 뒤 직장을 잃었다. 트위터 사용자들은 그를 인종차별주의자라 불렀고, 그의 회사 직원과 고객은 그의 트윗이 자신들의 안전을 위협했다고(왜 아니겠는가) 항의했다. "당신네 직원 데려와"라고 비난한 한 사람은 그의 고용주에게 트윗을 올렸다. 분석가는 다음 날 사과했다. "이 대화를 시작한 걸 후회하고 있으며, 일을 추진할 때는 더욱 신중을 기하도록 하겠습니다." 아무 소용없었다. 그는 해고당했고, 전자 우편

전송 목록에서도 점차 제외되었다.[41]

2019년 오리건주 포틀랜드(Portland) 소재 한 소규모 커피 로스팅 회사의 전직 직원은 작가이자 회사 사장의 아내 낸시 로멜만(Nancy Rommelmann)이 미투(#MeToo) 운동의 양상을 비판하는 팟캐스트를 공동 진행한 것을 발견했다. 이 전직 직원은 회사 직원들과 언론 매체에 로멜만의 "비도덕적이고 위험하고 극도로 그릇된" 견해가 회사를 잠재적으로 안전하지 않게 만들었다고(이것 말고 또 뭐가 있겠는가?) 비난하는 이메일을 돌렸다. 일단의 회사 직원과 동창들이 힌트를 얻어 포틀랜드의 뉴스 매체에 "이것을 용인해서는 안 된다"고 적은 항의 편지를 보냈다. 판결은 신속히 내려졌다. "직원들은 그만뒀고 그들을 대체할 사람을 고용할 수가 없었죠." 로멜만은 내게 말했다. "그들은 제가 그들의 물리적 안전에 위험하다고 비난했어요." 한 판매업자는 자기 아내가 분노했다는 이유로 자사의 기계 제공을 거부했다. 도매 사업이 무너졌다. 회사의 카페 네 곳 중 두 곳이 문을 닫았다. "남편은 큰 충격을 받았습니다"라고 로멜만은 인터뷰에서 내게 말했다. "그는 필사적으로 회사를 팔려고 애쓰고 있어요." 결국 이 부부는 새로운 출발을 위해 그곳을 떠나 뉴욕시로 이주했다.[42]

첨단 기술 협박이 통용되기 시작하자 그것은 한 장소에서 다음 장소로 퍼졌다. 〈뉴욕 타임스〉 및 다른 매체의 사건들에서 드러났듯 내가 몸담은 분야인 저널리즘도 그것을 피해가지 못했다. 2020년 샌프란시스코 현대미술관의 한 큐레이터는 직원회의에서 백인 남성들의 작품 수집을 피하는 건 '역차별'이라고 말했다. 〈아트넷 뉴스(Artnet News)〉의 한 계정에 따르면, 얼마 후 "미술관의 변화를 옹호해온 일단의 전직 직원들이 그의 해임을 요구하는 청원서를 제출했고, 발표 당시 180명이 거기에 서명한 상태였다". 소셜 미디어 포스트에서 청원자들은 "그의 대응에는 '역인종차별주의'를 주장하는 **폭력적인 말**〔강조는 내가 표시했다〕이 포함되어 있었다. 게리(Gary)는 자기 자리에서 즉시 내려와야 한다"고 말했다. 그 큐레이터는 자신의 "모욕적인 표현"에 대해 사과하고, "진정한 다양성"에 기여할 것을 약속했다—그리고 "사실상 샌프란시스코 현대미술관에서 더 이상 일할" 수 없다면서 사임했다.[43]

아울러 학자들은 물론 다른 학자들의 빈번한 표적이었다. 2018년 테네시주 멤피스(Memphis)에 있는 로즈 칼리지(Rhodes College)를 방문했을 때, 나는 레베카 투벨(Rebecca Tuvel)이란 젊은 철학자를 만났다. 1년 전 그녀는 페미니스트 철학 학술지 〈히파티아(Hypatia)〉에 이른바 인종초월주의(transracialism)를 옹호하는 논문(동료들의 심사를 받은 진지한 글)을 게재했었다. "성을 바꾸려는 성 전환자 개개인의 결정을 우리가 받아들여야 하듯이 인종을 바꾸려는 인종 전환자 개개인의 결정도 받아들여야 한다." 한 달간 이 논문은 거의 눈에 띄지 않고 지나갔다. 그러다가 한 사회학 전공 대학원생이 그것을 발견하고 페이스북에 맹렬한 비난 글을 게시했다. "이런 쓰레기가 호응을 얻도록 놔두고 싶지 않다"고 그 대학원생은 적었다. 그다음 문장에서 그녀가 사실은 투벨의 논문을 읽지 않았음을 시인했지만 말이다. 또 다른 페이스북 게시자는 투벨 "그리고 그녀의 백인 지지자들"이 배상금을 지불해야 한다고 요구했다. 그날 밤이 되자 페이스북의 한 댓글이 불가피한 질문으로 퍼진 상태였다. "우리 이 인간을 해고당하게 할 수 없을까요?" 다른 소셜 미디어 활동가들은 이 논문을 "허섭스레기"와 "인식론적 폭력"이라고, 저자를 성 전환 혐오자에 인종차별주의자에 제정신 아닌 멍청한 베키(Becky: 투벨의 이름인 '레베카'의 약자이기도 한 성차별적 욕설)라고 공격하면서 맞장구쳤다. '마음에 상처를 주는 말' 원칙이 때맞춰 들썩거렸다. 한 교수는 투벨의 논문이 "폭력을 입법화하고 피해를 영속화한다"고 주장했다.[44] 수백 명의 학자들이 무엇보다 〈히파티아〉가 이 논문을 철회할 것을 요구하는 공개서한에 서명했다. 언론인 제시 싱걸(Jesse Singal)과 철학자 저스틴 와인버그(Justin Weinberg)가 당시 기록했듯 그 서한은 투벨의 논문에 대해 극도로 엉뚱한 묘사를 했고, 이는 서한의 저자들이 그 글을 읽지 않았든지 아니면 그걸 왜곡하기로 작정했음을 시사했다.[45] 비통한 대중의 반응에 투벨은 이렇게 대응했다.

> 전자 매체에 너무나 많은 분노가 인신공격의 형태로 표출되었다. 나는 협박 메일을 받았다. 나는 나를 만난 적도 없는 사람들로부터 끔찍한 인간이라고 비난받았다. 이것은 시작하지 말았어야 할 프로젝트이며, 미심쩍은 집필 동기가 있을 수밖에 없다는 경고도 받았다. 많은 사람이 현재 나와 학술지 측에 논문을 철회하고 사과문을 발표하라고 강력하게 촉구하고 있다. 그러지 않으면 개인적으로, 직업적으로, 도덕적으로 내게 엄청난 손상이 갈 거라고 경고했다.
> 하지만 내가 들은 말 중 내가 쓴 글을 정말로 읽은 사람들에 바탕을 둔 것은 거의 없다. ……이 논문이 비판을 면할 거라는 착각에 빠진 적은 절대 없다. 그러나 철학자들 사이에 토론보다는 이런 검열의 요구가 있을 거라고는 꿈에도 예상하지 못했다.[46]

일부 학자들은 투벨에게 그녀를 지지하고 싶지만 위험을 자초할 수는 없다고 남몰래 말했다. 일부는 너무나 두려운 나머지 개인적으로는 그녀 편이라고 주장하면서도 어쨌든 공개 비난에 서명했다.

투벨이 받은 수년간의 교육 중 이런 맹공격에 대비하도록 해준 것은 전혀 없었다. 어느 것도 그러지 못했다. 그녀의 맨 처음 본능은 학계를 떠나는 것이었다. 그러나 그녀는 떠나지 않았다고 내게 말했다. "소설 미디어의 연쇄 공격을 당하는 입장이 된다는 게 얼마나 잔인한 일인지에 대한 새로운 존경심이 생겼어요. 심리적 영향은 내가 예상했던 것보다 훨씬 더 심각했죠. 내가 완전히 끔찍한 짓을 저질렀다고 느꼈죠. 사라지고 싶었어요. 수치심의 상처는 깊었습니다."

호메이니가 길을 보여줬다

첨단 기술의 사상자경주의 사례는 더 늘어놓을 수 있겠지만, 당신이 신문을 읽는다면 넘칠 만큼 많이 볼 것이다. 세부 사항에서는 각각 독특하지만, 같은 집안에서 나온 듯한 확연한 유사성이 있다. 그것들의 이념은 주로 정치적 좌파에서 흘러나온 듯해도 전술은 취소의 할아버지뻘인 조상이 있었다.

루시디와 《악마의 시》를 취소하려던 1989년 호메이니의 캠페인은 당연히 문자 그대로의 취소, 바로 육체적 암살을 겨냥했다. 그것의 현대판 후손들은 더 정교한 (그리고 합법적인) 접근법, 바로 인신공격을 이용했다. 어떤 교수는 인종별 지능 차이 연구를 옹호한 한 대학원생에 대한 캠페인을 시작하면서 그의 의도가 "그의〔학생의〕 평판을 영원히 마땅히 훼손"하는 것이라고 트윗했다.[47] 목표는 대상자가 고용주, 직업적 인맥, 고상한 사회로부터 외면받는 왕따가 되게끔 하는 것이었다. 성공적인 압박 캠페인의 표적이 되었던 언론인 조너선 케이먼(Jonathan Kaiman)은 직장과 책 계약 그리고 그가 이끌어온 전문 조직에서의 지위를 잃었다. 그는 자신이 저널리스트로서 채용 불가 상태가 되었음을 알았고, 나와 이야기를 나눌 때는 법학 대학원에 들어가길 희망하고 있었다. "정말 엄청난 변화죠"라고 그는 내게 말했다. "어떤 사람들은 다시 일어나지만, 그건 아주 드뭅니다. 대부분의 사람이 그냥 마비 상태에 빠지죠." 자경주의자들이 다음 대상자로 넘어가고 한참이 지난 후에야 그들의 표적은 자신이 왕따가 되거나 블랙리스트에 올라 있음을 알게 되기도 한다. 그들의 인생 궤적은 루시디의 삶이 그랬듯 영구히 달라질 때가 많다. 한 사교 행사에서 어떤 작가 지망생이 다가와 《악마의 시》가 그녀의 삶을 바꿨다고 말하자 루시디는 대답했다. "흠, 잘 됐네요. 왜냐하면 그 책은 내 삶을 망쳤거든요."[48]

앞서 거론했던 투벨 사례의 세부 사항에 주목해보자. 캠페인 활동가들은 자신이 반대 캠페인을 벌이고 있는 논문을 읽어야 할 필요성을 전혀 느끼지 않았다. 루시디 사건도 마찬가지였다. 사실상 그를 비난하는 사람은 아무도 《악마의 시》를 읽은 적이 없었다. 요약본을 읽는 수고를 한 사람조차 거의 없었다. 그들 다수는 투벨에 반대하는 캠페인에 착수한 대학원생처럼, 추정하건대 그들이 항의하는 논문을 읽지 않은 걸 시인하거나 자랑하기까지 했다. "오물이 뭔지 알기 위해 더러운 배수구 속을 내가 훑어볼 필요는 없다"고 인도의 한 의원은 말했다.[49]

정말 그렇다. 취소는 근본적으로 생각이나 그것이 대상으로 삼은 사람들과 관련이 없다. 그것은 미덕의 과시와 당신이 속한 집단하고의 유대와 관련이 있다. 위협이나 불순물로 인식되는 것에 맞서 신성한 가치를 수호한다는 걸 공공연하게 드러내 보이는 행위 말이다. 애로 이디(Yarrow Eady)라는 젊은 동성애자 활동가는 2014년 맥길 대학(McGill University) 학생 신문의 지각 있는 기사에서 "이런 특별한 부류의 정치에는 어둡고 어렴풋이 컬트적인 뭔가가 있다"고 썼다. "집단적 사고는 작업 방식이 된다. 내가 이와 같은 집단의 일원이었을 때 모든 사람이 미심쩍으리만큼

넓은 범위의 쟁점에 대해 정확히 같은 의견이었다. 내부의 견해차는 드물었다. 배타적인 공동체는 극단적이고 비합리적인 견해의 인큐베이터 역할을 했다."[50]

온라인상의 분노가 그렇듯 취소 문화도 매한가지다. 루시디나 투벨 같은 사람이든, 아니면《악마의 시》나 투벨의 논문 같은 작업물이든 표면상의 표적은 절대 캠페인의 실질적 대상이 아니라 집단의 연대를 보여주기에 편리한 대상이다. 루시디가 나타나지 않았다면, 다른 어떤 표적이 그런 역할을 했을 것이다. 2020년 여름 거의 600명의 자칭 '언어 공동체 멤버들'이 하버드 대학의 저명한 언어학자 스티븐 핑커(Steven Pinker)를 "우리의 유명 학자 목록과 우리의 미디어 전문가 목록 양쪽"에서 제명해야 한다고 요구하는 서신을 미국언어학회에 보냈다. 그들은 직업 윤리에 위배되는 행위의 어떤 사례를 인용한다든가, 핑커가 유명하지 않거나 전문가가 아니라고 그럴싸하게 주장하지 못했다. 대신 핑커의 글과 트위터 피드를 이 잡듯 뒤져 만약 터무니없는 게 아니라면 하찮은 한 움큼의 불평거리를 찾아냈다. (핑커는 '도시 범죄'라는 문구를 사용한 적이 있고, 공공연한 인종차별주의 감소에 관해 한 흑인 학자의 말을 인용한 적이 있으며, 공개 저격수를 '온순하다'고 묘사한 적이 있다 등등.) 고발 내용의 자의성—그냥 편하게 바보짓이라고 말할 사람도 있을 게다—이 요점의 일부였다. 코너 프리더스도프(Conor Friedersdorf)는 〈애틀랜틱〉에 "핑커의 서한에 사용된 기준으로 본다면, 공직 생활에 몸담고 있는 어느 누구도 문제가 있다고 여겨질 표현을 피해 갔다고 확신할 수 없을 것"이라고 썼다.[51]

핑커는 전국에 추종자가 있는, 끌어내리기에는 너무 큰 거물급 종신교수였다—그러나 이것이 요점의 일부이기도 했다. 중요한 측면에서 표면상의 표적—스티븐 핑커—은 캠페인의 실질적인 표적, 적어도 주요 표적은 아니었다. 진정한 표적은 자신이 다음 차례일지 모르고 만일 핑커가 표적이 될 수 있다면 자신도 그럴 수 있다고 이해한 훨씬 힘없는 사람들을 지켜보는 관객이었다. 숀 캐맥(Shaun Cammack)이라는 한 대학원생은 "이 서한은 사실상 결코 핑커에 관한 게 아니었다"고 썼다. "실은 굉장히 특수한 기능—별로 유명하지 않은 학자와 학생들이 이념적 합의에 의문을 제기하지 못하게 만드는 것—이 있다. ……핑커의 견해에 반대하는 575명의 사람이 있으며, 학계라는 좁은 사회에서 그것은 반대를 하려면 대단히 많은 비용이 든다는 신호다."[52] 핑커는 괜찮겠지만, 잔챙이들은 의도한 메시지를 이해할 것이다. 이 메시지는 못마땅한 생각이나 사상가는 멀리하라는 것이다.

표적이 된 사람의 첫 번째 본능은 수치심에서든 아니면 정상적인 생활을 되찾기 위해서든 사과일 터이다. 그러나 캠페인의 목적이 설득이 아니라 본보기를 보이는 것이기 때문에, 사과한다고 해서 좀처럼 도움이 되지는 않는다. 실제로 그것은 조롱하는 자들에게 그들의 분노가 정당하고 그들의 전술이 먹히고 있음을 입증하면서 역효과를 낳는다.[53] 루시디가 표명한 '깊은 유감'은 호메이니로부터 이러한 반응을 불러왔다. "설령 살만 루시디가 뉘우치고 역대 최고의 독실한 사람이 된다 해도, 그를 지옥으로 보내기 위해 자신이 가진 모든 것, 목숨과 부를 사용하는 것이 모든 무슬림의 의무다."

취소는 따지기보다는 보여주기—어떤 사람이 자신의 사회 집단을 위해 취하는 쇼—이므로 생각의 평가에는 관심이 없다. 일반적으로 생각에는 진정한 관심이 없다. 그런 이유로 도대체 어떤 것이 캠페인을 촉발할지 알기란 말 그대로 불가능하다. 호메이니가 살만 루시디의 잘 알려져 있지 않은 소설을 생각해내서 전 지구적 위기로 둔갑시킬 줄은, 혹은 투벨의 논문이나 로멜만의 팟캐스트가 화염의 폭풍을 일으킬 줄은 아무도 예측할 수 없었을 것이다. 2020년 미니애폴리스(Minneapolis)의 한 가족이 운영하던 중동 식품 사업체는 누군가 사장의 딸이 날린—그녀가 문제 많은 14세이던 8년 전에—인종차별적 트윗을 발견한 뒤 말 그대로 하룻밤 사이 구매 거부, 신상 털기, 살해 협박 등등에 직면했다. "따뜻하고 마음이 열려 있고 식품을 이용해 유대인과 아랍인 및 모든 사람 사이에 존재하는 차이에 다리를 놓으려 하는 이들로 알고 있던 한 가족이 몇 시간 만에 미국 중서부에서 가장 인종차별주의적인 무슬림으로 악명 높아졌다"고 한 목격자는 썼다.[54] 평판 좋은 과학 작업의 정확한 기술을 트윗에 올렸던 그 운 나쁜 데이터 분석가를 떠올려보라. 아무도 그 소란과 이후의 해고를 예측하지 못했을 텐데, 이것이 사실 핵심이었다.

캠페인은 일단 방아쇠가 당겨지고 나면 제약이 없다. 그 원조들조차도 시작은 하지만 통제는 못 한다. 호메이니는 《악마의 시》 반대 캠페인을 루시디 살해로 시작하라는 칙령을 내렸지만, 어디가 끝인지는 군중이 결정하게 내버려뒀다. 율법에 따라 이란은 호메이니가 사망했을 때 그 칙령이 변경 불가하다고 주장했다. 그러나 호메이니가 살아서 마음을 바꿔 먹었다 해도 그의 격앙된 자경단원들이 물러나리라는 보장은 없었다. 현대의 취소 캠페인도 마찬가지다. 연쇄 공격이 일단 시작되고 나면 그것이 얼마나 오래갈지, 어디까지 갈지는 아무도 알 수 없다. 수 세기 동안 미국과 여러 곳에서 주요 공식 처벌 방법이던 항쇄(項鎖: 죄인의 목에 씌우는 칼—옮긴이)는 부분적으로는 지나가는 마을 사람들이 가하는 학대를 법정이 제어할 수 없기 때문에 결국 금지됐다. 어떤 피해자는 야유를 받았고, 어떤 사람은 배설물 세례를 받았고, 어떤 사람은 죽임을 당했다. 취소 역시 피해자에 대한 방해 행위부터 경력을 끝장내는 재앙에 이르기까지 흐름이나 이유도 없고 예측할 수도 없게 군중 재판의 변동에 따라 어떤 형태로든 나타날 수 있다.

2차 보이콧(secondary boycott: 제재 대상과 거래하는 제삼자에 대해서도 일괄 제재하는 것—옮긴이)—1950년대 매카시즘의 두드러진 특징—은 취소 문화의 가장 특징적인 보증 마크에 속한다. 주요 표적의 예비 옹호자, 친구, 고용주는 같은 운명을 공유할 수 있다는 경고를 암암리에 받는다. 캔슬러를 비판하는 사람도 마찬가지다. 호메이니는 루시디와 그 책뿐 아니라 "내용을 아는 모든 편집자와 발행인"에게도 선고를 내렸다. 살해된 많은 이들 중에는 호메이니의 칙령에 의구심을 표명한 벨기에에 사는 2명의 무슬림도 있었다. 그러므로 연민을 가진 동료와 친구조차 취소 대상자를 지지하길 꺼리는 것은 놀랍지 않다. 그들은 두려울 테고, 마땅히 그럴 만하다. 그 못지않게 중요한 것이 잠재적인 고용주와 거래처도 보이콧에 가담한다는 점이다. "업계가 저한테 폐쇄적이라는 가정하에 움직이고 있습니다." 취소된 전직 기자 조너선 케이먼은 이렇게 말했다. "취소당하고 있을 때 제가 굉장히 빨리 깨달은 것 한 가지는 당신의 인간관계가 개개인이 당신에 대해 어떻게 생각하는지 여하에 달려 있지 않다는 것입니다. 그것은 개개인이 생각하기에 다른 사람들이 당신에 대해 어떻게 생각하는지 여하에 달려 있어요. 처벌은 바로 그런 낙인이고, 이것은 절대 사라지지 않을 낙인입니다."

취소 캠페인이 흔히 한 개인을 맥락에서 동떨어졌거나 의도적으로 왜곡된 단일한 시점, 단일한 사건으로 몰아넣는다는 점 또한 주목하자. 비판적인 문화는 어떤 사람의 신뢰성을 평가할 때 그 인격과 경력의 총합에 무게를 두는 반면, 취소 문화는 정반대다. 단 하나의 트윗이나 잘못 인용한 텍스트 한 줄로 공격을 당한 적 있는 학자나 공인은 평생의 경력을 불만 하나로 전락시키는 것이 취소에서 가장 큰 좌절감을 안기고 불공정한 측면임을 안다—게다가 "문맥 속에서 해석하세요!" 혹은 "제가 쓴 다른 글들도 보세요!"라고 항의한들 절대 소용없다. 루시디도 여러 목소리를 내고 여러 생각을 표현해온 소설가로서 자신의 눈부신 경력을 언급했지만 아무 소용없었다. 그의 경력은 캔슬러들이 굳이 읽으려고도 하지 않던 책의 두 구절에서 그가 저질렀다고 추정되는 이른바 위반에 대항하기엔 아무 짝에도 쓸모가 없었다.

취소 캠페인은 정당한 비판이나 설득에는 관심이 없다. 그들은 소외시키고, 겁주고, 기를 꺾고 싶어 한다. 만일 캠페인이 표적을 고상한 사회에서 몰아낼 수 있다면, 사람들의 공감대 탐지기를 도용해 침묵의 나선의 씨앗을 심을 수 있다. 어떤 사람은 속임수에 넘어가 군중의 판단처럼 보이는 걸 받아들일 것이다. 또 어떤 사람은 내심 여전히 회의적이겠지만 토크빌이 말했듯 "항복해 침묵으로 되돌아갈 것이다".

제가 지금 당신을 취소하고 있냐고요?

그런데 잠깐. '취소'라는 고발장 자체가 일종의 취소 아닌가? 내가 방금 말은 총탄이 아니라고 하지 않았던가? 그런데 여기서 나는 그냥 비판에 참여하고 있는 사람들을 '캔슬러'라며 비난하고 있다. 물론이다. 살해 협박과 괴롭힘은 분명 금물이다. 루시디한테 벌어진 일은 전적으로 받아들일 수 없다. 그러나 논란을 부르는 진술을 한 사람은 비판받을 것을 예상해야 한다. 만일 많은 사람이 뭔가에 소름이 끼쳤다면, 그들은 거기에 반대한다고 거리낌 없이 말해야 하지 않겠는가? 이것이 표현의 자유의 중요한 점 아니던가? 어떤 사람에 대한 해고 요구마저도 하나의 의견 표명이다. 브랜든 아이크의 비판자들이 그가 모질라를 이끌기에 부적합하다고 생각한다면, 왜 그렇다고 말해선 안 된다는 건가?

따라서 (논의를 계속한다면) 취소라는 개념 자체는 잘해봤자 의미 없고 최악의 경우 그냥 논쟁을 정지시키는 또 하나의 방식일 뿐이다. "정부의 표현 억제는 잘못됐다. 이상 끝." 2020년 취소에 관한 대중적 논의가 폭발 일보 직전에 달했을 때, 엘리자베스 피치우토(Elizabeth Picciuto)는 이렇게 썼다. "표현에 대한 보복으로 폭행을 가하겠다고 위협하는 것이나 실제 폭력은 잘못됐다. 이상 끝. 해고, 공개 토론 참여 방해, 자기표현에 대한 사회적 낙인은 항상 잘못된 것은 아니다. 그것들은 경우에 따라 잘못됐다."[55] 또 다른 작가 한나 조르기스(Hannah Giorgis)는 요점을 간명하게 집어냈다. "비판적 트윗은 검열이 아니다."[56]

조르기스와 피치우토의 말에는 일리가 있었다. 우리가 그것을 다루려면 어떤 게 취소—혹은 내 생각에는 강압적 동조—이고 어떤 게 아닌지에 대해 좀더 구체적이어야 한다. 비판과 강압적 동조는 둘 다 뭔가에 관해 사람들이 논쟁하는 형태를 띠지만 매우 다른 세계에 속한다. 비판은 합리적 설득을 통해 견해에 영향을 주려는 목표를 가지고 논지나 증거를 표명한다. 그것은 진리 추구 영역에 속한다. 취소는 프로파간다 전쟁 영역에 속한다. 정보 전쟁의 다른 형태처럼 그것은 상대방의 기를 꺾거나, 공개 토론 참여를 방해하거나, 고립시키거나, 겁을 주기 위해 사회 환경 또는 미디어 환경을 조직하고 조작하려 애쓴다. 허위 정보와 트롤링처럼 그것의 관심사는 지식의 발견이 아니라 정보의 전쟁터를 생성하는 데 있다.

실제로 누군가를 비판하는 것과 취소하는 것 사이의 경계선은 흐릿하고 주관적일 수 있으며, 가끔은 그것을 어디에 그을지 토론해야 한다. 합리적인 사람들은 〈뉴욕 타임스〉의 칼럼 기사 편집자 해고가 편협성을 내보인 건지, 아니면 편집부의 합리적 판단인지 논쟁을 벌일 수 있을 것이다. 툭하면 헤프게 "취소!"를 외치다 보면 당신이 문제의 일부가 되어버리고, "누가 누구에게 망신을 주는 거야?" 식의 삿대질 경쟁으로 둔갑한다. (언론인 제시 싱걸은 "온라인상에서 망신을 주는 사람들의 망신 주기와 싸우는 방법은 그들에게 망신을 주는 사람들에게 망신을 주는 것임을 기억하라"고 빈정거렸다.)

핵심을 이해하면서도 여전히 원칙적으로는 비판과 취소가 매우 다른 가치를 가리키는 다른 종류의 것임을 인식하는 사람도 있을 터이다. 비판은 대화에 참여하고 오류를 식별하려 한다. 취소는 대화에 낙인을 찍고 틀린 사람을 처벌하려 한다. 비판은 진술이 참인지에 신경 쓰고, 취소는 그것의 사회적 효과에 신경 쓴다. 비판은 견해의 다양성을 활용하고, 취소는 견해의 동조를 강요한다. 비판은 사회적 처벌의 대체물이고(우리는 서로를 죽이는 대신 우리의 가설을 죽인다), 취소는 사회적 처벌의 한 형태다(우리는 당신을 사회적으로 죽임으로써 당신의 가설을 죽인다). 비판은 탐구하고 배우려 하면서 지식의 헌법의 가치를 반영한다. 취소는 정보 환경을 조작하려 하면서 프로파간다의 가치를 반영한다.

그 차이를 어떻게 구별할까? 당신은 어떤 때 비판이 아니라 취소를 당하고 있는 걸까? 다음은 몇 가지 좋은 진단 지표다.

- **처벌성:** 당신한테 하는 말이나 당신에 관한 얘기가 당신의 생계를 위협하게 하거나, 또는 당신을 사회적으로 고립시킬 목표를 갖고 있거나, 그런 효과가 예상되는가? 사람들이 고용주, 전문가 집단, 사회적 인맥한테 당신을 비난하고 있는가? 블랙리스트에 올라 직업과 사교적 기회로부터 차단당하고 있

는가? 지식의 헌법은 사람이 아닌 생각을 처벌한다. 취소 문화는 생각이 아닌 사람을 처벌한다.

- **공개 토론 참여 방해:** 캠페인을 벌이는 사람들이 당신이 저작물을 출판하거나, 연설을 하거나, 모임에 참석하는 것을 막으려 시도하는가? 그들은 당신이 말하도록 허용하는 게 폭력이라거나, 그것이 그들을 안전하지 못하게 만든다고 주장하는가? 지식의 헌법은 표현의 다양성에 의존한다. 취소 문화는 그것을 막는다.
- **과시 행동:** 담론이 인신공격적이고, 제의적이고, 가식적이고, 고발적이고, 격앙된 어조인가? 사람들이 차이를 없애고, 당신을 악마로 만들고, 선동적인 꼬리표를 걸고, 도덕적 우월 의식에 몰두하고 있는가? 사람들이 당신이 실제로 말한 건 무시하고, 당신한테 말하는 게 아니라 당신에 관해서 얘기하고 있는가? 지식의 헌법은 주의 깊고 합리적인 논증에 보상한다. 취소 문화는 선동에 보상한다.
- **환원주의:** 당신이 말했거나 행동했던 한두 가지를 바탕으로 비난받고, 고립에 빠지고, 맥락을 빼앗기고 있는가? 사람들이 당신의 인격과 경력 모두를 당신의 다른 기여와 성취는 무시하고 단 하나의 실수나 불쾌한 행위로 무너뜨리고 있는가? 지식의 헌법은 수십 년 동안 평판의 신뢰도를 쌓는다. 취소 문화는 하룻밤 사이에 그것을 허문다.
- **조직화:** 비판이 조직적이고 표적을 정한 것처럼 보이는가? 발기인들이 연쇄 공격을 하도록 다른 사람을 끌어들이고 있는가? 당신은 집단 공격을 받고 있는가? 사람들이 당신한테 불리하게 사용할 탄약을 찾아 당신의 작업과 소셜 미디어를 샅샅이 뒤지고 있는가? 지식의 헌법은 독자적인 관찰자들에 의존한다. 취소 문화는 무리 지은 행동에 의존한다.
- **2차 보이콧:** 당신을 지지하는 사람은 당신이 받고 있는 것과 똑같은 대우를

받을 거라는 명시적이거나 암묵적인 협박이 있는가? 고용주와 직장 동료에게 당신을 해고하거나 당신과 어울리지 말라는 압력을 주고 있는가? 당신을 옹호하거나 반대하는 캠페인을 비판하는 사람들이 불리한 결과를 두려워해야 하는가? 지식의 헌법은 독자적 판단에 의존한다. 취소 문화는 따돌림에 의존한다.

- **부정확성:** 당신에 관해 오가는 내용이 부정확한가? 그런 말을 하는 사람들이 진실성은 신경조차 쓰지 않는 것 같은가? 그들은 서슴없이 당신의 말을 왜곡하고, 정정을 무시하고, 그릇된 비난을 하는가? 지식의 헌법은 정치보다 정확성을 우선한다. 취소 문화는 정확성보다 정치를 우선한다.

위의 정보 전쟁 전술 중 당신이 더 많은 것과 조우하면 할수록 비판이 아니라 취소당하고 있다고 더욱더 확신할 수 있다. 실생활에서 대개 그 차이를 알아보기는 어렵지 않을 것이다.

"당신은 박살 날 겁니다"

허위 정보와 트롤링이 그렇듯 취소 캠페인도 마찬가지다. 그들의 강점을 과소평가하는 건 실수지만, 과대평가하는 것 역시 실수다. 테러처럼 그것은 불균질한 두려움을 불러일으킴으로써 작동한다. 캠페인은 특히 표적이―개인적이고 제도적인―기가 셀 경우에는 실패로 돌아갈 수 있다. 가령 레베카 투벨은 해고되거나 처벌받지 않았다. 레베카가 속한 학과와 대학 행정처는 그녀를 밀어줬다. 〈히파티아〉는 그녀의 논문 철회를 거부했다. 유명한 학자들이 앞장서서 레베카에 대한 공격을 비난했고,

1000여 건의 응원 메일을 받았다고 그녀는 회상했다. 이윽고 그녀는 종신교수 재직권을 받아 학과장이 되었다. 아마 가장 중요한 점은 자신에게 닥친 위기를 견뎌낸 뒤 그녀가 새로운 활력을 찾았다는 사실일 터이다. "저는 언제나 학문적 자유와 표현의 자유를 열렬히 옹호하는 사람이었어요." 그녀는 내게 말했다. "이 모든 일이 일어나고 훨씬 더 그렇게 되었죠. 이런 가치에 대한 위협이 요즘 얼마나 심각한지 잘 아니까요."

나는 투벨에게 좀더 자세히 말해달라고 요구했다. 그녀는 철회 캠페인이 "구역질 날 정도로 예측 가능"하다고 말했다. "특히 당신이 백인인데 인종과 관련해 논란이 될 뭔가를 발표한다거나, 아니면 당신이 시스젠더(cisgender: 생물학적 성과 성 정체성이 일치하는 사람—옮긴이)인데 트랜스젠더 쟁점에 대해 발표한다면 말이죠. 자신을 고발하는 보고를 받을까 겁나서 강의실에서는 특정 주제 근처에 얼씬도 하지 않으려는 교수들을 저는 알아요. 자기 검열은 도처에 있습니다. 학계의 미래가 우려되는 심각한 문제죠."

교수 및 대학생들과 얘기를 나누는 동안, 투벨의 우려를 상기시켜준 사람이 몇 명인지 셀 수 없을 정도였다. 강압적 동조는 언론과 법 그리고 현실 기반 공동체의 다른 특정 부문을 잠식해 들어갔지만, 대학에서는 그것이 학생이나 교수 할 것 없이 지적 풍토 전체를 재편하고 있었다. 한 교수가 내게 말했듯 "미국에서 선발제 대학(selective university)보다 더 큰 필터 버블은 없습니다. 사상의 시장 개념에 바탕을 둬야 할 이런 기관들에 현재 당신이 말해서는 안 되는 온갖 종류의 표현이 있는 건 분명 사실입니다. 만일 당신이 지배적인 진보 시각에서 벗어나는 견해를 갖고 있다면, 인종이나 성별과 관련한 건 무엇이든 입을 다무는 게 가장 좋죠. 당신은 박살 날 겁니다".

교수 설문 조사는 통계학적 시각에서 보면 문제가 있다. 표본은 작기 십상이고 대표성을 보장하기 어려워서다. 그럼에도 불구하고 입수할 수 있는 증거에 따르면, "당신은 박살 날 겁니다"는 아주 흔한 정서인 것으로 밝혀졌다. 대학원생에게 심리치료사와 상담사 과정을 가르치는 버몬트 대학(Vermont University)의 애런 킨즈배터(Aaron Kindsvatter) 교수가 자기 분야 교수들을 조사했을 때, 강의실에서 인종·성·젠더 또는 사회 계급이나 종교에 관한 지배적 시각에 동의하지 않더라도 안전하다고 느끼는 사람은 3분의 1 미만이었다. 3분의 2 이상은 강의실에서 그런 주제에 관한 공개적인 대화를 나눴다가 결국은 대학 당국에 보고되고, 형편없는 강의 평가를 받고, 평판과 경력에 피해를 입고, 동료들에게 소외당할까봐 적어도 '약간'은 걱정된다고 말했다. 약 4분의 1은 '극도로' 또는 '매우' 걱정된다고 말했다. 하지만 거의 90퍼센트가 불쾌할 때도 가끔 있기는 하지만 정반대 견해에 노출되는 것이 학생들에게 유익하다는 데 동의했다.[57] 바꿔 말하면, 많은 교수가 학생들에게 최상이라고 생각하는 방식으로 가르치길 두려워했다. 그들은 학생과 자신을 속여야 한다는 압박감을 느꼈다. "저는 그냥 자극을 주기 위해 수업 시간에 어떤 것을 말하곤 했습니다. 대학은 지적으로 편안하게 느껴야 하는 곳이 아니라고 생각하기 때문이죠"라고 한 교수는 내게 말했다. "더 이상은 절대 그러지 않습니다. 학과장한테 넘어간 10여 건의 불만 사항에 대처하고 싶진 않으니까요."

학생들에 관한 한 위축감이 만연하다는 증거는 의심할 여지가 없었다. 2018년 갤럽 설문 조사 결과, 61퍼센트의 학생—불과 2년 전인 2016년보다 7퍼센티지 포인트 증가한 수치다—이 캠퍼스 분위기가 어떤 사람들로 하여금 자신의 생각을 말하지 못하게 만든다고 대답했다. 다른 사람들이 그것을 불쾌하게 생각할지도 모르기 때문이다.[58] 2019년 나이트 재단의 설문 조사에서는 3분의 2 이상의 학생이 캠퍼스 분위기가 학생들로 하여금 진정한 의견을 표현하지 못하게 한다고 대답했다. 동급생들이 불쾌하다고 생각할지 몰라서였다.[59] 다른 설문 조사들도 비슷한 결과를 보고했다.[60]

사실 캠퍼스 밖의 자기 검열은 거의 그만큼 만연했다. 2020년 자유지상주의 성향의 케이토 연구소(Cato Institute) 설문 조사에 따르면, 전체 미국인 중 62퍼센트—2017년보다 4퍼센티지 포인트 상승한 수치—가 정치 풍토상 다른 사람들이 불쾌하다고 생각할 수 있기 때문에 자신의 생각을 드러내지 못한다고 말했다.[61] 결코 과장이 아니라, 그것은 충격이었다. 그러나 이런 차이는 있었다. 즉, 고등 교육의 중요한 점은 생각과 견해를 시험하고 경합시킴으로써 비판적 탐구를 연습하고 가르치는 것이며, 대학의 소임은 자유롭고 솔직하게 **특히** 논란이 되는 쟁점에 대해 경합이 일어날 수 있는 환경을 조성하는 것이다. 캠퍼스와 강의실의 지적 풍토가 냉각된 것은 안타까운 사회적 전개뿐 아니라 대학이 자기 임무를 방어하고 완수하는 데 처참하게 실패했음을 나타낸다. 학생들과 지식의 헌법에 대한 자기들의 약속을 저버린 것이다.

학생들은 그 냉기를 느끼고 불만스러워했다. "정치적 스펙트럼을 떠나서 학생들은 다른 생각을 하는 이들을 상대할 기회를 더 많이 원한다." 2020년 채플힐(Chapel Hill)의 노스캐롤라이나 대학 교수 3명이 실시한 연구는 이렇게 보고했다.[62] 이 조사에서 이 학교의 **진보** 쪽 학생 다수는 함께 얘기를 나눌 보수 쪽 상대가 너무 적다고 말했다. 동부의 대표적인 리버럴 아츠 칼리지에 다니는 한 진보 쪽 학생은 "스펙트럼의 반대편 끝에 있는 사람들과 원하는 만큼 많은 대화를 나눠보지 못했습니다"라고 내게 말했다. (그녀는 좌익의 다양한 견해에 노출된 것에 위안을 삼았다.) 캘리포니아에서 대학을 다니는 한 학생은 "많은 개인이 필요한 대화를 서로 나눌 수 없다는 것"을 한탄하면서, 정치적 올바름의 덫이 너무나 많기 때문에 "많은 학생은 피해나 불쾌감 유발을 피해가기 위해 대화를 일체 그만두는 쪽을 택한다"고 덧붙였다. 주요 연구 대학의 한 학생은 내게 이렇게 말했다. "오늘날 대학 캠퍼스에서 논란 있는 주제의 논쟁에 관여하는 것은 장점보다 위험이 훨씬 더 큽니다. 사회적 반향을 피하기 위해 많은 학생이 튀지 않으려고 어떻게 스스로를 검열하고 집단의 생각을 그냥 되풀이하고 있는지를 보면 흥미롭죠. 어떤 논점을 주장했다는 이유로 평가받고, 망신당하고, 어쩌면 조롱당할지도 모른다는 것을 뻔히 아는데 왜 반박하겠어요?" 대학, 특히 엘리트 대학은 사회적으로 강제된 동조의 싱크홀(sinkhole)이 되어가고 있다. 밀(Mill)의 악몽이다.

냉각된 분위기의 주요 원인에 대해서는 전혀 의심할 바가 없다. 그리고 이는 주로 교수진에 포진한 '종신 재직권을 가진 급진주의자' 때문은 아니다. 적극적으로 정치에 개입하는 교수와 관리자들이 실은 이따금 보수주의자(그리고 진보주의자)를 망신 주거나 박해했지만, 그들은 원칙이 아닌 예외였다. 채플힐 설문 조사에서 대부분의 학생(진보든 보수든 마찬가지로)은 교수들이 일반적으로 허심탄회하며 정치적 스펙트럼을 떠나 참여를 독려한다고 말했다. 채플힐의 학생들은 교수보다는 같은 학생들의 비난이 더 걱정이라고 보고했다. 2019년 헤테로독스 아카데미의 설문 조사는 학생들에게 왜 자기 견해를 표명하길 망설이느냐고 물었다. 60퍼센트 이상이 다른 학생이 자신의 견해를 불쾌해하며 비난할 거라는 우려를 이유로 댄 데 반해, 교수의 비판이나 낮은 학점을 받을 거라는 두려움을 댄 쪽은 절반이 채 되지 않았다.[63] 내가 인터뷰한 학생들도 똑같이 말했다.

그들은 대부분의 좌익 교수를 비롯한 대다수 교수가 토론을 장려하기 위해 비상한 노력을 기울인다고 인식했다. 리버럴 아츠 칼리지의 한 재학생은 "교수들은 이런 〔보수적인〕 생각을 경청하는 데 상당히 열려 있고, 그런 대화를 시작하는 학생들을 향해 반대 의견을 던지는 일도 마다하지 않습니다"라고 내게 말했다. "그런 생각과 목소리에 대해 또래의 압력을 받는 곳은 사실 강의실 밖이죠."

학생들이 가장 두려워하는 것은 사회적 배제와 도덕적 거부였다. 학생들은 주로 서로에게 공포를 느꼈다. 그들은 사회적 죽음—인간에게는 종종 육체적 죽음보다 더 섬뜩한 숙명—을 무서워했다.

"그것은 던지지 않은 질문이죠"

학계에서 학생 및 교수진 가운데 벌어지는 표현의 냉각은 지식의 헌법이 곤경에 처했다는 하나의 신호였다. 또 다른 신호는 학문의 왜곡이었다.

2015년 사회심리학자 5명과 사회학자 1명의 그룹이 경종을 울렸다. 〈정치적 다양성이 사회심리학을 발전시킬 것이다(Political Diversity Will Improve Social Psychological Science)〉라는 제목의 논문에서 호세 두아르테(José Duarte), 재럿 크로포드(Jarret Crawford), 샬로타 스턴(Charlotta Stern), 조너선 하이트, 리 주심(Lee Jussim) 및 필립 테트록(Philip Tetlock)은 상당히 놀라운 결과물을 발표했다. 20세기 말에 이미 좌편향되었던 사회심리학자들은 21세기에는 압도적으로 그런 상태였다. "이 분야는 좌파에 치우쳐 있다"고 그들은 말했다. "진보 대 보수의 비율은 현재 10 대 1 이상이고, 정보 루트에는 보수주의자가 거의 없다."[64] 다른 설문 조사는 훨씬 더 한쪽으로 치우친 비율을 드러냈다. 2016년 실험사회심리학회(Society for Experimental Social Psychology) 회원들의 설문 조사에 따르면, 326명의 응답자 가운데 중도우파라고 밝힌 사람은 …… 8명이었다.[65] 2015년에 위의 저자 6명은 이념적 다양성의 결핍이 사각지대를 창출하고 결함 있는 연구를 초래한다고 말했다. "학문 분야는 견제받지 않은 채 내버려둘 경우 응집력 있는 도덕 공동체가 되어 이후 도덕적 혹은 이념적으로 바람직하지 않은 가설과 해답은 나오지 않지만 중요한 과학적 질문을 구성원들이 못 보게 만드는 공유된 현실을 창출할 수 있다." 그들은 이어서 가령 비윤리적인 행동을 접한 연구자들은 페미니즘과 환경주의라는 진보적 사고에 따라 그것을 정의한다고 썼다. (가령 성희롱 고발에서, 자동으로 여성 동료의 편을 들지 않는 것은 직원이 환경에 의해 받는 불특정 피해보다 회사의 안위를 더 높이 치는 것만큼이나 '비윤리적'이다.) 다른 연구자들은 보수주의자에 관해 잘못된 추측을 하거나 편향이 오직 우파의 영역이라고 가정했다. "사회심리학에서는 정치적 차별이 현실"이라고 저자들은 말했다. 물론 그 대가는 불리한 환경에 놓인 보수주의 학자들이 부담하겠지만 사회심리학 자체가 부담하는 부분도 있다. "정치적 다양성이 더 크면 클수록 체제가 진실을 더 많이 발견하는 데 도움이 될 것"이라고 그들은 기탄없이 결론 내렸다.

이 10년간의 후반에 이르자 증거는 명백해졌다. 견해의 다양성은 많은 학문 분야에서 멸종 위기의 종(種)이었다. 특히 사회과학과 인문학에서 그랬다. 고등교육연구소(Higher Education Research Institute, UCLA 소재)의 정기 설문 조사에 따르면, 보수주의자라고 밝힌 교수의 비율은—오랜 하락세 이후—2017년 12퍼센트 아래로 떨어졌고, 중도파(1990년에는 40퍼센트를 차지했다)는 28퍼센트로 하락했다. 이 빈 공백을 벌충한 게 진보주의자(48퍼센트)와 극좌파(12퍼센트)라고 밝힌 교수들이었다. 학계 전체로 보면 그래도 보수파와 중도파의 적정한 분리가 남아 있었지만, 일부 학과에서는 비진보계 교수가 거의 전무했다. 52개 대학 교수 8000여 명의 유권자 등록 패턴에 관한 한 연구에 따르면, 화학·경제학·수학에서는 공화당원 1인당 민주당원이 약 5명인 것으로 밝혀졌다. 민주당원은 심리학·역사학·철학에서 공화당원 1인당 17명, 무엇보다 사회학·영문학·인류학에서는 40명 이상이었다. (인류학에서 56명의 응답자 중 공화당원은 전혀 없었다.)[66] 다섯 분야(경제학, 역사학, 언론학, 법학, 심리학)의 교수진 유권자 등록 연구는 공화당원 1인당 민주당원 12명의 비율이었다. 40개 이상의 학문 분야에서 공화당 등록자는 소수 정당 등록자보다 더 적지는 않지만 드물었다. 사회과학에서 보수주의자는 흑인이나 여성보다 훨씬 더 찾기 어려웠다.[67] 대학 행정 관계자에 관한 데이터는 입수하기가 좀 힘들긴 했지만 교수진보다 훨씬 좌편향된 것으로 나타났다.[68]

문제는 진보주의가 비뚤어진 이념이라는 데 있지 않았다. 아무도 그것이 학문에 기여한 소중한 공로를 의심하지 않았다. 좌파들이 상대편을 특히 잘 배제한다는 것 역시 문제가 아니었다. 보수주의 학자들이 차별을 경험하는 건 사실이었다. 진보주의 학자들은 종종 차별을 공개적으로 시인했다. 2012년 논문에서 요엘 인바(Yoel Inbar)와 조리스 래머스(Joris Lammers)는 "많은 사회심리학자와 성격심리학자는 논문 검토부터 고용에 이르는 결정에서 자신들이 대놓고 보수적인 동료를 차별한다고 말했다"고 썼다. "응답자가 더 진보적이면 진보적일수록 자신들이 차별한다는 말을 더 많이 했다."[69] 하지만 연구자들은 좀더 자세히 살펴본 결과, 학계에서 두 진영의 이론가는 기회가 주어진다면 상대편을 대략 비슷하게 차별할 가능성이 있다는 걸 알았다. 철학 교수들에 관한 한 연구에 의하면, 좌우 양측의 극소수 학자들이 반대편 이념을 차별할 의향이 있다고 시인한 것으로 밝혀졌다.[70] 캘리포니아 주립대학의 4개 캠퍼스에 있는 교수진에 관한 또 다른 연구는 "진보와 보수 양쪽 다 서로를 차별할 의향이 있음을 비슷한 정도로 솔직하게 드러냈"으며 어느 쪽이든 5분의 1에서 거의 절반의 학자가 정치관을 공유하는 (분야에 따라) 사람의 고용을 선호한다고 밝혔다.[71]

하지만 좌편향 학자들이 훨씬 우세해짐에 따라, 그들은 갈수록 보수계 학자들은 불가능한 방식으로 차별할 수 있는 입장에 놓였다—그럼으로써 보수주의자들의 실종을 가속화했다. "문제는 진보주의가 아니다"라고 존 실즈(Jon A. Shields)와 조슈아 던 시니어(Joshua M. Dunn Sr.)는 썼다. "다수의 중요한 탐구 영역에 보수주의자들이 없다는 점이다."[72] 1951년 격렬한 비판서 《예일 대학의 신과 사람(God and Man at Yale)》에서 윌리엄 버클리(William F. Buckley)가 불평한 것으로 유명하듯 학계는 오래전에 좌편향되었다. 현대의 문화 전쟁이 캠퍼스를 징발하기 이전인 1969년에는 겨우 27퍼센트인 소수의 교수만이 중도우파였다.[73] 하지만 당신의 동료 중 4분의 1이 보수주의자라면, 연구를 수행해 학술지에 제출하고 동료 검토와 실적 평가를 받는 동안 적어도 몇 명의 보수주의자는 만날 거라고 예상할 수 있었다. 당신은 그들의 견해와 논쟁하기 마련이었다. 하지만 2010년대가 되자 다양성의 기근은 어떤 학자가 학업에서부터 종신 재직 이후까지 가는 동안 보수주의자 없는 버블에서 평생의 경력을 보낼 정도까지 왔다. 문화사 및 정치사 학자 크리스토퍼 더밋(Christopher Dummit)은 2019년 〈킬레트(Quilette)〉에 기고한 글에서 대학원 교육 기간 중 자신은 젠더가 사회적 구성물이라고 생각했다는 이야기를 했다. 그 사안에 대해 다른 견해가 전혀 없는 듯했기 때문이다.

다른 방식으로 말하는 사람과 접촉한 적이 없었다—적어도 진지하게는. 그리고 대학원 공부를 하던 시절이나 동료 검토 중에 아무도 다른 방식으로 말한 적이 없었다—보통 학계 바깥에서 일어나는 대화 말고는. 그래서 나는 적어도 확신의 분위기를 띠고는 했던 가설만큼이나 그럴싸한 생물학에 맞춰진 대안적인 설명과 굳이 맞닥뜨릴 이유가 없었다. ……내가 받은 실질적인 비판이라고는 그 패러다임을 강화하라는 꾸지람밖에 없었다.[74]

당연히 결과물은 왜곡될 때가 많았다. 연구자들은 어떤 과목보다도 심리학, 사회학, 젠더 연구, 철학에서 편향과 연관된 결함을 발견했다. 사회과학 전반을 살펴본 코리 클라크(Cory J. Clark)와 보 와인가드(Bo M. Winegard)는 모든 집단 불평등을 편견과 차별 탓으로 돌리는, 그들이 평등주의라고 부르는 만연하고 흔히 의심할 여지없는 이념의 증거를 찾아냈다.[75] 의심의 여지없이 편견과 차별은 집단에 피해를 입히며 취소함이 마땅하다. 그러나 "어떤 학문에서 대다수 과학자가 똑같은 신성한 가치를 공유한다면, 과학이 의존하는 동료 검토와 동료 회의론의 견제와 균형은 실패할 수 있다"고 클라크와 와인가드는 썼다. "동료 검토, 동료 참여, 회의론 및 그 밖에 과학의 미덕이 …… 과학 공동체의 신성한 가치를 촉진하고 보호하는 압제자(tyrants)가 된다."[76]

누가 봐도 알 수 있는 왜곡보다 더 천천히 퍼지는 것이 결코 품지 않은 가설, 결코 수행하지 않은 연구다. 말 그대로 헤아릴 수 없는 지식에 있어서는 손실이다. "그것은 던지지 않은 질문이죠." 한 교수가 내게 말했다. "따돌림 당할까 봐, 무리로부터 단절될까 봐 두려워서 근처에 가길 주저하는 특정 주제들이 있습니다."

다양성의 감소가 모든 분야, 모든 학생, 모든 교수를 오염시킨 것은 아니었다(어느 정도 상당 수준으로 대부분의 대학에 퍼졌을지는 모르지만). 학계는 여전히 훌륭한—확실히 어느 때보다도 양적으로 훌륭한—연구물을 생산했다. 그러나 모든 학과와 학문을 오염시키고 모든 연구 분야를 왜곡하고 정치화할 만큼 좀비화가 충분히 멀리, 충분히 오래 진행되어온 터였다. "오늘날 사회과학의 상당 부분이 정치적 이념에 물들어 신뢰할 수 없다는 것은 불행히도 사실이다." 인식론자 리 매킨타이어는 이렇게 썼다. "대학에서조차 어떤 분야는 '연구'와 정치적 옹호 사이에 명확한 구분이 없다."[77] 불길하게도 다양성의 붕괴가 세대를 막론하고 번식 중이라는 징후가 있었다. 정치학자 케네스 매킨타이어(Kenneth B. McIntyre)와 스테이시 울빅(Stacy G. Ulbig)의 연구는 중도좌파 및 소수자 학생들이 대학 캠퍼스에서 더 많은 시간을 보내면 보낼수록 견해의 다양성에 관한 그들의 지지는 더 많이 떨어진다는 것을 밝혀냈다. 효과는 별로 크지 않았지만, 저자들은 "학생들이 대학 교정에서 더 많은 시간을 보내면 보낼수록 자유로운 의견 교환을 더 지지하는 게 아니라 덜 지지하게 된다는 사실만으로도 미국 자유주의 교육의 미래에는 좋은 징조가 아니다"라고 논평했다.[78]

소수의 횡포

그러나 여기서 수수께끼가 생긴다. 대부분의 학생은 보수주의자를 캠퍼스에서 몰아내고 싶어 하지 않으며, 대부분의 교수는 보수주의자를 차별하고 싶어 하지 않는다. 대부분의 학생은 단 하나의 시각을 들으려고 대학에 가고 싶어 하는 게 아니며, 대부분의 교수는 자기 수업을 정치화하고 싫어 하지 않는다. 대부분의 학자는 지적 다양성이라는 교의를 포기하지 않고, 자신들의 연구가 왜곡되고 냉대받는 걸 바라지 않는다.

좌파가 미국 대학 캠퍼스의 패권을 쥐었다는 무수한 말에도 불구하고, 헤테로독스 아카데미 설문 조사에 따르면 2019년 학생들의 22퍼센트는 자칭 보수주의자이고 5분의 1은 공화당원이었다. 그 외 5분의 1은 자칭 중도파였다. 진보라고 밝힌 비율은 42퍼센트로, 다수이긴 하지만 과반수는 아니었다. '매우 진보'의 비율은 8분의 1에 불과했다. 엘리트 대학, 특히 리버럴 아츠 칼리지라면 골수 진보의 비율이 아마 더 높았을 것이다. 그렇다 해도 개인적인 진술과 조사의 증거는 진보주의자일지라도 편협한 골수분자는 분명 소수임을 시사했다. 채플힐에서 자칭 진보인 학생 중 보수계 학생이 없다면 학교가 더 나아질 거라거나 보수계 학생을 친구로 두지 않겠다고 말한 이는 4분의 1 미만이었다. 2018년 갤럽 조사에서 학생 중 10퍼센트는 논란 있는 말을 하는 사람이 그러지 못하도록 막는 방안으로 적어도 가끔은 폭력을 수용할 수 있다고 말했고, 37퍼센트는 말하는 사람을 침묵시키는 것도 똑같이 수용할 수 있다고 말했다—지나치게 높은 수치지만, 여전히 과반수에는 한참 모자랐다.[79] 채플힐 현장을 조사한 이 연구자들은 이렇게 결론 내렸다. "우리가 노스캐롤라이나 대학의 정치적 좌파로부터 정치적 적대감이 불균형적으로 나타나는 방식을 보고하기는 했지만, 이런 적대감은 **소수**의 캠퍼스 진보주의자들한테서 나온 것이다."[80]

여기서 다시 한번 내가 한 인터뷰들은 설문 조사와 일치했다. 아메리칸 대학(American University)의 정치학자 데이비드 바커는 "내가 알기로 사람들의 입을 다물게 하거나 사람들의 말을 거부하고 싶어 하는 진영의 사람들, 특히 학생들은 많지 않습니다"라고 내게 말했다. "좌파의 매우 편협한 사고방식은 극소수 학생, 그리고 당연히 극소수 교수진을 반영한다고 봅니다." 학생이나 교수 할 것 없이 캠퍼스의 많은 사람은 이른바 인종차별주의나 혐오 표현 같은 난제에 관한 질문을 받을 때보다는 추상적으로 그것을 지지하면서—캠퍼스 안팎에서 표현의 자유에 관한 대중적 태도의 영원한 특징인 양가성—표현의 자유에 대해 뒤섞인 감정을 갖고 있었다. 하지만 편협한 골수파들은 훨씬 더 극소수였다. "진정 편협한 경향은 학부 학생의 약 20퍼센트에 국한된다"고 〈이코노미스트〉는 2017년에 썼다.[81]

소수의 사람이 어떻게 대학의 소임 전체를 그르칠 정도로 그토록 많은 이들을 침묵시키고 냉대할 수 있을까? 답변은 그럴 법하지 않은 구역에서 나온다. 바로 정치경제학이다. '공공 선택(public choice)'이라고 알려진 분야는 소수의 압력 단체가 훨씬 더 큰 다수를 조직하고 지배할 수 있는 방식과 관련이 있다. 미국의 쌀농사 농가를 생각해보자. 1995년부터 2019년까지 미국의 쌀농사 보조금은 거의 170억 달러에 달했다.[82] 혜택은 소수인 일단의 농장들에 집중되었다. 금액의 3분의 2는 가장 큰 농장 10퍼센트에 돌아가 각자가 거의 평균 130만 달러를 받았다. 그들이 조직적이고, 자금을 지원받고, 자기 보조금을 지키는 데 완강하고, 그걸 삭감하려는 국회의원한테는 화가 미쳤으리라는 걸 당신은 안 봐도 알 것이다. 그러는 사이 그 비용은 미국 인구 전체로 분산되었다. 전액을 무효화했다면 그 기간 동안 약 1억 4000만 명의 납세자가 각각 약 120달러를, 즉 1년에 5달러 조금 안 되는 돈을 절약할 수 있도록 해줬을 터이다. 주목하기에는 너무 적고, 대항 운동을 조직하기에는 훨씬 더 적은 액수였다. 만일 쌀농사 보조금에 반대하는 집단을 정말 조직할 수 있다면, 쌀농사 로비 집단은 그들을 무력화시키기 위해 온갖 노력을 할 것이다. 그러나 경제학자 맨커 올슨(Mancur Olson)이 밝혔듯 보통은 집중된 혜택과 분산된 비용 사이의 비대칭이 너무나 커서 절대 다수의 관심이 조직화되지 않는다. 시간이 지나면 압력 단체가 늘어나 다른 곳으로 흘러갈 재원을 가로챈다. 그 과정을 견제하지 않을 경우, 경제 및 사회 전체가 경직되고 썩을 수 있다.[83]

똑같은 공공 선택 계산법이 인식론적 경제에도 적용된다. 지식의 압력 단체는 일단 조직되고 나면 재원과 영향력을 확보한다. 그들은 금기를 부여하고, 신성한 믿음을 지키고, 고용과 종신 재직권 결정을 지배하며 행정 제국을 구축하고, 이 모든 것은 시간이 지남에 따라 누적되어 지식의 경제를 왜곡하고 경직시킨다. 이런 집단이 더욱 견고해지고 재원도 풍부해짐에 따라 그들에 대한 도전은 매우 고통스러울 수 있다. 당연하게도 대부분의 사람은 신경 쓰지 않는다. 어떤 교수(비교적 보수적인 칼리지에서 일한다)는 "그저 당신이 다음 표적이 되지 않기만 바랄 뿐입니다"라고 내게 말했다. "피하는 편이 훨씬 더 쉽죠. 일화들만으로도 많은 사람이 겁먹기에 충분합니다. 당신은 교수단 점심 식사 모임에서 혼자 먹는 신세가 될 수도 있습니다. 그냥 어느 정도는 차단합니다. 어떤 견해를 표현하기에 앞서 우리는 안테나를 뻗죠. 이 방이나 이 환경에서 내 견해를 밝히는 게 안전한지 파악하고, 만일 그럴 것 같지 않으면 입을 다무는 거죠."

시간이 흘러 금기와 도그마가 논쟁의 어느 한쪽에 쌓이면 침묵의 나선이 형성된다. 또 다른 교수는 이렇게 말했다. "사회 체제의 재편을 시도하고 일종의 응징에 관여할 아주 목소리 크고 활동적인 소수 학생 집단이 있습니다. 흔히 그들의 방식은 예를 들면 강의 평가서에 보고하는 것입니다. 그들은 조사하기 아주 쉬운 것들을 적을 것입니다. 어디서 내 편집증이 시작되고, 그들의 복수 의도가 어디서 작동하는지 말하기는 좀 어렵죠. 정치와 관련이 있든 없든 뭔가 얘기하는 게 그냥 너무나 어려워지고 있어서 지뢰밭을 계속해서 살금살금 걷고 있는 느낌입니다." 그의 비유는 이익 집단의 지뢰밭을 조심조심 헤쳐 나가면서 법을 제정해야 하는 어려움을 하소연하는 국회의원들을 생각나게 했다.

요점은 어떤 특정 활동가 집단이나 그들의 명분이 좋다거나 나쁘다거나 옳다거나 그르다는 게 아니다. 쌀농사를 짓든 소수자의 인권을 옹호하든 모든 압력 단체는 자신들이 천사의 편이며 옳다고 믿는다. 진보적 시각이 학계를 풍부하게 만들고 지식에 소중한 이바지를 했다는 것은 아무도 의심하지 않는다. 문제는 **다른** 집단과 **다른** 생각이 부재하거나, 침묵을 지키거나, 조직하는 데 실패할 때 발생한다. 존 스튜어트 밀식으로 말해보자. 문제는 논쟁의 부족이 진실한 견해마저 도그마로 경직시키는 곳에서 발생한다. 매디슨식으로 말해보자. 문제는 지적으로 얘기하면, 과학공화국이 지나치게 작아진 곳에서—그 영역이 확장하는 게 아니라 축소될 때—발생한다.

중요한 점은 그 영역을 확장하는 데 상당한 뒷받침이 있어왔고, 거기에는 좌파의 지지도 포함된다는 것이다. 학계의 단일 이념 문화를 가장 날카롭게 비판하는 사람들 중 일부는 학계 내부 출신이다. "나는 2011년 이래 이러한 쟁점에 대해 줄곧 고민해왔다"라며, 지적 다양성의 확대를 눈에 띄게 표명해온 조너선 하이트는 2016년 이렇게 썼다.

> 당시 나는 또한 정치적으로 좌파에서 중도로 이동했다. 나는 더 이상 진보주의자가 아니다. 그러면 당신은 내가 매장되었을 거라고 예상할 테지만, 아니다. 내게는 나쁜 일이 하나도 일어나지 않았다. 내 동료 중 몇몇은 정치적 불균형은 문제가 아니라고 생각한다. 그러나 대다수의 응답은 대략 이랬다. "이거 되

게 재밌네요. 우리는 정말 진심으로 다양성을 중시하고, 견해의 다양성이 집단에 가장 많은 이익을 부여하는 것이라는 당신과 당신 공동 저자들의 말에 동의합니다. 그런데 도대체 어떻게 해야 우리가 더 많이 얻는다는 거죠?"[84]

마찬가지로, 대부분의 좌편향 미국인을 포함한 미국인 대다수는 논쟁이 식고 표현이 감시당하는 것을 보고 싶어 하지 않는다. 2018년의 한 설문 조사는 24~29세의 74퍼센트를 포함해 미국인 80퍼센트가 "정치적 올바름이 우리나라의 문제"라는 데 동의했다고 밝혔다. 전통적인 진보주의자 상당수가 정치적 올바름이 문제라고 생각했다. 그게 문제라고 생각하지 않는 유일한 집단은 진보계 활동가였는데, 이들은 인구에서 겨우 8퍼센트를 차지했다.[85]

현실 기반 공동체 내부와 전반적인 대중 양쪽에서 지식의 헌법은 다수의 지지자를 여전히 보유하고 있었다. 문제는 그들이 역공을 하도록 동원하는 방안이었다.

8 **침묵을 깨라:** 반박하기

지식의 헌법을 수호하려면
자신감과 맞불 동원이 필요하다

1838년 2월 어느 날, 한 젊은 변호사—28세밖에 되지 않았지만 나이에 비해 야망 있고 재능 많은 미천한 집안 출신이었다—가 일리노이주 스프링필드(Springfield)에 있는 청년문화회관의 연단에 올랐다. 그의 첫 번째 위대한 연설로 기억될 순간이었다. '우리 정치 제도의 보전'이라는 주제는 에이브러햄 링컨에게도, 혹은 그의 청중에게도 단순한 추상적 개념이 아니었다. 건국 세대의 마지막 거물인 제임스 매디슨은 2년 전쯤 세상에 작별을 고한 터였다. 독립선언서의 마지막 서명자였던 찰스 캐럴(Charles Carroll)은 1832년에 사망했다. 공화국을 건설한 혁명가들은 "큰 떡갈나무 숲이었습니다"라고 링컨은 말했다. "그들은 떠났습니다." 그와 그의 세대가 홀로 위태로운 실험을 계승하게 된 것이다.

그들이 지속시킬 수 있을까? 링컨은 걱정이었다. 민주주의의 적은 없는 게 아니라 내부에 있다고 그는 경고했다. "만일 파멸이 우리의 운명이라면, 우리 자신이 그것의 창조자이자 완성자가 되어야 합니다"라고 그는 말했다. "지금도 우리 주위에는 불길한 징조 같은 게 있습니다." 전국의 폭도들이 내란 조장 의혹을 받는 흑인과 노름을 하다가 걸린 백인에게 린치를 가하면서 법을 제멋대로 주무르고 있었다. "무고한 이들……이나 죄 있는 이들이나 우민 정치에 희생되고 있습니다." 건국의 아버지들의 지혜와 절제의 영향이 없었다면, 보통 사람들이 지혜와 절제를 실천할 것을 요구하는 헌법을 어찌 이 나라가 보존할 수 있겠는가?

두 가지가 필요하다고 링컨은 말했다. 첫째, 모든 미국인은 법을 존중하고 숭배해야 한다. "법에 대한 숭배를 미국의 모든 어머니가 자기 무릎 위에서 혀짤배기소리로 재잘대는 아기한테 나직이 얘기해주도록 하십시오." (링컨의 연설 문체는 완숙기에 도달했던 《성경》식 마침꼴과 유클리드식 간결함을 아직 성취하지 못한 터였다.) 법에 대한 숭배가 "이 나라의 정치적 종교가 되어야 합니다". 부당한 법이라도 바꿀 수 있을 때까지는 준수해야 한다.

하지만 국민은 마음뿐 아니라 머리로도 법을 지켜야 한다. 헌법의 논리를 찾아내고 완전히 익혀야 한다—한 세대 뒤에 존 스튜어트 밀이 표현했듯 헌법 이면의 원칙이 살아 있는 진실보다 죽은 도그마가 되지 않도록. "이성—차갑고 계산적이고 감정에 동요되지 않는 이성—이 우리의 미래를 지지하고 수호하는 데 필요한 모든 재료를 공급해야 합니다"고 링컨은 말했다.

애초부터 종교—링컨의 문구에 나온 정치적 종교마저—는 차갑고 계산적이고 감정에 동요되지 않는 이성에 지배당하지 않는다. 미국인에게 종교적 헌신과 분석적 엄격함 둘 다를 가지고 헌법을 대하라고 요청한 링컨의 요구는 모순적으로 보였고, 그가 두려워했던 실패는 본인의 대통령 재임 중에 생겼다. 하지만 그때 이후 미국인은 그의 과제를 놀랍도록 잘 완수해왔다. 그들은 헌법을 숭배하지만, 끊임없이 그것에 대해 토론하고, 때로는 아낌없이 비판한다. 링컨이 바랐듯 미국인은 마음과 머리를 사용해 대부분의 민주주의가 죽음을 고하고 한참이 지나서도 자신들의 실험이 계속 살아 있게 유지해왔다.

그렇다면 지식의 헌법은 어떻게 되었는가? 그것 역시 외부의 적뿐 아니라 내부의 부패와 안주에서 발생하는 도전에 직면해 있다. 그것 역시 숭배와 이성 둘 다를 요구한다. 현실 기반 공동체의 일원들은 진실을 열심히 추구하면서도 여전히 냉정하게 그것의 모호함을 유념해야 한다. 대담하게 지식을 탐구하면서도 매일같이 자신이 발견하는 게 전부 오류라는 것을 받아들여야 한다. 지식은 인식할 수 있고 사실은 입증할 수 있다는 걸 믿으면서도 가장 명확한 확실성조차 틀릴 수 있다는 것을 기억해야 한다. 지식의 헌법에 온 마음으로 헌신하면서도 그 한계와 그것을 옹호하는 이들의 한계를 시인해야 한다.

다시 한번 해답은 다음과 같을 것이 틀림없다. 즉, 지식의 헌법은 놀라우리만치 잘해왔다. 현실 기반 공동체는 지식의 헌법을 신비롭거나 무비판적으로 바라보지 않으면서 숭배하고 따르려 한다. 현실 기반 공동체의 성장과 성공은 자명하다. 코로나19에 맞서 전 지구적 지력(知力)을 동원한 것만 생각해봐도 경이감을 느낄 수 있다. 1장에서 말했듯 지식의 헌법은 끊임없는 도전에 직면해 있고, 그 옹호자들은 매일 아침 일어나 그것의 존재 자체를 맨 처음부터—오늘, 내일 그리고 영원히—정당화해야 한다. 하지만 자, 여기를 보라. 그것은 어느 때보다 더 크고 막강하다.

그럼에도 불구하고 지식의 헌법은 그냥 자연히 처리되는 건 아니다. 강력하고 긍정적인 수호를 필요로 한다. 좀더 특별하게는, 각각이 나머지 둘을 보강하는 3인조 수비의 다리 3개를 전부 강화할 필요가 있다. 현실 기반 공동체의 일원은 우리의 제도, 우리의 연대, 우리 자신을 보강할 필요가 있다.

문제는 제도야, 바보야!

이 책이 전하고자 하는 메시지가 하나 있다면, 바로 이거다. 개인들이 서로 얘기하는 것은 네트워크가 아무리 크다 해도 그냥 사람들이 수다를 떠는 데 불과하다. 엄격함과 정확성을 귀하게 여기며 진리를 추구하는 개개인일지라도 소음 속에서는 들리지 않을 가능성이 높다. 현실 기반 네트워크의 제도적 교점—필터실과 펌프실—이 바로 체제에 긍정적인 인식론적 가치를 주는 것들이다. 정보 혁명의 테크노 유토피아는 지식이 제멋대로 뻗어나가는 개인 간 네트워크를 종횡무진하며 중재되지 않은 상호작용 속에서 자발적으로 생겨날 거라 추정했고, 예상대로 그 결과는 실망스러웠다. 전문가와 편집자 그리고 동료 검토자 같은 전문직 종사자들이 대화를 조직하고 명제를 비교하고 능력을 평가하고 책임을 규정하는 공간—과학 학술지부터 위키피디아 페이지에 이르는 모든 곳—없이는 사상의 시장도 없다. 교전을 벌이면서 파편화한 컬트 집단과 소란을 피우며 돌아다니는 개인들이 있을 뿐이다.

그것이 현실 기반 제도의 부패가 그토록 위험한 이유다. 가령 미국 대통령이 일기 예보를 변경하고, 거짓으로 살인 혐의를 제기하고, 뉴스 매체와 법률 집행 그리고 정보기관과 다른 모든 현실 기반 제도를 공격할 때, 대학들이 사회 정의와 학생의 안위 그리고 압력 집단의 요구와 행정가들의 의제 등에 연구의 진실성이 자리를 내주도록 내버려둘 때가 그런 경우다. 따라서 지식의 헌법의 수호자들은 뱃심만이 아니라 제도적인 힘에 관해서도 고민해봐야 한다.

물론 개개인의 용기와 진실성은 심히 중요하다. 그러나 용기와 진실성은 허공에서 나오지 않는다. 유벌 레빈(Yuval Levin)이 적었듯 제도가 그것들을 통과할 개개인을 **생성한다**.[1] 그것들이 가치를 저장하고 전송한다. 법 집행 기관이 도널드 트럼프의 변호사이자 법률 고문이던 마이클 코언(Michael Cohen)을 수감시켰을 때, 이는 위법에 관한 메시지를 보낸 것이다. 국립해양대기청 감찰관이 일기 예보의 정치적 개입을 잠재적인 "과학적 진실성에 대한 중대한 침해"로 보고 수사했을 때, 이는 부패한 과학에 관한 메시지를 보낸 것이다. CNN이 오보를 낸 유명 언론인 3명을 해고했을 때, 이는 저널리즘의 기준에 관한 메시지를 보낸 것이다.[2] 2018년 어느 날, 300개 넘는 신문이 뉴스 매체는 미국 국민의 적이라는 대통령의 주장에 맞서 동시다발적으로 사설을 게재했을 때, 그들은 저널리즘의 독립성에 관한 메시지를 보낸 것이다. 75개 대학(이 글을 집필하는 시점에서)이 이른바 시카고 원칙—"말하고, 쓰고, 듣고, 이의를 제기하고, 배우기 위해 가능한 한 가장 폭넓은 수준"을 보장한다—을 채택했을 때, 그들은 학문적 자유에 관한 메시지를 보낸 것이다. 퍼듀 대학(Purdue University)이 2020년까지 모든 졸업생이 표현의 자유의 기본에 대해 반드시 알 수 있도록 오리엔테이션 프로그램에 수정헌법 제1조에 관한 항목을 추가했을 때, 이는 헌법상의 권리 및 책임에 관한 메시지를 보낸 것이다. 제도가 진실성을 규정하고 도입한다. 그것은 우리를 지켜주며, 우리가 그것을 지키는 게 그토록 중요한 이유가 바로 거기에 있다.

학계의 다원화

안타깝게도 학문적 제도 안에서 견해의 다양성과 자유로운 탐구에 대한 책무는 흔들려왔고, 대중은 그것을 눈치챘다. 2019년 미국인 중 거의 40퍼센트가 대학이 이 나라에 부정적 효과를 미친다고 퓨 리서치 센터에 대답했는데, 7년 전의 26퍼센트에서 엄청나게 증가한 수치다. 변동은 공화당원과 공화당 쪽으로 기운 무당파의 신뢰가 무너진 데 따른 것이었다. 대학이 이 나라에 부정적 효과를 미친다고 대답한 비율은 불과 4년밖에 안 되는 기간 동안(2015~2019) 무려 20퍼센티지 포인트만큼 올라 60퍼센트에 육박했다.[3]

캠퍼스의 편협성과 편파성을 보여주는 사건들이 제대로 알려지면서 많은 사람은 대학이 세뇌 사업을 벌이고 있다는 것을 확신하게 됐다. 이전 장들에서 살펴봤듯 학계에 보수주의 목소리는 거의 없고, 그마저 점점 더 줄어들고 있으며, 일부 학과에서는 거의 없어질 지경이 됐다. 정치학자 모건 마리에타와 데이비드 바커에 따르면, 보수주의자들은 오히려 대학 교수진의 좌편향을 과소평가한다. "시민들이 캠퍼스의 이념적 불균형의 실제 수준을 정확히 인식한다 해도, 대학 지식에 대한 그들〔보수주의자들〕의 거부는 훨씬 더 심해질 수 있다."[4] 학계의 편파성은 우리가 살펴봤듯 연구를 왜곡하고 토론을 냉각시키는 것만은 아니다. 현실 기반 프로젝트 전체에 대한 대중의 신뢰에 훼방을 놓는다—학계의 모든 적에게는 선물이다. 또한 이념적 왜곡은 필연적으로 정치인, 특히 보수 정치인의 관심을 끌기도 한다. 2019년 17개 주가 공립 대학의 표현의 권리 보호를 표방하는 법을 통과시켰고, 더 많은 주들이 분명 합류할 것이다. 만일 주의회 의원들이 대학의 자유와 진실성에 대한 믿을 만한 집사라고 당신이 생각한다면, 그건 엄청난 오산이다.

학계를 위해 견해의 다양성을 진지하게—다른 종류의 다양성만큼이나 진지하게라는 의미—생각하기에는 시간이 촉박하다. 거기에는 수업과 연구에서 캠퍼스의 정통파에 도전하는 보수주의자 및 기타 진영의 사람들을 모집하고 고용하고 진급시키는 데 적극적인 노력을 기울이는 작업이 수반될 터이다. 최소한 보수주의 교수진과 학생들에게 차별 및 기타 장벽을 파악하고 제거하는 작업이 뒤따른다. 보수주의 연사들을 환영하고 그들이 안전하게 느끼도록 만들고 청중과의 공개 토론 참여를 저지하는 사람들로부터 그들을 지켜주는 것, 논란 있는 견해를 가진 사람들을 괴롭히거나 공격하는 말썽꾼들을 계속해서 징계하는 것이 뒤따른다. 학자와 직원을 고용 및 진급시킬 때 이념적 리트머스 시험지(가령 다양성의 진보적 해석에 대한 책무)의 사용을 거부하고, 감정적 안전을 공동체의 가치가 아니라고 부인하는 것(반면 물리적 안전은 보장하면서)이 뒤따른다. 일상의 대인적(interpersonal) 갈등을 행정 조처의 기폭 장치로 취급하길 중지하는 대신 학생과 교수진이 자신들의 견해차를 면대면으로 해결하도록 독려하는 것이 뒤따른다. 캠퍼스에서 솔직한 대화를 냉각시키는 언어 규범과 '편향 사건 보고 체제(bias incident reporting systems)'를 없애고, 표현과 관련한 피해나 괴롭힘 주장을 평가할 때 주관적인 기분을 기반으로 한 기준 대신 객관적인 '이성적 인간' 기준을 사용하며, 전문적 기준을 위반했다는 상당한 근거를 입증하지 않은 채 수정헌법 제1조로 보호받는 표현을 이유로 학생과 교수진을 조사하는 행위를 금지하는 작업이 뒤따른다.

"학문적 자유라는 원칙을 제도화해야 한다"고 토머스 심슨(Thomas Simpson)과 에릭 코프만(Eric Kaufmann)은 쓴다. 그들은 원칙의 진술이 괜찮기는 하지만 "진정한 변화를 일으키기에는 불충분하다"고 주장한다.

"일단의 원칙이 효과를 거두려면 개개인과 위원회가 반드시 적극적으로 따르도록 하는 절차가 있어야 한다."[5] 그들은 정치적 차별에 대한 보고를 조사하고, 견해의 다양성에 관한 데이터를 모으고, 개선 사항을 권고하는 직원들로 구성된 캠퍼스의 학문적 자유 옹호자들을 위한 기관의 설립을 요구한다. 대학의 다른 모든 관료 기구를 감시하기 위해 캠퍼스 관료 기구를 하나 더 세운다는 발상엔 단점이 있고, 학문적 자유를 위한 관료 기구가 포섭 및 정치화하지 않을 거라는 보장은 없다. 그럼에도 더 큰 핵심은 맞는 듯하다. 대학이 다원주의 수호를 나중에 생각할 게 아니라 제도적 최우선 사항으로 만들 필요가 있다는 것이다. 그러지 않으면 정치인—과학적 진실성에 관한 세계 최악의 판정단—이 대학 대신 그 일을 하려 들 것이다.

1915년 유타 대학(Utah University)은 졸업식 연사가 모르몬교를 비판하도록 허용한 4명의 교수를 즉석에서 해고했다. 17명의 다른 교수들이 이에 항의하며 사임했다. 그 위기에 대응해 신생 미국대학교수협회는 가령 종신 재직권 보호와 "대학의 선생들이 해고되거나 징계를 받기 전에 행동을 개시할 수 있는 교수진으로 이뤄진 적절한 사법 기구"처럼 학문적 자유를 제도화할 실질적인 절차를 촉구하는 '학문적 자유와 종신 재직권에 관한 원칙 선언'을 발표했다. 전국, 심지어 전 세계 대학들이 현대 학계를 뒷받침할 지적 탐구와 강의실 담론의 규범 및 보호 장치를 구축함으로써 이에 응답했다. 한 세기가 지난 지금 학계는 그런 분수령이 될 또 다른 약속을 할 필요가 있다. 이번에는 견해의 다양성과 지적인 다원주의에 대해서 말이다.

활동가 학생과 교수들이 캠퍼스에서 자신과 의견이 엇갈리는 사람이면 어느 누구의 삶이라도 비참하게 만들 수 있는 것과 같은 방식으로 캠퍼스 밖의 캔슬러는 누군가의 고용주와 직장 동료를 표적으로 삼아 비난과 보이콧과 해고를 요구함으로써 거의 제멋대로 괴롭히고 겁박하는 방법을 찾아냈다. 표현의 권리를 수호하는 게 고용주의 일은 아니기 때문에 고용은 표현의 자유 문화에 취약하다. 그 업무에 맞는, 논란의 소지 없는 후보자가 늘 넘쳐나는데 왜 굳이 논란 있는 직원을 보호하려고 기업이 그 칼을 맞아야 하는가?

고용법이 이런 미적분학을 바꿀 수 있을 것이다. 미국 연방법과 주법은 이미 인종, 젠더, 성적 지향, 종교, 장애 등을 근거로 한 차별로부터 근로자들을 보호하고 있다. 몇몇 주는 수십 년간 후보자 유세 같은 정치적 활동에 근거한 고용 차별 역시 금지해왔다.[6] 고용주를 겨냥한 취소 문화의 화염 속에서 이런 조항을 헌법상 보호받는 표현으로 확대하는 것은 타당하다.

선례가 있다. 2015년 유타주는 고용 차별 보호에 성적 지향을 추가하며 고용주들이 "그 사람의 종교적·정치적·개인적 신념과 관련한 직장 밖의 합법적 표현이나 표현 활동을 이유로 …… 그 표현이나 표현 활동이 고용주의 근본적인 사업 관련 이익과 직접적 충돌이 없다면" 누군가를 해고하거나 강등시키거나 블랙리스트에 올리는 것을 금했다.[7] 2020년 동성애자 및 트랜스젠더를 차별로부터 보호하는 '만인을 위한 공정법(Fairness for All Act)'이라는 의회 법안에도 비슷한 조항이 포함됐다.[8] 자유로운 표현의 권리를 행사하는 직원을 위한 더욱 강력하고 명확한 보호책은 논란 있는 직원을 내치려는 고용주의 한쪽으로 치우친 인센티브에 적어도 부분적으로는 균형을 잡아줄 것이다.

그럼에도 불구하고 차별 금지 보호책은 시행하기가 복잡하고 더디다. 누군가를 해고하고자 하는 고용주는 보통은 진짜가 아닌 다른 이유를 찾아내며, 고용인이 전부 소송할 배짱이나 재원이 있는 것은 아니다. 따라서 법적 압력보다 더욱 중요한 것은 고용주가 캔슬러한테 반사적으로 굽실대지 않도록 하는 대항력 있는 사회적 압박의 전개다. 자사 직원의 표현의 권리를 방어하는 회사를 공개적으로 칭찬하고, 그러지 못할 때는 비판하는 게 균형을 되찾는 데 도움이 될 것이다. 식료품점 체인 트레이더 조스(Trader Joe's)가 일부 활동가들이 인종적 몰이해라고 여긴 브랜드명으로 빈축을 샀을 때 그와 같은 대응은 효과가 있었다. 처음엔 망설였지만 이후 회사는 "명칭의 이런 차이가 그들의 의도대로 대부분 정확히 비춰진다는 것을 재확인시켜주는 반응을 많은 고객님들로부터 듣고" 나서는 자신의 입장을 고수했다.[9]

무엇보다 가장 중요한 점은 고용주와 회사가 취소에 대한 저항을 특히 공격에 대비함으로써 내면화하는 것이다. 위기가 닥쳤을 때 가치를 지키기 위해서는 조직이 미리 가치를 파악하고 선언해야 한다. 그러지 않으면 어쩔 줄 모르다가 무너진다. (가령) 표적이 된 직원에 대한 섣부른 판단을 예방하는 내부 절차를 세운다거나, 논란이 된 단일한 행동이나 혐의를 바탕으로 행동하기보다는 직원의 이력과 성격의 총체적 측면을 평가하겠다는 의지를 사전에 다질 수 있다. 그리고 소셜 미디어에서 (또는 회사 내 괴롭힘에 의해) 표적이 된 직원에게 의지와 응원을 제공한다거나, 취소 캠페인이 들끓을 때 인사부와 커뮤니케이션 부서 임원이 따라야 할 방침을 널리 알린다거나, 무엇보다 직원들의 직장 밖 표현의 권리에 대한 의사를 표명함으로써 대비할 수 있다. 조직은 방어를 단단히 함으로써 캔슬러에게 타격을 입을 경우 더 탄력적이 될 수 있다. 그리고 그럼으로써 표적으로서 매력이 떨어질 수 있다.

미디어와 정부

이 내용을 집필하는 시점에—어쩌면 놀랍게도—프로파간다와 협박에 대한 제도적 장벽을 구축하기 위해 가장 열심히 일하고 있는 조직은 거의 하는 일이 없다고 가장 빈번하게 지탄받던 조직, 바로 소셜 미디어 기업들이다. 콘텐츠의 바다를 비독단적으로 조정하는 방법을 생각해내는 것은 엄청나게 힘든 일이지만, 주요 기업들—페이스북, 구글, 트위터—은 수백만 달러를 투입하고, 수천 명을 고용하고, 더 잘하기 위해 혁신 중이다. 그에 비해 프로파간다와 따돌림에 맞서 가장 열심히 싸울 거라고 기대했던 부문인 학계는 가장 일을 안 하고 있다.

주류 언론 기관은 그 중간이다. 현실에 기반을 둔 언론인은 트럼프 정부 시대에 대통령과 많은 그 협력자들의 끈질긴 비방에도 불구하고 투지와 전문가 의식으로 자신의 임무를 수행한 데 대해 자부심을 가질 수 있다. 하지만 한편으로 최대한 객관적으로 보도하겠다는 그들의 약속—한 세기 넘게 정파주의와 황색 신문으로부터 벗어나 힘겹게 얻어낸 규범—은 어느 때보다 시험대에 놓였다. 주류 언론 매체는 그 내부에 있는 활동가와 이익 집단으로부터 보도 방향을 사회 정의(보통은 정치적 좌파에 의해 규정된다) 쪽으로 바꾸고 반대 견해는 공개 토론에 참여시키지 말거나 적어도 냉대하라는 압력을 점점 더 크게 받는다고 느낀다. 일부 언론인, 특히 젊은 언론인일수록 객관성 개념을 "난데없는 시각"이라고 비웃으면서 자신들의 정치관을 의미하는 듯한 "도덕적 확실성"으로 교체할 것을 요구한다.[10] 진보계의 도덕주의가 보도국을 통해 스며들면서 보수파와 중도우파 그리고 온건파 언론인마저 편집자 및 동료들과 곤란해지는 일을 피하기 위해 자기 검열을 한다고 보고한다.

취소 문화와 이념적 획일성을 보도국에 끌어들이는 것은 보도를 왜곡하고, 사각지대를 확장하고, 대중을 더욱더 소외시킬 뿐이다. "보도국에서 취소 문화로 느껴지는 것의 수준은 무서울 정도입니다." 미국언론연구소의 상무이사 톰 로젠스틸(Tom Rosenstiel)이 내게 말했다. "뉴스거리에 관한 논쟁이 없는 보도국은 고장 난 보도국입니다."

건강한 논쟁을 보장하는 최상의 방법은 견해의 다양성을 보장하는 것이다. 아무도 놀라지 않겠지만, 설문 조사들은 주류 보도국이 가령 대학 인문학부만큼 획일적이거나 극단적이지는 않아도 좌편향되어 있다고 밝힌다.[11] "이념적으로 더욱 다양한 보도국 인력을 모집해야 합니다. 그러지 않으면 결과물은 그것을 만들어내는 언론인이 인식하지도 못할 무의식적인 편향을 겪게 됩니다. 그런데 제 생각에는 그게 우리가 현재 와 있는 지점입니다"라고 로젠스틸은 말했다. "그런 일은 트럼프 이전에도 벌어지고 있었습니다. 그러다가 이것이 난제로 떠올랐고, 한편으로 이런 보도국은 보수주의자가 너무나 적기 때문에 그들에게 훨씬 덜 호의적이죠." 이런 순환의 고리를 끊으려면 언론 기관은 더욱 표준적인 다양성 범주에 덧붙여 이념적 다양성을 위한 인력 채용을 할 필요가 있다. 보도국은 "양쪽 방향으로 좀 더 깨어나야" 할 필요가 있다고 로젠스틸은 말했다. "그들에겐 '당신의 사고방식은 백인 중년층의 그것이네요'라고 말할 유색 인종과 다른 세대 사람들, **그리고** '당신의 사고방식은 매우 진보적이네요'라고 말할 보수주의자가 필요합니다. 당신이 여기에 관해 진지하고자 한다면, 이념적 다양성을 고려해야 합니다."

현실에 기반한 정부 기관 및 전문 조직—CIA와 FBI에서부터 의료 규제 기관과 심지어 미국 기상청에 이르기까지—도 객관성 전쟁에 직면했다. "언제나 미국 정부의 보증 마크였던 객관성과 독자성의 규범을 왜곡하는 강력하고 끊임없는 압박이 트럼프와 그의 백악관으로부터 있어왔다." 전직 FBI 요원 피터 스트럭(Peter Strzok)은 2020년 인터뷰에서 〈로페어〉의 벤저민 위테스(Benjamin Wittes)에게 말했다.[12] 사정이 이러할진대 정부의 많은 전문 기관이 어떻게 자기 입장을 고수해왔는지 놀라워 보인다. 이번 장을 쓰는 동안 전직 국토안보부 정보과 책임자가 러시아의 선거 개입에 관한 평가를 완화시키려는 정무직 지명자의 노력을 밀고한 뉴스가 터졌다.[13] 자기 상사들을 국가의 적을 묵인한 죄목으로 고발하려 나선 공무원에게는 '영웅적'이란 말밖에는 딱 맞는 표현이 없다. 국립알레르기전염병연구소의 앤서니 파우치(Anthony Fauci) 소장처럼 정부의 다른 사람들은 코로나19 팬데믹에 관한 진실을 가리려는 백악관의 노력에 저항하기 위해 이를 악물고 싸웠다. 법무부 검사들은 사람들을 호도하는 준비 서면에 서명하고 자신의 법률 사무를 정치화하기보다 사건들에서 손을 뗐다. 국무부와 군 관계자들은 의회에 진실을 말하기 위해 자신의 경력을 희생했다.

그럼에도 불구하고, 용감한 개인들마저 비현실의 맹공을 언제까지 배겨낼 수는 없다. 그들에게는 법적·제도적 지원이 필요하다. 새로운 법률을 통과시키고, 오래된 법률을 강화해야 한다. 대통령의 명분 없는 감사관 해고를 금지하는 법률, 과학 기구와 법 집행 기관과 정보기관의 정무직 지명자를 줄이는 법률, 검사를 정치적 압박으로부터 보호하는 법률,

감사관과 특별검사의 보고를 반드시 대중 및 의회와 공유하도록 요구하는 법률, 내부 고발자를 더욱 강력하게 보호하는 법률, 그리고 트럼프와 그 패거리들이 현실에 기반한 정부의 기본 구조에 뚫어놓은 그 밖의 수많은 구멍을 수선할 법률이 필요하다.[14]

집단을 막는 데는 집단이 필요하다

2020년 프린스턴 대학의 교직원 약 350명은 "인종차별적인 행동, 사건, 연구 및 출판의 조사와 징계를 교수진 측에서 감독하는" 교수위원회를 대학이 창설할 것을 요구하는 공개서한에 서명했다. 정확히 무엇이 인종차별주의인지는 위원회 자체가 결정할 터였다. 인종차별에 반대하는 그 공공안전위원회의 요구는 지식의 헌법의 모든 교의와 대조적이었다. 권위주의적이고, 반실증적이고, 자의적이었다. 그냥 귀에 걸면 귀걸이, 코에 걸면 코걸이였다. 그토록 기괴한 발상이 상당한 지지를 끌어낸 점은 말할 것도 없고 수백 건의 공개 지지를 얻었다는 게 이념만큼이나 공포를 자아냈다. 아니나 다를까 〈애틀랜틱〉의 코너 프리더스도프는 서명한 사람들을 인터뷰하면서 "복수의 서명인이 자기 이름을 적은 요구에 격렬하게 반대하고 있다"는 것을 알았다.[15]

비슷한 시기에 나는 걱정에 싸인 다른 대학의 교수로부터 그의 학과 교수진이 교과 과정의 모든 측면에 인종차별 금지(이번에도 활동가 본인들이 규정한)를 끼워 넣자는 제안서를 유포하고 있다는 말을 들었다. 제안서에는 "모든 강좌 안에 반인종차별 교과 과정을 개발하고", "반인종차별 정책 행동주의"를 인턴십 프로그램에 통합시키고, "반인종차별에 대한 우리 프로그램의 책무를 의례화하는 예식"을 개최하고, "'흑인의 생명은 소중하다(Black Lives Matter)' 상징물을 웹사이트와 학생 편람 표지에 집어넣는 것"이 포함되었다. 예식이라고? 상징물이라고? 학장의 사무실에서 염소를 제물로 바치자고 하지 않는 이상, 교과 과정을 사이비 종교 집단으로 개종하자는 요구로 이보다 더 확실한 것은 상상하기 어려울 터이다. 하지만 내게 연락한 교수는 그 제안에 반대하는 걸 두려워했다. "이런 발상에 반발하거나 대학의 진실성을 보존하기로 마음먹은 단 한 명의 교수, 아니 소수의 교수만 가지고서는 효과가 없습니다"라고 그는 내게 말했다. "일개 종신교수로서 내가 이들을 막기 위해 할 수 있는 일은 절대 없다고 봅니다. 빗자루 하나로 바다를 막으려는 짓과 같죠."

그의 목소리, 그리고 자기들이 동의하지 않는 서한에 서명한 프린스턴 교수진의 내밀한 목소리는 풀죽은 목소리였다. 고립되고, 수적으로 열세고, 두렵고, 따라서 무력감을 느끼는 개인들의 목소리였다.

정치학자이자 표현의 자유 옹호자 도널드 다운즈(Donald Downs)는 그의 책 《표현의 자유와 교양 교육(Free Speech and Liberal Education)》에서 맞불 동원(counter-mobilization)의 중요성을 강조한다. "반대 목소리와 반대 행동이 잠자코 있으면 소수 학생들의 행동이 조직의 일반적 풍조를 만들 수 있다."[16] 워싱턴의 자유지상주의 싱크탱크인 케이토 연구소에서 그는 다음과 같이 자세히 설명했다.

> 이런 걸 밀어붙이는 이들은 정말로 소수의 학생입니다. ……그들에게 아무도 반박하지 않고 있어요. 그들은 캠퍼스의 관료들과 소셜 미디어로부터 약간의 지지를 받고 있죠. ……그리고 그것이 표현의 자유에 찬성하는 반대 견해로 사람들이 공적 공간을 채우길 두려워하도록 만들고 있고요. 그러니 소수의 견

해가 이기는 겁니다. ……따라서 표현의 자유 원칙을 지지하고 싶은 사람들은 정말로 반드시 목소리를 내고 조직하고 동원해야 합니다.[17]

정말 그렇다. 조직된 소수가 조직되지 않은 다수를 매번 이긴다. 압력 단체는 조직된 반대에 맞닥뜨리면 후퇴한다. 반대가 없으면 그들은 전진한다.

한쪽으로 치우친 공공 선택의 계산법 때문에 맞불 동원을 한다는 것은 도전이다. 모든 개인은 주저앉고 싶고, 위험하고 힘든 조직 일은 다른 누군가가 해주길 바랄 것이며, 이는 곧 아무도 그렇게 하지 않을 때가 많다는 뜻이다. 그럼에도 불구하고 미국의 시민 문화는 취소와 강압에 맞서 대항 집단을 조직할 수 있으며 이미 그렇게 하고 있다.

1999년 앨런 찰스 코스(Alan Charles Kors)와 하비 실버글레이트(Harvey Silverglate)—표현의 자유에 대한 열정과 캠퍼스의 편협성에 관한 우려로 합심한 한 명의 교수와 한 명의 변호사—는 FIRE를 조직했다. FIRE는 터프츠 대학(Tufts University)에서 관점을 이유로 대학 동아리 승인을 거부당해온 기독교협회(Christian Fellowship)의 표현의 권리를 옹호하는 성공적 공공 캠페인으로 출발했다. 이 노력은 말을 못 하거나 핍박당해온 학생과 교수들을 대표하는 다른 많은 공공 캠페인의 본보기가 되었다. 몇 년 뒤 이 단체는 수정헌법 제1조의 권리를 위반하는 공립 대학들을 고발하면서 자신의 무기고에 소송을 추가했다. 어떤 대학은 자기의 위반을 끝까지 방어하지만 어떤 대학은 그들에게 도움을 요청한다. FIRE는 홍보 활동, 법적 조치, 전문가 조언 및 정신적 응원으로 표현의 권리를 뒷받침하면서 캠퍼스의 표현의 자유 지지층을 동원하고 분쟁이 생기면 애로 사항을 해결한다. FIRE에 따르면, 수정헌법 제1조의 원칙을 명확하게 실질적으로 위배한 (그렇게 해서 이 단체의 '적신호' 등급을 받은) 대학의 표현 정책 비율이 2020년에 약 20퍼센트로 떨어졌다. 여전히 지나치게 높지만, 2009년 적신호 지정을 받은 약 80퍼센트보다는 훨씬 나아졌다. 그만큼 중요한 점이 FIRE의 지지가 1장에서 우리가 만났던 샘 포어 같은 학생들에게 응원과 자기 목소리를 찾는 자신감을 준다는 것이다.

2015년 자신들의 학과에 견해의 다양성이 부족하다는 학자 3명 사이에 오간 대화가 하나의 블로그가 되더니, 이어서 회원제 조직으로 자리 잡았다. 그리고 2020년엔 4000명 넘는 회원을 자랑하며 거의 모든 회원이 대학교수인 헤테로독스 아카데미가 되었다. 그 창립자 중 한 명인 조너선 하이트는 2011년부터 이념적 획일성이 자기 학문 분야인 사회심리학을 왜곡시키고 있다며 공공연하게 고민을 토로해온 터였다. 그와 공동 창립자들—사회학자 크리스 마틴(Chris Martin)과 법학 교수 니컬러스 로젠크란츠(Nicholas Rosenkranz)—은 그 해결책이 대학 내부에서 나와야 하며, 정치가 아닌 학문의 깃발 아래서 나아가야 한다고 생각했다. 2020년 이 단체는 상당한 추종자를 자랑했는데, 그중에는 우편향 학자보다 좌편향 학자가 더 많았다.[18] 이 단체는 강령에서 "학계 내부의 이단(heterodoxy)이 되겠다는 우리의 약속은 대학 문화 안에서 통설(orthodoxy)이 부상한 데 대한 대응으로서—사람들이 통념에 의문을 제기하거나 반박하면 망신과 매장 또는 그 밖에 모든 형태의 사회적·직업적 보복을 당할까 두려워할 때—형성되었다"고 선언했다. 중요한 것은 헤테로독스 아카데미가 진리 탐구자로서 학자들의 전문적 진실성, 그들이 신경 쓰는 것에 호소하는 학문의 언어로 말한다는 점이다.

캘리포니아 주립대학 버클리 캠퍼스에서는 2017년 대안우파 도발자 마일로 이아노풀로스의 연설을 방해하려는 노력이 격렬해지고 난 뒤, 마누

밀(Manu Meel)이라는 학부생이 몇몇 친구와 함께 브리지 미국(BridgeUSA)을 창립했다. 이 단체는 애초 표현의 자유를 위해 시작했으나 이후 캠퍼스 안팎의 공감 대화를 지원하는 쪽으로 범위를 넓혔다. "열의는 있지만 침묵을 강요당하거나 어쩔 수 없이 의견을 바꾸는 친구들, 우리가 하는 일은 그들에게 어떻게 힘을 실어줄지 알아내는 것"이라고 밀은 내게 말했다. 이 책을 집필 중인 현재, 이 단체는 35개 대학의 지부를 자랑하며 지금도 계속 확장 중이다. 견해의 다양성을 위해 세상을 안전하게 만들려 노력하는 또 다른 단체로는, 학생은 물론 일반 대중 사이의 참여하는 열린 토론을 후원하는 전국적 풀뿌리 탈양극화 운동 단체 브레이버 에인절스(Braver Angels)가 있다. 누구든 어떤 쟁점의 한쪽 편 또는 심지어 양쪽 편에 대해 나서서 말할 수 있다. 유일한 규칙은 엄격한 의사 절차(예의를 장려하기 위해서다)를 지키는 것, 자신이 진정으로 생각하는 바를 진심으로 말해야 한다는 것이다. (헛소리도, 과시 행위도 사절이다.) 온라인상에서 브레이버 에인절스의 토론은 수백 명을 끌어들이며, 수천 명의 규모가 될 때도 있다. 대학 캠퍼스의 학생들은 솔직한 반대 의견을 위한 안전 공간을 조성해주고, 많은 학생에게 집단 동조 사고로부터 벗어난 기분을 느끼게 해주는 이 포맷을 좋아한다. 한번은 토론을 방해하기 위해 나타난 학생 활동가들이 오히려 거기에 참여하는 상황으로 마무리되기도 했다. 그런데 전도유망한 계획이 또 하나 있다. 이번에는 중학교와 고등학교를 위한 것으로, 토론 중심 교육이다. 학생들이 그저 사실을 암기하거나 리포트를 쓰는 대신 하나의 사건을 구성하고 논증하기 위해 팀 작업을 하는 것이다. 학생들은 이 포맷이 매력적이고 자율권을 준다고 생각하며, 자신이 공유하지 않을 수도 있는 견해를 어떻게 변호할지 배움으로써 인식론적 탄력성, 즉 반대되는 생각에 맞닥뜨려도 멘탈이 붕괴되지 않는 역량

을 키운다.[19]

"학생들이 활기를 띠고 있습니다. 확실히 이런 대화에 목말랐던 거죠." 헤테로독스 아카데미의 상무이사 뎁 마셱(Deb Mashek)이 내게 말했다. "그들은 동아리, 행사, 포맷을 만들고 있어요. 그저 대화의 기회만 만드는 게 아니라 다양한 시각을 가진 사람들로부터 실제로 배우는 거죠." FIRE의 니코 페리노(Nico Perrino)도 같은 추세를 보고했다. "저희는 캠퍼스에서 표현의 자유라는 사안에 대한 관심이 엄청나게 증가하는 것을 지켜봤습니다"라고 그는 말했다. "이런 쟁점을 위한 새로운 단체 창설이나 기존 단체가 자기 업무에서 그것의 비중을 더 늘리는 걸 포함해서죠." 그는 이 책에 옮기기엔 너무나 긴 목록을 제시하며 자신의 주장을 입증했다. 이번 장을 쓰는 동안 나는 프린스턴 대학 졸업생이 그곳의 표현의 자유를 지킬 새로운 단체를 조직하고 있으며, 교수 연합이 전국적으로 학문적 자유를 지킬 새로운 단체를 조직하고 있다는 소식을 들었다.

더 큰 문화 또한 강력히 맞서고 있다. 이번 장을 쓰기 몇 주 전에 대다수가 좌편향인 157명의 유명 작가와 지식인이 취소 문화의 확산을 비난하는 공개서한에 서명해 잡지 〈하퍼스(Harper's)〉에 게재했다. 서한은 "반대 견해에 대한 편협성, 공개적 망신과 매장의 유행, 시야를 가리는 도덕적 확실성에 복잡한 정치적 쟁점을 용해시키는 경향"을 예로 들면서 "자유 사회의 생명선인 정보와 사상의 자유로운 교환이 매일 갈수록 압박받고 있다"고 했다.[20] 비슷한 시기에 야샤 뭉크(Yascha Mounk)라는 중도우파 작가이자 학자는 맞서 싸울 준비가 됐다고 느끼는 다원주의자들의 집결 장소이자 온라인 저널인 Persuasion.community를 창설했다. 이 단체는 이렇게 선언했다. "표현의 자유와 자유로운 기관의 옹호자들이 수동적이고 심지어 숙명론적일 때가 너무 많았다. 이런 지속적인 이상을 믿는 사람들이 이제는 우리의 신념을 위해 일어설 때다."

취소 문화의 피해자들도 서로를 찾아서 조직하고 있다. 내가 맨 처음 만난 사람은 취소로 직업도, 책 계약도, 기자 경력도 잃은 조너선 케이먼으로, 그와 그의 여자 친구 샬럿 아네슨(Charlotte Arneson)은 망신 주기 캠페인으로 삶이 무너진 사람들을 위한 지원 네트워크인 자칭 언캔슬 프로젝트(UnCancel Project: 취소한 것을 다시 취소한다는 뜻—옮긴이)를 만들고 있었다. 케이먼의 사례가 널리 알려지자 그의 '받은 편지함'은 취소 사건 때문에 실직하고 우울증에 걸리고 자살 충동까지 느끼게 된 다른 사람들의 응답으로 가득 찼다. 그와 아네슨은 지원 네트워크를 만들고, 법률적 조언 및 상담 같은 서비스를 제공하고, 취소에 관한 데이터와 연구 자료를 수집하고, 인적 피해에 대한 대중의 인식을 높이기로 계획했다. "원동력은 사람들한테 그들이 혼자가 아님을 알게 하는 것입니다." 아네슨은 말했다. "어떤 분은 이런 얘기를 처음 해본 상대가 저희일 때가 많아요. 그들이 혼자가 아니며 누군가 얘기할 상대가 있다는 걸 알게 해주는 거죠."

동성애자 공동체가 몇십 년 전에 깨달았듯 자유를 향한 첫걸음은 다른 이들을 찾아 힘을 합치는 것이다. 강압적 동조에 맞서 싸우기 위한 세 가지 최우선 사항이 중요한 순서대로 조직, 조직, 또 조직이라는 깨달음이 아주 빠르게 인식되고 있다.

우리는 눈송이를 만났고, 그들이 우리다

제도와 조직이 필수이기는 하지만, 그럼에도 불구하고 결국은 개개인이 관건이다.

방법과 정치적 견해가 아무리 다르다 해도 허위 정보와 강압적 동조는 정보 전쟁의 두 가지 형태다. 캔슬러와 트롤러는 인간 표적의 사기를 꺾음으로써 맞서 싸우는 것을 단념하도록 혼란을 주거나, 고립시키거나, 아무도 그들의 말을 듣지 않게 하거나, 공개 토론 참여를 차단하거나, 망신을 주거나 압도함으로써 정보 공간을 지배한다는 목표를 공유한다. 의기소침해지면 동원하지 못한다. 개개인은 내심 굴복할지를 결정해야 하는데, 그래서 개개인에게 하고 싶은 가장 중요한 말은 이것이다. 눈송이가 되지 말라.

문화 전쟁에서 '눈송이'란 용어는 원래 보수주의자들 사이에서 미묘한 차별과 핼러윈 복장 따위에 정신적 외상을 입었다고 주장하는 학생들을 조롱하는 말로 유행했다. 하지만 이 용어는 그다지 정확하지 않다. 일부 학생 활동가도 틀림없이 응석받이에 연약할 테지만, 자신들의 도덕적 가치를 열정적으로, 어떤 때는 용감무쌍하게까지 표현한다. 2017년 미들베리 칼리지(Middlebury College)의 학생들이 한 보수주의 학자의 연설을 방해한 것으로 비난받은 이후, 그들 중 일부가 시위대는 "공손하게 견해차를 표명하는 것으로는 충분치 않다고 생각했다"고 썼다. "그들은 이 나라 최고 엘리트 대학 중 한 곳의 강단에 설 자격이 없는 견해도 있다는 걸 주장하려고 평판을 희생해가며 자신들의 원칙을 위해 나서는 엄청난 위험을 감수했다."[21] 그렇게 진보적인 대학에서 보수계 연사 한 명에게 이의를 제기하는 데 커다란 평판상의 위험이 따른다는 걸 믿지 않을 사람도 있겠지만, 그 학생들은 한 가지 점에서 옳았다. 설령 그들의 행동이 그릇되었다 하더라도 그들은 신념에 대한 용기를 보여줬고, 이는 어떤 토론에서든 가장 강력한 무기다.

'눈송이'가 만일 누구한테나 적용된다면, 지적 자유 및 다양성을 지지

한다고 자처하면서도 그것을 강력하게 변호하지 못하는 사람들—특히 세상에서 가장 안전한 직업을 갖고 있으면서도 학문적 자유가 도전을 받을 때면 흔히 가구(家具) 아래로 기어들어가는 종신교수들—에게 더 적절한 표현이다. 일부는 용기가 부족해서지만, 일부는 공개적으로 말할 자신감과 신념이 부족해서다. 지식의 헌법의 벗들은, 특히 학계에 있는 벗들은 어떻게 대응할지 모르겠다며 너무나 오랫동안 방어 태세를 취해왔고, 자신들의 말이 변화를 가져올 수 있을지, 아니 꼭 변화를 가져와야 하는 건지조차 의심한다. "고전적인 진보주의자들은 '사회 정의'에 저항하기 위해 감정을 자극하는 이야기를 만들어내고 논거를 생각해낸 적이 없습니다"라고 한 교수가 내게 말했다. "대부분의 학자는 연쇄 공격에 가담하지 않겠지만, 거기에 맞서지도 않을 거예요. 무서워서가 아니라 대부분이 학문적 자유에 관한 확고한 생각이 없거나, 아니면 그런 사람들과 연관되고 싶지 않아서입니다. 침묵의 나선은 자기 검열뿐 아니라 자기 회의를 서서히 주입시킨다는 점을 기억하세요."

대학 캠퍼스에서 내가 표현의 자유와 다원주의에 대해 강연할 때면 되풀이해 듣는 질문이 있다. 그것은 흔히 1~2학년 학생들(흔히 백인 이성애자 남성)한테서 나오고, 가끔은 교수진이나 교내 LGBT 단체로부터 비교적 온건한(그럼에도 불구하고 여전히 중도좌파다) 견해 때문에 매장당했던 동성애자 신입생 같은 소수자 학생들한테서 나오기도 한다. 질문자는 자신이 가진 특권(privilege) 때문에 대화에 낄 자격을 잃었던 이야기를 꺼냈다. 아니면 인종 때문에. 아니면 젠더 때문에. 아니면 성적 지향 때문에. 아니면 문화적 불감증 때문에. 아니면 보수주의 때문에. 아니면 좌파가 아니라서. 아니면 무엇인가 때문에. 이유야 어떻든 그 사람은 참여할 수 없다는 말을 듣는다. 그가 실제로 참여하면 학생들은 재빨리 판단하고, 비난하고, 고립시킨다. "다른 의견을 가진 학생은 종종 대화를 하기도 전에 도덕의 지옥에 빠집니다"라고 명문대에 다니는 한 중남미계 2학년 학생이 내게 말했다. "제 경험상 토론은 사상에 대한 신중한 분석이 아니라, 5 대 1의 집중 사격으로 변질될 때가 너무 많아요. 불행히도 그것은 생각이 아닌 그 사람에 대한 공격으로 끝나죠. '그런 생각을 했으니 당신은 나쁜 인간이다.' 이런 경험이 수도 없이 많았어요."

이 주제로는 많은 변형들이 있지만, 내 학생 질문자—고대 아테네의 궁금한 게 많은 그 젊은이를 기리는 의미로 테아이테토스라 부르겠다—는 다음에 상응하는 무엇인가를 묻는다. "사람들이 제 자격을 박탈하거나 저에 대해 개탄하거나 인신공격을 하거나 집단으로 괴롭힐 때 저는 어떻게 대응할 수 있을까요? 뭐라고 말해야 할까요?"

처음 그 질문에 맞닥뜨렸을 때, 나는 본능적으로 재빨리 짧고 분명한 응수를 제안했다. "괴롭힘을 당하지 않겠다고 그들에게 말하세요. 훌륭한 논쟁은 신원 불문이라고. 모든 개인은 고유의 시각을 갖고 있다고. 다양한 견해로부터 뭔가 배울 수 있을 거라고 말이죠." 모든 종류의 재치 있는 말을 제안했건만, 완벽한 것은 절대 찾을 수 없었다. 내 제안은 십대가 대화에서 꺼낼 말이라기보다는 이론적 가설처럼 보였다.

그래서 책임을 도로 전가하는 시도도 해봤다. "뭐라고 얘기할지는 제가 말할 수 없습니다." 나는 테아이테토스에게 얘기했다. "우리 세대한테 말하는 법은 압니다만, 당신 세대한테 말하는 법은 당신이 찾아내야 할 겁니다." 말할 필요도 없이 이건 훨씬 불만족스러웠다.

마침내 나는 이렇게 말을 바꾸었다. "사실 누군가 당신의 자격을 박탈할 때 당신이 무슨 말을 하는지는 그다지 중요하지 않습니다. 정말 중요한 것은 당신이 말을 한다는 **그것**입니다. 중요한 것은 당신이 입을 다물지 않는다는 것입니다. 그들이 당신의 자격을 박탈하고, 당신을 못마땅해하고, 당신을 폄하하고, 당신에게 등을 돌리고, 당신의 말을 아무도 듣지 않게 할 수 있습니다. 그러나 당신을 침묵시킬 수는 없습니다. 당신이 그들이 그렇게 하도록 하지 않는다면요. 소리 내어 말함으로써 당신은 침묵의 나선을 깨고 조작당하길 거부하고 있는 겁니다. 잊지 마세요. 침묵시키려는 자들이 당신이 믿게끔 하려는 대로, 당신은 절대 혼자가 아니라는 걸. 만일 당신의 시각이 훌륭한 증거나 강력한 논거를 확보한다면, 당신은 다른 사람들이 그것을 공유하거나 당신에게 설득당할 수 있다고 확신해도 됩니다. 거짓 합의는 사람들이 밝히기 시작하면 하룻밤 사이에도 무너질 수 있는 환상입니다. 소련이 사하로프(A. D. Sakharov)와 아말릭(A. Amalrik)과 샤란스키(N. Sharansky) 같은 반체제 인사들을 탄압하려고 그렇게 기를 쓴 것도, 그럼에도 불구하고 소련이 무너진 것도 바로 그 때문이죠."

나는 입을 다물지 않음으로써 세상을 바꾼 선구적인 동성애자 인권 활동가 프랭클린 카메니 이야기를 매번 하곤 한다. 그 이야기는 《친절한 심문관》의 후기나 에릭 서비니(Eric Cervini)의 훌륭한 전기에서 읽을 수 있다.[22] 미국 공무원 조직의 보복(1958년 카메니를 정부 직책에서 해고하고, 기밀 정보 취급 허가를 취소하고, 그의 항의를 묵살했다)과 미국 대법원의 무관심(정부를 상대로 한 그의 소송에 대한 심리를 거부했다), 그리고 미국 의회의 멸시(의원들은 그를 가리켜 선택할 수 있는 온갖 형용사들 가운데서도 '역겹다'고 했다)와 미국 정신병원의 선고(그가 정신병에 걸렸다고 선언했다), 그리고 에드거 후버(J. Edgar Hoover)가 이끌던 FBI의 괴롭힘(그를 조사하고 들볶았다)과 법률의 적대(그를 범죄자로 만들었다)와 주류 미국 사회의 적의(그와 다른 동성애자들을 약탈적이고 음란하다고 여겼다)에도 불구하고, 그 모든 것에도 불구하고, 그는 침묵당하지 않으려 했다. "동성애자여서 좋습니다!" 그는 귀를 기울이는 사람들한테 말했다. 처음에는 그런 사람이 아무도 없었지만 말이다. 그는 선구적인 동성애자 인권 단체를 창립했고, 블랙리스트에 오른 다른 동성애자들이 자신의 권리를 위해 싸우도록 도왔고, 시위를 조직했고, 국회의원에 출마했고, 정신과 의사들과 맞섰다. 그리고 그가, 그에게 맞서며 그토록 대대적으로 반대했던 세력이 아닌 그가 이겼다. 그는 정부의 사과를 수용하고 최고의 영예 중 하나(워싱턴 북서쪽의 한 도로에 그의 이름이 붙었다—옮긴이)를 받을 때까지 충분히 오래오래 살았다.[23]

나는 테아이테토스에게 말한다. "의기소침은 당신이 행동을 취할 수 있는 능력을 부정합니다. 당신이 무력하다고 느끼게 만들죠. 그들이 그렇게 하도록 내버려두지 마세요. 당신은 무력하지 않으니까요."

내가 퍼듀 대학의 대학원생 자치회 회장이던 앤드루 젤러(Andrew Zeller)를 만났을 때, 그는 23세의 대학원생이었다. 그가 학생회에 몸담게 된 것은 학생 활동 기금을 감시하기 위해서였는데, 그러다 FIRE의 대표 그레그 루키아노프가 캠퍼스의 표현 제약에 관한 강연을 한다는 소식을 들었다. "그건 저한테 완전 완전 흥미로웠어요"라고 그는 내게 말했다. "폭력의 수준에 대해서는 전혀 생각해본 적이 없거든요." 그는 또한 퍼듀 대학의 자체 정책이 표현의 자유에 유해하며 FIRE의 '노란불' 등급을 받았다는 것도 알았다. 그는 자신들이 이것을 책임지겠다고 결심했다. 대학을 FIRE의 최고 등급인 '녹색불'을 받는 기관으로 만들겠다고 말이다.

내가 들을 거라고 예상한 것은 광신적인 캠퍼스 활동가 및 느려터진 행정가들에 맞선 힘겨운 싸움에 관한 이야기였다. 사실 젤러는 이렇게 말했다. "사람들이 표현의 자유에 관한 한 우리가 최고가 됐으면 한다고 말하게 만드는 건 별로 어렵지 않았어요." 젤러는 "특정한 정치적 충성도가 어느 쪽에 있는지와 상관없이 이것은 청중 누구나 지지할 모든 대의를 위한 것"이라고 주장하면서 대학원생과 학부생 자치회의 공동 결의를 얻어냈다. 머지않아 퍼듀 대학은 녹색불 학교, 그리고 표현의 자유에 관한 시카고 성명서에 서명한 최초의 공립 대학이 됐다. 젤러는 "정말 대단했죠. 우리가 거둘 거라고 기대했던 것보다 더 큰 성공이었어요"라고 말했다. 그는 학생자치회 회의가 캠퍼스 강연 시리즈―표현의 자유에 관한 대화로 시작했고, 그중엔 나의 강연도 포함됐다―를 후원하는 아이디어를 부리나케 받아들였을 때도 그만큼 놀랐다. 한편 퍼듀 대학의 법무 자문위원 스티브 슐츠(Steve Schultz)에 따르면, 교수단은 대학이 이왕 시카고 성명서를 받아들일 거라면 학생들이 수정헌법 제1조의 권리와 의무를 이해할 필요가 있다고 말했고, 그 결과 퍼듀 대학은 신입생 오리엔테이션에 표현의 자유에 관해 75분을 할애했다. 요컨대 한 학생이 첫마디를 꺼낸 후 모든 게 눈덩이처럼 커진 것이다. "어느 것도 우리 예상만큼 어렵지 않았어요." 젤러는 이렇게 회상했다.

2016년 리드 칼리지(Reed College)에서 일단의 과격한 학생들이 신입생 필수 인문학 강좌를 방해하기 위해 나섰다. "이것은 리드의 학문적 경험의 핵심이다"라고 크리스 보데너(Chris Bodenner)는 〈애틀랜틱〉에 썼다. 아니, 인종차별에 반대하는 리드 학생들(Reedies Against Racism, RAR)이 그 과목은 "백인우월주의를 영속화"한다고 선언하며 모든 강의에 항의하기 위해 나서기 전까지는 그랬다. "이 학생들 때문에 겁이 난다." 한 교수는 이렇게 썼다. "인종이나 젠더, 섹슈얼리티에 관한 과목, 아니 어떤 식으로든 이런 쟁점을 끄집어내는 텍스트를 가르치는 게 무섭다. 그런데 나는 동성애자 혼혈 여성이다."[24] 그러나 1년간의 방해 끝에 다른 학생들이 목소리를 내기 시작했다. 활동가들이 수업 시간에 도착해서 소리를 지르고 종이 피켓을 흔들자, 앞줄에 있던 한 아프리카계 미국인 학생이 일어나 말했다. "여기는 강의실이라고요! 그런 장소가 아니란 말입니다! 지금 우리가 공부하려 하고 있잖아요!" 강의실에서 박수갈채와 환호성이 터졌다. 한 시위자가 "난 강의를 듣고 싶지 않다니까요" 하며 고함으로 맞받아쳤다. 두 번째 목소리가 울렸다. "여기는 당신의 공간인 만큼 그의 공간이기도 해요!"[25] 그 순간 강의실에서 침묵의 나선이 깨졌다. "이번 학기에 학생들은 익명성을 던져버리고 공개적으로 RAR에 맞서고 있다. 게다가 그들은 거의 다 유색 인종 신입생이다"라고 보데너는 썼다. 거짓이 노출됐다. 시위자들의 힘은 산산조각 났다. "RAR 지지도가 붕괴하고 있는 듯하다. ……RAR의 요구 목록은 계속 늘어나지만, 그들은 이제 웰스 파고(Wells Fargo) 은행에 에너지를 집중시키고 있다."

물론 퍼듀 대학의 앤드루 젤러 사례보다 변화가 더 어려울 때도 있다. 보장할 수는 없다. "하지만 기억하세요." 나는 테아이테토스에게 말한다. "강압과 따돌림에 맞서 반격하는 게 계속 침묵을 지키는 것보다 항상 효과가 더 좋고, 언제나 가능성을 의미 있게 재조정합니다. 유일한 문제는 얼마나 많은 효과가 있느냐죠. 그러나 만일 당신이 눈송이고 상대편은 아니라면, 결과는 예정되어 있는 겁니다."

소수자에게 표현의 자유는 유일하게 안전한 공간이다

자, 지금까지는 좋은 격려 연설이었지만, 테아이테토스는 여전히 머뭇거린다. 장차 그의 자격을 박탈할 자들과 침묵을 강요하는 자들은 강력한 논거로 보이는 것을 들고 반격한다. 그들은 표현의 자유와 지적 다양성은 문서상으로는 좋게 들릴지 모르나 실생활에서는 소수 집단과 소외 계층을 깎아내리고 억압하고 상처를 입힌다고 말한다.

"건강하고 자유로운 탐구와 지적 다양성에 반대하는 모든 논거 중에서 이게 당신과 나 같은 사람들한테 죄책감과 자기 회의를 주입시키는 데 가장 효과적이었습니다." 나는 테아이테토스에게 말한다. "그리고 이게 그 모든 논거 중에서 진정으로 내 마음을 아프게 하는 것이죠."

소수자를 혐오스럽고 해로운 생각으로부터 보호할 필요가 있다는 주제에는 많은 변형이 있다. 한 가지 버전이 표현의 자유와 객관성은 억압적이라는 주장이다. 클레어몬트 칼리지(Claremont College) 학생들이 2017년 성명서(학생 신문의 보수적인 기자들에 대해 학교 당국이 "조치를 취하라"고 요구했다)에서 표현했듯 "자유를 위한 많은 운동이 얻기 위해 싸워왔던 권리인 표현의 자유가 최근에는 패권을 쥔 기관들이 도용하는 도구가 되어버렸다. 그것은 …… 지배 체제를 영속화하려는 사람들에게 그들의 극심한 편견을 투사할 플랫폼을 제공해왔다. ……열린 공간에 존재하는 우리의 능력을 위태롭게 만드는 문제들에서, 진리는 우리가 모색해야 하는 독립체(entity)라는 생각은 억압된 사람들을 침묵시키려는 시도다".[26] 한 가지 변형은 현실 세계에서 표현의 자유는 제로섬(zero-sum) 게임이라는 것이다. "일부에게 표현 기회를 부여하는 것이 다른 사람들의 표현 기회를 인정하지 않을 때가 많다"고 한 법학 교수는 2018년에 썼다.[27] 가장 단도직입적인 주장—표현의 자유에 반대하는 가장 오래되고 가장 간단한 주장—은 관용이 사람들로 하여금 나쁘고 잘못된 것을 말하게 허용한다는 것이다. 미들베리 칼리지의 한 재학생은 2017년 "'표현의 자유'라는 결함 있는 개념은 너무나도 오랫동안 권력자 위치에 있는 개개인이 유색 인종과 성 소수자의 인간성을 말살하고 그들을 예속시키면서 교육 기관에 인종차별적 사이비 과학을 퍼뜨릴 수 있게 해왔다"고 썼다.[28] 아니면 어떤 대학의 행정처장이 썼듯 "표현의 자유 보호가 …… 누군가의 인간성 혹은 정치 운동원으로서 정치적 발언에 참여할 그 사람의 권리를 자유롭게 공격하거나 비하하거나 그것에 의문을 제기해도 된다는 뜻이어서는 안 된다".[29] 그 외에도 많다.

하지만 현실 세계에서 검열이나 강압적인 통설이 소수 집단과 소외 계층을 보호한다는 주장은 틀렸다는 게 재차 완전히 입증됐다. 어윈 체머린스키(Erwin Chemerinsky)와 하워드 길먼(Howard Gillman)은 그들의 책 《캠퍼스의 표현의 자유(Free Speech on Campus)》에서 "검열은 항상 권위주의, 동조, 무지 및 현상 유지의 편에 서왔다"고 썼다. "그리고 표현의 자유 옹호자들은 항상 사회를 더 민주적이고 더 다양하고 더 관용적이며 더욱 학식 있고 진보에 훨씬 열려 있게 만드는 편에 서왔다."[30] 그들과 전직 미국 시민자유연맹 회장 네이딘 스트로센(Nadine Strossen)은 매우 영향력 있는 저서 《혐오: 왜 우리는 검열이 아닌 표현의 자유로 그것에 저항해야 하는가(Hate: Why We Should Resist It with Free Speech, Not Cen-sorship)》에서 사회를 위험한 생각들로부터 안전하게 만든다는 명목 아래 소수자에게 벌어졌던 끔찍한 참상과 억압의 목록을 나열한다. "'혐오 표현'을 검열하는 법률은 예상대로 정치적 권력이 없는 이들을 향해 시행됐다"고 스트로센은 쓴다.[31]

미국에서는 당국이 외국인 규제 및 보안법(Alien and Sedition Acts)하에서 야당 동조자(국회의원을 포함해)를 검열해 수감하고 야당 기관지를 폐간시켰다. 그들은 컴스톡법(Comstock laws)으로 아리스토파네스, 발자크, 오스카 와일드, 제임스 조이스(그중에서도 특히)의 작품을 검열했다. 제1차 세계대전 당시의 소요금지법(anti-sedition law)은 1920년 감방에서 대통령에 출마한 사회주의자 대통령 후보 유진 데브스(Eugene V. Debs)를 비롯해 1000여 명의 평화 활동가에게 유죄 판결을 내렸다.[32] 훨씬 최근에는 미시간 대학이 1988년 대학 최초의 표현 규정 중 하나를 채택했는데, 이러한 규정이 흑인을 적어도 스무 차례 인종차별적인 표현으로 몰아세운 것이 포착됐다.[33] 영국이 혐오표현법(hate-speech law)을 통과시켰을 때 유죄 선고를 받은 최초의 인물은 백인 경찰관에게 욕설을 한 흑인 남성이었다.[34] 캐나다 법정이 포르노를 법적으로 제한할 수 있을 거라는 페미니스트들의 말에 동의했을 때, 토론토시 당국은 캐나다의 가장 오래된 게이 서점을 음란죄로 몰고 레즈비언 잡지 〈배드 애티튜드(Bad Attitude)〉를 압수했다.[35] 전 세계적으로 당국자들은 그들을 비판하는 말이 '혐오스럽고' '안전하지 않은' 표현이라고 생각한다. 1954년 커버스토리("그건 인쇄하면 안 된다!(You Can't Print it!)")에서 때마침 미국 체신청의 검열 정책을 비판한 게이 잡지 〈원(ONE)〉을 미국 체신청이 음란법(obscenity law)을 적용해 검열한 미국에서는 특히 그랬다.

세상 어디를 봐도 지식의 헌법을 받아들인 나라와 문화는 사회적 평등과 소수자 인권이 가장 발달한 곳이다. 그건 우연이 아니다. 《친절한 심문관》과 이 책 4장에서 내가 주장했듯 비판과 논쟁은 과학적 지식이 아니라 도덕적 지식을 높여준다. 미국에서 성소수자들의 평등이 증진된 것이 훌륭한 본보기다. 게이 평등의 최대 돌파구는 1969년 스톤월(Stonewall) 항쟁이 아니었다. 10년도 더 전인 1958년 정부의 〈원〉 검열이 불법이라는 대법원의 판결이었다. 이 결정이 프랭클린 카메니와 그 밖의 동성애자들에게 그들이 필요로 하는 무기를 주었다. 바로 목소리다.

노예로 태어난 프레더릭 더글러스(Frederick Douglass)가 보스턴에서 성난 군중이 노예 폐지 모임을 해체시킨 뒤인 1860년 이런 말을 했을 때,

그는 자신이 무슨 얘기를 하고 있는지 알았다. "노예제는 표현의 자유를 용인할 수 없다. 그것을 5년 실시하면 남부에서 경매대를 몰아내고 모든 쇠사슬을 풀어버릴 테니." (그는 의미심장하게 덧붙였다. "표현의 자유를 금하는 것은 이중으로 잘못됐다. 말하는 사람은 물론이고 듣는 사람의 권리도 침해한다.") 백인우월주의자들로부터 머리를 얻어맞기도 했던 작고한 존 루이스(John Lewis) 하원의원이 이런 말을 했을 때, 그는 자신이 무슨 얘기를 하고 있는지 알았다. "표현의 자유와 반대할 권리가 없다면 시민권 운동은 날개 없는 새였을 것이다." (루이스의 수많은 체포와 수감 사유 중 하나는 '1인 1표'라고 적힌 팻말을 든 것이었다. 안전하지 않잖아!) 마틴 루서 킹(Martin Luther King) 세대의 또 한 명의 위대한 민권 운동 지도자 호시아 윌리엄스(Hosea Williams)는 KKK(Ku Klux Klan: 백인우월주의를 내세우는 미국의 극우 비밀 결사—옮긴이)의 표현의 권리를 옹호했다. "한 가지 우리가 알아야 할 점은 미국에서 어떤 권리는, 모든 미국인에게 확장될 때까지는 권리가 아니라는 것이다. 그리고 비록 그 권리를 추구하면서 우리를 때리고 짐승 취급을 하기는 했지만 KKK를 오늘 방송에 내보내지 않는다면 내일은 NAACP(National Association for the Advancement of Colored People: 미국흑인지위향상협회—옮긴이)를 내보내지 않을 것이다. ……미국에서 흑인 투쟁의 문제점은 킹과 같은 흑인 지도자들이 대중과 소통할 능력이 없었다는 점이다. 대중과의 소통 능력을 갖고 나자 상황이 달라졌다."[36]

취소 캠페인은 미국 헌법상으로는 합법적일지 몰라도 지식의 헌법을 위반한다. 그것이 취약한 소수자를 보호한다는 명목 아래 벌어진다는 것은 특히 역설적인 전개다. 검열과 사회적 강압을 지지하는 사회 정의 활동가들은 항상 검열하고 강요하고 있는 자신을 머릿속에 그린다. 보통 그것은 그들의 희망적인 가정(假定)이다. 선의의 표현 감시가 자행한 학대에 관해 지난 2000년의 시간이 가르쳐준 모든 것을 고려할 때, 다른 사람들이 무엇을 말하고 들어도 되는지에 대한 결정을 자신들에게 맡기면 안심할 수 있다는 사회 정의 활동가들의 자신감은 애처롭게도 무지와 오만의 표시다.

훨씬 더 가슴 아픈 것은 너무나 많은 활동가가 자신들이 억압적이거나 안전하지 않은 표현이라고 주장하는 것에 대응하면서 동성애자와 다른 소수자를 향해서는 그토록 파괴적으로 사용되던 것과 아주 똑같이 사회적으로 강요된 전술을 활용한다는 점이다. 우리 동성애자들은 취소를 아주아주 잘 안다. 강압적 동조는 우리에 맞서 무기화되었고, 활용되었고, 완성되었다. 우리는 우리의 비(非)순응주의 때문에 맹렬히 비난받았고, 그것은 국가와 아이들과 우리 자신에게 '안전하지 않았다'. 우리는 우리가 사랑하는 대상과 우리의 생각 때문에 망신을 당하고 수치를 느꼈다. 우리는 실업자가 되었고, 사회적으로 접촉할 수 없는 자들이 되었다. 우리는 입 다물고 잠자코 있으라는 협박을 받았다. 우리를 지지하는 사람들도 모두 매장당했다. ("너도 호모 새끼냐?") 맞다. 우리는 취소에 대해 좀 안다. 우리는 형세를 역전시켜 다른 사람들을 버림받게 만들려고 지난 반세기 이상을 거기에 맞서 싸우며 보낸 것은 아니다.

우리의 싸움에서 목표로 했던 사회는 관용과 다양성의 공간, 만인에게 공통된 권리와 조화를 이루고 만인을 동등하게 대하는 법률 아래서 동성애자뿐 아니라 **모든** 사람이 가장 진정한 자신을 표현하고 양심이 명하는 대로 솔직하게 살 수 있는 장소다. 마틴 루서 킹이 말했듯 민권은 단일한 의복이라 당신에게 반대하는 자들의 권리도 지켜주지 않고서는 당신 자신의 권리를 일관되게 지킬 수 없다. 자유와 평등을 위한 운동에 강압적 동조의 자리는 없다. 나의 활동가 동지들은 동성애가 잘못됐다고, 결혼은 남자와 여자 사이에 하는 거라고, 젠더는 날 때부터 바꿀 수 없는 거라고 주장하는 사람들의 표현의 권리를 **위해** 틀림없이 싸우고 있을 터이다. 그들은 지적 다원성이 (실제로, 특히) 그들의 마음에 상처를 줄 때조차 그것을 옹호할 것이다.

나는 테아이테토스에게 말한다. "그러니까 당신의 목소리를 내거나 다른 사람의 목소리를 옹호하는 것이 소수자를 억압하거나 불평등을 굳히거나 '폭력을 행사하는' 것이라는 주장 때문에 단념하지 마십시오. **당신**은 소외된 자들의 옹호자입니다. **당신**은 소수자에게 더욱 안전하고, 폭력을 덜 받아들이는 세상을 만들고 있습니다. **당신**은 다양성의 벗입니다. 소수자는 우리를 반대 의견으로부터 보호하는 문화보다는 반대 의견을 보호하는 문화 속에서 언제나 더 잘 살아갑니다."

부담은 또한 특권이다

테아이테토스는 아직 망설인다. 그는 궁금하다. 소수자와 소외된 이들에게 심한 편견에 직면하는 부담을 견디라는 게 과연 공평한 일인가? 흑인은 백인우월주의를 참아야 하는가? 유대인은 대학살 부정을 참아야 하는가? 게이들은 자신이 치료 가능하다는 주장을 참아야 하는가? 이런 논쟁은 합의를 봤고, 공론화하는 게 도움이 되는 시점은 한참 지나지 않았나? 그런 논쟁을 계속하는 건 소수자들이 다시 고통을 체험하고 치욕을 겪을 수밖에 없도록 만들기만 하는 건 아닐까?

2017년 미들베리 대학 학생들의 성명서는 이 점을 확실히 했다. 그들이 논란 있는 연사의 공개 토론 참여를 막은 것은 "특정 학생 집단에게 지나친 부담을 주는 대학의 관행 및 정책에 이의를 제기하고, 학문 공동체의 이른바 지적 풍요를 위해 동일한 그 공동체에 그들이 존재할 권리를 계속해서 지켜달라고 요구하려는 의도"였으며 "이런 관행은 틀렸고, 편파적이며, 종식되어야만 한다". 성명서는 이렇게 덧붙였다. "이 행사를 후원했다고 해서 문제가 된 '시민 토론' 교육 분야 이외의 영향, 우리 공동체 다수에게 소모적이고 마음을 상하게 하고 심각한 스트레스를 주는 영향을 인정한 건 아니다."

미들베리 대학 학생들이 왜 그런 말을 했는지는 이해한다. 미국의 동성애자라면 누구나 거짓과 심한 편견이 고통과 자기혐오를 초래할 수 있고, 그런 것을 몇 번이고 거듭해서 타파하는 게 "소모적이고 마음을 상하게 하고 심각한 스트레스를 줄" 수 있다—비록 일반적으로는 그것이 매일의 사회적 거래에 우리가 납부하는 세금, 대단할 건 없지만 집요한 해명과 자기 정당화의 추가 요금 같기는 하지만—는 사실을 증언할 수 있다. 그런데 이건 아니다. 공평하지 않다.

그러나 우리는 나쁜 생각들에 맞서고 반박하는 게 기운을 내게 하고, 힘을 실어주고, 매우 보람 있을 수 있다는 사실도 증언할 수 있다. 사회를 교육시키는 데는 대가만이 아니라 이익도 있다. 소수자들은 항상 도덕성 증진의 최전선에 있다. 사회 주변부에 있는 우리의 관점에서 불평등은 더 명확히 보이고, 그것의 독성은 더 잘 느껴진다. 그것을 보면서 맞서고 바로잡는 것은 부담인 동시에 특권이다. 커밍아웃(coming out: 동성애자임을 공식적으로 밝히는 일—옮긴이) 이전의 어린 시절에 나 자신과 벌였던 전쟁이 누군가한테는 일어나지 않길 바라지만, 나는 다른 사람들이 나와 똑같은 고통을 겪지 않아도 되게 할 기회를 가진 것에 감사한다. 그렇다. 이성애자들이 당연하게 여기는 (그리고 으레 등한시하고 남용해온) 결혼의 권리를 달라고 애원하는 건 모욕적이고 지치는 일이지만, 내가 여태껏 해본 가장 보람 있는 일이기도 했다. 그것은 사회를 더 강하게 만들고, 결혼을 더 강하게 만들고, 게이들을 더 강하게 만들고, 나를 더 강하게 만들었다. 당신이 만일 내가 세상에서의 입지를 당연시하는 안일한 대다수의 일부가 된다는 조건하에 나의 첫 25년간의 두려움과 자기혐오 없는 인생을 다시 살 기회를 내게 준다면, 나는 그 거래를 거절하겠다.[37]

내 친구 니파이 나이번(Nephi Niven)은 온라인 LGBT 스토리 보관소 〈I'm From Driftwood〉의 기고문에서, 대학 때 커밍아웃을 하고 성적 취향 전환 치료를 처방하는 심리사를 만났던 얘기를 들려준다.

> 나는 게이들한테는 아무 이상이 없고 아픈 게 아니며, 학대하는 가족이나 모욕적인 상황이 있어서 게이가 된 게 아니고, 그들은 학대범이 아니라고 그에게 말했다. ……나 자신을 옹호하면서 게이들한테는 아무 이상이 없고 아픈 데가 없다고 소리 높여 말한 그 경험은 나 스스로를 위해 그게 옳다는 사실을 깨닫게 해줬다. 그리고 취약한 입장에 놓였을 때, 그렇게 비열하고 상처를 주고 혐오스러운 말을 할 수 있는 사람에게 맞선 것은 나한테 그럴 힘이 있다는 것을 입증해줬다. ……그와 같은 모든 상황에 맞닥뜨렸을 때 스스로를 옹호하는 것은 당신에게 앞으로 나아갈 힘을 줄 것이다.[38]

그렇다. 게이들은 문란하기 때문에, 혹은 우리의 결합이 아이를 못 낳기 때문에, 혹은 신이 불허하기 때문에 절대 결혼하지 못할 거라고 누군가 내게 말할 때마다 나는 상처를 받았다. 그러나 어리석거나 편협한 모든 주장은 내 의견의 정당함을 입증하고 견주어서 갈고닦을 기회였다. 혐오나 무지에서 나온 모든 시위는 사랑을 보여주고 진실을 얘기할 기회였다. 모든 만남, 모든 설명이 사회의 자침을 약간씩 정의 쪽으로 움직여 갔다.

소수자의 인권을 옹호하는 사람이 자기가 존재할 권리 자체에 의문을 제기하는 헤이터들과 꼭 토론해야 하는 건 아니라는 말을 들을 때마다 나는 이렇게 얘기한다. 오히려 그들이야말로 바로 당신이 토론해야 할 사람들이라고. 우리가 마음, 의식, 투표를 따내야 하는 사람들은 일찌감치 우리에게 동의하지 않는 이들이다—명확해 보이겠지만 놀랍게도 간과하기 쉬운 요점이다. 최신 연구는 나 같은 활동가들이 동성 결혼 투쟁에서 직접 알게 된 사실을 뒷받침한다. 바로, 사람들을 규탄하고 비난하는 것은 그들의 사고방식을 좀처럼 바꾸지 않았지만, 존중하고 경청하고 대화하는 것은 종종 그렇게 한다는 점이다. 브라이언 레스닉은 〈복스(Vox)〉에 편견을 줄이는 방법에 관한 최신 연구를 요약하면서 이렇게 썼다. "누군가의 생각을 바꾸고 싶다면 그들에게 인내심을 가지라고, 그들의 삶을 되돌아보라고 요청하며 경청할 필요가 있다. 그것은 사람들을 취소하거나 그들에게 빈칸 채우기를 무서워한다는 딱지를 붙이는 게 아니다."[39] 그리고 참, 당신은 그 '헤이터'가 부정확하거나 잘못 알고 있을 수는 있어도 전혀 혐오스럽지 않다는 점을 보통은 알게 될 것이다. 그 사람에게 기회를 주고 약간 겸손한 태도로 접근한다면 그로부터 뭔가를 배울 수도 있다.

아마도 내가 동성 결혼을 변호한 20년 정도의 기간 중 가장 기억에 남는 순간은 2004년에 일어난 듯하다. 동성 결혼 국민투표가 전국의 주들을 휩쓸던 좌절의 해였다. 한 라디오 인터뷰에서 내 주장을 거론하고 있는데, 어떤 청취자가 전화를 걸어서 진행자한테 이렇게 말했다. "오늘 당신의 초대 손님은 미국에서 가장 위험한 사람인 것 같네요." 그런데 왜 그럴까요? "왜냐하면 그 사람 얘기가 너무나 **타당한** 것처럼 들리게 만들거든요." 그 순간 나는 우리가 이길 거라는 걸, 나 자신이 받는 억압이 절대 내가 팔아치우지 않을 재능을 내게 줬음을 알았다. 목소리, 사명 그리고 변화를 만들어낼 가능성을.

항의하지 않는 힘

그렇지만 무지와 적대감에 맞서는 감정적 대가는 클 수 있다. 프랭클린 카메니는 논쟁에서 결코 물러난 적이 없지만, 나는 툭하면 물러나며, 그냥 자기 삶을 계속 영위하고 싶고 시달림당하기 싫은 다른 많은 사람들 역시 그렇다.

테아이테토스가 묻는다. "그러면 헤이터들이 이기지 않나요?"

아니, 꼭 그렇지는 않다. "이건 당신이 학교에서는 잘 들어보지 못할 이야기인데요." 나는 그에게 말한다. "만일 불쾌한 행위를 모두 다 올리고 미묘한 차별을 전부 다 확대시킨다면, 당신은 정보 전쟁의 무기고에서 가장 저평가된 무기를 단념하는 겁니다. 선동가들에게 항의하고 그들을 처벌하는 대신 어깨를 으쓱하고 가버리세요."

나쁜 생각과 어리석은 대화를 하찮게 만드는 게 현실 기반 공동체의 비밀 병기다. 과학의 역사에는 아무도 굳이 추구하려 하지 않았거나 조사하다가 취하했던 생각들이 널려 있다—그리고 그게 그거였다. 현실 기반 공동체는 주로 어떤 명제를 검토하지 **않을지** 결정함으로써 그 경계를 지킨다. 관심을 받으려면 오류가능주의 및 경험주의 규칙하에 논거와 증거 그리고 꽤 그럴듯한 성과를 갖고 있어야 한다. 관심이라는 산소가 없으면 나쁜 생각들은 질식사한다—항상 그런 건 아니지만 대체로 그렇다. 트롤러와 선전가들도 그만큼은 알고 있고, 그들이 우리의 감정을 격앙시키고 우리의 정체성을 훼손하려고 그토록 극단적인 조치를 취하는 이유도 여기에 있다. 초심을 지키려는 우리의 욕구를 이용해 그들은 장점(merit)으로는 절대 끌 수 없는 관심을 가로챈다. 굳이 선전 전문가가 아니라도 누군가에게 항의하거나 그 사람을 공개 토론에 참여할 수 없게 만드는 게 그 사람을 홍보하는 네온사인을 세워주는 것과 같다는 점 정도는 알 수 있다. 어쨌든 만일 어떤 생각이 위험하다면 그것은 틀림없이 중요할 터이다. 만일 어떤 발언자한테 공개 토론에 참여할 수 없게 만들 가치가 있다면 그 사람은 틀림없이 흥미로운 얘깃거리를 갖고 있을 것이다.

경쟁적 비난은 우리가 하지 말기로 선택할 수 있는 게임이다. 다음번에 당신이 말도 안 되는 소리에 항의하거나, 거기에 반박하거나(그렇게 해서 그것을 되풀이하거나), 공개 토론에 서지 못하게 하거나, 거기에 반대해 분노를 조직하고 싶은 충동을 느낀다면, 그 대신 피자를 사러 나갈 생각이나 해라. 트롤러에게 먹잇감을 주지 말라. 분별없는 좌파들을 거저 이겨먹으려고 캠퍼스에 오는 그 선동가한테? 그 사람은 당신을 갖고 노는 것이다. 집에서 잠이나 자라. 빈 강당은 그 사람의 연설료를 대폭 깎을 것이다. 대체로, 유대인 대학살을 부정하는 자들에 대한 최고의 대답은 적막이다.

대답을 꼭 해야 한다면, 당신의 반응을 분노까지는 말고 짜증 수준으로 완화시키려고 해보라. 말과 신체적 폭력 둘 다 상처를 줄 수 있는 건 사실이지만, 그 상처는 종류가 매우 다르다. 만일 누가 나를 방망이로 내리친다면 두개골이 골절될지 여부에 대한 선택권이 내게 많지 않지만, 누가 아주 기분 나쁜 말을 한다면 내가 들은 그 말을 어떤 틀로 보고 해석할지는 내가 선택할 수 있다. 어릴 때 배운 "막대기와 돌은 내 뼈를 부러뜨릴 수 있지만 놀림으로는 나를 절대 다치게 할 수 없다"는 속담은 어린아이라도 알 만큼 글자 그대로의 뜻은 아니다. 이 속담이 주는 교훈은 우리에겐 말에 반응할 때 특별한 능력이 있다는 것이다. 누군가 내가 정신병자라거나 죄인이라거나 창피하다고 말하면, 트라우마 대신 권태를 느끼는 쪽으로 스스로를 이끌면 된다. 도마뱀 뇌(lizard brain: 위험을 감지하는 뇌의 부분—옮긴이) 대신 으레 나의 자유로운 뇌로 반응하도록 하면 된다. 그렇게 함으로써 나 자신에게는 힘을 실어주고, 선동가나 무식쟁이의 힘은 박탈한다. 반면 모든 불쾌한 만남을 확대시키다 보면 정보 환경은 트롤러들의 놀이터가 되어버린다. 쉽게 불쾌해지는 사회는 불쾌하게 만드는 걸 즐기는 사람들에게 행복한 사냥터다.

아니면 또 하나의 저평가된 트롤러 퇴치 기술인 유머를 시도해보라. 제몫을 단단히 하는 모든 여장 남자들은 풍자의 힘을 증언할 수 있다. "반직관적으로 보일지 몰라도, 비웃음은 오랫동안 극심한 편견과 인종적 우월주의를 옹호하는 시위자들을 무장 해제시키는 효과적인 방법이었다"고 2017년 〈뉴욕 타임스〉는 보도했다. "테네시주 녹스빌(Knoxville) 주민들은 자칭 'Coup Clutz Clowns('얼치기 광대 쿠데타'란 뜻으로 백인 비밀 결사인 KKK를 조롱하기 위해 비슷한 발음으로 조합한 명칭—옮긴이)'라는 급조 단체로 백인우월주의 행진에 맞불을 놓았다. 광대들은 '백인들의 힘!(White power!)'이란 구호를 잘못 이해한 척하면서 허공에 밀가루를 뿌리며 '하얀 밀가루?(White flour?)'를 외쳤다. '하얀 밀가루? 단단한 샤워기?(Tight shower?) 아내들의 힘!(Wife power!)' '아내들의 힘'을 위해 그중 일부는 웨딩드레스를 입었다."[40]

선동가들을 무시하는 게 쉽다면 그들은 선동하지 못할 터이다. 그들은 우리의 부족 및 명예를 지키려는 인간의 열렬한 충동을 이용해먹는 데 선수다. 분노를 견디기 위해서는 자기 수양과 두꺼운 얼굴이 필요하다. 그러려면 **지식의 헌법**이 양날의 시민적 의무를 부과한다는 점을 기억해야 한다. 남의 감정을 상하지 않도록 노력하고 내가 성내지 않도록 훨씬 더 노력하기. 그것은 모든 충동이 소리치며 흥분하라고 우리를 다그칠 때도 어깨를 한번 으쓱하고 냉정을 잃지 말라고 우리에게 요구한다. 트롤러를 무시하거나 비웃기는 어렵지만, 수백 년간의 과학과 수십 년간의 드래그쇼(drag show: 남장 또는 여장을 하고 벌이는 쇼—옮긴이)는 그게 먹힌다는 것을 입증한다.

믿고 싶은 것만 믿는 심리는 사절, 오직 진실뿐

나는 테아이테토스에게 말한다. "당신이 입을 다물고 있지 않는 동안 할 수 있는 또 다른 일이 있는데, 그건 진실을 고수함으로써 당신의 온전함을 유지하는 것입니다. 제가 말하는 '진실'은 믿고 싶은 것만 믿는 심리가 아닙니다. 그것은 당신이 사실이었으면 하고 바라는 것, 비유적으로나 이야기 전개상 사실인 것, 사회 정의나 다른 어떤 가치 있는 명분을 뒷받침하는 것, 당신의 인생 경험으로 봤을 때 사실인 것, 혹은 정통으로 보이는 것을 뜻하지 않습니다. 제 말은 당신의 능력이 미치는 한, 현실 기반 공동체가 사실에 근거해 정확하다고 밝힌 것을 고수하라는 것입니다. 절대 그 기반을 양보하지 마세요."

메리엄 웹스터(Merriam-Webster) 사전에 따르면, 객관적 사실 여부에 상관없이 믿고 싶은 것을 믿는 심리를 뜻하는 '트루시니스(truthiness)'란 단어는 옛날에 진실성을 뜻하는 '트루스풀니스(truthfulness)'의 드문 유의어였다. 코미디언 스티븐 콜베어(Stephen Colbert)는 2005년 코미디 센트럴(Comedy Central) 채널에서 〈콜베어 리포트(The Colbert Report)〉를 시작하면서 트루시니스를 포획해 다른 용도로 바꿔놓았다. "우리는 진실에 대해 얘기하는 게 아닙니다." 그는 나중에 설명했다. "사실처럼 보이는 것—우리가 존재했으면 하고 바라는 사실—에 대해 얘기하고 있는 거죠."[41] 그 말은 유행했는데, 그럴 만한 이유가 있었다. 트루시니스가 정치에서 들불처럼 번지고 있었던 것이다. 2016년 전 하원의장 뉴트 깅리치(Newt Gingrich)는 범죄가 증가세에 있다는 자신의 허위 주장에 대해 CNN 뉴스 앵커가 따져 묻자 기억에 남을 본보기를 보여줬다.

진행자 전국에서 폭력적 범죄는 하락했습니다.

깅리치 아닙니다. 그건 앵커님 생각이죠.

진행자 이건 FBI 통계입니다. 그들은 진보계 조직이 아닙니다만.

깅리치 그렇지 않습니다. 제 말도 똑같이 맞습니다. 국민들이 느끼고 있어요.

진행자 국민들이 느끼고 있다, 좋습니다. 하지만 사실이 그것을 뒷받침하지 않고 있죠.

깅리치 정치 후보자로서 저는 국민이 어떻게 느끼는지를 따를 것이고요, 앵커님은 이론가들을 따르도록 하시죠.[42]

트루시니스는 '트럼프다움(Trumpiness)'의 상투적 요소였다. 트럼프가 잘못된 꼬리표를 붙인 자극적인 반(反)무슬림 동영상을 리트윗한 후, 백악관 대변인은 이렇게 말했다. "그게 진짜 동영상이든 아니든 위협만큼은 진짜입니다." 트럼프 본인은 "진정한 의미에서는" 자기가 2016년 일반

투표에서 이겼다고 계속 우겼다.[43] 2020년에는 자신이 일반 투표에서 압승할 줄 직감으로 알았다며 온 나라에 떠들어댔다. 트럼프의 극단적 주관주의—현실이 자신의 감정과 직감에 맞춰 조정된다는 그의 주장—는 그에게 전혀 새로울 게 없었다. 2007년 재산 강제 처분을 요구받은 그는 자신의 순자산이 "시장에 따라, 태도에 따라, 감정에 따라, 심지어 나 자신의 감정"에 따라 변동된다고 말함으로써 빠져나갔다.[44] 2016년 대선 승리를 설명하면서 선거 캠프의 선임 참모 2명은 진정성(authenticity)이 정확성(accuracy)을 능가했다(trumped)고 자랑했다. (의도하지 않은 말장난이다.) "트럼프의 말을 듣는 사람들한테는 대장님의 세부 사항이 정확한지 아닌지는 중요하지 않습니다. 그의 말은 그들이 느끼는 감정을 포착하거든요. 그의 말은 좌파는 이해할 수 없는, 절대 이해하려고도 하지 않는 언어입니다."[45]

사실 좌파는 그의 언어를 완벽히 잘 이해했고, 그것을 지어내려고 이런저런 일을 해봤다. 수십 년 동안 영향력을 떨쳤던 한 무더기의 학문적 신조—주관주의, 포스트모더니즘, 관점주의, 교차성(intersectionality: 신분, 인종, 성별 등의 차별 유형이 별개가 아니라 서로 결합하면서 영향을 미친다는 뜻—옮긴이) 등—는 객관적 정확성이라는 개념과 사실성의 특권화를 폄하해왔다. 미들베리 칼리지의 학생 성명서는 이렇게 언명했다. "경험과 감정은 세상을 바라보는 타당한 방식이며, 대학 환경에서 발견할 수 있는 이성적 사고를 바탕으로 한 시각(들)의 패권이 우리의 집단적 창의성, 건강 및 잠재력을 한정시킨다고 우리는 주장하는 바이다."[46] 또 다른 학교는 학생들에게 이렇게 말했다. "편견의 가장 중요한 지표는 여러분 자신의 감정입니다."[47] 진정성이 정확성을 능가한다는 생각은 무원칙의 보수주의자들한테 딱 잘 어울렸다. 2020년 공화당 전당 대회에서 가짜 링컨 인용구를 사용하다가 들키자 한 공화당 정치인은 "정서적으로는 진짜처럼 들렸고" 그 정치가가 "〔그것을〕 깊이 느끼기" 때문에 그 인용구는 진정성이 있다고 말하면서 고개 숙이길 거부했다.[48] 악마의 편집 동영상을 유포했던 한 유명한 공화당 하원의원은 꼬리가 밟히자 사과 대신 그 영상의 이면에 있는 요점은 정확하다고 말했다.[49]

물론 주관적 감정에 의지하면 편견을 근절하지 못한다. 단단히 못을 박기만 할 뿐이다. 주관주의는 교체 가능한 낯선 이들에게 현실을 위탁함으로써 '여러분 자신의 감정'을 초월하는 것을 전체 목적으로 삼는 자유과학의 반의어다. 그러나 인간은 주관적이고 편향되고 자기 확신적이고 이기적이고 사회적으로 연결되어 있기 때문에, 트루스풀니스에서 트루시니스로 넘어가고 싶은 유혹이 강하다. 특히 우리의 벗들이 동일한 일을 하고 있을 때는 말이다.

"저항하세요." 나는 테아이테토스에게 조언한다. "유색 인종 트랜스젠더 여성들이 1969년 스톤월 항쟁을 시작했다거나, 미국 식민주의자들이 노예 제도를 보호하기 위해 독립을 선언했다거나, 한 흑인 남성이 백열전구를 발명했다는 주장, 또는 사실과 관련해 문제가 있는 수많은 명제를 우기는 데는 정치적 이유가 있을 수 있습니다. 유혹과 싸우세요. (사회주의자) 조지 오웰은 진실을 정치에 종속시키는 게 독재자와 가해자들이 언제나 이기는 게임임을 알았습니다. 현실 기반 공동체에서 정확성은 유일한 활동입니다. 그것은 우리의 공통분모이며, 우리 진정성의 곧은 뿌리입니다."

청년 링컨은 법에 대한 숭배가 미국 헌법 문화의 진북이라고 주장했다. 사실에 대한 숭배는 현실 기반 공동체의 진북이다. 우리가 사실에 대해 실수를 할 때도 있다. 물론이다. 그러나 우리는 속이지는 않는다. 절차를 무시하지 않는다. 우리는 스스로에게—다른 사람들에게, 우리 공동체에—편리한 허구와 반쪽짜리 진실을 거부할 책임을 진다. 사실성은 우리의 진정성을 지탱해주고 우리 공동체를 규정하기 때문에 설령 주변에서 그렇게 하고 있는 사람이 우리뿐이라 해도 프로파간다와 트루시니스는 버린다. 그리고 바로 그렇게 함으로써 우리는 변화를 가져온다. 소련의 위대한 작가이자 반체제 인사 알렉산드르 솔제니친(Aleksandr Solzhenitsyn)이 걸작 《수용소군도(The Gulag Archipelago)》에 썼듯 "당신은 진정성 있는 삶을 살기로 결심할 수 있다. 당신의 신념이 이런 것이 되게 하라. 거짓말이 세상에 나오게 하라. 그것이 승리를 거두게도 하라. 그러나 나를 통하지는 말게 하라. 용기 있는 개인이 되는 간단한 단계는 거짓말에 참여하지 않는 것이다. 진실의 한마디가 세상보다 더 대단하다".

나는 다른 사람들이 조용히 하라고 말하거나 그의 자격을 박탈할 때 어떻게 대응해야 할지 궁금해하는 나의 벗 테아이테토스에게 말한다. "그러니 당신의 입장은 견지하되 오류도 인정하세요. 당신의 특권이 아니라 사실들을 점검하세요. 예의를 지키되 거리낌 없이 말하세요. 당신의 힘에 놀랄 겁니다."

투쟁적 신념

2장에 썼듯 지식의 헌법은 인류사에서 가장 성공한 사회 설계이지만, 가장 반(反)직관적이기도 하다. 지식과 자유와 평화를 얻는 대가로 우리의 감각과 우리의 부족을 불신하고, 우리의 신성한 믿음에 의문을 제기하고, 확신의 안락을 포기하도록 요구한다. 그것은 우리의 오류 가능성을 수용하고, 스스로를 비판에 노출시키고, 비난받아 마땅한 사람을 용인하고, 현실을 낯선 사람의 네트워크 전체에 위탁하라고 우리에게 주장한다. 그것을 하루하루, 영원히, 변신하지만 절대 물러나지 않는 상대들에 맞서 지키는 것은 미들베리 대학 학생들이 다른 맥락에서 말한 것처럼 소모적이고 마음을 상하게 하고 심각한 스트레스를 줄 수 있다. 그러나 우리는 눈송이가 될 수는 없다. 인식론적 자유주의는 정치적 자유주의처럼 투쟁적 신념이다.

나의 가장 큰 걱정은 링컨이 했던 가장 큰 걱정이기도 하다. "만일 파멸이 우리의 운명이라면, 우리 자신이 그것의 창조자이자 완성자가 되어야 합니다." 혼란과 강압의 힘은 그것만으로는 지식의 헌법을 제자리에서 몰아낼 위력이 부족하며, 만일 몰아낸다 해도 수백만 개의 개인적·부족적 현실 하나하나의 나머지 현실들 전부에 대한 홉스식 전쟁을 제외하면 절대로 대체할 게 없을 터이다. 하지만 선전가, 소셜 미디어 가해자, 감정적 안전주의자, 주관주의자 그리고 나머지 전부가 잘하는 짓은 현실 기반 공동체가 낙담하고 굴복하도록 기를 꺾고 혼란을 일으키고 겁을 주는 일이다. 트롤러한테 조롱받고, 캔슬러한테 습격당하고, 좌파로부터 인종차별주의와 식민주의로 비난받고, 우파로부터 그림자 국가 음모론으로 매도당하는 현실 기반 공동체는 포위되고 허약해 보인다. 엄청나게 많은 구성원이 허위 정보는 천하무적이며, 객관성은 지킬 수 없고, 견해의 다양성은 소수자에게 피해를 입히며, 말은 폭력이고, 취소는 단순한 비판이라고 믿게 될지도 모른다. 트롤러와 음모론자 그리고 봇과 미국 대통령이 허위 정보를 퍼뜨릴 때, 소셜 미디어가 망신 주기와 따돌림을 재미 삼아 하는 데스크톱 취미 생활로 만들 때, 슈퍼컴퓨터가 우리의 분노를 현금화하고 알고리즘이 우리의 관심사를 조작할 때, 대학생과 일반 대중의 절반 이상이 평판이나 생계를 잃을까 두려워 자신의 진짜 의견을 표현하길 주저할 때—그런 순간에, 지적 다원주의와 자유로운 탐구의 적들은 우쭐대는 것처럼 보인다. 바로 그들이 보이고 싶어 하는 모습이다.

하지만 현실 기반 공동체는 이보다 훨씬 더 나쁜 것도 견뎌왔다. 갈릴레이를 감옥에 가뒀던 재판관, 대륙마다 노동수용소를 갖고 있던 독재자, 자유의 목소리를 침묵시키려 했던 인종차별주의자, 그리고 동성애 혐오자도 물리쳤다. 소크라테스는 "내일 아침 여기서 우리 다시 만나세"라고 했다. 그와 그의 젊은 제자가 2500년 전에 시작한 대화는 지금도 아테네뿐 아니라 세계 전역에서 계속되고 있다. 그것을 진압하려는 숱한 노력에도 불구하고 말이다.

"그냥 상기시켜드리는 겁니다, 테아이테토스." 나는 나의 학생 동지에게 말한다. "우리가 우리의 머리와 마음으로—링컨이 처방했듯 숭배와 이성으로—지식의 헌법을 지지할 때, 그리고 다른 사람들이 우리와 똑같이 그리할 때, 자부심을 느끼는 건 적들이 아닙니다. 바로 우리입니다."

감사의 글

이 책의 생각들은 브루킹스 거버넌스 연구(Brookings Governance Studies) 프로그램 전체에 걸친 조사 및 대화를 반영한다. 이 책이 나오게끔 재정적 지원을 해준 찰스 코크 재단(Charles Koch Foundation)에 감사드린다. 윌리엄 앤드 플로라 휴렛 재단(William and Flora Hewlett Foundation)과 필 하비(Phil Harvey) 그리고 거버넌스 연구위원회(Governance Studies Council) 모두 나의 더 큰 연구 의제와 좀더 넓게는 거버넌스 연구 팀의 조사를 위해 소중한 자금을 후원해줬다. 대럴 웨스트(Darrel West)를 비롯해 브루킹스 연구소 동료 모두에게도 감사드린다. 그들은 브루킹스 연구소가 이 지구상에서 가장 플라톤적인 싱크탱크 개념에 근접하도록 만들어주는 이들이다.

아이디어와 영감 그리고 건설적 비판으로 기여해준 사람들 명단은 길다. 여기엔 내가 인용한 글과 인터뷰의 모든 주인공이 포함된다. Bill Adair, David Barker, Peter Berkowitz, Carl Bogus, John Corvino, Daivd Dalton, Mark Fabian, Bill Galston, Larry Haas, Jonathan Haidt, Adrian Hernandez, Eric Kaufmann, Aaron Kindsvatter, Kate Klonick, Brink Lindsey, Greg Lukianoff, Morgan Marietta, Jacob

Mchangama, Ken McIntyre, Manu Meel, Richard Reeves, Dan Rothschild, Steve Schultz, Stuart Taylor, Mike Tolhurst, Rebecca Tuvel, Stacy Ulbig, Pete Wehner, Adam White, Ben Wittes를 비롯해 원고를 읽고 논평할 시간을 아낌없이 내준 많은 이들에게 특히 감사드린다.

운 좋게도 미국기업연구소의 유벌 레빈은 〈내셔널 어페어스(National Affairs)〉의 기사("The Constitution of Knowledge," 2018년 가을호)에서 내 생각을 시운전할 수 있게끔 해줬다. 책의 기초 작업은 라스베이거스의 네바다 대학(University of Nevada)과 진정한 벗이 되어준 리처드 콜드웰(Richard Caldwell)이 재직하고 있는 덴버 대학(University of Denver) 공공정책연구소의 레지던시(residency) 프로그램 참여 중에 이뤄졌다. 미국기업연구소는 저명한 학자들과 책의 챕터에 관한 워크숍을 진행하는 소중한 기회를 제공했고, 인문학연구소는 특별한 동료애로 나를 응원했다. 닉 모텐슨(Nick Mortensen)은 소중한 연구 지원을 해줬다.

이 책은 내가 나열할 수 없을 정도로, 아니 어쩌면 셀 수 없을 만큼 많은 사람들의 통찰, 제안, 격려 및 건설적 비판이 없었다면 쓰지 못했을 것이다. 어떤 이들은 철학자이자 과학사회학자인 데이비드 헐처럼 더 이상 우리 곁에 없다. 또 어떤 이들은 도널드 다운즈처럼 내가 《친절한 심문관》을 출판하려고 고군분투하던 젊은 작가 시절부터 곁에 있었다. 전부 그들의 전문 지식에 내가 염치없이 폐를 끼치는 것을 참아주고, 내가 갖지 못한 관대함으로 자신들의 지식과 지혜를 기부해줬다. 모두에게 변함없는 감사의 마음을 전한다.

주

1 "무사히 빠져나가지 않는다면 끔찍한 발언이네요"

1. 인용구는 Francis Macdonald Cornford의 번역본에서 가져왔고, 이것은 *The Collected Dialogues of Plato*, Edith Hamilton and Huntington Cairns, eds. (Princeton University Press, 1961)으로 재발간되었다.
2. *Publick Occurrences Both Forreign and Domestick*, Boston, September 25, 1690. 텍스트와 재판본은 국립인문학센터에서 찾아볼 수 있다.
3. 내가 언급한 제목들은 각각 Caillin O'Connor and James Owen Weatherall, Jennifer Kavanagh and Michael D. Rich, Lee McIntyre, Michiko Kakutani의 책이다.
4. Jeffrey Goldberg, "Why Obama Fears for Our Democracy," *The Atlantic*, November 16, 2020.
5. Kat Rosenfield, "The Toxic Drama on YA Twitter," Vulture.com, August 2017.
6. Jesse Singal, "How a Twitter Mob Derailed an Immigrant Female Author's Budding Career," *Tablet*, January 31, 2019.
7. College Pulse, "Free Expression on College Campuses" (Knight Foundation, May 2019).
8. Bill Schneider, *Standoff: How America Became Ungovernable* (Simon & Schuster, 2018), 261.
9. Lucian Gideon Conway, Meredith A. Repke, and Shannon C. Houck, "Donald Trump as an Cultural Revolt against Perceived Communication Restriction:

Priming Political Correctness Norms Causes More Trump Support," *Journal of Social and Political Psychology* 5, No. 1 (2017).

2 자연 상태: 부족적 진실

1. Ben Bradlee Jr., *The Forgotten: How the Pople of One Pennsylvania County Elected Donald Trump and Changed America* (Little, Brown, 2018), 247.
2. Jonathan Haidt, *The Rightous Mind: Why Good People Are Divided by Politics and Religion* (Pantheon, 2012), 89, 91, 74. 76.
3. D. H. Flynn, Brendan Nyhan, and Jason Reifler, "The Nature and Origins of Misperceptions: Understanding False and Unsupported Beliefs about Politics," *Advances in Political Psychology* 38, 증보판 1 (2017).
4. Joseph L. Arvai, "Do People Vote with Their Hearts or Their Minds?" *Policy Options*, November 2, 2016. Robyn S. Wilson and Joseph L. Árvai, "When Less Is More: How Affect Influences Preferences When Coparing Low and High-Risk Options," *Journal of Risk Research* 9, no. 2 (March 2006)도 참조.
5. Ben Yagoda, "The Cognitive Biases Tricking Your Brain," *The Atlantic*, September 2018.
6. 가령 Michael A. Cohen and Micah Zenko, *Clear and Present Safety: The World Has Never Been Better and Why That Matters to Americans* (Yale, 2019), and John Mueller, *Overblown: How Politicians and the Terrorism Industry Inflate National Security Threats, and Why We Believe Them* (Free Press, 2006) 참조.
7. 빈 라덴의 동영상 연설 발췌, *Al Jazeera*, November 1, 2004.
8. 가령 Jason Atlmire, *Dead Center: How Political Polarization Divided America and What We Can Do about It* (Sunbury Press, 2017); 그리고 Jennifer Kavanagh and Michael D. Rich, *Truth Decay: An Initial Exploration of the Diminishing Role of Facts and Analysis in American Public Life* (RAND, 2018)에서 간략하고 훌륭하게 다룬 내용을 찾아볼 수 있다.
9. 심리학자 게리 클라인(Gary Klein)은 집착(fixation)—우리의 신념에 대한 매우 고집스러운 애착—이란 용어가 확증 편향보다 더 정확한 말이라고 주장한 바 있다.

Gary Klein, "The Curious Case of Confirmation Bias," *Psychology Today*, May 5, 2019, and "Escaping from Fixation," *Psychology Today*, June 11, 2019.
10. Haidt, *The Righteous Mind*, 88.
11. Jeremy A. Frimer, Linda J. Skitka, and Matt Motyl, "Liberals and Conservatives Are Similarly Motivated to Avoid Exposure to One Another's Opinions," *Journal of Experimental Social Psychology* 72 (2017).
12. *The Economist*, "What Psychology Experiments Tell You About Why People Deny Facts," December 8, 2018.
13. Brendan Nyhan, "Fake News and Bots May Be Worrisome, but Their Political Power Is Overblown," *New York Tmes*, February 13, 2018.
14. Dan M. Kahan, "Misconceptions, Misinformation, and the Logic of Identity-Protective Cognition," Cultural Cognition Project Working Paper 164 (Yale Law School, 2017), 6-7.
15. Jay J. Van Bavel and Andrea Pereira, "The Partisan Brain: An Identity-Based Model of Political Belief," *Trends in Cognitive Sciences* 22, no. 3 (March 2018), 218.
16. Brian Resnick, "How Politics Breaks Our Brains, and How We Can Put Them Back Together," *National Journal*, September 19, 2014.
17. Dan M. Kahan, Ellen Peters, Erica Dawson, and Paul Slovic, "Motivated Numeracy and Enlightened Self-Government," *Behavioural Public Policy* 1 (September 3, 2013), 54-86; Yale Law School, Public Law Working Paper No. 307, https://ssrn.com/abstract=2319992.
18. Monmouth University, "Impeachment Support Up Slightly but Trump Job Rating Steady," October 1, 2019, www.monmouth.edu/polling-institute/reports/monmouthpoll_us_100119/.
19. Lilliana Mason, "Ideologues without Issues: The Polarizing Consequences of Ideological Identities," *Public Opinion Quarterly* 82 (special issue, 2018).
20. Jonathan Haidt, "The Moral Roots of Liberals and Conservatives," TED talk (2008), www.ted.com/talks/jonathan_haidt_on_the_moral_mind/transcript. 나는 이 개념들이 비슷하다고 여긴다.

21. Dominic Abrams and John Levine, "The Formation of Social Norms: Revisiting Sherif's Autokinetic Illusion Study," in J. R. Smith and S. A. Haslam, eds., *Psychology: Revisiting the Classic Studies* (Sage Publications, 2012) 참조.
22. Saul McLeod, "Solomon Asch—Conformity Experiment," *Simply Psychology*, December 28, 2018.
23. 샘 해리스의 인터뷰, *Making Sense*, 팟캐스트, October 8, 2019, 48분.
24. Paul Starobin, *Madness Rules the Hour: Charleston, 1860 and the Mania for War* (PublicAffiars, 2017).
25. Van Bavel and Pereira, "The Partisan Brain," 215.
26. Josh Clinton and Carrie Roush, "Poll: Persistent Partisan Divide over 'Birther' Question Factuality," NBCNews.com, August 10, 2016.
27. Hugo Mercier, *Not Born Yesterday: The Science of Who We Trust and What We Believe* (Princeton University Press, 2020).

3 현실로 부팅: 네트워크 지식의 부상

1. Thomas Hobbes, *Leviathan* (1651/1668), Noel Malcolm, ed. (Oxford University Press, 2012), vol. III, P. 1202. Teresa M. Bejan, *Mere Civility: Disagreement and the Limits of Toleration* (Harvard University Press, 2017), 110에 인용됨. 표현의 자유의 역사에 관한 매우 유용한 팟캐스트('Clear and Present Danger') 방송을 한 야코브 므샹가마(Jacob Mchangama)에게 경의를 표한다.
2. 과장은 맞지만 그다지 심한 과장은 아니다. 가령 Steven Pinker, *Enlightenment Now: The Case for Reason, Science, Humanism, and Progress* (Viking, 2018) 참조.
3. Samuel Fleischacker, *Being Me Being You: Adam Smith and Empathy* (University of Chicago Press, 2019) 참조. 플라이차커는 스미스의 공감 개념이 정서적 요소 못지않게 인지적 요소를 갖고 있다는 점에서 독특하다고 주장한다. 우리는 "타인들의 상황에 대한 상상으로 들어가고 …… 그렇게 함으로써 자신의 관점을 차지하는 것이 무엇인지에 관한 통찰을 얻을" 수 있다.
4. Brad S. Gregory, *Rebel in the Ranks: Martin Luther, the Reformation, and the*

Conflicts That Continue to Shape Our World (HarperCollins, 2017), 10.

5. *The Complete Essays of Montaigne, translated by Donald M. Frame* (Stanford University Press, 1958).

6. Joseph Ben-David, *The Scientist's Role in Society: A Comparative Study* (Prentice-Hall, 1971), 73.

7. Charles S. Peirce, "The Scientific Attitude and Fallibilism," in Justus Buchler, ed., *Philosophical Writings of Peirce*, 58, 46-47. 나는 1940년 Routledge and Kegan Paul 출판사에서 발간한 도버(Dover) 재판본을 이용했다.

8. Philip P. Wiener, ed., *Charles S. Peirce: Selected Writings* (Dover, 1966; 1958 Doubleday 재판본), xx.

9. 같은 책, 398.

10. Peirce, "The Scientific Attitude and Fallibilism," 247.

11. James Hutton, *Theory of the Earth* (1785).

12. John Kidd, *A Geological Essay on the Imperfect Evidence in Support of a Theory of the Earth* (1815). *British Critic*, September 1823에 실린 익명의 리뷰.

13. Bianca Bosker, "What Really Killed the Dinosaurs?" *The Atlantic*, September 2018.

14. Noretta Koertge, "Belief Buddies versus Critical Communities: The Social Organization of Pseudoscience," in Massimo Pigliucci and Maarten Boudry, eds., *Philosophy of Pseudoscience: Reconsidering the Demarcation Problem* (University of Chicago Press, 2013).

15. Lee McIntyre, *The Scientific Attitude: Defending Science from Denial, Fraud, and Pseudoscience* (MIT Press, 2019); 6장의 여러 쪽. 매킨타이어는 바이넘(W. F. Bynum)과 로이 포터(Roy Porter)의 의학사에 의존한다.

16. Barbara J. Shapiro, *A Culture of Fact: England, 1550-1702* (Cornell University Press, 2000) 참조.

17. Frederick Rudolph, *The American College and University: A History* (University of Georgia Press, 1962, 1990), 415.

18. Peder Olesen Larsen and Markus von Ins, "The Rate of Growth in Scientific Publication and the Decline in Coverage Provided by Science Citation

Index," *Scientometrics* 84 (2010), 594.

19. National Science Board, *Science and Engineering Indicators 2018*, 5장.
20. Caroline S. Wagner, Travis A. Whetsell, and Loet Leydesdorff, "Growth of International Collaboration in Science: Revisiting Six Specialties," *Scientometrics* 110 (2017), 1643.
21. Carolyn Y. Johnson, "Scientists Are Unraveling the Chinese Coronavirus with Unprecedented Speed and Openness," *Washington Post*, January 24, 2020.
22. COVID-19 Primer, https://covid19primer.com/dashboard.
23. Michael Polanyi, "The Republic of Science: Its Political and Economic Theory," *Minerva* 1, no. 1 (September 1962).
24. Helen E. Longino, *Science as Social Knowledge: Values and Objectivity in Scientific Inquiry* (Princeton University Press, 1990), pp. 73-74; 강조는 내가 넣었다. 앞의 론지노 인용문은 74쪽에서 가져왔다.
25. McIntyre, *The Scientific Attitude*, 92, 113, 148, 91. 일화에 대해 매킨타이어는 Michael D. Lemonick, "When Scientists Screw Up," *Science*, October 15, 2002를 인용한다.
26. Jean Decety, Jason M. Cowell, Kang Lee, Randa Mahasneh, Susan Malcolm-Smith, Bilge Selcuk, and Xinyue Zhou, "RETRACTED: The Negative Association between Religiousness and Children's Altruism across the World," *Current Biology* 29, no. 15 (August 2019).
27. "Slow. But Sure," *The Economist*, November 2, 2019.
28. Jonathan Haidt, *The Righteous Mind: Why Good People Are Divided by Politics and Religion* (Pantheon, 2012), 90.
29. Larsen and von Ins, "The Rate of Growth in Scientific Publication," 576, 600.

4 지식의 헌법

1. 경합성 개념에 대해서는 에밀리 챔리라이트(Emily Chamlee-Wright)에게 감사한다.
2. Michael Hayden, "The End of Intelligence," *New York Times*, April 28, 2018.
3. Jefferson Morley, "What Happens When the Intelligence Community Decides

That Trump Is Too Dangerous to Be President?," Salon.com, November 16, 2018에 인용된 Nada Bakos.

4. Seth Borenstein, "NOAA Assailed for Defending Trump's Hurricane Dorian Claim," Associated Press, September 8, 2019.
5. Yasmeen Abutaleb, "Trump's 'Conscience Rule' for Health Providers Blocked by Federal Judge," *Washington Post*, November 6, 2019.
6. Supreme Court of California, *In re Stephen Randall Glass on Admission*, January 27, 2014.
7. Barbara J. Shapiro, *A Culture of Fact: England, 1550-1702* (Cornell University Press, 2000).
8. Glenn Kessler, Salvador Rizzo, and Meg Kelly, "President Trump Has Made 9,014 False or Misleading Claims over 773 Days," *Washington Post*, March 4, 2019.
9. Susan Haack, "Preposterism and Its Consequences," in *Manifesto of a Passionate Moderate: Unfashionable Essays* (University of Chicago Press, 1998).
10. "The Scientific Attitude and Fallibilism," in Justus Buchler, ed., *Philosophical Writings of Peirce*, 54. 퍼스는 강조하기 위해 자신의 격언을 이 책에 보이는 대로 좌우 중앙에 배치했다.
11. Jonathan Rauch, *Government's End: Why Washington Stopped Working* (PublicAffairs, 1999).
12. 가로세로 낱말풀이에 비유한 수전 하크에게 경의를 표한다.
13. Francis S. Collins, *The Language of God: A Scientist Presents Evidence for Belief* (Free Press, 2006).
14. Suzanne Raga, "Eight of the Weirdest Gallup Polls," MentalFloss.com, November 18, 2017.

5 허위 정보 테크놀로지: 디지털 미디어의 도전

1. Edoardo Tortarolo, *The Invention of Free Press: Writers and Censorship in Eighteenth Century Europe* (Springer, 2016), Kindle location 3419. 야코브 므샤

가마에게 경의를 표한다.

2. Barbara J. Shapiro, *A Culture of Fact: England, 1550-1720* (Cornell University Press, 2000), 89.
3. 미국 건국의 아버지들이 가짜 뉴스를 이용할 사람들이었다는 얘기가 아니다. 보스턴 차 사건은 부분적으로는 영국 차에 "경련"을 유발하는 "효력이 느린 독"이 함유되어 있다는 〈보스턴 이브닝 포스트〉의 보도 덕분에 부추겨졌다.
4. Randall S. Sumpter, *Before Journalism Schools: How Gilded Age Reporters Learned the Rules* (University of Missouri Press, 2018), 94.
5. 같은 책, 31.
6. Rick Sobey, "Harvard Student Government Sides with Anti-ICE Protesters against Newspaper," *Boston Herald*, November 11, 2019.
7. Jon Ronson, "How One Stupid Tweet Blew Up Justine Sacco's Life," *New York Times*, February 12, 2015.
8. Ali Vingiano, "This Is How a Woman's Offensive Tweet Became the World's Top Story," *Buzzfeed News*, December 21, 2013.
9. Jeffrey M. Berry and Sarah Sobieraj, *The Outrage Industry: Political Opinion Media and the New Incivility* (Oxford, 2014), 5.
10. Alex Kantrowitz, "The Man Who Built the Retweet: 'We Handed a Loaded Weapon to Four-Year-Olds,'" *Buzzfeed News*, July 23, 2019.
11. M. J. Crockett, "Moral Outrage in the Digital Age," *Nature Human Behaviour*, September 18, 2017, 2.
12. Marie Le Conte, "The Eye of the Storm," *The Critic*, July-August 2020.
13. Joshua B. Grubbs, Brandon Warmke, Justin Tosi, A. Shanti James, and W. Keith Campbell, "Moral Grandstanding in Public Discourse: Status-Seeking Motives as a Potential Explanatory Mechanism in Predicting Conflict," *PLoS ONE* 14, no. 10 (October 16, 2019). Justin Tosi and Brandon Warmke, *Grandstanding: The Use and Abuse of Moral Talk* (Oxford University Press, 2020)도 참조.
14. Berry and Sobieraj, *The Outrage Industry*, 127.
15. "Dire Straights," *The Economist*, September 7, 2019, 28.

16. Berry and Sobieraj, *The Outrage Industry*, 6, 13, 127.
17. Soroush Vosoughi, Deb Roy, and Sinan Aral, "The Spread of True and False News Online," *Science*, March 9, 2018.
18. William J. Brady, Juian A. Wills, John T. Jost, Joshua A. Tucker, and Jay J. Van Bavel, "Emotion Shapes the Diffusion of Moralized Content in Social Networks," PNAS (Proceedings of the National Academy of Sciences), June 26, 2017.
19. Christopher Bouzy, "Is There a Targeted Troll Campaign against Lisa Page? A Bot Sentinel Investigation," *Lawfare*, January 22, 2020.
20. Nick Corasanini, "How a Misleading Biden Video Spread," *New York Times*, January 7, 2020.
21. Lachlan Markay and Dean Sterling Jones, "Inside the Online Campaign to Whitewash the History of Donald Trump's Russian Business Associates," *Daily Beast*, July 5, 2018.
22. Elizabeth Grieco, "Fast Facts about the Newspaper Industry's Financial Struggles as McClatchy Files for Bankruptcy," Pew Research Center, February 14, 2020.
23. PEN America, *Losing the News: The Decimation of Local Journalism and the Search for Solutions*, November 20, 2019.
24. Richard Cooke, "Wikepedia Is the Last Best Place on the Internet," *Wired*, February 17, 2020.
25. Lee McIntye, *Respecting Truth: Willful Ignorance in the Internet Age* (Routledge, 2015), 126.
26. Jimmy Wales, Andrew Lih의 서문, *The Wikipedia Revolution: How a Bunch of Nobodies Created the World's Greatest Encyclopedia* (Hyperion, 2009), xvii.
27. Lih, *The Wikipedia Revolution*, 111.
28. Alex Pasternack, "Twitter Wants Your Help Fighting Falsehoods. It's Risky, but It Just Might Work," *Fast Company*, January 28, 2021.
29. Regina Rini, "How to Fix Fake News," *New York Times*, October 15, 2018.
30. Pinterest news release, "Bringing Authoritative Vaccine Results to Pinterest

Search," August 28, 2019.
31. Ben Collilns, "Twitter Is Testing New Ways to Fight Misinformation—Including a Community-Based Points System," NBCNews.com, February 20, 2020.
32. 나는 "Fact Checking the President in Real Time," *The Atlantic*, June 2019에서 듀크 대학의 실시간 팩트 체크 계획을 설명했다.
33. Anne Quito, "Jack Dorsey Admits Twitter's 'Like' Button Should Never Have Existed," *Quartz*, April 16, 2019.
34. Jonathan Rauch, "Twitter Needs a Pause Button," *The Atlantic*, August 2019.
35. 위에서 인용한 리자이나 리니의 아이디어에 경의를 표한다. 2018년 페이스북은 이미 신뢰도 평점을 매기고 있었으며, 이를 비밀리에 진행하고 있다는 보도가 있었다. Elizabeth Dwoskin, "Facebook Is Rating the Trustworthiness of Its Users on a Scale from Zero to 1," *Washington Post*, August 21, 2018.
36. Twitter.com, November 23, 2020, http://twitter.com/TwitterSupport/status/1331018136712261632/photo/2.
37. Sam Harris, Making Sense Podcast, January 16, 2019.
38. "Preparing the Way Forward for Facebook's Oversight Board," Facebook press release, January 28, 2020.
39. *Lawfare*, March 26, 2020를 위해 젠 파트자 하웰(Jen Patja Howell)이 진행한 국제 팩트 체킹 네트워크 회장 바이바르스 외르세크(Baybars Örsek)의 팟캐스트 인터뷰를 따랐다.
40. 팬데믹 기간에 소셜 미디어 기업들이 잘못된 정보에 맞서 취한 조치들에 대한 요약은 Evelyn Douek, "COVID-19 and Social Media Content Moderation," *Lawfare*, March 25, 2020 참조.

6 트롤러 인식론: "그 일대에 거짓말이 범람하게 하라"

1. Adrian Chen, "The Agency" *New York Times Magazine*, June 2, 2015.
2. Andy Szal, "Report: Russian 'Internet Trolls' behind Louisiana Chemical Explosion Hoax," Manufacturing.net, June 3, 2015.
3. Translated by Paul Shorey, in *The Collected Dialogues of Plato*, Edith Hamilton

and Huntington Cairns, eds. (Princeton, 1961).

4. Joel Stein, "Milo Yiannopoulos Is the Pretty, Monstrous Face of the Alt-Right," *Bloomberg*, September 15, 2016.
5. Ashley Feinberg, "This Is the Daily Stormer's Playbook," *Huffington Post*, December 13, 2017.
6. Erin Gallagher, "Advanced Mere Warfare—July 6, 2016," Medium.com, August 1, 2018, 그리고 관련 포스트들.
7. Ben Collins and Joseph Cox, "Jenna Abrams, Russia's Clown Troll Princess, Duped the Mainstream Media and the World," *Daily Beast*, November 3, 2017.
8. Michael Bang Petersen, Mathias Osmundsen, and Kevin Arceneaux, "The 'Need for Chaos' and Motivations to Share Hostile Political Rumors," 견본, May 2020, https://psyarxiv.com/6m4ts/.
9. Dudley Clendinen, "Conservative Paper Stirs Dartmouth," *New York Times*, October 13, 1981.
10. Dinesh D'Souza, *Letters to a Young Conservative* (Basic Books, 2002), 135.
11. "Belleville Woman Helped Cook Up Pizzagate," *Toronto Star*, December 7, 2016.
12. Abby Ohlheiser, "This Is How Facebook's Fake-News Writers Make Money," *Washington Post*, November 18, 2016.
13. 이 내용과 이어지는 인용문은 Renée DiResta, "Of Virality and Viruses: The Anti-Vaccine Movement and Social Media," Nautilus Institute for Security and Sustainability, November 8, 2018에서 가져왔다.
14. James Barragán, "Russian Spread Misinformation on Jade Helm Military Exercise in Texas, Former CIA Director Says," *Dallas Morning News*, May 3, 2018.
15. Carly Nyst and Nick Monaco, "State-Sponsored Trolling: How Governments Are Deploying Disinformation as Part of Broader Digital Harassment Campaigns," Institute for the Future, 2018 참조.
16. Dipayan Ghosh and Ben Scott, "#DigitalDeceit: The Technologies Behind Precision Propaganda on the Internet," New America Foundation, January 2018.

17. Thomas Rid, *Active Measures: The Secret History of Disinformation and Political Warfare* (Farrar, Straus and Giroux, 2020).
18. Claire Allbright, "A Russian Facebook Page Organized a Protest in Texas. A Different Russian Page Launched the Counterprotest," *Texas Tribune*, November 1, 2017.
19. Michel Lewis, "Has Anyone Seen the President?," *Bloomberg Opinion*, February 9, 2018.
20. Susan Haack, "Preposterism and Its Consequences," in *Manifesto of a Passionate Moderate: Unfashionable Essays* (University of Chicago Press, 1998), 191.
21. 그러나 갑작스러운 습격은 있었다. 가령 부당 이득자들은 가짜 동료 심사가 있는, 진짜처럼 보이는 가짜 학술지 만드는 법을 알아냈고, 정부가 후원하는 트롤러들은 사이비 과학 활동에 흥미를 보였다. Alex Hern and Pamela Duncan, "Predatory Publishers: The Journals that Churn Out Fake Science," *The Guardian*, August 10, 2018; Alden Fletcher, "Is the Threat of 'Fake Science' Real?," *Lawfare*, August 5, 2019 참조.
22. Yochai Benkler, Robert Faris, and Hal Roberts, *Network Propaganda: Manipulation, Disinformation, and Radicalization in American Politics* (Oxford University Press, 2018), 24.
23. Hannah Arendt, "Truth and Politics," *Between Past and Future: Eight Exercises in Political Thought* (Penguin, 1954), 239.
24. Sophia A. Rosenfeld, *Democracy and Truth: A Short History* (University of Pennsylvania Press, 2019), 130-131.
25. Christopher Paul and Miriam Matthews, *The Russian "Firehose of Falsehood" Propaganda Model: Why It Might Work and Options to Counter It* (RAND, 2018).
26. "Kremlin-Backed Fake News Targets Britain," *The Economist*, April 19, 2018.
27. Joby Warrick and Anton Troianovski, "Agents of Doubt: How a Powerful Russian Propaganda Machine Chips Away at Western Notions of Truth," *Washington Post*, December 10, 2018.
28. Hunt Allcott and Matthew Gentzkow, "Social Media and Fake News in the

2016 Election," *Journal of Economic Perspectives* 31, no. 2 (Spring 2017), 그림 1의 온라인 부록. 예를 들면, 클린턴 재단이 불법 무기로 1억 3700만 달러를 벌어들였다는 날조된 기사를 본 사람 중 약 10퍼센트가 그 이야기를 믿었으나, 다른 40퍼센트 정도는 긴가민가했다.

29. Sabrina Tavernise, "These Americans Are Done with Politics," *New York Times*, November 17, 2018.
30. Trip Gabriel, "Trump's Fights Are Their Fights. They Have His Back Unapologetically," *New York Times*, August 25, 2020.
31. "KGB Defector Yuri Bezmenov's Warning to America," February 1, 2013, http://youtu.be/bX3EZCVj2XA.
32. Tim Wu, "Is the First Amendment Obsolete?," Knight First Amendment Institute, September 1, 2017.
33. DiResta, "Of Virality and Viruses."
34. Lena H. Sun, "Trump Energizes the Anti-Vaccine Movement in Texas," *Washington Post*, February 20, 2017.
35. Isaac Stanley-Becker and Tony Romm, "Pro-Gun Activists Using Facebook Groups to Push Anti-Quarantine Protests," *Washington Post*, April 19, 2020.
36. Shelby Grossman, Khadija H., and Renée DiResta, "Coordinated Behavior across 18 Pro-Saif Gaddafi Facebook Pages," Stanford Internet Observatory, April 27, 2020.
37. David Leonhardt, Ian Prasad Philbrick, and Stuart A. Thomson, "Trump's Lies vs. Obama's" *New York Times*, December 14, 2017.
38. Glenn Kessler, Salvador Rizzo, and Meg Kelly, "President Trump Has Made 9,014 False or Misleading Claims over 773 Days," *Washington Post*, March 4, 2019.
39. Salvador Rizzo, "Anatomy of a Trump Rally: 67 Percent of Claims Are False or Lacking Evidence," *Washington Post*, January 7, 2020.
40. Christina Wilkie, "Hours after Trump Calls US Justice System 'a Laughingstock,' White house Denies He Ever Did," CNBC.com, November 1, 2017.
41. Dana Milbank, "Trump Concocted a Story about a Border Agent's Death. The

Truth Won't Catch Up," *Washington Post*, February 9, 2018.

42. Jill Colvin, "Trump Lashes Out as Scientists Whose Findings Contradict Him," Associated Press, May 22, 2020 참조.

43. Anne Gearan, "On Weekend Dedicated to War Dead, Trump Tweets Insults, Promotes Baseless Claims and Plays Golf," *Washington Post*, May 24, 2020.

44. Lisa Rein and Tom Hamburger, "As Trump Removes Federal Watchdogs, Some Loyalists Replacing Them Have 'Preposterous' Conflicts," *Washington Post*, May 24, 2020.

45. Libby Cathey, "Beyond the Bombshells: Five Other Memorable Takeaways from Bolton's Book," ABCNews.com, June 18, 2020.

46. Pew Research Center, "Biden Begins Presidency with Positive Ratings; Trump Departs with Lowest-Ever Job Mark," January 15, 2021.

47. Glenn Kessler and Scott Clement, "Trump Routinely Says Things That Aren't True. Few Americans Believe Him," *Washington Post*, December 14, 2018.

48. Rush Limbaugh, "The Four Corners of Deceit: Prominent Liberal Social Psychologist Made It All Up," April 29, 2013, 라디오 연합 방송분 발췌. RushLimbaugh.com으로 접속할 수 있다.

49. Rush Limbaugh, "ClimateGate Hoax: The Universe of Lies Versus the Universe of Reality," November 24, 2009, 라디오 연합 방송분 발췌. RushLimbaugh.com으로 접속할 수 있다.

50. "Hacks at Work," *The Economist*, February 23, 2008에 인용됨.

51. Alex Clark, "Breitbart's Boyle: Our Goal Is the 'Elimination of the Entire Mainstream Media,'" *Breitbart News,* July 19, 2017.

52. Marisa Guthrie, "Fox News' Sean Hannity Declares 'Journalism in America Is Dead,'" *Hollywood Reporter*, January 26, 2017.

53. Amy Mitchell, Jeffrey Gottfried, Jocelyn Kiley, and Katerina Eva Matsa, "Political Polarization and Media Habits," Pew Research Center, October 21, 2014.

54. Mark Jurkowitz and Amy Mitchell, "About One-Fifth of Democrats and Republicans Get Political News in a Kind of Media Bubble," Pew Research Center, March 4, 2020.

55. Robert M. Faris, Hal Roberts, Bruce Etling, Nikki Bourassa, Ethan Zuckerman, and Yochai Benkler, *Partisanship, Propaganda, and Disinformation: Online Media and the 2016 U.S. Presidential Election* (Berkman Klein Center for Internet & Society Research at Harvard University, 2017).
56. Andrew M. Guess, Brendan Nyhan, and Jason Reifler, "Exposure to Untrustworthy Websites in the 2016 U.S. Election," *Nature Human Behavio*r 4, no. 5 (March 2, 2020).
57. Andrew Romano, "New Yahoo News/YouGov Poll Shows Corona-virus Conspiracy Theories Spreading on the Right May Hamper Vaccine Efforts," Yahoo News, May 22, 2020.
58. Amy Mitchell and J. Baxter Oliphant, "Amercans Immersed in COVID-19 News; Most Think Media Are Doing Fairly Well Covering It," Pew Research Center, March 18, 2020.
59. Marc Hetherington and Jonathan Weiler, *Prius or Pickup? How the Answers to Four Simple Questions Explain America's Great Divide* (Houghton Mifflin Harcourt, 2018), 150.
60. 뒤에 나오는 인용문들은 Benkler, Faris, and Roberts, *Network Propaganda*, 356, 74, 220에서 가져왔다.
61. 2017년 10월 31일 발표된 케이토 연구소와 유고브의 설문 조사. Emily Ekins, "63 Percent of Republicans Say Journalists Are an 'Enemy of the American People,'" Cato Institute, November 1, 2017 참조.
62. Dana Milbank, "The Latest Trump Defense: If It Swims and Quacks Like a Duck, It's a Piano," *Washington Post*, December 9, 2019.
63. Ryan Broderick, "Republicans' Conspiracy Theory—Ridden Counter-programming to Impeachment Is Working," *BuzzFeed News*, November 20, 2019. Quinta Jurecic an Jacob Schulz, "How the Schiff Report Deals with Disinformation," *Lawfare*, December 8, 2019도 참조.
64. David Weigel, "House Science Committee Chairman: Americans Should Get News from Trump, Not Media," *Washington Post*, January 25, 2017.
65. Jeremy W. Peters, "'Everything You're Seeing Is Deception': How Right-Wing

Media Talks about Impeachment," *New York Times*, September 26, 2019.
66. Dana Milbank, "My Total Lack of Evience Proves My Case!," *Washington Post*, December 11, 2019.
67. Claire Galofaro and Juliet Linderman, "One County, Worlds Apart: Bridging the Political Divide," Associated Press, January 25, 2021.
68. Dan M. Kahan, "Misconceptions, Misinformation, and the Logic of Identity-Protective Cognition," Cultural Cognition Project Working Paper 164 (Yale Law School, 2017).
69. Kate Starbird, "Information Disorder during and after the Trump Presidency," Lawfare podcast interview, January 21, 2021.
70. Andrew Guess, Jonathan Nagler, and Joshua Tucker, "Less than You Think: Prevalence and Predictors of Fake News Dissemination on Facebook," *Science Advances*, January 9, 2019.
71. Brendan Nyhan, "Why Fears of Fake News Are Overyped," *Medium*, February 4, 2019; Andrew Guess, Benjamin Lyons, Jacob M. Montgomery, Brendan Nyhan, and Jason Reifler, "Fake News, Facebook Ads, and Misperceptions: Assessing Information Quality in the 2018 U.S. Midterm Election Campaign," 민주주의 기금(Democracy Fund)의 2019년 조사 보고서.
72. Tommy Christopher, "New Poll: Republicans Trust Trump for Medical Information More than the Centers for Disease Control," *Mediaite*, April 10, 2020.
73. Gary Marcus and Annie Duke, "The Problem with Believing What We're Told," *Wall Street Journal*, August 31, 2019.
74. Leticia Bode and Emily Vraga, "Americans Are Fighting Coronavirus Misinformation on Social Media," *Washington Post*, May 7, 2020.
75. Thomas Kent, "Activists against Digital Lies," *The American Interest*, June 2, 2020.
76. "Ben Nimmo on the Return of the Internet Research Agency," Lawfare podcast interview, September 10, 2020.
77. *The State of the First Amendment*, 2017 and 2019 editions, Newseum Institute.
78. John Koblin, "The Evening News Is Back," *New York Times*, March 24, 2020.

79. Cary Funk, "Key Findings about Americans' Confidence in Science and Their Views on Scientists' Role in Society," Pew Research Center, February 12, 2020.
80. Glenn Kessler, Salvador Rizzo, and Meg Kelly, "The Central Feature of Trump's residency: False Claims and Disinformation," *Washington Post*, June 2, 2020.

7 취소 문화: 소수의 횡포

1. Daniel Pipes, *The Rushdie Affair: The Novel, the Ayatollah, and the West* (Birch Lane, 1990), 249.
2. Naomi Oreskes, *Why Trust Science?* (Princeton University Press, 2019), 136-137.
3. Helen E. Longino, *Science as Social Knowledge: Values and Objectivity in Scientific Inquiry* (Princeton University Press, 1990).
4. Elisabeth Noelle-Neumann, "The Spiral of Silence: A Theory of Public Opinion," *Journal of Communication* 24, no.2 (Spring 1974). '침묵의 나선' 가설을 뒷받침하고 그것이 소셜 미디어에 적용된다는 것을 밝혀낸 최근의 실증적 연구는 Jörg Matthes, Johannes Knoll, and Christian von Sikorski, "The 'Spiral of Silence' Revisited: A Meta-Analysis on the Relationship between Perceptions of Opinion Support and Political Opinion Expression," *Communication Research* 45, no. 1 (2018)에 있다.
5. Cailin O'Connor and James Owen Weatherall, *The Misinformation Age: How False Beliefs Spread* (Yale University Press, 2019), 73, 74, 82, 83, 85, 86.
6. Alexis de Tocqueville, *Democracy in America*, vol. 2, James T. Schleifer, 번역본 (Liberty Fund, 2012), 7장.
7. Jonathan Rauch, "In Defense of Prejudice: Why Incendiary Speech Must Be Protected," *Harper's*, May 1995.
8. Ben Smith, "Inside the Revolts Erupting in America's Big Newsrooms," *New York Times*, June 7, 2020.
9. Dinesh D'Souza, *Illiberal Education: The Politics of Race and Sex on Campus*

(Free Press, 1991), 152에 인용된 Alexander Aleinikoff.

10. Conor Friedersdorf, "Suspensions for College Students Who Thwarted Free Speech," *The Atlantic*, July 19, 2017.

11. Jonathan Rauch, "Offices and Gentlemen," *New Republic*, June 23, 1997.

12. 가령 Erwin Chemerinsky and Howard Gillman, *Free Speech on Campus* (Yale University Press, 2017) 참조.

13. 그레그 루키아노프와 조너선 하이트는 2018년 책 《나쁜 교육》(Penguin)에서 좀더 미묘한 다음의 정의를 사용한다. "'안전주의'는 안전이 신성한 가치가 되어버린 문화나 신념 체계를 가리키며, 이는 사람들이 다른 실용적·도덕적 관심사에 의해 요구되는 상호 절충을 하려 들지 않게 된다는 뜻이다. 잠재적인 위험이 아무리 있음직하지 않거나 하찮다 하더라도 '안전'은 다른 모든 것을 이기고 만다."

14. Mattie Kahn, "An Activist at Yale on What It's Like to Be #Blackon-Campus," *Elle*, November 12, 2015.

15. 케이티 헤르조그(Katie Herzog)가 익명의 인터뷰이와 한 인터뷰, "'What a Stupid F*cking Way to Have a Really Important Conversation': Reflections on a Yearlong White Fragility Training," June 22, 2020, Blocked & Reported 팟캐스트, 31분부터.

16. Lukianoff and Haidt, *The Coddling of the American Mind*, 7, 9.

17. Robby Soave, "A Harvard Law Professor Is Representing Harvey Weinstein. Students Say This Makes Them Unsafe, Demand His Resignation," *Reason*, February 26, 2019.

18. Lukianoff and Haidt, *The Coddling of the American Mind*, 46.

19. Jeremy Bauer-Wolf, "Free Speech 'Meltdown,'" *Inside Higher Ed*, April 23, 2019. 시카고 원칙은 "제기된 생각이 대학 공동체의 일부 또는 심지어 대부분의 구성원이 불쾌하거나 현명하지 못하거나 비도덕적이거나 비뚤어졌다고 여긴다는 이유로 논쟁이나 심의를 탄압해서는 안 된다는 원칙……에 대한" 대학의 "근본적 책무"를 표명한다.

20. Seung Min Kim, "Sen. Cotton Rallies Conservatives and Raises National Profile as Op-Ed on Military Intervention Causes Uproar," *Washington Post*, June 8, 2020.

21. Seung Min Kim, "Sen, Cotton Rallies Conservatives and Raises National Profile as Op-Ed on Military Intervention Causes Uproar," *Washington Post*, June 8, 2020.
22. Jacob Mchandgama, "The Totalitarian Temptation Part II: The Untergang," FreeSpeechHistory 팟캐스트, 제39화, January 27, 2020. 출판을 앞둔 표현의 자유 역사에 관한 책을 참고할 수 있게 해준 므샨가마에게 감사드린다.
23. Robby Soave, *Panic Attack: Young Radicals in the Age of Trump* (All Points, 2019), 94.
24. Rick Sobey, "Harvard Student Government Sides with Anti-ICE Protesters against Newspaper," *Boston Herald*, November 11, 2019.
25. Foundation for Individual Rights in Education, "Whale Done: Animal Rights Club Approved by Public University after FIRE's First Amendment Uproar," February 10, 2020.
26. Gretchen Rachel Hammond, "More than 1,500 at Dyke March in Little Village, Jewish Pride Flags Banned," *Windy City Times*, June 24, 2017.
27. Brown Immigrant Rights Coalition, "Silencing and 'Free' Speech," *Bluestockings Magazine*, February 13, 2018.
28. Shera S. Avi-Yonah and Jamie D. Halper, "Students Field Title IX Complaints against Kavanaugh to Prevent Him from Teaching at Harvard Law," *Harvard Crimson*, October 2, 2018.
29. Sam Budnyk, "Emory Students Express Discontent with Administrative Response to Trump Chalkings," *Emory Wheel*, March 22, 2016.
30. Neal Broverman, "NYC LGBTQ Center Cancels Event Hosted by Right-Wing Queer Group," *Advocate*, March 22, 2019.
31. Catherine Rampell, "Political Correctness Devours Yet Another College, Fighting over Mini-Sombreros," *Washington Post*, March 3, 2016.
32. 이 주제에 관한 선구적 논문인 Derald Wing Sue, Christina M. Capodilupo, Gina C. Torino, Jennifer M. Bucceri, Aisha M. B. Holder, Kevin L. Nadal, and Marta Esquilin, "Racial Microaggressions in Everyday Life: Implications for Clinical Practice," *American Psychologist* 62, no. 4 (May-June 2007)에서

이러한 문장들은 미묘하게 행해지는 인종차별로 식별되는 많은 사례에 속한다.

33. Julio Rosas, https://twitter.com/Julio_Rosas11/status/1182493159449907200?s=20 참조.
34. Smith, "Inside the Revolts Erupting in America's Big Newsrooms" 참조.
35. Bari Weiss, "Jonathan Haidt on the Cultural Roots of Campus Rage," *Wall Street Journal*, April 14, 2017.
36. Juan Prieto, "Violence Helped Ensure Safety of Students," *Daily Californian*, February 7, 2017.
37. Olga R. Rodriguez, "Four Injured in Campus Riot over Milo Yiannopoulos Speech Sue Berkeley, UC Berkeley," NBC Bay Area, January 16, 2018.
38. Mari J. Matsuda, Charles R. Lawrence III, Richard Delgado, and Kimberlé Williams Crenshaw, *Words That Wound: Critical Race Theory, Assaultive Speech, and the First Amendment* (Westview, 1993).
39. 이른바 혐오 표현을 억누르면 혐오를 감소시킨다는 오류를 크게 다룬 글로는 네이딘 스트로센의 훌륭한 저서 *Hate: Why We Should Resist It with Free Speech, Not Censorship* (Oxford University Press, 2018) 참조.
40. Jon Ronson, "How One Stupid Tweet Blew Up Justine Sacco's Life," *New York Times Magazine*, February 12, 2015.
41. Jonathan Chait, "The Still-Vital Case for Liberalism in a Radical Age," *New York*, June 11, 2020.
42. Nancy Rommelmann, A Guide to Surviving Your Fifteen Minutes of Hate, *Reason*, February 19, 2019; Lizzy Acker, "#MeNeither YouTube Videos Create Backlash for Portland Coffee Company," OregonLive.com, January 11, 2019.
43. Julia Halperin, "Gary Garrels, the San Francisco Museum of Modern Art's Longtime Chief Curator, Resigns amid Staff Uproar," *Artnet News*, July 11, 2020.
44. Sean Collins, "The Lessons of the Rebecca Tuvel Witch Hunt," *Sp!ked*, MAY 11, 2017.
45. Jesse Singal, "This Is What a Modern-Day Witch Hunt Looks Like," *New York*, May 2, 2017.

46. Justin Weinberg, "Philosopher's Article on Transracialism Sparks Controversy (Updated with Response from Author)," *Daily Nous*, May 1, 2017.
47. Nathan Cofnas, "Academics Are Trying to Get My Paper Retracted—and Some of Them Haven't Even Read It," *The Spectator*, January 31, 2020. 이 교수는 이런 트윗도 올렸다. "사람들이 일반적으로 나를 가지고 장난치는 걸 피하는 이유를 알게 될 것이다."
48. Laura Gianino, "A Touchy Topic?," *New York Times*, July 30, 2017.
49. Pipes, *The Rushdie Affair*, 20.
50. Yarrow Eady, "'Everything Is Problematic': My Journey into the Center of a Dark Political World, and How I Escaped," *McGill Daily*, November 24, 2014.
51. Conor Friedersdorf, "The Chilling Effect of an Attack on a Scholar," *The Atlantic*, July 20, 2020.
52. Shaun Cammack, "Steven Pinker Won't Be Cancelled—but You Could Be," *Sp!ked*, July 9, 2020.
53. 가령 Richard Hanania, "Does Apologizing Work? An Empirical Test of the Conventional Wisdom," *Behavioural Public Policy*, October 23, 2019 참조.
54. Rob Eshman, "The CEO of Holy Land Brands That I Know Doesn't Match the Social Media Monster," *Forward*, June 8, 2020.
55. Elizabeth Picciuto, "The Real Free Speech Violations," *ARC Digital*, July 8, 2020.
56. Hannah Giorgis, "A Deeply Provincial View of Free Speech," *The Atlantic*, July 13, 2020.
57. 애런 킨즈배터가 필자에게 출판 전에 조사 결과를 전해줬다.
58. Jeffrey M. Jones, "More U.S. College Students Say Campus Climate Deters Speech," Gallup.com, March 12, 2018.
59. Knight Foundation, *Free Expression on College Campuses*, May 2019.
60. 가령 Heterodox Academy, *Understanding the Campus Expression Climate*, Fall 2019; Foundation for Individual Rights in Education, *Student Attitudes Association Survey—Full Text*, January 2019 참조.
61. Emily Ekins, "Poll: 62 Percent of Americans Say They Have Political Views

They're Afraid to Share," Cato institute, July 22, 2020.

62. Jennifer Larson, Mark McNeilly, and Timothy J. Ryan, *Free Expression and Constructive Dialogue at the University of North Carolina at Chapel Hill*, March 2, 2020.

63. Heterodox Academy, *Understanding the Campus Expression Climate*.

64. José L. Duarte, Jarret T. Crawford, Charlotta Stern, Jonathan Haidt, Lee Jussim, and Philip E. Tetlock, "Political Diversity Will Improve Social Psychological Science," *Behavioral and Brain Sciences* 38 (2015).

65. Jonathan Haidt, "New Study Indicates Existence of Eight Conservative Social Psychologists," Heterodox Academy 블로그, January 7, 2016.

66. Mitchell Langbert, "Homogenous: The Political Affiliations of Elite Liberal Arts College Faculty," *Academic Questions*, Summer 2018.

67. Musa al-Gharbi, "Data on how Ideological (Under)Representation Compares to (Under)Representation Along the Lines of Race, Gender or Sexuality," Heterodox Academy 블로그, March 29, 2018.

68. Samuel J. Abrams, "Think Professors Are Liberal? Try School Administrators," *New York Times*, October 16, 2018.

69. Yoel Inbar and Joris Lammers, "Political Diversity in Social and Personality Psychology," *Perspectives on Psychological Science* 7, no. 5 (2012).

70. Uwe Peters, Nathan Honeycutt, Andreas De Block, and Lee Jussim, "Ideological Diversity, Hostility, and Discrimination in Philosophy," *Philosophical Psychology* 33, no. 4 (2020).

71. Nathan Honeycutt and Laura Freberg, "The Liberal and Conservative Experience across Academic Disciplines: An Extension of Inbar and Lammers," *Social Psychological and Personality Science* 8, no. 2 (2017).

72. Jon A. Shields and Joshua M. Dunn Sr., *Passing on the Right: Conservative Professors in the Progressive University* (Oxford University Press, 2016), 185.

73. Jon A. Shields, "The Disappearing Conservative Professor," *National Affairs*, Fall 2018.

74. Christopher Dummitt, "Confessions of a Social Constructionist," *Quillette*,

September 17, 2019.

75. 이것과 관련한 이념은 다른 용어들 중에서도 정치적 올바름, 워크니스(wokeness: 사회 정의 등의 이슈에 대한 민감도—옮긴이), 후속 이데올로기(successor ideology), 비판적 인종 이론 및 교차주의라 불려왔다. 일반적으로 이러한 변종은 경제적 계급의 영역에 있던 억압과 혁명의 중심축들이 집단 정체성의 영역으로 번역되는 신(新)마르크스주의와 공통점이 있는데, 유색 인종들은 프롤레타리아 역할을, 백인 시스젠더 이성애자들은 부르주아 역할을 수행하고, 반인종차별주의 및 반식민주의 활동가들이 혁명의 선봉 역할을 맡는다.

76. Cory J. Clark and Bo M. Winegard, "Tribalism in War and Peace: The Nature and Evolution of Ideological Epistemology and Its Significance for Modern Social Science," *Psychological Inquiry* 31, no. 1 (March 2020).

77. Lee McIntyre, *Respecting Truth: Willful Ignorance in the Internet Age* (Routledge, 2015), 135.

78. 근간 Jack Simmons, ed., *The 21st Century and its Discontents: A Philosophical Analysis of Shifting Social Norms*에 들어갈 챕터 Kenneth B. McIntyre and Stacy G. Ulbig, "The Diversity of 'Diversity': Support for Differing Conceptions of Diversity on the University Campus." 저자들이 2020년에 원고를 제공해줬다.

79. 2017년 FIRE의 설문 조사에 의하면, 학생들 중 1퍼센트만이 사건이 일어나는 걸 막기 위해서라면 폭력이나 와해 행동도 불사하겠다고 했고, 2퍼센트만이 발언자의 말이 안 들리게 만드는 데 참여하겠다고 했다. 학생들이 지장을 주거나 폭력적인 전술을 추상적으로 승인하는 것과 그런 전술을 개인적으로 기꺼이 사용하는 것 사이에는 괴리가 있을 수 있다. FIRE, *Student Attitudes Free Speech Survey*, 2017.

80. 원문에는 이탤릭체로 되어 있다.(46쪽)

81. "Free Speech at American Universities Is Under Threat," *The Economist*, October 14, 2017.

82. 2020년 7월 13일 접속한 환경 워킹 그룹(Environmental Working Group)의 온라인 농업 보조금 데이터베이스를 따랐다.

83. 맨커 올슨의 중요한 저서 두 권은 *The Logic of Collective Action: Public Goods and the Theory of Groups* (Harvard University ress, 1965)와 *The Rise and*

Decline of Nations: Economic Growth, Stagflation, and Social Rigidities (Yales University Press, 1982)이다. 나는 이 두 권과 그것들이 정부에 미친 영향을 내 책 *Government's End: Why Washington Stopped Working* (PublicAffairs, 1999)에서 탐구한다.

84. Haidt, "New Study Indicates Existence of Eight Conservative Social Psychologists."
85. Stephen Hawkins, Daniel Yudkin, Miriam Juan-Torres, and Tim Dixon, *Hidden Tribes: A Study of America's Polarized Landscape* (More in Common, 2018).

8 침묵을 깨라: 반박하기

1. Yuval Levin, *A Time to Build: From Family and Community to Congress and the Campus, How Recommitting to Our Institutions* Can Revive the American Dream (Basic Books, 2020).
2. 철회된 보도 내용은 러시아 투자 기금과 트럼프 대통령 측근 사이의 유대 관계에 혐의를 제기했다.
3. Kim Parker, "The Growing Partisan Divide in Views of Higher Education," Pew Research Center, August 19, 2019.
4. Morgan Marietta and David C. Barker, *One Nation, Two Realities: Dueling Facts in American Democracy* (Oxford, 2019), 221, 225. 저자들의 이탤릭체 표기는 생략했다.
5. Thomas Simpson and Eric Kaufmann, "Academic Freedom in the UK" (Policy Exchange, 2019). 강조 표기는 내가 추가했다.
6. 정치적 차별을 금지하는 기존의 법률 요약에 대해서는 Susan Milligan, "How Should HR Handle Political Discussions at Work?," *HR Magazine*, Spring 2020 참조.
7. Utah S.B. 296, section 10.
8. '만인을 위한 공정법'은 제116차 의회에서 다루지 않았다.
9. Trader Joe's, "A Note about Our Product Naming," 블로그 포스트, July 24, 2020.
10. 이런 문맥의 "도덕적 확실성"이라는 용어는 웨슬리 로워리(Wesley Lowery) 기자에 의해 대중화됐다.

11. 가령 Erik Wemple, "Dear Mainstream Media: Why So Liberal?" *Washington Post*, January 27, 2017 참조. 2013년 미국 언론인의 국가적 확률 표본 조사 결과, "대부분의 언론인은 자신을 '좌편향'(38.8퍼센트)이나 '중도'(43.8퍼센트)로 생각했고, 12.9퍼센트만이 그들〔자신〕을 '우편향'이라고 기술했다". David H. Weaver, Lars Willnat, and G. Cleveland Wilhoit, "The American Journalist in the Digital Age: Another Look at U.S. News People," *Journalism & Mass Communication Quarterly* 96, no. 1 (2019) 참조.
12. Jen Patja Howell, "Pete Strzok on 'Compromised,'" Lawfare podcast interview, September 11, 2020.
13. Zolan Kanno-Youngs and Nicholas Fandos, "D.H.S. Downplayed Threats from Russia and White Supremacists, Whistle-Blower Says," *New York Times*, September 9, 2020.
14. 가치 있는 개혁 제안은 David Frum, *Trumpocalypse: Restoring American Democracy* (HarperCollins), 2020; Paul Rosenzweig and Vishnu Kannan, "Repairing the Rule of Law: An Agenda for Post-Trump Reform," *Lawfare*, September 7, 2020; 그리고 Bob Bauer and Jack Goldsmith, *After Trump: Reconstructing the Presidency* (Lawfare Institute, 2020)에 나와 있다.
15. Conor Friedersdorf, "The Princeton Faculty's Anti-Free-Speech Demands," *The Atlantic*, August 4, 2020.
16. Donald Alexander Donws, *Free Speech and Liberal Education* (Cato Institute, 2020), 145.
17. Cato Institute book forum, "Is Free Speech Still Alive on the American College Campus?," September 10, 2020, 42분.
18. 2020년 이 단체의 웹사이트에는 "자기 정체성을 확정한 이들에 따르면, 16퍼센트는 보수, 17퍼센트는 진보, 29퍼센트는 중도, 26퍼센트는 자유주의자"라고 나와 있었다.
19. Robert E. Litan, *Resolved: Debate Can Revolutionize Education and Help Save Our Democracy* (Brookings Institution Press, 2020) 참조.
20. "A Letter on Justice and Open Debate," *Harper's*, July 7, 2020. 나도 서명자 중 한 명이었다.

21. Middlebury College students, "Broken Inquiry on Campus: A Response by a Collection of Middlebury Students," March 12, 2017. 미들베리 칼리지 학생 150명이 https://brokeninquiryblog.wordpress.com/에 온라인으로 발표했다.

22. Eric Cervini, *The Deviant's War: The Homosexual vs. the United States of America* (Farrar, Straus and Giroux, 2020).

23. 2009년 6월 미국 인사관리처—전에는 미국 인사위원회로 알려져 있던, 카메니(다른 많은 사람들 중)를 해고하고 블랙리스트에 올렸던 바로 그 기관—는 카메니한테 일부 이런 내용이 적힌 편지와 더불어 이 부처의 가장 명망 있는 상인 시어도어 루스벨트상(Theodore Roosevelt Award)을 수여했다. "미국 인사위원회는 1957년 지금의 우리가 수치스러운 행동으로 알고 있는 것을 통해 오직 당신의 성적 지향을 근거로 직장에서 당신의 해고를 지지했습니다. ……부디 미국 정부의 이전 정책의 결과에 대한 저희의 사과를 받아주시기 바랍니다." 상은 이 기관의 수장이 수여했는데, 그도 동성애자임을 밝힌 사람이었다. 카메니의 반응은 다음과 같았다. "사과 접수!"

24. Chris Bodenner, "The Surprising Revolt at the Most Liberal College in the Country," *The Atlantic*, November 2, 2017.

25. 이 대화는 유튜브의 https://youtu.be/Sgyb8dH5vFQ에서 볼 수 있다.

26. Matthew Reade, "Students Demand Administrators 'Take Action' against Conservative Journalists," *Claremont Independent*, April 17, 2017.

27. Louis Michael Seidman, "Can Free Speech Be Progressive?" *Columbia Law Review* 118 (2018), 2239.

28. Elizabeth Siyuan Lee,"Discord at Middlebury: Students on the Anti-Murray Protests," *New York Times*, March 7, 2017.

29. Ulrich Baer, "What 'Snowflakes' Get Right about Free Speech," *New York Times*, April 24, 2017.

30. Erwin Chemerinsky and Howard Gillman, *Free Speech on Campus* (Yale University Press, 2017), 27.

31. Nadine Strossen, *Hate: Why We Should Resist It with Free Speech, Not Censorship* (Oxford University Press, 2018), 81.

32. 이것들과 그 밖의 사례에 대해서는 Chemerinsky and Gillman, *Free Speech on*

Campus 참조.
33. Strossen, *Hate*, 89 참조.
34. 같은 책, 87.
35. Human Rights Watch, "A Ruling Inspired by U.S. Anti-Pornography Activists Is Used to Restrict Lesbian and Gay Publications in Canada," February 1, 1994.
36. 윌리엄스가 〈필 도나휴 쇼(Phil Donahue Show)〉에서 이 발언을 한 날짜 미상의 클립이 전직 미국시민자유연맹 총무이사 아이라 글래서(Ira Glasser)에 관한 다큐멘터리 〈막강한 아이라(Mighty Ira)〉에 48분부터 나온다.
37. 나의 회고록 *Denial: My 25 Years without a Soul* (Acorn Abbey Press, 2019) 참조.
38. I'm from Driftwood, http://imfromdriftwood.com/nephi_niven/.
39. Brian Resnick, "How to Talk Someone out of Bigotry," Vox, January 29, 2020.
40. Tina Rosenberg, "Neo-Nazis in Your Streets? Send in the (Coup Clutz) Clowns," *New York Times*, September 6, 2017.
41. Adam Sternbergh, "Stephen Colbert Has America by the Ballots," *New York*, October 6, 2006.
42. CNN의 Alisyn Camerota이 진행한 인터뷰, July 22, 2016.
43. Josh Feldman, "Trump Continues Pushing Claim He Won Popular Vote in 2016 'In a True Sense,'" *Mediaite*, September 1, 2020.
44. Kiran Khalid, "Trump: 'I'm Worth Whatever I Feel'" CNN.com, April 21, 2011.
45. Corey Lewandowski and David Bossie, *Let Trump Be Trump: The Inside Story of His Rise to te Presidency* (Center Street, 2017), 86.
46. Middlebury students, "Broken Inquiry."
47. Christian Schneider, "A Year of Discontent on Campus," *The Dispatch*, February 6, 2020.
48. James Hohmann, "The Daily 202: Republican Convention Offers Apocryphal Quotes amid Revisionist History," *Washington Post*, August 27, 2020.
49. Quinta Jurecic and Jacob Schulz, "Thirty-Six Hours of Cheapfakes," *Lawfare*, September 3, 2020.

찾아보기